Ingrid Zinnel

Liebe braucht Zeit

Transite und Rhythmen in der Partnerschafts-Astrologie

KAILASH

KAILASH

Ich widme dieses Buch meinem Mann Roy
in großer Dankbarkeit
für die Zeit, die Aufmerksamkeit und die Geduld,
die er unserer Liebe schenkt.

Die Deutsche Bibliothek – CIP-Einheitsaufnahme
Zinnel, Ingrid:
Liebe braucht Zeit : Transite und Rhythmen in der Partnerschaftsastrologie / Ingrid Zinnel. – Kreuzlingen ; München : Hugendubel, 2000
(Kailash)
ISBN 3-89631-322-3

Umschlaggestaltung: Zembsch' Werkstatt, München
Produktion: Maximiliane Seidl
Satz: Impressum, München
Druck und Bindung: GGP Media GmbH, Pößneck
Printed in Germany

ISBN 3-89631-322-3

Inhalt

Das Mindern und Mehren, im Vollsein und Leersein,
wirkt in Harmonie mit der Zeit.
I-Ging

Vorwort

Jeder Mensch weiß um die Rhythmen einer Beziehung, jeder kennt das Auf und Ab seiner Partnerschaften, ganz besonders der engen, innigen Verbindungen. Anziehung und Abstoßung sind die beiden Hauptbewegungen, die einander ablösen wie Ebbe und Flut. Obwohl wir uns mit den »Gezeiten der Liebe« abfinden müssen, da sie unabänderlich zur Natur des Lebens gehören, verlangen unsere Seelen nach Wachstum und Entwicklung. Nichts bleibt auf ewig gleich, alles ist im Wandel. Jede Ebbe wird anders erlebt, jede Flut bringt Neues mit sich.

Die Beziehungswunde des Menschen, die er seit der Vertreibung aus dem Paradies mit sich trägt, möchte heilen. Mit jedem Schmerz und jeder Enttäuschung geschieht dies ein bisschen mehr. Mit jeder Woge des Glücks kehrt das verlorene Vertrauen zurück. Die Zeit spült die Trennung von Land und Wasser, von männlich und weiblich davon. Was bleibt – am Ende aller Tage – ist das Eine, das uns alle vereint: die Liebe.

Als ich damals an meinem Composit-Buch* arbeitete, war mir klar, dass ein zweites Buch folgen würde. Das dort enthaltene kurze Kapitel über die Zeitqualität (die zwölf Phasen und ihre Bedeutung für die Partnerschaft) hat sehr viel Anklang gefunden und viele neue Fragen aufgeworfen, denen es sich lohnte, auf den Grund zu gehen: Wie erkenne ich, was ich in meiner Beziehung zu einer bestimmten Zeit zu lernen habe, was kön-

* Ingrid Zinnel: *Das Composit-Horoskop. Aufgabe, Weg und Ziel einer Beziehung.* München 1998.

nen wir gemeinsam tun und welcher Part ist der meine – und nur der meine! Wie kann ich meine Beziehungsfähigkeit entwickeln und fördern, und welches astrologische System gibt mir dafür Anhaltspunkte?

Um diese Fragen von der Astrologie möglichst genau beantwortet zu bekommen, benötige ich zwei verschiedene astrologische Grundlagen: Sobald ich mich zusammen mit einer Person auf dem Weg befinde, betrachte ich mir das gemeinsame Horoskop, das Composit und seine Rhythmen. Am besten bewährt hat sich hier der Siebener-Rhythmus der Münchner Rhythmenlehre. Ich habe über 100 Horoskope und viele Beziehungen ausgewertet. (Menschen, die seit 30 bis 40 Jahren gemeinsam unterwegs sind, konnten mich mit ihren Geschichten und Erlebnissen hilfreich unterstützen. An dieser Stelle sei ihnen allen gedankt!) Auch kurze, heftige Leidenschaften, Freundschaften, Mutter-Kind-Beziehungen und Täter-Opfer-Begegnungen waren meine Lehrer. Zusammenfassend kann ich heute sagen, dass der Siebener-Rhythmus, vom Aszendenten ausgehend, die beeindruckendsten Ergebnisse erbracht hat. Nicht ausreichend zufrieden stellend war die Auswertung der Transite zum Composit. Da das Composit ein Halbsummenhoroskop und keine »wirkliche« Zeitqualität darstellt (so wie sie die Planetenbewegung hervorbringt), ist es letztlich auch folgerichtig, dass die Bewegung und Entwicklung einer Beziehung *nur* von innen heraus zu sehen und zu deuten ist.

Ein Mensch, der zu einem Zeitpunkt seines Lebens nicht auf eine bestimmte Partnerschaft schaut (also kein Composit als Grundlage dazu braucht), steht dennoch in Beziehung nicht nur zu dem Menschen seiner Wahl, sondern auch zu seinem Umfeld, zur Welt allgemein, zu Weggefährten aus den verschiedensten Kontaktbereichen. Auch er ist ständig im Austausch und lernt stetig dazu. Um herauszufinden, vor welcher Aufgabe seine innere Beziehungsperson ganz allgemein und zu einer bestimmten Zeit steht, müssen wir uns seine Radix-Venus und ihre Transite betrachten. Aus diesem Grund hat das Buch zwei deutlich voneinander abgegrenzte Teile. Möchte ich wissen, wie es mit *meiner* Beziehungsfähigkeit steht, schaue ich auf meine Venus, möchte ich wissen, welchen Entwicklungsschritt ich *zusammen* mit meinem Partner zu gehen habe, nehme ich das Composit als Grundlage. Die Fragen, die Menschen am liebsten stellen, können allerdings von beiden Systemen nicht beantwortet werden: Liebt er/sie mich, wird er/sie sich (endlich!) ändern? Oder gar die Lieblingsfrage von Alleinstehenden: Wann kommt die/der Richtige? Um wirklich gute, hilfreiche Antworten zu bekommen, müssen wir diese Fragen nur ein wenig verändern: Liebe *ich?* Bin *ich* bereit dazuzulernen, mich zu entwickeln? Ist der Platz neben mir frei, bin *ich* bereit für eine neue Beziehung? Was kann *ich* tun, um die Steine, die meinem Glück im Wege stehen, aus dem Weg zu räumen? Wie kann *ich* die seelischen Umstände – und seien sie noch so schmerzhaft – für mich nutzen und mit meinem (Beziehungs-) Schicksal zur Harmonie gelangen? Auf diese Fragen gibt das Buch detaillierte und sinnvolle Antworten.

I

Gezeiten
Archetypische Phasen und individuelle Rhythmen

Stellen wir uns ein Paar vor, das Hand in Hand durch den Tierkreis, vom Widder bis zu den Fischen spaziert: Die »Eroberung« findet in den beiden Zeichen Widder und Stier statt. Der männliche Teil des Paares – zumeist der Mann – sichtet das Objekt seiner Begierde und sagt: »Zu ihr will ich!« Er beginnt mit seinem Balzverhalten, der »Pfau« schlägt Räder, die Konkurrenten müssen aus dem Weg geschlagen werden. Sein »Gegenstück«, im Stier zu finden, sitzt mit Glühwürmchen ähnlichen, lockenden Energien auf dem Barhocker und signalisiert: »Mir ist es recht, zumindest im Moment, dass du mich als Objekt siehst. Das wertet mich auf, macht mich wichtig.« Die beiden lassen der erotischen Anziehung ihren Lauf und spielen das älteste Spiel der Welt. Er dringt in ihr »Revier« ein, heute gehört sie ihm! Am nächsten Morgen können die beiden auseinander gehen (in der heutigen Zeit ist dies gang und gäbe) oder sie entscheiden sich für den nächsten Schritt in das Zwillinge-Prinzip hinein: »Wie heißt du eigentlich? Gib mir deine Telefonnummer, ich rufe dich an.« Macht nur einer der beiden diesen Schritt, wartet der andere (zumeist die Frau) vergeblich auf diesen Anruf. Gehen jetzt beide einen Schritt weiter, kommt es zu einem nächsten Treffen. Spiel Nummer eins wird durch Gespräche ergänzt. Man erzählt sich, was man so macht, wie man sein Leben verbringt. Geht das eine Weile so weiter und Begegnung eins und zwei werden immer intensiver und häufiger ausgelebt, entwickeln sich allmählich Gefühle, die über die körperliche Anziehung hinausgehen. Jetzt erreicht das Paar Stufe vier: den Krebs. Nun beginnen die aus der Kindheit kommenden Zweifel. Die Emotionen überschlagen sich. Mag mich der andere wirklich, bin ich überhaupt liebenswert? »Wenn du mich nicht willst, dann will ich auch nicht!« Trotz, Rückzug, Hoffnung, Anziehung, Beleidigt-Sein usw. wechseln einander ab. Die Begegnungen werden immer gefühlvoller, man erzählt von sich selbst, von früheren Beziehungen, lässt den anderen teilhaben am eigenen Innenleben. Auch hier geschieht es allzu oft, dass nur einer von beiden diesen Schritt tut, um sich dann frustriert zurückzuziehen, da der andere »nur« seinen Körper will. Erst wenn sich *beide* verlieben, schreitet das Paar weiter und gelangt auf Feld fünf, das Löwe-Feld. Jetzt hüpfen die beiden Herzen! »Er/sie meint mich – nur mich! Aus der Masse aller Menschen, hat er mich erwählt!« Der rote Teppich wird ausgerollt, ein wunderbares (Ego-) Spiel beginnt. Jeder sieht nur das Beste am anderen, liebt das Einzigartige an ihm. Das vorherrschende Gefühl ist: »Wir sind etwas ganz Besonderes. Solch eine Liebe, wie die unsere, ist noch nie da gewesen!« Stolz stellt man sich neben den Partner und führt ihn Freunden und Bekannten vor, die *Hoch-Zeit* der Liebe! Man zieht zusammen, heiratet oder definiert sich zumindest als Paar – als *ein* Ich. Wie lange auch immer diese Phase währt (neun Monate bis maximal drei Jahre), zu Ende geht sie (leider!) auf jeden Fall. Das sechste, das Jungfrauen-Feld wird erreicht. Zumeist beginnt es ganz harmlos: »Ich habe dir schon so oft das Frühstück gebracht, jetzt bist du an der Reihe!« »Dafür habe ich dir dieses oder jenes als Ausgleich geboten. Du aber …« Wo ist die Anerkennung, der rote Teppich geblieben? Das Prinzip der Jungfrau ist das Prinzip des Ausgleichs und der Anpassung. Die Beziehung wird ernster, es wird um Gerechtigkeit und Gleichheit gerungen. Der andere soll nicht mehr vom Kuchen der Liebe bekommen als man selbst. Genau betrachtet braucht es diesen Ernüchterungs- und Anpassungsprozess, damit eine Beziehung überhaupt möglich ist. Er lässt die Welt wieder realer erscheinen. Beide versuchen, zu einer vernünftigen Alltagsregelung zu kommen. Vielen Menschen ist dieser Prozess zu mühsam. Sie springen lieber aus der Grauzone heraus, zurück auf Feld fünf und verlieben sich aufs Neue. Unser Paar jedoch übersteht diese schwere Ernüchterungsphase und wagt sich vor auf Feld sieben: die Waage. Nein, besser gesagt, das Zusammenleben schiebt sie auf das nächste Feld und stößt sie damit auf eine ganz einfache, banale Tatsache, die jedoch eine große Tragweite hat: »Du bist nicht ich, du bist anders als ich.« Da hilft auch keine Anpassung. (Es gibt allerdings Menschen, die dies nicht wahrhaben wollen und solange wie möglich unter einer enormen Anpassungsanstrengung auf Feld sechs bleiben.) Mit dieser einfachen und doch bis ins Mark erschütternden Erkenntnis beginnt nun endlich das, was wir Partnerschaft nennen. Ich bin einem *part* (engl. part = Teil) von mir begegnet, den ich nicht (mehr?) in mir trage, den ich quasi nach außen abgegeben habe und der mir nun – Mensch geworden – entgegenkommt. Dem Mann kommt die Frau entgegen, dem Ruhigen der Laute, dem Geizigen der Verschwender, dem Sesshaften der Nestflüchter usw. Hier erst stellen wir fest, dass es die Gegensätze waren, die maßgeblich an der Anziehungskraft beteiligt waren. Die Ähnlichkeiten und zueinander passenden Charakterfelder sind die äußeren Puzzleteile der Beziehung, die bis dahin den Blick auf das Wesentliche, das Innere verstellt haben: Ich bin (gottlob!) nicht wie du. Und doch sind wir beide ein Paar, gehören zusammen wie Tag und Nacht, wie die zwei Seiten einer Medaille. (Dass jeder von beiden die bessere Hälfte ist, versteht sich von selbst!) Ausgerechnet in der Waage, dem Prinzip, das seit alters her in der Astrologie für Beziehung steht, wird uns bewusst, dass wir erst am Anfang stehen. Jetzt müssen wir feststellen, wie weit entfernt der andere von uns, von unserem Ich, von unseren Werten, Wünschen und Bildern ist. Hier entstehen die meisten Scheidungswünsche und Scheidungen mit der folgenden Erkenntnis: Wir passen nicht zusammen.

Wie kann der Mensch es schaffen – und das ist die eigentliche Aufgabe der Waage – mit dem Fremden, dem Andersartigen zu harmonieren? Er hat seine Ergänzung gefunden. Jetzt ist es an der Zeit, sich wirklich mit ihr, mit seiner anderen (von ihm aus gesehen dunklen) Seite zu verbinden.

Bewusst oder unbewusst hineingezogen, im achten Feld, im Prinzip des Skorpions, beginnt nur allzu oft die so genannte Beziehungshölle. Menschen, die sich das niemals vorstellen konnten, bleiben wie angewurzelt in unguten, unbefriedigenden Situationen stehen. Wie angebunden an den Partner (der hier zum Feind wird) verharren sie in dunkle Machtgedanken und Machenschaften verstrickt. Außenstehende raten zur Trennung. Die beiden möchten fliehen, doch weit kommen sie nicht. Wie an einem unsichtbaren Gummiband zieht es sie zurück zum »Feind«. Niemals ist die Vermählung mit dem Schatten deutlicher spürbar als hier im Skorpion, dem Prinzip der Verstrickung und der Abhängigkeit. Nicht viele Partnerschaften überleben den Gang durch die Unterwelt. Müde schleppen sich die Egos zum Ausgang der »Hölle«, im festen Glauben, der andere habe ihnen *das* angetan. Sie bleiben Feinde. Schade, denn es dauert lange, bis wir mit dem nächsten Partner diese Erfahrung wiederholen können.

Erst im neunten Feld, dem Schütze-Feld, öffnet sich der Sinn für das Vergangene. Das Symbolon darf sich schließen. Der »ausgelagerte« dunkle Teil ist zum Licht geführt worden. Der Frosch ist geküsst, das Paar hat sich in Ebenbürtigkeit und Gleichheit gefunden. Im neunten Feld herrscht der Friede der gegenseitigen Anerkennung. Das Paar hat der Beziehung einen Tempel gebaut, in dem es (endlich!) nicht mehr gegeneinander, sondern miteinander den Weg zu gehen vermag. Viele ältere Paare erscheinen einander auf eine berührende Weise ähnlich. Man sieht, dass sie die Kämpfe hinter sich haben, dass sie umeinander *wissen*. Jetzt können sie sich auf etwas Drittes, auf eine Aufgabe konzentrieren. Sie werden im zehnten Feld, dem Steinbock, vom Schicksal in den Dienst genommen. Das bedeutet nicht, dass sie für andere da sein und Lehrer werden müssen. Es reicht völlig aus, dass sie für sich etwas gefunden haben, das größer ist als sie selbst. Damit sind sie Vorbild und Wegweiser für die Nachkommen. Sie selbst brauchen einander nicht mehr, der Magnetismus hat sich entladen. Sie fühlen sich frei und sind damit auf dem elften Feld, dem Wassermann-Feld angelangt. Dort gibt es im üblichen Sinn keine Be*zieh*ung mehr. Niemand *zieht* mehr am anderen. Man kann zusammenbleiben oder auseinander gehen. Beides ist gleich gut, gleichwertig. Die beiden

Menschen halten einander nicht mehr fest. Der Beziehungsraum ist geöffnet, die Liebe darf eintreten. Erst jetzt, erst hier im zwölften Feld der Fische können wir von Liebe sprechen. Von der Liebe, die nicht bindet, die nichts verlangt und nichts festhält. Eine Liebe, die fließt, fließt über auf alle Menschen. Gelernt hat das Paar miteinander, gegeneinander, voneinander. Nur gemeinsam konnten sie hierher gelangen. Denn wer nicht mit dem *einen* zurechtkommt, kann kaum glauben, mit *allem* eins zu werden (und doch ist dies ein weit verbreiteter Irrtum). Hier im zwölften Prinzip löst sich die auf das Subjektive bezogene Liebe auf, um emporgehoben zu werden zum Größten: der chymischen Hochzeit, der Verbindung der beiden Pole. Und doch war ganz am Anfang schon alles vorhanden.

Soweit der Spaziergang eines Paares durch den Tierkreis. Wie schon beschrieben, hat jeder Mensch die Möglichkeit, an jeder beliebigen Stelle des Weges auszusteigen, sobald ihn die Aufgabe langweilt, der Partner zu anstrengend bzw. der Weg zu mühsam wird. Heute, in der Zeit der »Wegwerfbeziehungen«, gibt es sicherlich mehr Anfänge als früher, als Mann und Frau aufeinander angewiesen waren und es mehr Ver- und Gebote gab, die einen festen Rahmen vorgaben, dem sich zwei Menschen verpflichten mussten. Ich weiß nicht, ob die Beziehungen deswegen besser waren. Es ist immer möglich, innerlich auszusteigen und dabei die äußere Form zu wahren. Vielleicht ist die heutige Zeit einfach nur ehrlicher geworden. Dennoch finde ich es schade, dass teilweise eine Art »Beziehungsausverkauf« stattfindet, und dass die (scheinbare) Austauschbarkeit von Partnern eine Vertiefung der Seelengeschichte nicht zulässt. Am geschilderten archetypischen Verlauf können wir sehen, dass wir Zeit und Ausdauer brauchen, um wirklich *sehen* zu lernen. Solange wir den »Schatten« nicht in die Arme schließen können, wird er uns wieder und wieder begegnen. Es ändert nichts, dass er jeweils – zu Beginn – ein anderes Gesicht hat. In jedem Menschen, dem wir die Hand reichen, berühren wir immer einen Teil von uns selbst.

Ebenso, wie es dem Menschen in die Wiege gelegt wurde, *nein* zu sagen, kann er sich zu einem *ja* durchringen, beziehungsweise hinarbeiten. Es liegt in seinen Möglichkeiten, sich wieder und wieder abzuschneiden oder sich letztendlich zu verbinden. Der Sog, die Anziehungskraft der Verliebtheit (die so genannte Chemie) unterliegt einem höheren Gesetz. Was wir daraus machen, untersteht unserem Willen. Jeder Mensch, der mehrere Beziehungen hinter sich hat, weiß, dass eine unterschiedliche Dynamik herrscht – obwohl er doch immer der Gleiche ist. Jede Partnerschaft hat ihre eigenen Gesetze, ihre eigene Erlebnisabfolge. Diesen individuellen Rhythmus von Zu- und Abwendung, in guten und in schlechten Phasen, von schwierigen, auseinandersetzungsreichen und harmonischen Zeiten beschreibt der Siebener-Rhythmus. Im Composit beginnen wir mit dem Aszendenten und setzen ihn mit dem Zeitpunkt des ersten Treffens gleich. Dieses System gibt uns Auskunft über das gemeinsame »Dritte« und seine Entwicklungsstufen. Diese sehen von Paar zu Paar, von Partnerschaft zu Partnerschaft unterschiedlich aus. Es gibt Beziehungen, die mit einem Knall beginnen, und es gibt endlos lange Wartezeiten, bis überhaupt einer bemerkt, dass eine Begegnung stattfand. Über manchen Beziehungswegen leuchtet zu Beginn ein heller Stern, der sich mit der Zeit verdunkelt. Andere wiederum beginnen ihren Weg in Feindschaft, Hass, Dürre und Trockenheit und erleben später einen warmen, wohltuenden Regen. Es ist wichtig, dass ein Paar, das in den heftigen Wogen seiner Gemeinsamkeit unterzugehen droht, einen »Navigationsplan« an die Hand bekommt, der es lehrt, die bedrohlichen Stürme zu meistern. Die Phasen und Auslösungen des Composits sind durchaus mit einem solchen Plan vergleichbar. Sie ziehen den Blick der »Verirrten« weg vom Dunkel der Probleme und richten ihn auf den erhellenden Sinn. Er vermag ihnen Mut, Kraft und Einsicht zu geben.

Auch das zweite hier im Buch beschriebene System der Transite gibt ein Werkzeug an die Hand, eine Beziehungssituation zu beleuchten. Nur dass sich der Lichtstrahl ganz auf einen selbst, auf die eigenen Aufgaben wirft. Jede Persönlichkeit besteht aus verschiedenen Teilaspekten, jede Seele birgt die unterschiedlichsten Räume. Oder wie ich es nenne: Jeder Mensch ist multipel und besteht aus verschiedenen inneren Personen. So ist eine der eigenen inneren Personen zuständig für Beruf und Berufung, eine für die Durchsetzung, eine für die Mutterschaft und so weiter; die Radix-Venus ist beispielsweise Trägerin des Themas Partnerschaft. Dieser Person und ihren durch Zeitqualität gestellten Aufgaben kommen wir am besten auf die Spur, wenn wir uns die Transite anschauen. Die Entwicklung unserer Beziehungsfähigkeit unterliegt gleichermaßen archetypischen Phasen und individuellen Rhythmen. Beginnend mit der Eltern-Kind-Beziehung ist der Mensch zuerst einmal »Nehmer«. Ohnmächtig ist er dem ausgeliefert, was er bekommt. Die Art und Weise, wie seine Eltern ihn behandeln und wie sie zueinander stehen, prägt seine individuelle Beziehungsstruktur. Mit dem Trotzalter löst er sich aus dem »Wir« und nimmt sich zum ersten Mal als »Ich« wahr. In der Pubertät wiederholt er mit noch heftigeren Abgrenzungen diesen Ablösungsprozess. Jetzt kann er sich einem gegengeschlechtlichen Partner zuwenden. Er erlebt zum ersten Mal Ebenbürtigkeit in der Partnerschaft. (Seine Eltern waren ja »größer« als er.) Bis zur ehelichen Bindung hat er noch viel zu lernen. Erst wenn er Kinder hat, ist er der Größere, der Verantwortliche. Er erlebt eine neue Beziehungsform. Auch seine Partnerschaft unterliegt zu diesem Zeitpunkt einem Wandel, aus einem Liebespaar wird ein Elternpaar. Sobald die Kinder erwachsen sind, muss er die Verantwortung wieder abgeben. Bis dahin ist seine Partnerschaft gereift, er braucht den Partner nicht mehr so dringend, die Abhängigkeiten schwinden. Ist die Beziehungsperson weise geworden, werden bis zum Tod alle Bindungen gelöst sein.

Innerhalb dieser Abfolge gibt es viele Hürden und Blockaden. Manch einer sitzt ein Leben lang auf Stufe eins, in kindlicher Abhängigkeit. Ein anderer schafft es nie, seinen Trotz zu überwinden. Nehmen wir einmal an, da gäbe es jemanden, der Stufe um Stufe seiner Entwicklung folgend das Beziehungsziel erreichen würde. Wäre er glücklicher als wir anderen, die an der einen oder anderen Etappe kauen, als sei sie aus Hartgummi? Ich denke schon: Ordnung lässt die Liebe gelingen und gedeihen, denn die vielen Probleme, die wir in unseren Partnerschaften vorfinden, lassen darauf schließen, dass nicht sehr viel Ordnung herrscht. Wo wir festhängen, welcher Entwicklungsschritt zu einem bestimmten Zeitpunkt der richtige ist, darüber geben uns die Transite über die Venus Auskunft. Gott sei Dank wird uns keine Chance nur einmal offeriert. Die gesetzmäßige Rückkehr der Planeten legt uns wieder und wieder das gleiche »Päckchen« vor die Füße, bis wir es ganz ent-wickelt und uns den Inhalt ein-ver-leibt oder besser gesagt ein-ver-seelt haben.

Die Venus in den Zeichen
Der andere in mir

Die Venus ist Herrscherin der beiden Tierkreiszeichen Stier und Waage. Obwohl sich die Inhalte dieser beiden Zeichen voneinander unterscheiden, werden sie im Planeten Venus zu einem Thema zusammengeführt.

Unser eigener Wert (Stier) wird zumeist von dem, was uns von außen entgegenkommt, bestimmt. Lob und Anerkennung lässt unseren Wert steigen, Ablehnung und Kritik unser Ich in sich zusammenfallen. Es gibt nichts Unerwünschteres als diese Abhängigkeit, ein ehrlicher Blick auf unsere Muster wird uns diese Abhängigkeit allerdings bestätigen. Niemand steht alleine in der Welt, jeder ist umgeben von tausend Spiegeln. So sehr er sich auch bemüht, all diejenigen auszusortieren, die ihn in unangenehmem Licht zeigen, es wird ihm nie gelingen. Die Venus (und das 7. Haus) stehen symbolisch für all jene Seelenanteile, die ich *in mir* nicht finden kann. Sie laufen »frei« in der Welt herum und werden von Zeit zu Zeit in mein Sichtfeld gezogen, auf dass ich wieder Kontakt mit ihnen aufnehme. Sie gehören zu mir, doch meine Seele weiß noch nicht darum. Zwar trage ich eine Art Steckbrief beziehungsweise Suchbild in mir, doch selbst dieses ist mir zum großen Teil nicht bewusst. Viele Bilder und Vorstellungen liegen darüber. Dieses Suchbild geht aus einer Art Vakuum hervor und hat den Sinn, mich an das Fehlende zu erinnern, es zu suchen und mich darin zu erkennen. Mit anderen Worten: In mir ist der Platz für das Fehlende in all seinen Ausprägungen schon vorhanden, ähnlich einem letzten fehlenden Puzzleteil ist die Form als Negativ vollständig vorgezeichnet. Ausgefüllt oder besser erfüllt fühlen wir uns nur durch ein genau passendes Gegenstück. Ganz tief in mir weiß ich um das Fehlende, doch auf der »Oberfläche« meines Seins probiere ich herum und versuche wieder und wieder, unpassende (aber meinen Wunschvorstellungen entsprechende) Teile hineinzupressen. Mein Herz blutet dann wie die Füße der bösen Schwestern von Aschenputtel. Jede weitere Enttäuschung sagt mir nur immer wieder, dass ich noch nicht »bereit« war. In Wahrheit handelt es sich bei dem Fehlenden nicht wirklich um eine Person, sondern um ein Geheimnis, das meine Seele betrifft und das mir von jemandem überbracht wird. Dieses Geheimnis wird, wenn ich es nicht in mich einlasse, vom einen verstoßenen, verlassenen Partner zum nächsten weitergegeben, wie ein Stab beim Staffellauf. Tröstlich dabei ist, dass er nicht verloren gehen kann. Das Unerfreuliche dabei ist, dass er niemals verloren geht, dass die Aufgabe aufersteht wie der schwarze Mann im Gruselfilm: Immer, wenn du glaubst, du bist sie los, ist sie schon wieder da.

Es gibt eine gute Übung, dem Geheimnis der Venus auf die Spur zu kommen: Machen Sie eine Liste von all dem, was Sie in Ihren Beziehungen, angefangen mit Ihren Eltern *nicht* bekommen haben (beispielsweise Anerkennung, Verständnis etc.) und eine weitere Liste von dem, was Sie an den anderen sehr gestört hat (zum Beispiel deren Egoismus, Desinteresse etc.). Eine weitere dritte Liste sollten Sie von dem erstellen, was andere Ihnen voraus haben, was sie besser können als Sie und was Sie bewundern. Und jetzt schauen Sie Ihre Reaktionsmuster an. Haben Sie sich beleidigt zurückgezogen? Sind Sie früher gefühlvoller gewesen und jetzt – durch die schlimmen Erfahrungen – härter geworden? Haben Sie von anderen gelernt, sind Sie durch andere weiser, reifer geworden? Wenn Sie eine lange Beziehungsgeschichte hinter sich haben, dann wird Ihnen etwas auffallen. Sie sind dem Geheimnis Ihrer Venus auf der Spur. Es muss ja so sein, dass Sie das, was Sie suchen, auch in sich tragen, im Positiven wie im Negativen. Das Gute, das Ihnen von außen entgegenkam, gab es schon immer in Ihnen, Sie mussten es nur finden und entwickeln. Es gibt allerdings auch zum Unangenehmen, zum Dunklen eine Entsprechung in Ihnen, und letztlich wird sich herausstellen, dass dies das Gleiche ist, so eng miteinander verbunden, dass das eine nie ohne das andere erlebt werden kann. Es handelt sich ganz klar und deutlich um *ein* Thema.

Ein Beispiel:

Ein Mensch mit einer Widder-Venus findet alle anderen Menschen langweilig. Er muss immer den Anfang machen, die Impulse setzen. Sobald ihm jedoch eine starke Persönlichkeit von außen entgegenkommt und einen Teil seines Reviers beansprucht, fängt er an zu kämpfen, sich zu beschweren und den Eroberer – sofern dieser überlegen ist – zu »verteufeln«. Dann klagt er den Frieden ein, vermisst die Harmonie. Bewusst wünscht er sich Ähnlichkeit zu seinem positiven Venus-Anteil, findet aber überall in der Welt nur Unzulänglichkeit. Unbewusst, im Negativ des Suchbilds liegend, sucht er eine Entsprechung zu den Schattenanteilen seines Beziehungsmusters: sich zu viel Raum zu nehmen, den anderen überrollen, kein »Wir« bilden. Seine Beziehungsmedaille hat, wie jede, zwei Seiten. Er findet seinen Wert anderen gegenüber im Kampf, in der Position des Stärkeren. Verliert er, was eine Widder-Venus nicht ertragen kann, schiebt er diese Tatsache als Schatten hinüber zum Du und lehnt sie im Außen ab.

Ein weiteres Beispiel:

Eine Frau mit einer Fische-Venus empfindet sich in ihren Beziehungen als sehr einfühlsam und anspruchslos (und ist es auch). Sie nimmt sich zurück, lässt dem Du mehr Raum, als sich selbst. Dies gibt dem Partner – von ihr aus gesehen – mehr von der Partnerschaft als ihr selbst. Drehen wir den Spiegel ins Negative und der Partner übernimmt ihren Teil, ist er, von ihr aus gesehen, »flüchtig«, entzieht sich und bringt wenig Bindungsenergie in die Beziehung ein. Sie bleibt sehnsuchtsvoll – alleine – zurück und hat, das ist die bittere Wahrheit, so wenig vom anderen, wie er von ihr (was sie allerdings nicht sehen kann). In der ersten Ehe dieser Frau war der Partner nicht so ganz der Richtige, sie konnte ihn nicht von ganzem Herzen lieben. Ihre Gefühle verlagerte sie auf eine heimliche, unerreichbare Liebschaft. Nach der Scheidung, als die beiden zueinander hätten kommen können, verliebte sie sich in einen Mann mit sehr großen Bindungsängsten, dem seine Freiheit das Liebste war. Alle drei Beziehungen wurden unter dem Siegel der Fische geschlossen. Das bedeutet erstens: die Bereitschaft, alles für das gemeinsame Glück zu erdulden und dabei ganz weit in die Warteposition zurückzutreten. Zweitens: die – wie auch immer geartete – Abwesenheit des anderen. Drittens: die Sehnsucht nach dem Unerreichbaren, die sich sofort auflöst, wenn das Gegenüber seine geheimnisvolle, verschwiegene Position aufgibt und real erreichbar wird.*

Venus im Widder

Die Venus im Widder bezieht ihren »Wert« aus den gelungenen Eroberungen. Liebe, die sich ihr vor die Füße wirft, zählt für sie nicht.

Du selbst möchtest »schwer zu haben sein«. Aus diesem Wert heraus hast du ein Suchbild entwickelt: Dein Gegenüber muss eigenständig und von Beziehung (d. h. von dir) unabhängig sein. In deinen Partnerschaften wird um alles gestritten. Dein Lieblingsspiel ist, die Gegenposition zu beziehen. Bloß nicht einer Meinung sein, an einem Strang ziehen. Wie langweilig! Du liebst die leidenschaftlichen Anfänge, nicht die Beständigkeit. Bist du mutig genug, dir einzugestehen, dass du ein *»Opfer«* brauchst, das in der Glut deines Wollens verbrennt? Wenn nicht, dreht sich die Medaille schnell und du erlebst in deinen Partnerschaften eine dich überrollende Welle von Fremdenergien, die dir kaum die Luft zum Atmen lässt: Dein Gegenüber lässt dir keinen Raum. Der Partner schaut nur auf sich selbst. Dich und deine Belange gibt es für ihn nicht. Er bleibt auf seiner Seite des Lebens, ohne dir – und seiest du zeit-

* An dieser Stelle sei bemerkt, dass wir auch mit anderen inneren Personen in Beziehung treten, mit dem Mond zum Beispiel. Wir können eine gute stabile Mond-Konstellation haben und damit in unserer Familie fest verankert sein, während die Venus frei und ungebunden bleibt und sich vor Sehnsucht verzehrt.

weise noch so bedürftig – jemals die Hand zu reichen. Für ihn bist du Abenteuer, Sparring-Partner und erhöhst sein Interesse und seine Lust nur dann, wenn du dich ihm stellst. Rückzug lässt er nicht zu, er bleibt dir auf den Fersen. Bleibst du, müde von der Jagd, einmal stehen, verliert er das Interesse an dir.

Sollten deine Streit- und Auseinandersetzungs-Energien erschöpft sein und du wünscht dir nichts sehnlicher als Ruhe und Harmonie, hast du den Schlüssel zum Fehlenden in deiner Hand: Ob du dir deiner Widder-Kräfte bewusst bist (und sich der andere nichts sehnlicher als Ruhe wünscht) oder sie in die Projektion gedrängt hast, bleibt sich gleich. Deine individuelle Art, Kontakt aufzunehmen, gleicht einer Kriegserklärung. Um die Leere in dir zu füllen und den anderen in dir zu spüren, brauchst du feurige Inszenierungen. Die Stille der Liebe ist dir unbekannt. Gib deinem größten Feind (du hast ihn ja sowieso schon geheiratet) den erlösenden Kuss. Aber hüte dich davor, die Waffen zu strecken. In diesem Moment wird der andere »da draußen« die seinen auspacken, und er wird damit so lange vor dir herumfuchteln, bis dein dir angeborener Reflex darauf anspringt und du Widerstand leistest.

Du bist, wer du bist! Nimm die starke Position, die dir in die Wiege gelegt wurde, entgegen. Ergreife die Initiative und entzünde in den Herzen deiner Mitmenschen die Flamme der Leidenschaft und Liebesglut.

Venus im Stier

Die Venus im Stier bezieht ihren Wert vor allem aus der Tatsache, dass sie jemandem wichtig ist.

Er/sie soll dich – nur dich! – unbedingt brauchen. Du tust viel dafür, dass dies gelingt. Du beschenkst ihn, machst dich unentbehrlich. Du folgst ihm treu auf seinem Weg in sein Leben hinein. Du willst ganz sichergehen, dass du der einzig richtige Partner für ihn bist. Du tust alles, um zu gefallen. Am liebsten bist du sein Schatz, sein Goldstück. Als solches möchtest du behütet und bewahrt werden. Es stimmt, du bist beständig und treu, tust viel für die Gemeinsamkeit, der andere kann sich auf dich verlassen.

Bist du so ehrlich, dir einzugestehen, dass er sich ganz besonders darauf verlassen kann, dass du *geliebt* werden möchtest und nicht darauf, dass du *liebst?* Sehr schnell, wie in allen Beziehungen dieser Welt, kehren sich die Pole um: Auf einmal will dein Gegenüber permanente Bestätigung von dir. Forderungen von außen zehren an deinen Kräften. Du sollst dem Partner zu mehr Sicherheit und Wert verhelfen. Ohne dich geht auf einmal gar nichts. Gibst du nicht genug (dies zeigt sich schnell, da du tief im Inneren deiner Natur ein Nehmer bist), werden dir die unmöglichsten Rechnungen gestellt. Auf der Leinwand deines Beziehungslebens läuft ein schrecklicher Film ab: der Geizige.

Du verstehst die Welt nicht mehr, jemand, der dir so wenig (von sich selbst, Geld, Aufmerksamkeit) geben möchte, kann dich ja gar nicht schätzen bzw. lieben. Die Sackgasse einer Stier-Venus ist schnell erreicht. Zwei Ausgehungerte kämpfen um die letzten Anerkennungsbrocken und – keiner wird satt. Kehre einmal zurück an den Anfang eurer Partnerschaft. Damals, als du deinen Partner mit allem Möglichen überhäuft hast, hast du da den anderen gemeint oder einen Geber »bestochen«? Und er, hat er dich gemeint oder dir vielleicht so viel Wert zugemessen, um ein »Gegengeschäft« zu tätigen? Die Antwort ist sicherlich schmerzhaft: Ja, bei dir ist das Thema deines Eigenwertes mit dem Du so fest verschmolzen, dass es einen unlösbaren (und unverdaulichen) Knoten bildet.

Für dich gibt es keine Unabhängigkeit vom anderen – auch dann nicht, wenn du alleine lebst. Mache das Beste daraus, nutze deine Gruppen bildende, Wärme spendende Kraft einer treuen Zugehörigkeit, bis dass der Tod euch scheidet. Ein wirklich seltenes Gut in der heutigen Zeit, es lohnt sich, diese Kostbarkeit zu hüten.

Venus in den Zwillingen

Mit der Venus in den Zwillingen begegnen wir einer leichten, luftigen Venus. Sie verkrampft sich nicht im Wollen und Halten. Bei den Mitmenschen ist sie ein gern gesehener Gast, immer bereit, sich auszutauschen und gemeinsamen Interessen nachzugehen.

Zweisamkeit in der Partnerschaft ist nicht dein Anliegen, lieber ist es dir, wenn sich Freunde dazu gesellen oder du dich zumindest zusammen mit deinem Partner auf etwas außerhalb von euch Liegendes beziehen kannst. Du betrachtest Hand in Hand die Welt mit den anderen – das verbindet. Du empfindest die stärkste Zugehörigkeit zum Partner nach einem gemeinsamen Erlebnis. Die Gefühle fließen von dir zur Welt und von dort zurück zum Partner. Ein Stubenhocker ist für dich ein Gräuel. Ebenso werden Menschen, die sich an dir festhalten, die dich brauchen könnten, von dir gemieden. Natürlich kennst auch du Verliebtheit und den Drang, den Partner zu sehen, mit ihm allein zu sein. Am liebsten allerdings bist du mit ihm auf den Marktplätzen der Welt unterwegs. Zu zweit unterwegs zu sein – so glaubst du –, zählt mehr, als würdest du das alleine tun. Du fühlst dich von einem ähnlichen Partner, der dieselbe Welt bewohnt wie du, aufgewertet und geschmückt. Dass sich Gegensätze anziehen, stimmt für dich nicht. Das Spannungsfeld der Gegensätzlichkeit lässt dich unberührt. Die Verdoppelung einer Ähnlichkeit bestätigen dich und dein Sein. Das schafft unproblematische Verhältnisse. Das gemeinsame Alltagsleben ist diskussions- und aggressionsfrei.

Menschen, die euch beobachten, halten euch für das ideale Paar. Freundschaften mit gemeinsamen Interessen gelingen dir ausgezeichnet. Wo also ist das Problem? Vielleicht gibt es hier keines und das *ist* das Problem. Bist du bereit, dir einzugestehen, dass es nicht um den anderen geht, sondern darum, einen Begleiter zu haben, um nicht alleine »unterwegs« zu sein? Kannst du dich erinnern, wie oft es dich selbst schon verletzt hat, dass auch du als »Begleitservice« benutzt wurdest? Auch kennst du die berechtigten Vorwürfe von deinen Partnern, dass du, sobald sie die Hand nach dir ausstrecken, zurückschreckst wie das Blatt einer Mimose. Es ist nicht einfach wahrzunehmen, dass du in Wirklichkeit nicht auf den Partner, sondern gemeinsam mit ihm auf die Welt schaust.

Der Anspruch an Tiefe und Ernsthaftigkeit spukt in deinen Beziehungen herum, ohne von dir erfüllt zu werden. Hüte dich, dir etwas vorzumachen und Bilder zu entwickeln, die allesamt aus einer Welt stammen, die nicht die deine ist. Du hast auf deine Art genug zu bieten: Die leichte Hand, die du dem Partner reichst, ist ein Geschenk, das in einer Beziehungswelt des Kämpfens und Besitzdenkens nicht mehr wiegt als eine Feder im Reich von Schlingpflanzen.

Venus im Krebs

Der Liebe einer Venus im Krebs kann niemand etwas vormachen, sie scheint die Liebe für sich gepachtet zu haben. Ihre Hingabe und ihr Einfühlungsvermögen sind sprichwörtlich.

Ob du Mann oder Frau bist, mache dir klar, dass dein Beziehungsverhalten auf jeden Fall weiblich ist. Du bist aufnehmend, bereit, dein Gegenüber widerzuspiegeln wie der Mond die Sonne. Du opferst viel von deinem Ego, damit die Beziehung gelingt. Du nimmst dich um des Friedens willen zurück, bist der tragende Pol der Gemeinschaft. Eine wahre Freude für jemanden, der gerne bemuttert und behütet werden möchte. Du beeindruckst damit, dass du ein guter Zuhörer bist und bindest durch viel Verständnis. Bald kennst du die verborgensten Gefühlswinkel der Seele deines Partners. Dann braucht dich der andere, um sich bei sich selbst zu Hause zu fühlen. Es ist ja auch zu schön, die »Mutter« der eigenen Seele wiedergefunden zu haben. Endlich darf man wieder Kind sein. All seine Problemlösungen und Gefühlsbahnen laufen nun über dich. Ihr seid eng und emotional miteinander verbunden. Zu eng? Fällt dir jetzt auf, dass du ein »Kind« an deiner Brust hältst und ihm das gibst, was seine Eltern nicht geben konnten? Gleichst du Defizite *seiner* Kindheit aus oder vielleicht deiner eigenen?

Hast du den Mut hinzuschauen und dir einzugestehen, dass du es bist, der besonders bedürftig ist und dass du aus Angst vor dem Alleinsein den Weg des unabkömmlichen Gebers gewählt hast, damit du im abgesicherten Gefühlshafen zur Ruhe kommst? Irgendwann merkst du, dass die Ebenbürtigkeit fehlt, dass du zu wenig bekommst. Dein Gegenüber ist – von dir »erzogen« – zu einem ewig hungrigen Kind geworden, dessen Seele niemals satt wird. Du fühlst dich zu kurz gekommen und betrogen.

Das Geheimnis deiner Venus fällt dir in den Schoß, wenn du jetzt sehen kannst, dass du dich selbst um den Ausgleich gebracht hast. Klagen und Fordern ist kein Ausweg. Du musst dir »nur« eingestehen, wie bedürftig du in Wirklichkeit bist. Du lebst von der Zuwendung des anderen, das ist wahr, dafür jedoch hast du sehr viel zu geben. Wie zu Beginn schon gesagt, deine weiblichen Fähigkeiten, dich in andere Menschen hineinzuversetzen, vieles zu verstehen, was außerhalb deiner Person liegt, ist ein Schatz. Ein Schatz in der Welt der vielen, nur auf sich selbst bezogenen Egos. Du verstehst es, der Sonne den Tag zu überlassen und dich mit dem geheimnisvollen Licht der Nacht zu begnügen.

Venus im Löwen

Die Venus im Löwen kennt ihr Suchbild wie keine andere. Nur ein vollkommener Partner kommt in Frage, nur ein König passt zur Königin, nur eine Prinzessin schmückt den Prinzen. Das Bedürfnis zu wählen ist bei der Löwe-Energie besonders ausgeprägt. Warten und sich wählen, beziehungsweise erobern lassen ist nur ein Bestätigungsspiel, niemals seelische Wirklichkeit. Eine Person, die sich auf dem Eroberungsfeldzug zur Löwe-Venus hin wähnt, kann dies nur, weil ihr dieser Part (heimlich) zugeschoben wurde. Der Partner wurde in das eigene Ich hineingezogen und im Laufe der Zeit als eigenständiges Wesen vergessen. Genau genommen ist die Venus im Löwen eine Einzelgängerin, die ein Gegenüber nur braucht, um im Ballsaal des Lebens mittanzen zu können.

Wenn du schon einige Beziehungen hinter dir hast, was wahrscheinlich ist, wirst du es dir längst eingestanden haben: In Beziehungen bist nur du wichtig. Du brauchst einen Spiegel, um dich darin bewundern zu können. An einem lebendigen Menschen mit seinem ihm eigenen, einzigartigen Wesen hast du keinen Bedarf. Einzigartig bist du selbst. Du hast genügend Kraft für zwei. Der Beziehungsraum wird von dir allein erfüllt, da muss der andere nichts hinzufügen. »Wieso ist dieser nicht dankbarer, wenn du so viel zu geben hast? Muss er denn wirklich ein eigenes Ich besitzen?«

Für dich gibt es zwei mögliche Varianten der Partnerschaft. Erstens: Du suchst den Applaus, siehst dabei nur dich und bemerkst erst, wenn es den anderen (für dich) nicht mehr gibt, dass dieser überhaupt da war. Zweitens: Du wählst (unbewusst) jemanden, der dir die Schau stiehlt. Am Anfang sah alles viel versprechend aus. Endlich hattest du jemanden gefunden, der dir das Wasser reichen konnte! Doch plötzlich wächst dir diese Person über den Kopf, dringt in deine Domäne der Einzigartigkeit ein und beansprucht für sich das Gleiche. Nach und nach rupft sie deinem Ego die Federn einzeln aus. Die tosenden Wellen des Machtkampfes übertönen die Stimmen eurer Herzen. Wie kommt man da wieder heraus? Das Schlachtfeld geschlagen und verwundet verlassen? Nein, niemals! Das kannst du nicht! Besinne dich lieber auf deine Stärken, kehre zurück zur jugendlichen Freude des Liebesspiels.

Nimm dich ruhig wieder wichtig, breite dir selbst den roten Teppich aus und tanze darauf. Am liebsten haben dich die Menschen, wenn du spielst, wenn du deine Kreativität einsetzt. Dann verzeihen sie dir alles. Sie können deinem Charme nicht widerstehen. In einer kargen, ernsthaften Welt, die an ihren Selbstzweifeln krankt, bringt ein gesunder Egoismus wenigstens ein bisschen Sonne und Wärme.

Venus in der Jungfrau

Die Jungfrau-Venus hütet sich, allzu romantisch und leidenschaftlich zu sein. Sie weiß um den später folgenden Sturz auf den Boden der Realität. Da akzeptiert sie lieber gleich den vernünftigen Rahmen ihrer Möglichkeiten. Sie sucht sich jemanden, der zu ihr passt und macht keine Kompromisse. Lieber bleibt sie alleine. Hat sie den Passenden gefunden, ist sie bereit, geduldig am Gelingen der Beziehung zu arbeiten.

Ja, du bist bereit, auf die übliche Berg- und Talfahrt der Gefühle zu verzichten, um treu und beständig ein Ziel zu verfolgen: eine ausgeglichene, friedvolle, sichere Partnerschaft. Die Aufgaben werden gerecht verteilt, und du verlangst die Anpassungsleistung, die du einbringst, auch vom anderen. Notwendigkeiten und Pflichten müssen treu erledigt werden, man kann sich auf dich verlassen. Deine Venus hat »Teamgeist«, zu viel Ego hat hier nichts zu suchen. Deine Gefühle sind gleich bleibend, beständig und die deines Partners auch. Darauf bestehst du! Du beobachtest und kontrollierst, ob eine Rechnung offen bleibt. Wenn ja, diskutierst du so lange, bis dein Gegenüber deine Forderung versteht und ihr nachkommt. Wenn du ehrlich bist: Am Ende einer jeden Aufrechnung stehst du im Plus und der andere im Minus. So opferbereit und anpassungsfähig wie du ist niemand. Die andere Seite deiner Beziehungsmedaille ist lange nicht so poliert wie die deine. Grund genug für Kritik. Schade, dass dein Gegenüber deinen Heiligenschein nicht sehen kann. Du bist eindeutig besser als er, aber dies weiß niemand zu würdigen. Ganz im Gegenteil, es passt ihm nicht, von deinem Röntgenblick verfolgt zu werden. Wohl wissend, dass er der »Schuldige« ist, wagt er es dennoch, dir seine Fehler zuzuschieben und seine Fehler auf dich zu projizieren. Das »Kritik-Ping-Pong-Spiel« geht zumeist unentschieden aus (obwohl du ganz tief in deinem Inneren sicher bist, dass du Recht hattest).

Hör auf, jedem Ball nachzulaufen und den Partner damit treffen zu wollen. In diesem Spiel gibt es keine Sieger. Besinne dich auf deine Qualitäten. Wenn es mehr Menschen wie dich gäbe, gäbe es nicht so viele Scheidungen. Du bist ein Pfeiler in der heutigen leichtlebigen Beziehungswelt. Bleibe dem gemeinsamen Weg treu und du wirst erreichen, was du dir wünschst: ein sicheres, gefestigtes Nest, in dem sich selbst ein Zugvogel wohl zu fühlen vermag.

Venus in der Waage

Die Venus in der Waage weiß es genau: Ich bin die Hälfte eines Ganzen und meine (Lebens-) Aufgabe ist, meine Ergänzung zu finden.

Irgendwo auf der Welt läuft der »Schlüssel« herum, der in dein »Schloss« passt. Deine tiefste Sehnsucht ist, die Trennung von Schloss und Schlüssel immer wieder aufzuheben. Du hast einen ausgeprägten Sinn für Gemeinsamkeit, zwei Herzen schlagen in deiner Brust. Eines für dich, dein Ich, und das andere für das Wir. Gerne ordnest du dich ergänzend dem Du zu. Gegensätzlichkeiten schrecken dich nicht ab. Mit dem Fremdesten zu harmonieren, ist dein größtes Bestreben. Wenn es schwer ist, umso besser! Wenn es aussichtslos ist, noch besser! Du schaffst es schon. Du bist bereit, die unbekannte Lebensmelodie deines Gegenübers zu erlernen und mitzuspielen. Gibt es etwas Schöneres als ein wohlklingendes Duett? Falls deine eigene Melodie dissonant zum Spiel des Partners tönt, muss sie weichen. Die Harmonie geht dir über alles. Verstehst du die Einwände deines Partners, der gerne einmal etwas anderes als immer nur seine eigene Musik hören möchte? Gut, zu Beginn eurer Beziehung war er begeistert, wie gut ihr euch versteht. So eine Übereinstimmung, solch ein umwerfender Gleichklang! Eure Herzen schlugen im gleichen Takt, die Flamme der Liebe loderte und verbrannte dabei deine Gedanken, deine Meinung, dein Ich. Jetzt gibt es dich nicht mehr. Du bist deinem Partner so nahe getreten, dass er dich nicht mehr sehen kann.

Du sprichst (immer!) vom Wir. Wo bist du innerhalb dieses Wir's? Kommt es dir nur so vor, oder hat dein Partner kein

Interesse mehr an dir? Hast du das verdient? Deine Venus ist eine der beziehungsfähigsten auf dieser Welt. Aus Liebe lässt sie sich vom Gegenüber schlucken (und verdauen). Am Ende einer Beziehung, wenn du sozusagen zu dir zurückkehrst, musst du in manchen Dingen ganz von vorne anfangen. Du bist wie ein Neugeborenes, musst dich erst einmal mit dir und deiner Welt vertraut machen. Weißt du, wie *du* küsst, wie *du* das Beziehungsleben gestaltest, wie *du* dir Gemeinsamkeit vorstellst? Lass dir Zeit für diese Antworten und warte – ich weiß, es ist schwer für dich – wenigstens ein bisschen auf die nächste Partnerschaft. Ach, was sage ich: Du wirst nicht warten, eine neue »andere Hälfte« steht bereits vor dir, um in dein Herz geschlossen zu werden. Du wirst sie genauso wichtig nehmen, ihr ebenso viel Aufmerksamkeit schenken und – und das ist das Schönste daran – sie genauso glücklich machen, wie die vorherige.

Venus im Skorpion

Die Liebesenergie einer Venus im Skorpion ist ausgesprochen intensiv. Eifrig verfolgt sie ihre Ziele. Sie möchte alles oder nichts, den anderen mit Haut und Haaren. Sie ist bereit, sich auszuliefern, sich mit tausend Saugnäpfen in der Seele des anderen festzusaugen. Jede Partnerschaft ist eine Aufgabe ihrer Existenz. Sie fordert die totale Hingabe und Aufgabe ihrer Selbst und die des Partners. Du nennst die höchsten Ideale dein Eigen, du bist bereit, ihnen das Profane zu opfern.

Du möchtest dich im anderen verlieren, ganz eins mit ihm werden. Dein Leben wird dadurch tiefer, spannender und lebendiger. Endlich bekommt deine Seele, was sie braucht. Eingebunden in das Energiefeld des Partners lebst du auf. Er wird dein Ein und Alles, von ihm hängt alles ab, dein Gemütszustand, dein Glück und letztlich dein Leben. Mehr kann man wirklich nicht geben. Du gibst dich ganz. Was ist, wenn der andere geht? Bindung und Lösung folgen aufeinander, daran vermag auch eine Skorpion-Venus nichts zu ändern. Du setzt alles daran, dieses Gesetz zu brechen, machst dich abhängig, glaubst, ohne den anderen nicht leben zu können. Und wirklich, du stirbst ein bisschen, wenn du verlassen wirst. Jeder tut das, es ist der Lauf der Welt. Eine Welt, deren Lauf du am liebsten anhalten möchtest. Lange kannst du der Wirklichkeit nicht ins Auge blicken. Du ignorierst dein Alleinsein. In Gedanken, in deinem Inneren bleibst du für immer fest mit dem Partner verbunden, auch wenn dieser (innerlich oder äußerlich) schon längst gegangen ist. Du schaffst es, mit einem Bild, mit einer Vorstellung zu leben. Selbst diese vermag dich zu nähren und zu erfüllen. Bist du der einzige Mensch, der weiß, was Liebe ist, Liebe über den Tod hinaus? Weißt nur du, was Verbindlichkeit bedeutet? Die Antwort musst du ganz alleine finden. Vielleicht willst du einfach nur zu viel? Ebenso ist es möglich, dass du den anderen überforderst, indem du zu viel gibst. Jedenfalls wird er dich nie vergessen.

Eine Beziehung mit dir ist ein Ausnahmezustand. Der normale Pulsschlag des Lebens erhöht sich, die Gefühle schlagen Wogen. Und wenn einer darin untergeht, so ist es ein seliger Untergang, aus dem er geläutert und gereinigt hervorgeht.

Venus im Schützen

Der Anspruch einer Schütze-Venus ist in allen Bereichen der Partnerschaft besonders groß.

Du reichst deine Hand nur dem einen Menschen, der deinem Wertsystem voll und ganz entspricht. Ebenso wichtig ist es dir, dass er dich zu schätzen weiß. Du möchtest, dass er deinen Charakter, deine Vorzüge, dein Wesen in einem guten Licht sieht. Zweifel und Kritik an dir bekommen eurer Beziehung nicht gut. Daran muss gearbeitet werden! Jedes Paar hat seine ganz speziellen Aufgaben, jeder gemeinsame Weg hat einen Sinn. Dir geht es nicht darum, den Alltag zu leben – dies ist für dich nur ein Nebenschauplatz –, sondern darum, einen wirklich sinnvollen Weg zu gehen. Du baust deine Beziehung auf dem gemeinsamen »Dritten« auf. Hier liegt für dich der Gewinn. Zwei Menschen können zusammen mehr erreichen als einer. Gemeinsam Schicksalsberge zu bezwingen, Beziehungsengen zu durchwandern und dabei zu wachsen und zu lernen, das ist es, was du brauchst. Ein Partner wird dir sehr schnell langweilig, wenn er nicht mithalten kann (oder will). Gemeinsame Kursbesuche, Paartherapien und Ähnliches können ein von dir erwünschter Aspekt sein. Du hast hohe Ideale, bist bereit, vom anderen zu lernen. Was aber, wenn es hieße: Eine Schütze-Venus lernt nicht *vom,* sondern *durch* den Partner. Besonders dann, wenn dir dieser »böse« mitspielt, damit du etwas über dich und deine Beziehungsfähigkeit erfährst. Jede Venus-Konstellation trägt die Bedeutung der Ergänzung in sich. Speziell die Schütze-Thematik deutet darauf hin, dass es viel zu lernen gibt, dass viel von außen auf dich zukommt, das dich bis ins Mark deiner Seele erschüttern muss, damit Grenzen gesprengt und dein Ich erweitert wird. Es kann nicht anders sein, damit dein Beziehungs-Ego von seinem eigenen Anspruch gestürzt wird. Du wirst dir den Sinn deiner Beziehungen selbst erarbeiten müssen. Die Suche, nicht die Antworten sind dir in die Wiege gelegt worden. Zeitweise wirst du daran verzweifeln, dass sich das Symbolon nicht schließen lässt. Ein ganz bestimmter Mensch scheint dir der richtige zu sein – und doch passt dein Schlüssel nicht ins Schloss. Bist du ganz sicher, dass er der Richtige ist? Oder schaffst du es nur nicht, deinen Willen, deine Ansprüche zurückzunehmen? Bist du bereit, das Schicksal als Vermittler von Partnerschaften zu akzeptieren? Oder glaubst du – bis zum bitteren Ende –, dass du die Fäden in der Hand hältst? Solange sich dein Ego aus dem erhöhten Anspruchsdenken heraushält, werden deine Beziehungen guten Nutzen von deiner Schütze-Qualität haben. Wenn du jedoch den anderen erziehst, belehrst und zu seinem »Glück« zwingen willst, wirst du scheitern.

Besinne dich auf dich selbst, schau auf *deine* Aufgaben! Nimm einen gleichberechtigten Platz ein und stelle dich ebenbürtig zum Du. Wenn du das geschafft hast, dann hast du erreicht, was du schon immer wolltest: der ideale Partner sein.

Venus im Steinbock

Die Venus im Steinbock geht ernst und gewissenhaft mit Beziehungen um. Der Partner wird so lange unter der Lupe betrachtet, bis er erkannt ist.

Du musst immer sehr genau hinschauen, da ein schneller Partnerwechsel für dich nicht in Frage kommt. Nichts ist schlimmer, als dich mit dem »Falschen« zu verbinden. Dein Suchsensor richtet sich auf den Charakter eines Menschen, nicht auf Äußerlichkeiten. Du suchst nicht die schwärmerische Romantik, sondern einen handfesten Vertrag, der zum Gelingen der Beziehung beitragen soll. Es stört dich nicht, dass du mit diesen Ansprüchen die eine oder andere Person verschreckst. Du bist gerne alleine, und bevor du dich auf halbe Sachen einlässt, genießt du lieber dein Alleinsein. Auch dann, wenn dein Gegenüber eine sehr starke Persönlichkeit besitzt und deine Grenzen wahrt, ohne allzu schnell beleidigt zu sein, machst du ihm sein Leben zeitweise schwer mit deiner großen Forderung an sein Erwachsen-Sein. Du erträgst keine Schwäche, keine kindlichen Gefühlswallungen. Da schreckst du entweder zurück oder versuchst, den anderen zu erziehen. Du möchtest unbedingt erreichen, dass er dich nicht braucht. Du wünschst dir, dass er ähnlich wie du alle Verschmelzungswünsche und Sehnsüchte aufgibt, um dir reif und eigenständig gegenüberzutreten. Du bist es leid, so viel tragen zu müssen und magst nicht immer für die Belange deiner Mitmenschen zuständig sein.

Bist du dir da sicher? Gehe einmal in Gedanken deine Beziehungen durch und gib jedem Einzelnen die Verantwortung für sich zurück. Jeder trägt jetzt sein »Päckchen« selbst. Was bleibt, wie viele Menschen ziehen sich enttäuscht von dir zurück? Sei ehrlich, wer bleibt dir erhalten, und was würdest du mit demjenigen unternehmen? Spielen, tanzen, flirten? Wohl kaum! Könnte es sein, dass du deshalb bei anderen eine so tragende, verantwortungsvolle Rolle spielst, weil du nicht weißt, was du sonst mit ihnen anfangen sollst? Doch, da gäbe es schon etwas: arbeiten! Dafür bist du geboren. Du bist ein gutes Team-

Mitglied, verstehst es, dich einzusetzen für gemeinsame Ziele. Auch bist du ein guter Vorgesetzter. Aber im Liebesleben bist du ernüchternd und desillusionierend.

Du bist ein guter »Wecker«, der die Träumer dieser Welt zum Erwachen bringt. Wer das versteht, wird dankbar sein, an deiner Seite große Entwicklungsschritte machen zu können. Von dir kann die Welt etwas Wichtiges lernen: Liebe gelingt nur auf einer Basis von Ordnung und Treue. Du bist einer der wenigen Menschen, der bereit ist, dafür die Konsequenzen zu tragen, auch wenn es wehtut.

Venus im Wassermann

In der Welt der Astrologen und ihrer Deutungen ist bekannt, dass die Venus im Wassermann die bindungsunfähigste von allen Venus-Konstellationen ist.

Du kannst es schon nicht mehr hören! Hast du nicht seit Jahren einen festen Platz in einer Partnerschaft? Es ist schon richtig, dass du schon öfter gehen wolltest, aber schließlich bist du geblieben. Oder? Ja, mit einem Bein, das andere musste draußen bleiben, frei für ein anderes Spiel. Es kann sein, dass du mehrere Beziehungen nebeneinander lebst. Kann aber auch sein, dass du immer wieder neue Menschen kennen lernst und das Spiel mit den Zufallsbegegnungen spielst. Dem darf sich keiner in den Weg stellen, am wenigsten dein Partner. Du bist fair und erklärst dich bereit, ihm das gleiche Geschenk zu machen. Der Mensch neben dir darf sich verwirklichen, darf auch ohne dich glücklich sein. Die Beziehung zu dir soll ihn an nichts hindern. Die Türen stehen immer offen!

Hast du den Mut hinzuschauen und dir die folgende Frage ehrlich zu beantworten: Wer von euch beiden ist in der letzten Zeit (in den letzten Jahren) durch diese Türe ein- und ausgegangen? Nur du! Dein Partner war zu Hause, hat gewartet, hat dich gehen und kommen sehen, wann und wie es dir beliebte. Was glaubst du, wer von euch beiden ist freier? Du, der du immer wieder gehen *musst,* oder dein Partner, der dich nimmt und wieder ziehen lässt? Frei ist, wer bleiben *und* gehen kann. Das ist es, was eine Venus im Wassermann ausmacht. Das ist ihr Schatz, den sie mit dem Partner teilen kann. Der »Raum« der Nichtbeziehung innerhalb einer Verbindung, den du einnimmst, ist sehr groß und zeitweise eine Herausforderung für deine jeweiligen Partner. Wenn sie es (notgedrungen) gelernt haben, damit umzugehen, sind sie frei. Das ist dein Abschiedsgeschenk an sie. Dafür hat sich der gemeinsame Weg gelohnt, zumindest für den anderen. Du bleibst zurück, bleibst der, der du warst – nur ein bisschen einsamer. Vielleicht wird dir dann bewusst, dass auch eine Venus im Wassermann ihre Ängste hat. Jemanden verlassen, das kann sie. Aber selbst verlassen werden, fällt ihr ebenso schwer wie allen anderen.

Bevor es so weit kommt, dass sich niemand mehr auf dich verlassen mag, besinne dich auf deine Vorzüge und setze sie *innerhalb* einer Beziehung ein: Die Freiheit ist ein hohes Gut und vermag zwei Seelen zu beflügeln, zur eigenen Melodie zu tanzen. Jeder in einem anderen, in seinem eigenen Rhythmus.

Venus in den Fischen

Jede Venus in den Fischen kennt das Lied: »Es waren zwei Königskinder, die konnten zusammen nicht kommen, das Wasser war viel zu tief.« Welches Wasser kann eine von Sehnsucht erfüllte Venus davon abhalten, das andere Ufer zu erreichen? Es ist das Wasser des Profanen, der Fluss, der zur Erfüllung fließt. Die Realität, die man mit sich trägt, ist der Untergang einer jeden Fische-Venus.

Möge dich das Schicksal vor der Erfüllung deiner Beziehungswünsche bewahren. Deine Venus ist die einzige, die Prinzen und Prinzessinnen küsst, die sich danach in Frösche verwandeln. Im Nebel deines verschleierten Blickes sieht die Zukunft mit einer Person immer fantastisch aus. Doch was ist mit der Gegenwart? Gibt es sie? Oder wartest du, dass er/sie endlich auf dich zukommt, sich ändert, dich besser versteht usw. Ja, du wartest. Du bist aufnehmend, geduldig, hingebungsvoll – kurzum ein Traumpartner. Nur der andere, der weiß das nicht ganz zu würdigen, es berührt ihn wenig. All deine großen Gefühle erreichen ihn nicht, er ist viel zu weit von dir entfernt. Wenn der Graben doch nicht so schmerzhaft trennend zwischen euch stünde! Bist du bereit, dir eine ehrliche Anwort auf die folgende Frage zu geben: Bist du sicher, dass es diese unerreichbare Liebe, unter deren Vorstellung du zeitweise leidest, auch dann noch gäbe, wenn die Kluft zwischen euch plötzlich verschwunden wäre? Liebst du das Unerreichbare, weil *du* auf dem sicheren Ufer bleiben möchtest? Vielleicht »darfst« du nicht geliebt werden? Nicht lieben? Nicht glücklich sein? Die Wiederholungen eines Beziehungsmusters lassen die unbewussten Seelenanteile immer deutlicher ins Bewusstsein treten. Sie halten uns die immer gleiche Antwort vor Augen: Der andere, das bist du. Nicht er steht am anderen Ufer, sondern du. Sobald diese Wahrheit dein Herz berührt, löst sich der Zauber, der dich gefangen hält. Dann schaffst du es, die größten Entfernungen zu überwinden. Schließlich ist es deine Venus, die mit ihrer Magie über alle Grenzen hinweg zu lieben vermag.

Transite über die Venus

Stellen wir uns unser Horoskop vor wie ein Radio mit nur einer Empfangswelle, beispielsweise UKW. Weiterhin tun wir so, als sei jeder Planet ein Sender. Jeden Tag, seit Anbeginn der Zeit, laufen die Planeten auf ihren gesetzmäßigen Bahnen um die Sonne. Sie sind (für unser Bild) ausgestattet mit Botschaften, mit ganz bestimmten Themen. Diese senden sie ununterbrochen Richtung Erde. Die Erde (im Ganzen) empfängt den gesamten Text. Für den einzelnen Menschen wäre eine solche Vielzahl von Botschaften verwirrend. Deshalb ist er, ausgestattet mit seinem Radix-Horoskop, ein individueller Spezialempfänger, der zu bestimmten Zeiten nur ganz bestimmte Botschaften hört. Steht zum Beispiel seine Sonne auf 10° Krebs, so ist der Mensch so eingestellt, dass er alles »hört«, was zu 10° Krebs hingefunkt wird. Jeder laufende Planet – in diesem Beispiel nehmen wir den Saturn –, der zu dem 10°-Krebs einen Aspekt bildet (Konjunktion, Opposition, Quadrat, Sextil, Trigon) verpackt seine Botschaft – entsprechend der Schwere der Aspekte – in die verschiedensten Geschichten. Je schwerer der Aspekt, desto schwieriger die Schicksalsgeschichten. Verfolgen wir die Bahn unseres Saturn: Er nähert sich der Sonne, die auf 10° im Radix-Horoskop ihren Platz hat. Er sendet seine Botschaft, die beispielsweise heißen kann: Werde dir bewusst, wie ernst deine Lage ist. Noch flüstert er – er befindet sich auf 9°. Jetzt kommt er näher, er bewegt sich exakt auf die 10° zu und erreicht die Sonne. Die Lage *ist* jetzt ernst. Die Energie (die Lautstärke der Botschaft) ist auf dem Höhepunkt. Der Mensch ist beschäftigt mit der Ernsthaftigkeit seines Schicksals, an das er über bestimmte Umstände erinnert wird. Die Sonne (das Ego des Menschen) geht auf die Knie, etwas Schweres legt sich auf sein Gemüt. Der Saturn bleibt eine Weile stehen (von der

Erde aus betrachtet) und wiederholt seine Botschaft. Dann – endlich! – zieht er weiter seine Bahn, er erreicht 11° Krebs. Der Mensch ist erleichtert, er kann kaum noch etwas hören. Verwundet und um eine wichtige Erfahrung reicher bleibt er zurück. Gott sei Dank, das ist ja noch einmal gut gegangen.

Verlassen wir dieses Bild, denn wir wissen natürlich, dass Planeten nicht sprechen. Die Wahrheit ist, sie tun gar nichts. Sie bestimmen und beeinflussen uns nicht, sie machen nicht einmal – wie es in den alten Astrologieschulen hieß – »geneigt«. Sie ziehen seit Jahrtausenden ihre Bahnen, das ist alles. Die Einzigen, die mit ihnen etwas »tun« können, sind wir. Wir schauen auf sie, wir beobachten ihre Stellung zueinander und vergleichen ihre Entsprechung mit den Geschehnissen auf der Erde. Zusammengefasst heißt dies: Wir spiegeln uns in ihnen. Die Beschreibungen der Transite geben einem Menschen die Möglichkeit, Zusammenhänge besser zu verstehen. Seine inneren wie äußeren Erlebnisse, seine Schicksalsumstände sind, was sie sind, auch ohne den Blick auf den Himmel. Jeder Mensch hat viele Möglichkeiten, sich besser verstehen zu können und an seiner Entwicklung zu arbeiten. Die Astrologie ist nur eines der vielen Hilfsmittel, etwas Ordnung in das Schicksalsgeschehen zu bringen. Die »Botschaften« des Himmels sind in Wahrheit Aufträge der eigenen Seele, des eigenen Unbewussten an uns selbst. Die Deutung der Transite ist nichts anderes als eine Übersetzungshilfe. Alle Geschehnisse, Begegnungen und Umstände, die auf uns einwirken, tragen einen Inhalt an uns heran. Die Astrologie ist eine Lesehilfe und gut geeignet, uns unsere eigene Geschichte mit bildhaften Worten zu beschreiben.

Das Radix-Horoskop ist eine Art eingefrorene Zeitqualität. Im Moment unserer Geburt hat man eine Art »Foto« (von uns, unserer inneren wie äußeren Familie) gemacht. Es spiegelt unsere Gesamtpersönlichkeit in all ihren Ausprägungen. Jetzt brauchen wir nur noch Zeit – Lebenszeit –, um uns in unserer Vielfalt und Komplexität kennen zu lernen. Der Bereich der Astrologie, der sich mit Zeitinhalten beschäftigt, sagt etwas darüber aus, wann und über welche Umstände wir uns mit welchem Bereich unseres Seins zu beschäftigen haben. Die Transite über die Venus beispielsweise beschreiben die Bewusstwerdungs- und Entwicklungsetappen unserer Beziehungsgeschichte.

Technisch sieht dies folgendermaßen aus: Ich trage in mein Radix-Horoskop die zu einem Zeitpunkt, der für mich von Interesse ist, bestehenden Planetenkonstellationen ein (beispielsweise dem Zeitpunkt der ersten Begegnung mit dem Partner) und betrachte ihre mögliche Beziehung zu meinem Geburtshoroskop. Die aktuellen Planetenstände finde ich in den Ephemeriden unter dem entsprechenden Tag (und natürlich in den Computerprogrammen). Ein Transit kann direkt (gleiche Gradzahl) über einen Radix-Planeten laufen – wir nennen das eine Konjunktion – oder in einem Winkelaspekt. Die wirksamsten Aspekte sind: das Quadrat = 90°, Opposition = 180°, Trigon = 120°, Sextil = 60°. Alle Transitaspekte beinhalten die gleiche Botschaft. Zum Beispiel möchte der Uranus immer eine Lösung in Gang setzen. Die Winkelbeziehung des transistierenden Planeten beschreibt einerseits den Widerstand, mit dem ich die Botschaft aufnehme und anderseits den Schwierigkeitsgrad der gestellten Aufgabe. Eine Aufgabe kann mir über mehr oder weniger spannungsgeladene Umstände gestellt werden und doch bleibt das Ergebnis das Gleiche. Manchmal lernen wir durch zarte Winke des Schicksals und ein anderes Mal braucht es handfeste Hürden, bis wir etwas begreifen. Das Quadrat, die Opposition und die Konjunktion gehören zu den hürdenreichen Strecken des Lebens, die Trigone und Sextile zu den etwas leichter begehbaren Entwicklungswegen.

Alle Planeten umkreisen die Sonne in einer elliptischen, feststehenden Bahnkurve, die genau errechnet werden kann. Aus der Entfernung zur Sonne ergibt sich die Umlaufzeit eines Planeten und daraus die Häufigkeit der Transite:

Mond = 28 Tage	Mars = 687 Tage	Uranus = 84 Jahre
Merkur = 88 Tage	Jupiter = 11,8 Jahre	Neptun = 165 Jahre
Venus = 224 Tage	Saturn = 29,4 Jahre	Pluto = 248 Jahre

Je länger die Umlaufzeit um die Sonne ist, desto geringer ist die Häufigkeit von Transiten, je kürzer die Umlaufzeit, desto mehr Transite ergeben sich. So braucht der Mond nur etwa sechs Stunden für einen Transit, und das alle 28 Tage. Es lohnt sich kaum, die Mondtransite, die eine Art seelisches Beziehungswetter darstellen, ins Auge zu fassen, da sie zu schnell sind, um wirklich wichtige Botschaften zu überbringen. Auch die sich sehr schnell wiederholenden Merkur-Transite tragen keine wesentlichen Themen an die Venus heran. Zudem ist Merkur Träger unserer bewussten Energien und bringt von daher keine neuen Zusammenhänge ans Licht. Transite der laufenden Venus über die Radix-Venus verstärken und unterstreichen das schon vorhandene Lebensthema und müssen ebenfalls nicht gesondert beschrieben werden.

Ich habe mich lange damit beschäftigt, Sonnentransite über die Venus zu beobachten. Von der Erde aus betrachtet – denn in Wahrheit steht die Sonne ja still – benötigen Sonnentransite 365,5 Tage. Die Sonne trägt die Bewusstheit und das Licht unseres Wesens jährlich einmal durch den gesamten Tierkreis, Jahr für Jahr »sendet« sie die gleiche Botschaft: »Du bist ein Lichtwesen, akzeptiere dich so, wie du bist, in all deinen Ausprägungen.« Damit ist auch die Botschaft an die Venus immer gleich: Die Welt – der andere – das bist du, du musst es nur noch sehen, nur noch Licht ins Dunkel deiner Projektionen bringen. Da Sonnentransite keinen Spannungsaspekt darstellen, werde ich sie nicht gesondert beschreiben.

Bei allen Planeten (außer dem Mond und der Sonne natürlich) kommt noch ein wichtiges Phänomen ins Spiel: die Rückläufigkeit. Unsere Astrologie bedient sich eines geozentrischen Weltbildes, was nichts anderes heißt, dass wir das Himmelsgeschehen von der Erde aus betrachten. Wenn ein schnell laufender Planet einen langsam laufenden »überholt«, kann es so aussehen, als ob dieser für einen Moment stillstehen würde, um dann eine Zeit lang rückwärts zu laufen. So braucht er entschieden länger für seinen Weg über die Radix-Planeten. Die

Deutung dieser (scheinbaren) Rückläufigkeit ist sehr einfach: Man hat mehr Zeit für seine Lernlektionen. Die »Botschaften« der Götter wiederholen sich, damit man genügend Zeit hat, sie zu verstehen. Ein Transit, der aus der Rückläufigkeit auf die Radix-Planeten zurückkehrt, »schreit« ein wenig lauter. Verfolgen wir in Krisensituationen einen so gearteten Transit, bemerken wir deutlich das Zuspitzen und das Nachlassen der Spannung (ab 2° vor dem Radix-Planeten). Mit der Annäherung kündigt sich das Thema an, mit dem Transit lässt dic Spannung wieder nach, um sich bei der Rückkehr erneut heftig ins Bewusstsein zu bringen. Jeder Mensch kann das für sich selbst nachvollziehen, indem er eine Art Krisentagebuch führt und *nachher* die Transite einträgt. Es ist verblüffend, wie exakt wir uns darin widerspiegeln.

Noch ein paar Sätze zu den Transiten durch die Häuser. Die Häuser sind (unserem ersten Bild entsprechend) keine Empfänger. Sie beschreiben die Färbungen unserer Lebensthemen und verändern durch ihre Eigenheit die Eigenschaften der Planeten. Läuft ein Transit durch eines der Häuser, ohne einen Planeten zu berühren, dann verfärbt sich ein wenig der Boden, auf dem die Planeten zu Hause sind. Über Umwege dringt dabei etwas von dieser »Farbe« (quasi über die Wurzeln) zu unseren Planeten – zu unseren inneren Personen – vor. Ein Beispiel eines Transits durch das 7. Haus: Ich bekomme neue Nachbarn, die sich unentwegt streiten. Ich bin nicht beteiligt am Geschehen, werde aber konfrontiert mit dem Thema der Aggression in der Partnerschaft. Eventuell denke ich: »Gott sei Dank, bei uns gibt es so etwas nicht.« Oder ich finde, auch bei uns steht mal eine Auseinandersetzung an. Es kann aber auch sein, dass ich weghöre und mir überhaupt keine Gedanken mache. Diese indirekten Botschaften sind inhaltlich, wenn auch sehr abgeschwächt, den direkten Transiten über die Venus ähnlich. Da sie aber überhört werden können, verzichte ich auf eine gesonderte Beschreibung. Wer seine Wahrnehmungsfähigkeit verbessern möchte, kann die Beschreibung der Venus-Transite auch auf sein 7. Haus beziehen. Er sollte allerdings seine seelische Entfernung von den gemachten Aussagen mit einbeziehen. Es ist ein Unterschied, ob ich mitten im Geschehen bin oder ob ich mir ein Thema auf der Leinwand des Lebens anschaue.

Mars-Transite

Sobald der Mars über die Venus läuft, wird es Zeit, aktiv zu werden. Der Mars ist Überbringer einer Handlungsvollmacht. Er möchte darauf hinweisen, dass jede Beziehung den Mut und den Willen braucht, sie zu beginnen, bzw. fortzusetzen. Dieser Wille wird aus dem Ich, nicht aus dem Wir gespeist. Deshalb gibt es hier kein Warten und Abwägen. Wenn jeder tatenlos bleibt, bis sich der Partner entschieden hat, können sich die Beziehungs-Energien im Unendlichen verlieren. Dem Widder zugeordnet steht der Mars der Waage-Venus direkt gegenüber. Er ist die andere Seite der Wir-bildenden Venus. In jeder Beziehung gibt es Phasen, in denen es wichtig ist, Grenzen zu setzen und Stellung zu beziehen. Das Wir muss für einige Zeit geopfert werden. Solange ein Mars-Transit andauert, ist ein konstruktiver Streit oft der einzige Weg, vorwärts zu kommen. Das Kriegsbeil muss ausgegraben werden, jede Vertuschung, jedes Herunterschlucken von Aggressionen behindert den Lebensfluss der Partnerschaft. In dieser Zeit wird deutlich, dass der Mensch am beziehungsfähigsten ist, der sich nicht an einen anderen verliert, jemand, der es versteht, innerhalb eines Wir's sein Ich zu behaupten.

Ein Mars-Transit über die Venus kann verschiedene Botschaften enthalten: Entweder du bist alleine und es ist an der Zeit, dich wieder für eine Beziehung zu entscheiden. Das geschieht als erster Schritt im Inneren deiner Seele, indem du dich bereit erklärst, den »Kampf der Geschlechter« wieder auf dich zu nehmen. Deine Beziehungsperson muss sich entscheiden, eventuell aktiv zu werden und der möglichen Anziehungskraft, die sich in dieser Zeitqualität verbirgt, Raum geben. Venus-Mars-Aspekte liefern denkbar gute Spannungen, die in sexuelle Begegnungen überführt werden können. Außerordentlich wichtig ist der Mars-Transit für Beziehungen, die sich in der Schwebe befinden. Jetzt ist der richtige Zeitpunkt, sie zur Geburt zu bewegen – mit deiner Kraft und deinem Willen. Auch, wenn du eine Frau bist, solltest du nicht warten und dich erobern lassen. Je nach Radix-Venusstellung kannst du mehr oder weniger direkt auf den anderen zugehen. Für einen Mann ist der Auftrag wesentlich deutlicher: Mach dich bereit für einen Eroberungsfeldzug, setze alles daran, um zu erreichen, was du möchtest. »Die Sterne« stehen günstig.

Befindest du dich in einer Beziehung am Punkt des Mars-Transits auf deine Venus (und das ist, wenn wir alle Winkelaspekte einbeziehen, sehr oft so), dann besinne dich auf dich selbst. Verlasse vorübergehend das Wir und arbeite dich in dein Ich zurück. Es geht um *deine* Meinung, *deine* Ansichten, um *dein* Revier. Behaupte dich, nähre deine Individualität, auch wenn dich diese Abgrenzung schmerzt. Um den Partner wirklich zu sehen und von ihm gesehen zu werden, muss man manchmal ein wenig von ihm abrücken und die entstehende Kluft aushalten. Aus dieser Position heraus wird es eine erneute Anziehung geben. So bleiben der Partnerschaft Kraft und Spannung erhalten.

Eine dritte Aufgabe mag sich über den Mars-Transit der Venus stellen: Es ist von Zeit zu Zeit notwendig, für eine Beziehung zu kämpfen, Einsatz zu zeigen. Viele Paare leben mehr oder weniger ohne viele Gemeinsamkeiten nebeneinander her. Allzu oft wird dieser Zustand von beiden beklagt, doch keiner ergreift die Initiative, etwas daran zu ändern. Jetzt ist es an dir, etwas mehr Begeisterung zu entwickeln und das Feuer neu zu entfachen. Falls du feststellst, dass deine Venus in der letzten Zeit etwas erlahmt ist und wenig Energien in der Beziehung zeigt, ist nun der richtige Zeitpunkt, den Partner »anzumachen«, dich ihm wieder einmal zu nähern, am besten, ihn neu zu erobern.

Mars-Transite über die Widder-Venus

Deine Venus ist sowieso schwer im Zaum zu halten. Aber zu Zeiten eines Mars-Transits, wenn Feuer zu Feuer kommt, wird deine Begierde, den anderen zu beherrschen, zügellos. Die positiven Seiten deiner Venus-Stellung, wie Spontaneität, Direktheit und Initiativkraft, kommen im Moment ins Hintertreffen. Du möchtest ans Ruder der Partnerschaft, um jeden Preis. Du nimmst dir Rechte heraus, die du dem anderen nicht zugestehst. Jetzt wehrt er sich! Es gibt heftige Auseinandersetzungen. Nutze die Gunst der Stunde, um in diesen Spiegel zu schauen. Das wütende Antlitz zeigt dir einen Teil von dir selbst, der sich nun nicht mehr verbergen lässt. Dein Gegenüber ist nicht der Grund dafür, dass du dich so aufregen musst. Du selbst bist es! Der andere erinnert »nur« daran, dass es ihn und seine Wünsche gibt, dass auch er einen Anspruch hat innerhalb eurer Partnerschaft, einen ebenbürtigen Platz zu besetzen. Du hast schon Recht, er muss ihn sich nehmen, selbst darum kämpfen. Es ist nicht deine Aufgabe, ihm den Raum zur Verfügung zu stellen. Selbst, wenn du das wolltest, du kannst es, ganz besonders zurzeit, nicht. Im Moment gibt es kein Wir, keine Harmonie, jeder beharrt auf seinem Recht. Selbst dann, wenn du ermüdet bereit bist, die Waffen zu strecken: Solange dieser Transit andauert, wird es dir nicht gelingen. Wie von Zauberhand werden sie dir in deine kampferprobten Hände zurückgegeben und du tust das, was du so gut kannst: Du verteidigst dich. Es gibt hier nichts Neues zu lernen, außer: Du bist, wer du bist – und das ist dem anderen manchmal zu viel.

Mars-Transite über die Stier-Venus

Du bist zu bequem geworden in der letzten Zeit, du weißt es selbst. Du ruhst dich aus im warmen Beziehungsnest, selbst Sinnlichkeit und Sexualität bedeuten Anstrengung und Mühe.

Zu Zeiten des Mars-Transits scheint dir der Partner besonders anstrengend. Was will er von dir? Du scheust die Auseinandersetzungen, als seien sie Gift und nicht die Würze einer Beziehung. Es ist doch so weit alles in Ordnung, glaubst du. Kann er nicht – wie du – bequem und ruhig im Beziehungsbett schlafen? Ihm fehlt deine Initiative? Er findet dich ein wenig langweilig? »Jedenfalls besser als zu anstrengende Forderungen zu stellen.« Die in Wellen immer wiederkehrenden Mars-Transite machen dir zu schaffen. Ganz besonders, wenn der Mars in Opposition oder im Quadrat zu deiner Venus steht. Dann möchtest du am liebsten die Decke über den Kopf ziehen. Wenn dich die Welt doch in Ruhe ließe! Du möchtest erst wieder aufwachen, wenn die Streitereien und Auseinandersetzungen vorüber sind. Es hilft nichts, deine Gruppen bildende Venus muss lernen, damit zu leben, dass es in jeder Gemeinschaft jemanden gibt, der »ausschert«, der eine andere Meinung hat und sich zur Allgemeinheit hin abgrenzt. Für dich muss das nicht gelten, du darfst im Wir bleiben. Nur, was hast du davon, wenn du dort alleine bist? Es ist ein harter »Brocken« für dich zu schlucken, dass es Zeiten ohne Gemeinsamkeiten, ohne Bestätigungen gibt. Während eines Mars-Transits ist der andere – und zwar jeder andere – mehr auf seiner als auf deiner Seite. Da bleibt keine Energie übrig, dich und deine Welt zu bestätigen. Die Welt ist nur an sich selbst interessiert und schlägt die Einladung, dich in deiner Welt zu besuchen, aus. Dir bleibt nichts anderes übrig, als dich auf dich selbst zu besinnen und auf andere Zeiten zu hoffen. Gott sei Dank sind Mars-Transite schnell vorüber. Doch sie kommen ebenso schnell zurück. Eine endlose, lebenslange Aufgabe steht dir bevor: Wirst du es je lernen, diese Zeiten vertrauensvoll zu durchwandern oder wirst du immer wieder auf diese Abtrennungen reinfallen und sie für endgültig halten?

Mars-Transite über die Zwillinge-Venus

Für dich haben Mars-Transite zwei Seiten. Einerseits ist mehr los in deinem Beziehungsleben und das liebst du sehr, andererseits möchte sich der Partner ständig mit dir auseinander setzen und dich auf irgendetwas festnageln. Und das ist dir ein Gräuel. Wie kann man nur so insistieren? Ein spannendes Wortgefecht, ja, das liebst du, wenn es nur nicht in Streit ausartet. Dennoch, es gibt Zeiten, da möchte die Welt einfach mehr von dir. Sie umklammert die lockere Hand, mit der du den Partner hältst und beginnt zu ziehen. Sie will dich hineinziehen, dir etwas abringen. Eine Antwort zum Beispiel, ein Geständnis, eine Entscheidung. Und das wieder und wieder, bei jedem Mars-Transit aufs Neue. Für kurze Zeit verlierst du die Leichtigkeit, musst dich stellen. Wie du es nur immer wieder schaffst, dich zu entziehen und durchzuhalten, bis der »Anfall« deines Gegenübers vorbei ist und du zurückkehren darfst in deine eigene Beziehungswelt. Sie erscheint dir viel angenehmer und interessanter. Das schöne eines Mars-Transits kann für dich sein, dass sich in dir sexuelle Wünsche regen. Du fühlst dich mehr zum Partner hingezogen als sonst. Natürlich hoffst du, dass er davon keine Gewohnheit ableitet und du deine Freiheit wieder zurückerlangst. Du kennst das Nachlassen der Anziehungskraft gut und kommst damit klar. Doch wie steht es mit deinem Gegenüber? Hast du den Partner nicht allzu oft dadurch verletzt, weil er dir auf einmal nicht mehr so wichtig war und sich deine Interessen anderen Dingen zuwandten? Du hast gelernt, diese Zeiten so gut es geht ohne allzu viele Diskussionen zu überbrücken. Am liebsten unternimmst du etwas zusammen mit dem Partner. Ihr spaziert gemeinsam durch die Welt und könnt euch so unauffällig aus den Augen verlieren. Und außerdem bist du immer gesprächsbereit, das verbindet auch. Mars-Transite überfordern gewissermaßen deine Beziehungsbereitschaft. Du fühlst dich verfolgt, zum Hinschauen gezwungen. Mag sein, dass der andere sich in diesen Zeiten von dir trennt, weil du ihm zu wenig verbindlich bist, dich viel im

Kopf und zu wenig in den Gefühlen aufhältst. Für dich – wie für jeden anderen – heißt dies nicht, dich ändern zu müssen, sondern hinzuschauen, wer du wirklich bist und was dir fehlt. Akzeptiere deine Grenzen und setzt dich mit ihnen auseinander. Das ist der Grund, weshalb dir dein Gegenüber zu nahe tritt. Du bemerkst es sonst nicht. Und bemerkt werden, das ist alles, was es von dir will.

Mars-Transite über die Krebs-Venus

In den Zeiten eines Mars-Transits über deine empfindsame Krebs-Venus wirst du mit vielen Konflikten zu rechnen haben. Besonders dann, wenn die beiden Planeten ein Quadrat zueinander bilden. Die Auswirkung der Widder-Energie auf Krebsplaneten gibt Anlass für tiefer gehende Verletzungen. Themen, die im archetypischen Tierkreis ein Quadrat bilden, sind immer ausgesprochen unverträglich. Ein Mensch mit einer Krebs-Venus ist erst einmal bereit, viele Unannehmlichkeiten in seiner Beziehung auf sich zu nehmen und seinen Unwillen gegen den Partner herunterzuschlucken. Das geht so lange, bis nichts mehr in ihn (seine Seele) hineinpasst und ihm so unwohl ist, dass er es »herausbrechen« und seinem Gegenüber vor die Füße werfen muss. Der Partner ist entsetzt, welche Gefühle da zum Vorschein kommen. Sein lieber, anpassungsfähiger, fürsorglicher Gefährte entpuppt sich als trotziges Kind. Solange der »Trotzkopf« noch »heimlich«, in der Gefühlswelt versteckt, vor sich hin grollte und Rachepläne schmiedete, hatte er keine Chance, ihn zu entdecken. Niemand kann sich besser und effektvoller zurückziehen als eine Krebs-Venus! Aber dann: Unter dem Druck eines Mars-Transits entlädt sich der Groll ungehemmt und ausgesprochen kindlich. Mache dir klar, dass du – hilflos wie du dich fühlst – mit unlauteren Mitteln kämpfst. Du leidest, um genügend »Stoff« anzusammeln, und benutzt dann »berechtigte« Schuldzuweisungen als Munition. Es gibt bessere Wege für dich, die Mars-Energie einzusetzen. Probiere früher – viel früher – Grenzen zu setzen. Sei nicht so nachgiebig, du würdest damit dem Partner einen großen Gefallen tun. Er fühlt sich dann deinen Launen weniger hilflos ausgesetzt. Du bist ein Mensch, der immer schnell beleidigt sein wird und sich trotzig zurückzieht, das gehört zu dir. Dieser Zustand birgt allerdings auch eine Menge Energie, die du besser nutzen könntest. Das »Hänschen«, das von zu Hause wegläuft, ist ja auf jeden Fall schon einmal alleine unterwegs (eigentlich ein Horror für deine Krebs-Venus). Aber wenn du schon mal dort bist, dort draußen in der Welt, dann mache etwas daraus!

Mars-Transite über die Löwe-Venus

Kein Mensch hat es leicht, mit dir ein »Wir« zu bilden. Du bist du, du kommst immer an erster Stelle und besetzt fast den gesamten Beziehungsraum. Dafür bist du großzügig und lässt dein Gegenüber an allem teilnehmen, was *dich* ausmacht. Spontan und kreativ gestaltest und schmückst du das gemeinsame Leben. Jeder Mensch ohne eigene Ambitionen kann froh sein, von dir mit hineingenommen zu werden in dein »Ich«, deine Identifikationen. Was aber, wenn ein anderer sein Ich entdeckt und sich dir widersetzt? In Zeiten der Mars-Transite über deine Löwe-Venus (ganz besonders Oppositionen und Quadrate) werden dir Kriegserklärungen vor die Füße geworfen. Jetzt musst du deine Privilegien verteidigen und bist dem ausgesetzt, was du am wenigsten ertragen kannst: Kritik. Mit Kritik an deiner »Herrlichkeit« bist du am leichtesten zu verletzen und zu berühren. Ganz ausgeprägt tritt diese Problematik in dein Leben, wenn du ein Mann bist. Dein Suchbild ist eine starke Frau, die dir (fast) ebenbürtig gegenübersteht. Mars-Transite sind Zeiten, in denen sie dir plötzlich über den Kopf wächst. Mit ihren weiblichen Fähigkeiten durchschaut sie dich und legt den Finger auf deine größte Wunde: Du bist darauf angewiesen, vom Partner Achtung und Anerkennung zu bekommen. Ohne seine auf dich gerichtete Energie verlierst du an Glanz. Jetzt, wo sich die Energien *gegen* dich richten, kannst du deine Abhängigkeit am deutlichsten spüren.

Auch wenn du eine Frau mit einer Löwe-Venus bist, bringt dieser Transit ein enormes Spannungsfeld in dein Leben. Der Mann, der – wenn du mal ehrlich bist – eigentlich dein Untertan sein müsste, richtet seine männliche Kraft gegen dich. Der Kampf der Giganten beginnt. Lediglich bei harmonischen Mars-Venus-Aspekten (Konjunktion, Sextil, Trigon) steht dir selbst die Energie zur Verfügung. Dann verdoppeln sich deine Kräfte. Du bist noch stärker und selbstbewusster als sonst. Der Partner kann froh sein, dass er jemanden wie dich an der Seite hat. Du bist ein Sieger, ein Star, selbstbewusst und selbstsicher. Deine Triebe laufen auf Hochtouren. Nun, wenn das nicht mal zu viel des Guten ist und deinem Gegenüber die Luft zum Atmen nimmt! Dieses wird sicherlich froh sein, wenn der Mars deine Venus wieder verlässt.

Mars-Transite über die Jungfrau-Venus

Mars-Transite über deine, die Ruhe und Ausgewogenheit liebende Jungfrau-Venus, sind für dich unliebsame Einbrüche. Du denkst und planst gerne für deine Mitmenschen und ordnest das gemeinsame Leben. »Würde sich jeder an diese Ordnung halten, gäbe es weniger Probleme.« Man kann über alles sprechen, alle Ungereimtheiten beseitigen, wenn man nur will – so glaubst du. Das emotionale Auf und Ab der anderen meidest du, wo du nur kannst. Sobald der Mars in einen Spannungsaspekt zu deiner Venus tritt, ist es vorbei mit diesen Strategien, sie greifen nicht mehr, die Welt schießt quer. Du bist gezwungen, dich mit Unannehmlichkeiten zu beschäftigen. Der Partner wird unvernünftig, aggressiv und emotional. Er ist durch deine wohl überlegten, erklärenden, gut gemeinten Worte nicht zu besänftigen. Er schlägt deine Argumente in den Wind und lässt dich hilflos zurück. Du löst diesen verzwickten Beziehungsknoten am besten, indem *du* wütend wirst. Suche unter dem Wust von Ver- und Geboten, von Ansprüchen und »Heiligenscheinen« nach deinen wahren Gefühlen. Du möchtest dich nicht auf eine so genannte »niedere« Ebene herablassen? Auch gut, so bleibt der uneinsichtige »Feind« im Außen und setzt dir weiterhin zu. Er verfolgt dich mit seinen Unberechenbarkeiten, denen du mit deiner Logik sowieso nicht beikommst. Es ist an der Zeit, dich zu fragen, wieso du es in all deinen Beziehungen immer so gut, so richtig machen möchtest. Was bringt es dir, immer als der Bessere dazustehen? Du tust viel für andere, trägst zu viel von der gemeinsamen Problematik auf deinen Schultern. Das macht dein Gegenüber wütend, kannst du das verstehen? Niemand möchte gerne als der »Schuldige« in der Schuld des anderen stehen. Du bist scharfsinnig und besitzt den berühmten »Röntgenblick«, deine Mitmenschen zu durchschauen und zu durchleuchten. Benutze dieses Talent im Hinblick auf deine eigene Seele. Die gefundenen Einsichten führen dich direkt zur Hauptaufgabe deiner Venus: Ausgleich schaffen ist eine *gemeinsame* Angelegenheit, nicht nur die deine. Gib deinen Mitmenschen eine Chance.

Mars-Transit über die Waage-Venus

Kein anderer Mensch fühlt sich durch Mars-Transite so in seinem Wesen herausgefordert wie jemand, dessen Venus in der Waage steht. Für ihn ist Harmonie und Gleichberechtigung in seinen Partnerschaften die Grundvoraussetzung, glücklich zu sein. Er vermeidet Konflikte und zeigt sich in allen Belangen kompromissbereit. Das Sternzeichen Widder, dem der Mars zugeordnet ist, vertritt den exakten Gegenpol: Wo es der Waage um Gleichgesinntheit und Gleichberechtigung geht, geht es dem Widder nur und ausschließlich um eigene Belange. Treffen die Widder-Energien des Kriegsgottes auf eine Waage-Venus, so entzünden sie ein leidvolles Feuer: Die Venus muss sich noch angestrengter, noch verzweifelter einfühlen, um den »richtigen«, ergänzenden Pol darzustellen. In einer solchen Zeit wird es dir vorkommen, als müsstest du dich immer mehr verbiegen, um es dem anderen, bzw. dem gemeinsamen Nenner recht zu machen. Dein Ringen um das Einswerden mit dem anderen, mit dessen Andersartigkeit, lässt dich vergessen, wer du bist. Du verschwindest im Wir, deine Belange zählen nicht, dein Partner dehnt sich immer weiter aus. Wäre Beziehung dargestellt durch ein Zweier-Sofa, dann säße er jetzt breit in der Mitte und du ganz am Rande, auf einem winzigen Plätzchen. Ihr seid einer (seiner!) Meinung, ihr wählt gemeinsam Unternehmungen nach seinem Geschmack. Du bist aus seiner Perspektive der ideale (da so pflegeleichte) Lebensgefährte. In den Zeiten des Mars-Transits über deine Venus soll dir bewusst werden, dass du etwas nach außen abgegeben hast: deinen Willen. Mag sein, dass du dich erst besinnst, ihn dir zurückzuerobern, wenn du vom »Beziehungssofa« ins Nichts abgerutscht bist (d. h., wenn dich der Partner nicht mehr wahrnimmt). Auf jeden Fall – denke daran – ist es jetzt an der Zeit, deinem Gegenüber die Macht, die du ihm gegeben hast, wieder aus der Hand zu nehmen. Solange du auf der Seite des Wir's Stellung beziehst, bleibt ihm nur der Gegenpol. Und das ist nun einmal das Ego, das auf sich selbst bedachte Ich. Der Mars-Transit stellt dir die Aufgabe, dich zurückzuholen, deine Projektionen und Delegationen aufzuheben und einer wahrhaften Beziehung ins Auge zu blicken. Einer Beziehung, die die Andersartigkeit miteinbezieht und sie nicht leugnet. Ganz klar und deutlich ausgedrückt heißt dies: Hole den Täter zu dir zurück und entlaste dadurch die Welt, die es leid ist, dich als Opfer zu bedauern.

Mars-Transite über die Skorpion-Venus

Endlich ist es dir möglich zu erkennen, dass dir Energien fehlen. Ein Mars-Transit über deine Skorpion-Venus führt es dir deutlich vor Augen. Um seelisch vom Du Besitz zu ergreifen, muss der Mensch etwas opfern. Um eine Beziehung kontrollieren zu können, muss sich die Skorpion-Venus ganz zum Du hin, ganz in den anderen hinein bewegen. Sie darf seine Grenzen nicht wahrnehmen, sondern muss sie mit all ihren zur Verfügung stehenden Energien außer Kraft setzen. Subjektiv kommt es dir so vor, als würdest du dich unterwerfen und deinen freien Willen verlieren. Du bist so intensiv von Gedanken an den Partner besessen, bindest dich so ausschließlich an die Idee dieser Beziehung, dass du lange nicht bemerkst, dass es deine Energie ist, aus der die Gemeinsamkeit gespeist wird. Da ist es nur zu verständlich, dass es Zeiten geben muss, in denen du dir deiner fehlenden Kraft bewusst wirst. Mars-Transite bringen dich in einen großen Konflikt. Du spürst, dass dir etwas fehlt, etwas, das du an die Beziehung verloren hast. Du weißt, du müsstest »nur« loslassen und Platz schaffen und schon käme ein Teil zu dir zurückgeflossen. Du müsstest nur etwas weniger an den anderen denken, ihn nicht mehr so ausdauernd beobachten und vor allem aufhören, ihn zu manipulieren. Deine ständige innere Begleitung raubt dir die Freiheit und Eigenständigkeit. Werde dir klar über deine Entwicklungsschritte. Der Mars-Transit muss hier gesehen werden wie ein Messer, mit dem du dich aus dem Teufelskreis befreist. Warum zögerst du, stößt dir lieber das Messer ins eigene Herz? Die Antwort lautet: Lieber abhängig sein, als den Partner aus der Kontrolle entlassen. Würden dich die Mars-Transite nicht in so heftige Stürme verwickeln, könnte dich niemand davon überzeugen, am allerwenigsten dein Partner, dessen hilflose Befreiungsversuche misstrauisch von dir beobachtet werden. Das einzige Argument, das dich erreicht, liegt in den Händen deines eigenen Unbewussten. Irgendetwas in dir wehrt sich gegen die lebensfeindliche Verstümmelung deiner Seele. Ein Ausweg aus dem leidvollen Kreislauf deiner Abhängigkeiten kann nur durch deinen Selbsterhaltungstrieb in Bewegung gesetzt werden. Er lässt dich eine Entscheidung für das Leben fällen. Damit lässt dich wieder einmal ein Mars-Transit verwundet und doch ein Stückchen gelöster zurück.

Mars-Transite über die Schütze-Venus

Du hast eine enthusiastische, begeisterungsfähige Venus, die es versteht, andere mitzureißen und zu motivieren. Deine Beziehungsansprüche breiten sich über den Partner aus wie Flügel, die ihn mit hinauftragen sollen zu deinen hohen Idealen. Jeder Mensch, und zwar ohne Ausnahme, deutet – zumindest in den Tagen der Verliebtheit – positive Eigenschaften in den Partner hinein. Eine lichte, helle Erscheinung wirft auch immer Glanz auf ihr Gegenüber. Niemand versteht es wie du, einer Beziehung eine tiefe, außergewöhnliche Bedeutung zu geben. In der Zeit eines Mars-Transits bist du nicht mehr zu bremsen. Dein Beziehungs-Ego wächst und dehnt sich aus. Du *willst* die Partnerschaft befruchten, ihr neuen Sinn geben. Die Niederungen des Alltags müssen verlassen werden, deine Liebe droht, darin unterzugehen. Du treibst die Welt voran, sich mit dir auseinander zu setzen. Die Mars-Energie bringt deinen missionarischen Eifer vollends ans Licht. Jetzt bist du eher Lehrer und Verkünder als Partner. Mit geistiger Schärfe schlägst du deinen Pfad durch das Dickicht von Beziehungsknoten. Du bist so eifrig, dass du oft den anderen vergisst. Wann fällt dir auf, dass er dir nicht mehr folgt, dass du alleine bist mit deinen großartigen Einsichten? Dein Begleiter hat seinen eigenen Weg wiedergefunden, so will es der Mars-Transit. Je nach Winkelbeziehung des Aspektes bist du hart getroffen, geschockt oder nur überrascht. In jedem Fall hast du keinen Gefolgsmann mehr. Die mangelnde Ebenbürtigkeit dieser Beziehung hat den anderen (unbewusst) verstoßen. Jetzt ist es an der Zeit, für den Ausgleich zu sorgen. Beginne mit der Einsicht: »Ich bin nicht die bessere Hälfte von uns beiden.« Kannst du dich dazu vorarbeiten, dass dein Gegenüber ebenso viel Raum für seinen Beziehungsausdruck hat wie du? Und für den Fall, dass du wirklich »weiter« bist als er, dann macht es ja nichts, dass er jetzt eigene Wege geht.

Mars-Transite über die Steinbock-Venus

Die Treue zum gemeinsamen Weg und die Verantwortung für das Ziel, das sind die hauptsächlichen Beziehungswerte, die eine Venus im Steinbock in eine Partnerschaft einbringt. Der andere kann sich immer auf dich verlassen. Du bist jederzeit bereit, den Beziehungsweg freizuschaufeln, auch wenn die Hindernisse, die sich in den Weg stellen, euch gemeinsam betreffen. Dieses Muster kennst du zur Genüge, daran bist du gewachsen, bist aber auch sehr ernst geworden. Ebenfalls kennst du die Beschwerden deiner Umwelt, beziehungsweise deines Partners über deine mangelnde Leichtigkeit, deine fehlende Spontaneität. Bist du nicht nur deshalb so geworden, weil die anderen so kindlich, so wenig bereit sind, Verantwortung zu tragen? Du verstehst ihre Vorwürfe nicht. Du räumst ihnen die Probleme aus dem Weg und hilfst ihnen, ihre Lasten zu tragen. Wieso dankt dir dafür niemand? Zumindest in Zeiten eines Mars-Transits fühlst du dich nur noch von verantwortungslosen Kindern und egoistischen »Monstern« umgeben. Du fragst dich erbost, warum du dir das antust. Und du hast Recht, es ist die richtige Frage. Es wird Zeit, dein Amt als Lastenträger niederzulegen und dich auf deine eigenen Bedürfnisse zu besinnen. Deine Wut ist berechtigt, doch lasse sie nicht an der Welt aus, sondern nutze sie, um Ordnung herzustellen. Es hängt nicht immer alles von dir ab, auch wenn es manchmal so aussieht. Es ist schwer für dich, etwas abzugeben und dem Partner zuzutrauen, dass auch er tragfähig ist. Wenn dir die Menschen um dich herum sehr selbstbezogen vorkommen, dann wird es an der Zeit, von ihnen zu lernen. Nicht, dass du es genauso machen sollst. Aber ein bisschen mehr Egoismus könnte dir gut tun, es entlastet dein Gegenüber. Nun darf auch er endlich erwachsen werden. Und dann noch eines: Sei nicht so streng mit deinen Mitmenschen. Du hast eine sehr hohe Beziehungsmoral, überprüfe, ob sie nicht ein bisschen zu hoch hängt und ob das Herz der Menschen nicht doch etwas tiefer schlägt. Sobald die Mars-Energie auf deine Steinbock-Venus trifft, ist es so, als ob ein Messer auf Stein prallt. Niemand kann mit seinem Wesen, seiner Eigenart bei dir eindringen. Du trägst eine Mauer um dich herum, die aus gut gewählten »Steinen« wie Ordnung, Gesetz und Gerechtigkeit, besteht. Allerdings vergiss nicht: Eine Mauer bleibt eine Mauer! Und – sie wird den Weg aller Mauern gehen: Sie wird einstürzen.

Mars-Transite über die Wassermann-Venus

Einer Wassermann-Venus kommt ein Mars-Transit – zumindest anfänglich – sehr recht. Endlich ist genügend Energie vorhanden, sich (Frei-)Raum zu erobern. Auch eine Wassermann-Venus kennt in bestimmten Phasen ihrer Beziehung ein Gefühl der Einengung. Denn auch sie möchte für einen Partner da sein, ihm Geborgenheit und Nähe geben, aber sehr schnell führt dieser Wunsch zu einer ungeheuren Überforderung.

Du fühlst dich schnell wie jemand, dem man eine Decke über den Kopf zieht und der nach Luft ringend um sich schlägt. Ein Mars-Transit zeigt dir, dass du unter den Wünschen deines Partners, bzw. deiner Umwelt leidest. Die marsische Zeitqualität in ihrer rhythmischen Wiederkehr bringt dir regelmäßig ein Gefühl der Einschränkung zurück, gegen das du dich wehrst. Schade nur, dass du glaubst, die Freiheitsbeschränkung ginge vom Partner aus. Aber nicht er ist Verursacher deines Unwohlseins, sondern die Beziehung selbst. Oder besser gesagt, sobald sich im Beziehungsraum die Türen und Fenster schließen, fühlst du dich gefangen. Egal, wer von euch beiden eure Verbindlichkeit besiegelt hat, dir wird es schnell zu eng. Du brauchst dein Alleinsein mindestens ebenso dringend wie deine Kontakte. Mit Freunden und Bekannten ist das weniger problematisch. In einer festen Beziehung jedoch – und auch du möchtest dich ja schließlich zugehörig fühlen – musst du einen Teil deiner Bedürfnisse verdrängen. Sobald dein Gegenüber daraus eine Berechtigung ableitet und dir mit seinen Energien zu nahe tritt, gibt es bei dir einen Reflex: Du brauchst Abstand!

Die Mars-Transite stehen symbolisch für den Kraftakt, Distanz herzustellen. Es gibt eine hervorragende, sehr schnelle Möglichkeit, Abstand zu erreichen: streiten! In jeder Partnerschaft liegen Auseinandersetzungs-Themen auf Vorrat bereit. Man muss sie nur ergreifen. Die gleichen Eigenschaften, die dir gestern an deinem Gegenüber unwichtig erschienen, bringen dich heute auf die Palme. Der andere hat sich schuldig gemacht, weil er ist, wer er ist. Und so ist er dir nicht recht. Es ist bequemer, sich von einem »Täter« zurückzuziehen, als selbst zum Täter zu werden. Deine Tat könnte darin bestehen, mutig und offen für deinen Freiraum zu kämpfen und – durchaus ein bisschen rücksichtslos – das gemeinsame Beziehungsfeld für einige Zeit zu verlassen. Es ist ehrlicher und gibt auch dem Partner seine Freiheit zurück. Damit befreist du ihn von einer unangenehmen Rolle: dein Verhinderer zu sein. Das hat er nicht verdient.

Mars-Transite über die Fische-Venus

Ein Mars-Transit über eine Fische-Venus wirkt so, als würde man brutal aus einem Traum herausgerissen, und das wieder und wieder. Vieles, was du deinem Partner schon immer mal sagen oder was du im Hinblick auf die Beziehung entscheiden wolltest, spukt dir wie ein Gespenst in der Seele herum. Du verschiebst auf morgen, auf einen günstigeren Zeitpunkt, was immer nur geht. Nur sei sicher, dieser wird nie kommen. Nur ein ungünstiger, der ist auf einmal da: der Mars-Transit über deine Fische-Venus. Ausgesprochen unangenehm sind dabei die Spannungsaspekte Quadrat und Opposition. Aber selbst die so genannten weichen Winkel reißen die verhüllenden Wolken vom Beziehungshimmel und drängen dich, Stellung zu beziehen in deiner inneren, ebenso wie in der äußeren Welt. Jetzt fragt man dich, was du willst. Und du weißt keine Antwort, fühlst dich bedrängt. Du hast ein festes Zuhause im Warten und Hoffen und im Glauben auf eine baldige Lösung. Jetzt fühlst du dich vertrieben. Zumeist bist du geduldig mit den anderen und begleitest liebevoll ihre langsamen Entwicklungsschritte in »Sachen Liebe«. Doch plötzlich bist auch du genervt vom Geschehen, ebenso wie dein Partner von deiner großzügigen Hingabe. Im tiefen Gewässer deiner Beziehungsseele liegt etwas Versunkenes, was ans Ufer der Realität gebracht werden möchte. Gib den emotionalen Wellen nach, die es an Land spülen wollen. Du hast Angst vor einem Nein, fürchtest das Risiko, alleine zu bleiben. Diese Angst macht aus dem spannenden Spiel der Liebe ein System, indem ein Mensch im Kasino auf Rot und Schwarz gleichzeitig setzt, um nicht zu verlieren. Nur: Seine Gewinnchancen sind ebenfalls gleich null – ebenso wie deine. Nur wer ein Nein in Betracht zieht (Nein, du liebst mich nicht – Nein, wir passen nicht zusammen – Nein, unser gemeinsamer Weg ist zu Ende), kann das Ja für sich gewinnen. Letztlich ist nicht das Ja deines Partners gemeint, sondern dein Ja zur seelischen Wirklichkeit deiner Beziehung. Die wiederkehrenden Mars-Transite führen dir ein mögliches Nein vor Augen, damit du eines Tages das Ja erkennst, wenn du es siehst.

Jupiter-Transite

Jupiter-Transite finden in der Astrologie wenig Beachtung. Jeder schaut auf den »bösen« Pluto, den »harten« Saturn und die »Existenz bedrohenden« Uranus- und Neptun-Energien. Der Planet Jupiter steht für Glück und Weite, für Einsicht und Glauben. Wie schön für uns, wenn dieses Gratis-Geschenk vom Himmel fällt. Was aber, wenn wir vergessen, unser »Schürzchen« offen zu halten, um wie im Märchen von den Sterntalern das Gute, das von oben kommt, zu empfangen? Wissen wir überhaupt etwas damit anzufangen? Was heißt schon Glück in der Beziehung? Was muss ich unter Jupiters Anleitung sehen, bzw. glauben, um die versprochene Fülle zu erleben? Geschieht es mir und kommt es wie eine Art Gnade über mich oder bedarf es einer Leistung? Die Jupiter-Energie ist eine geistige Kraft, die mich an etwas erinnern möchte. Im

Transit über die Venus möchte sie mich daran erinnern, dass ich nur halb bin und mir meine andere Hälfte fehlt. Das Schöne und damit Glücksbringende dabei ist, dass ich ausnahmsweise meine »bessere Hälfte« in den Blick bekomme. Das Gute kommt mir von außen entgegen, ich erkenne es als gut und heiße es willkommen. Ja, Welt, du bist die richtige für mich. Ja, Partner, in dir habe ich den richtigen gefunden. Egal, wie schwierig sich die äußeren Umstände einer Partnerschaft gerade gestalten, mit der Einsicht – es ist gut so, wie es ist – hole ich mir etwas zurück. Ich öffne mich, lasse auf dem geistigen Weg etwas in mich ein. Ich fühle mich reicher und erfüllter. So einfach ist das mit dem Glück! Die Zauberworte eines Jupiter-Transits über die Venus heißen: Du bist ich. Mit dir hole ich mir einen verlorenen Teil zurück und vermähle mich mit ihm. Ein göttlicher Funke hat mich zu dir geführt, nun will ich der Gemeinsamkeit dienen und möglichst kreativ und kraftvoll die geistigen Stufen unserer Beziehung erklimmen. In meiner Seele baue ich dir einen Tempel. Ich achte und ehre dich und bin dir dankbar, dass es dich gibt.

Für einen Menschen, der zur Zeit eines Jupiter-Transits alleine ist, heißt die Botschaft: Erinnere dich an eine frühere Beziehung. Es kann gut sein, dass du sie nicht wirklich *genommen* hast. Eventuell gibt es jemanden, dem du noch nicht gedankt hast. Sobald du dies getan hast, wirst du dich reich fühlen. Selbst dann, wenn die Beziehung unter schwierigen Umständen auseinander gegangen ist, hat sie dir etwas gegeben. Jetzt ist es an der Zeit, darauf zu schauen.

Die spannungsfreien Winkelaspekte machen den Jupiter-Transit zu einem leicht und einfach auswickelbaren Geschenk. Die härteren Aspekte wie Quadrat und Opposition sagen dir, dass du dir mit dem Auspacken deines Glückes etwas mehr Mühe geben musst. Damit du einen Anhaltspunkt hast, wonach du zu suchen hast und was Glück für dich überhaupt sein könnte, findest du zu jedem Venus-Prinzip eine Kurzbeschreibung. Denn ganz so einfach ist es mit dem Glück wohl doch nicht.

Jupiter-Transite über die Widder-Venus

Der Jupiter-Transit macht dich tolerant, du siehst ein, dass dir dein Partner auf seine Art viel zu geben hat. Du bist bereit zu nehmen und stellst fest, dass andere Menschen dich bereichern können. Normalerweise bist du kein Teamarbeiter, doch zur Zeit eines Jupiter-Transits öffnest du dich für Ideen und Anregungen von außen. Du weißt, es ist immer möglich, dazuzulernen und sich von den Mitmenschen befruchten zu lassen. Eine Partnerschaft dient eben nicht nur der Erfüllung subjektiver Wünsche, sondern verfolgt darüber hinaus ein höheres Ziel. Auch wenn du dich einem einzelnen Menschen nicht unterzuordnen vermagst, einem höheren Ziel zu dienen bedeutet auch für dich Wachstum, Erweiterung und vielleicht auch Glück. Auf einmal musst du nicht mehr kämpfen. Deine Weggefährten sind nun keine Feinde mehr, sondern Freunde geworden. Gemeinsam erobert ihr nun die Welt (zumindest für eine Weile). Jupiter möchte dein Geburtshelfer sein und dir zur Geburt einer geistigen Gemeinschaft gratulieren.

Jupiter-Transite über die Stier-Venus

Es ist unglaublich, wie sich Bestätigung und Beachtung auf dich auswirken. Du läufst zur Höchstform auf. In den glücklichen Zeiten eines Jupiter-Transits über deine Stier-Venus (ganz besonders, wenn dieser mit ihr eine Konjunktion bildet) bist du zufrieden mit dem, was du hast und was du bist. Du siehst deinen Wert von deinem Umfeld bestätigt und wirst dadurch zusehends optimistischer. Deine Beziehungen sind im Moment stabil und – falls du alleine lebst – reicht dir die Erkenntnis, dass sich jederzeit alles ändern kann und alles möglich ist. Das gibt dir Kraft und macht dich stark. Es ist auffallend, wie stabil dein Selbstwertgefühl sein kann, wenn niemand daran herumkritisiert. So entwickelst du dich ohne Zweifel schneller und besser. Sobald dein Platz in einem Team bestätigt wird, gewinnst du innerlich an Freiheit, und deine Gefühle für die anderen werden wieder zärtlicher und liebevoller. Freundschaften werden von erfreulichen Geschehnissen getragen. Du hältst ein Stückchen Glück in deinen Händen. Es liegt an dir, es zu bewahren. Mit deiner Herzlichkeit bist du immer fähig, dein Umfeld zu erwärmen, du darfst nur nicht darauf warten, dass die anderen damit beginnen. Sonst zieht Jupiter sein Füllhorn zurück und es wird wieder kalt in deiner Beziehungswelt.

Jupiter-Transite über die Zwillinge-Venus

Ein Jupiter-Transit über die Venus in den Zwillingen ist eine günstige Zeit für gute intellektuelle und geistige Beziehungen. Du wirst feststellen, wie ähnlich deine Lebensanschauung denen deiner Mitmenschen ist. Selbst wenn du sie eben erst kennen lernst, habt ihr viel Gemeinsames. Ihr befruchtet euch gegenseitig, habt viel voneinander zu lernen. Du liebst die bewusstseinserweiternden Gespräche, die Anregung, neue Gebiete zu erkunden. Eine gute Zeit für dich, Kurse zu besuchen und dich mit Gleichgesinnten auf den Weg zu machen. In deiner Partnerschaft herrscht Einigkeit über gemeinsame Unternehmungen. Der Austausch fließt und stimmt dich positiv. Selbst bei spannungsgeladenen Winkelaspekten (Quadrat oder Opposition) bringt der Jupiter hier keine Unstimmigkeiten. Meinungsverschiedenheiten werden von dir ebenso toleriert wie vom Partner. Im Moment sind alle deine Beziehungen sinnvoll, spannend und belebend. Was kannst du tun, um dein Glück zu halten? Leider nicht viel. Du kannst dich in Zeiten der Talfahrt und der schweren Beziehungsphasen daran erinnern, dass Entwicklung einem Rhythmus folgt. Nähe und Distanz wechseln sich ab wie Leichtigkeit und Schwere und wie Stillstand und Vorwärtskommen. Die Botschaft Jupiters an dich ist überraschend: Dein Glück liegt zum großen Teil tatsächlich im Außen. Doch niemand kann für immer dort verweilen, jeder muss einmal zu sich selbst, nach Hause finden.

Jupiter-Transite über die Krebs-Venus

Glück heißt für dich Geborgenheit. Du fühlst dich besser, wenn jemand für dich da ist, der Partner ist dein Heilmittel. Er ist Balsam für deine wunde Kinderseele, in seiner Umarmung findest du Schutz. Deine Erfahrungen haben dich jedoch gelehrt, dass dies eine Überforderung für dein Umfeld ist. So hast du es dir angewöhnt, dich um dein Gegenüber zu kümmern und alle um dich herum zu versorgen. Wenn *sie* dich brauchen, so sind sie wenigstens anwesend. In Zeiten eines Jupiter-Transits kommt das Gute endlich einmal zurück. Du bist erstaunt, wie wichtig du für andere bist. Du hast einen großen Freundeskreis und fühlst dich reich beschenkt. Jupiter möchte dir dabei Vertrauen schenken zu nehmen, ohne eine allzu große Angst zu entwickeln, wieder zu verlieren, das Nest wieder verlassen zu müssen. Hab keine Angst, dies wird sowieso geschehen. Nimm freudig an, was das Schicksal für dich vorgesehen hat. Und wenn sich das Rad weiterdreht und kargere Beziehungszeiten beginnen, dann trage im Herzen, was dir gegeben wurde. So kannst du nie mehr verlieren.

Jupiter-Transite über die Löwe-Venus

Der Jupiter-Transit über deine Venus ist eine günstige Fügung. In der Tat wirst du Wachstum und Ausdehnung in vielen Bereichen deiner Partnerschaft verzeichnen. Du bist zufrieden, weil du gebraucht wirst. Du hast viel zu geben und fühlst dich angenommen, wenn deine Gaben deine Mitmenschen bereichern. Sie sind dir wohlgesonnen und fühlen sich beschenkt. Dir erscheint es, als ob sich dein Füllhorn niemals leert. Je mehr du gibst, desto mehr hast du. Liegt es vielleicht an ihnen und nicht an dir, dass der Kraftfluss nie versiegt? Die Antwort Jupiters ist klar und deutlich: Zum großen Werk gehören immer zwei: der Meister und seine Muse, der Künstler und seine Bewunderer, der König und seine Untertanen. Die geistig-seelische Komponente dieses Aspekts verlangt von dir nur eines: die Erkenntnis, dass die Welt deine Muse und dein Förderer ist. Sie ist es, die sich von dir beeindrucken lässt. Die Götter leihen dir ihr Ohr, denn sie wissen: Der Zuhörer bestimmt den Inhalt, nicht der Redner. Mit dieser Weisheit hast du den Schlüssel zu glücklichen Beziehungen in deiner Hand. Wenn du ihn wieder weglegst – und das wirst du – vergiss nicht, wo du ihn gelassen hast. Beim nächsten Jupiter-Transit kannst du ihn wieder brauchen.

Jupiter-Transite über die Jungfrau-Venus

Schütze (dem Jupiter zugeordnet ist) und Jungfrau sind zwei Tierkreiszeichen, die sich überhaupt nicht mögen. Die vorsichtige Jungfrau akzeptiert die Rahmenbedingungen des Lebens, während Jupiter ins Grenzenlose ausufert. So ist ein Jupiter-Transit über eine Jungfrau-Venus »nur« ein kleines Glück. Du bist zufrieden mit deinen Beziehungen, so wie sie sind, bist bereit, ihnen voll und ganz zuzustimmen. Du weißt, jeder Griff nach etwas Großem ist ein Griff in die Leere und lässt die Beteiligten enttäuscht zurück. So hast du gelernt, mit der Realität zu leben, dich von keinen Hirngespinsten verführen zu lassen. Ein Jupiter-Transit hat es also schwer mit seinen verlockenden Glücksangeboten. Du möchtest keinen Lottogewinn, lieber ein regelmäßiges Einkommen, bzw. Auskommen mit dem Partner. Doch die visionäre Kraft des Jupiter erreicht auch dich. Wäre es nicht schön – wenn du schon nicht nach den Sternen greifen möchtest –, wenn einer vom Himmel fiele? Genau vor deine Füße? Hebe ihn auf, den Schlüssel zum Glück. Er heißt: weniger Angst und weniger Misstrauen. Was kann dir schon geschehen? Die Liebe zu nehmen, ist immer mit dem Risiko verbunden, sie wieder zu verlieren. Willst du sie deshalb an die Leine legen? (Du weißt ja, wie bissig angebundene Hunde sein können.)

Jupiter-Transite über die Waage-Venus

»Liebe das Beste aus deinem Partner heraus« ist der Auftrag des Jupiter-Transits über deine Venus. Der Jupiter bringt dir als Geschenk eine positive Grundhaltung, die dir Mut machen soll, optimistischer auf die Andersartigkeit deines Gegenübers zu schauen. Und nicht nur das, ebenso möchte er dich unterstützen, der Welt mit einem Anspruch auf Glück zu begegnen. Verbindest du diese beiden Schritte, wird es dir gelingen. Du verstehst die Menschen, kennst ihre Schwächen und ihre Fehler. Deine sprichwörtliche Nachgiebigkeit und dein ewiger Wunsch auszugleichen, ist für sie ein Geschenk. Sie fühlen sich angenommen. Doch was ist mit dir? Jupiter hat eine weise Botschaft für dich: Sobald du frohen und bejahenden Blickes auf dein Gegenüber schaust, gibt es dort nichts mehr auszugleichen. Die Harmonie stellt sich von *alleine* ein und du bist frei. So frei, dass du es wagen kannst, etwas für dich zu verlangen. Die Welt freut sich über deinen Jupiter-Transit und wünscht dir nur das Beste. Du wirst erstaunt sein, wie wohlgesonnen sie dir in Wirklichkeit ist. Das Gelingen deiner Partnerschaft und deiner übrigen Kontakte ruht nicht nur auf deinen Schultern. Die Götter steigen herab vom Himmel und verteilen Zufriedenheit unter den Menschen. Sie brauchen deine Hilfe nicht. Halte dein Herz offen und empfange – es lohnt sich.

Jupiter-Transite über die Skorpion-Venus

Jupiter hat die Kraft, dich in Krisensituationen zu begleiten und zu führen. Für dich kann Jupiter ein Lichtbringer sein, der deine dunklen Vorstellungsecken erhellt. Wie eine Friedenstaube legt sich sein Geist über deine gequälte Seele und bringt Hoffnung und Glaube zurück. Er verhilft dir dazu, deinen Beziehungen ins Auge zu blicken, sie zu sehen, wie sie wirklich sind. Ein Heilmittel steht für dich bereit, du musst nur noch zugreifen. Es ist ein großes Geschenk des Himmels, ähnlich einer

Gnade. Doch wie das mit den Geschenken so ist, man kann sie auch ablehnen. Du hast deine eigenen Vorstellungen vom Glück! Deine Bilder können sich sehr von den Botschaften Jupiters unterscheiden. Du wehrst dich besonders dann gegen die heilbringende Einsicht, wenn der Jupiter-Transit ein Quadrat zu deiner Skorpion-Venus bildet. Es ist so, als ob die ganze Welt schon wüsste, was mit dir und deinen Beziehungen los ist – nur du nicht. Jupiter hat viele Helfer, mit deren Hilfe er die verschiedensten Botschaften zu dir schickt. Schaue dich um, aus jeder Ecke erhebt die Wahrheit ihr Haupt. Höre auf, sie zu köpfen! Hat das Zauberwort erst einmal dein Herz erreicht, wirst du dein Glück schon finden. Es heißt: Beziehungen werden im Himmel geschlossen, nicht auf der Erde. Wofür also quälst du dich? Auch du kannst niemals etwas verpassen, was für dich im großen Schicksalsbuch geschrieben steht.

Jupiter-Transite über die Schütze-Venus

Mit den Jupiter-Transiten über eine Schütze-Venus kommt Feuer zu Feuer, die vorhandenen Kräfte können sich entfalten. Dein Wunsch, an einer Beziehung zu wachsen, wird erhört. Du schaffst es, deinem Gegenüber Sinn- und Entwicklungschancen eurer Partnerschaft zu vermitteln. Er lernt von dir und durch dich, das macht dich glücklich. Du verlässt den üblichen Begegnungsraum und steigst auf die Kanzel. Das Wunderbare daran ist, dass man dir zuhört. Im goldenen Zeitalter des Jupiter-Transits darfst du Lehrer sein. Du erlangst den Menschen gegenüber eine neue Stellung – für einige Zeit. Dann musst auch du wieder herunter und weiter lernen, sonst stagniert deine Entwicklung. Du orientierst dich am Höheren und bist immer bereit, die nächste Stufe zu erklimmen. Da ist es nur gerecht, dass du ab und zu davon etwas weitergeben darfst. Dein Eros wird beflügelt von der Macht des Geistes, egal auf welcher Seite du stehst. Du fühlst dich angezogen von der Magie des Wissens. Die gleiche Energie strahlst du aus und ziehst damit dein Umfeld in den

Bann. Sei nicht zu missionarisch, das könnte dir Jupiter übel nehmen. Er ist es, der die Brücke zu den Göttern baut. Von ihm aus betrachtet bist du ein Mensch unter vielen und musst auf seine Wege vertrauen. Für kurze Zeit darfst du sein Helfer sein und dann musst du zurück auf deinen Platz. Verpasse den Absprung nicht: Der rechte Zeitpunkt ist ein Dienst am Glück.

Jupiter-Transite über die Steinbock-Venus

In deinen Beziehungen verpflichtest du dich gerne einem hohen Ziel von Wahrhaftigkeit und Gerechtigkeit. Der Idealismus und Optimismus von Jupiter schwächt für einige Zeit den pragmatischen Charakter deiner Steinbock-Venus. Du bist toleranter, deine Forderungen an dein Umfeld bekommen weichere Züge, deine Erwartungen an den Partner werden ausgewogener und realistischer. Sobald du dem anderen kompromissbereiter begegnest, geschieht ein Wunder: Die üblichen Schwierigkeiten zwischen euch verschwinden. Deine Nachsicht und der Rückzug deiner erzieherischen Energien lassen die Menschen um dich herum plötzlich größer und reifer erscheinen. Sie werden – wie von Zauberhand berührt – erwachsen. Kann es sein, dass der Zauber in deinen Augen liegt, dass *dein* Blick entzaubert wurde. Auf einmal traust du ihnen zu, einen ebenbürtigen Platz neben dir einzunehmen. Sicher, du wartest (heimlich) auf einen Rückfall – auf die gewohnten Unzulänglichkeiten. Auf ihren oder auf deinen Rückfall – was glaubst du? Was hat dich der Jupiter-Transit gelehrt? Wenn du sein Geheimnis zu lüften verstehst, trägst du damit auch den Schlüssel zu deinem Glück in den Händen.

Jupiter-Transite über die Wassermann-Venus

Deine Wassermann-Venus zeugt immer wieder davon, wie sehr du alte Strukturen meidest, wie stark deine Zuneigung von neuen, schöpferischen Beziehungsschritten abhängt. Alles, was deine Bewegungsfreiheit einengt, umklammert auch dein Herz und lässt es nur unwillig für den anderen schlagen. Die Zeiten eines Jupiter-Transits geben deinen Gefühlen Aufschwung, jetzt bist du am richtigen Ort. Deine Umwelt scheint zu begreifen, worum es dir geht: Offene Beziehungen bedeuten für dich nicht Untreue. Das Bedürfnis nach Nähe und Zugehörigkeit muss von dir immer wieder in Einklang gebracht werden mit deinen Wünschen nach Unabhängigkeit. Du brauchst einen großen Spielraum für deine Spontaneität.

Sobald dir dies ohne allzu große Diskussionen und Auseinandersetzungen gelingt, geht es dir gut, du bist glücklich – so wie in den Zeiten des Jupiter-Transits über deine Venus. Selbst die Spannungsaspekte wie Quadrate und Oppositionen können deiner Stimmung nichts anhaben. Du nimmst die Herausforderung an, zwei scheinbar unvereinbare Seiten deines Wesens wenn schon nicht gleichzeitig, so doch hintereinander zu leben. Die Sicherheit und Bestimmtheit, mit der du dein Wesen ausdrückst, überzeugt auch deinen Partner. Er spürt dein »Ja« zur Beziehung und fühlt sich von dir nicht ausgegrenzt, auch dann nicht, wenn du deinen Interessen nachgehst. Er deutet deinen Freiheitsdrang nicht mehr als Unbeständigkeit, sondern als einen Teil deines Wesens – was er ja auch ist.

Jupiter-Transite über die Fische-Venus

Dein Beziehungsideal ist die mystische Vereinigung. Du verstehst es, eine Partnerschaft schön zu färben und dein Umfeld mit deinem Optimismus besser dastehen zu lassen als es der Wirklichkeit entspricht. Du sehnst dich nach den romantischen Seiten, selbst Freundschaften werden von dir zeitweise verklärt. Ein Jupiter-Transit führt dir einen wirklichen Seelengefährten zu. Es handelt sich dabei nicht unbedingt um Verliebtheit (auch das ist allerdings möglich), sondern eher um eine spirituelle Begegnung. Du triffst jemanden, der ebenso wie du ein Auge für die subtilen Aspekte der Welt hat und der genauso empfänglich ist für die feinstoffliche Ebene. Mag sein, dass dir der Jupiter-Transit die Augen öffnet für einen tiefen Aspekt einer schon bestehenden Beziehung. Du siehst dein Gegenüber in einem neuen Licht. (Ist nicht jeder Mensch ein spirituelles Wesen?) Es kann auch sein, dass jemand aus deinem sonst so »groben« Umfeld auf dich zukommt, mit dem du sehr schnell die Seelenverwandtschaft spürst, die du dir schon immer gewünscht hast. Der Jupiter-Transit gibt deinem Wesen in einem Recht: Es ist nicht alles Illusion, was deine Venus in sich trägt. Neben den Idealisierungen, die von Zeit zu Zeit vom Schicksal korrigiert werden, trägst du ein intuitives Wesen in dir, das allen romantischen Tendenzen zum Trotz ein Wahrheitsträger ist. Du erspürst Beziehungen über die Begrenzung der Zeit hinaus. Du verstehst die Sprache der Seele und bist oft ein guter Übersetzer für diejenigen, deren innere Stimme im Moment noch schweigt. Der Jupiter-Transit erteilt dir das Wort. Doch hüte dich vor allzu lauten Tönen, du könntest nicht gehört werden.

Saturn-Transite

Selbst Nicht-Astrologen erschrecken, wenn vom Planeten Saturn die Rede ist. Es gibt wohl niemanden, der nicht glaubt, mit einem Saturn-Transit käme etwas Schicksalsschweres auf ihn zu. Mit diesem – wie mit so vielen – Vorurteilen muss unbedingt einmal aufgeräumt werden. In der heutigen Astrologie-Szene wuchern die Projektionen und hinterlassen einen undurchschaubaren Dschungel an Ängsten. *Kein* Planet war jemals dafür verantwortlich, dass auf der Erde etwas Schreckliches geschehen ist. Man erinnere sich an die Panikmache der Astrologen, als im August 1999 die Sonnenfinsternis, von einem Furcht erregenden Quadrat begleitet, stattfand. Nun, die Welt ist nicht untergegangen und auch ansonsten gab es »nur« die üblichen Katastrophen. Die Planetenkonstellationen spiegeln etwas Inneres, sie zeigen seelische Prozesse, nicht Geschehnisse! Nun ist es aber so, dass unsere Seelen allzu oft etwas schwer von Begriff sind und Hilfsmittel brauchen, um *sehend* zu werden. Unser gesamtes Umfeld, kurzum alles, was jemals auf uns zukommt, fungiert als ein solches Hilfsmittel. Es sind zu Formen oder zu Ereignissen gewordene Botschaften, an denen wir uns reiben, stoßen, verletzen und natürlich wachsen sollen.

Mit einem Saturn-Transit – es ist richtig, dass es sich dabei um den »Geber des Schicksals« handelt – geschieht es mitunter, dass uns äußere Umstände unser Leben schwer machen. Jemand stirbt, der Partner verlässt uns, wir verlieren Hab und Gut usw. All dies *kann* geschehen – muss aber nicht. Es gibt so zahlreiche Saturn-Transite, er trifft nämlich im Rhythmus von etwa sieben Jahren im Quadrat, Opposition oder in Konjunktion auf alle Komponenten unseres Horoskops (also auf den Merkur, die Venus, den Mond usw.). So viele schreckliche Ereignisse stehen der Welt gar nicht zur Verfügung. So viel Schicksal würde uns plattwalzen und uns energielos zurücklassen. Also noch einmal: Nur einige Botschaften der Götter werden in sichtbare Umstände verpackt. Die meisten sind Lernaufgaben, die uns unsere Seelen selbst stellen oder die uns von unseren Beziehungen überreicht werden (und so manche verschlafen wir). Niemand kann – und selbst wenn er könnte, sollte er dies nicht – genaue Ereignisse voraussagen. Gott sei Dank, dass höchstens die Hälfte der allgemeinen Vorhersagen stimmen. So vernichtet sich diese Art der Astrologie selbst.

Kommen wir zu Saturn, dem alten Weisen. Er stellt den Gegenpol zu unserem Willen, unserem Wollen dar. Jeder Mensch möchte mit seinem Partner glücklich sein, in Harmonie und Frieden alt werden. Immer dann, wenn wir nicht bekommen, was wir wollen, wenn das Schicksal von uns Demut verlangt, stehen wir vor der Grenze des Machbaren, vor etwas, das größer ist, als wir selbst. Die erste – nur allzu menschliche – Reaktion auf dieses »Nein« der Götter ist üblicherweise ein schmerzvoller Widerstand. Der Mensch beklagt sich: »Was habe ich dir getan, wieso verlässt du mich?« Er hält sich für schuldig: »Was hätte ich tun können, dass du bleibst?« Er schiebt dem anderen die Schuld zu: »Ich wusste schon immer, dass du nichts taugst.« Und so weiter, die Seele verfängt sich im Zweifel, im schlechten Gewissen und ganz besonders im Gefühl der Ohnmacht. Damit bleibt die Botschaft Saturns unverstanden und muss zu einem späteren Zeitpunkt wiederholt werden. Mit einem offenen Ohr und einem offenen Herzen könnte die gleiche Situation auch anders durchlebt werden: Der Mensch nimmt die Geschehnisse ernst, er beugt sich ihnen. Damit achtet er die Größe seines Schicksals und zollt ihm Respekt. Er klagt nicht und sucht nicht nach Schuldigen (es gibt keine!). Er schaut auf sich und sein Leben und erkennt Wiederholungen. Er verfolgt den roten Faden, sieht sein Muster und übernimmt dafür die Verantwortung.

Das Schicksal straft niemals, es gleicht aus. Saturn-Transiten über die Venus begegnet man am besten mit der Frage: Was wird jetzt ausgeglichen? Peter Orban spricht in seinem Buch *Saturn und die Macht des Schicksals** über ein konditionales, beziehungsweise ein finales Schicksal. In diesem Sinne ist es gut herauszufinden, ob das Partnerschaftsgeschehen mit dem Saturn-Transit nur vorübergehend in einer Sackgasse steckt oder ob definitiv eine bestimmte Phase verabschiedet werden muss. Eventuell bedeutet es auch, dass der gemeinsame Weg zu Ende ist.

Saturn, der alte Weise, spricht so viele Sprachen, wie es Menschen gibt. Die folgenden Beschreibungen der Saturn-Transite versuchen seine Botschaften zu übersetzen. Zu einer Krebs-Venus muss er notgedrungen anders sprechen als zu einer Löwe-Venus. Schon deshalb, weil der eine etwas kann, was der andere noch zu lernen hat – und umgekehrt.

* Vgl. Peter Orban: *Saturn und die Macht des Schicksals.* München 2000.

Saturn-Transite über die Widder-Venus

Jeder Mensch steht im Laufe seines Lebens mehrfach vor dem Scheitern dessen, was er unbedingt will. Schicksalskräfte stellen sich gegen ihn, er wird gezwungen, auf seine »Wahl« zu verzichten und sich einer höheren Ordnung zu fügen. Die ganz spezielle Aufgabe einer Widder-Venus besteht darin, Beziehungen mit viel Energie und initiativer Kraft in die Wege zu leiten, um dann in Zeiten des Saturn-Transits am gleichen Thema zu scheitern. Das scheint auf den ersten Blick keinen Sinn zu machen. Doch sobald die Seele bereit ist, tiefer in die eigene Beziehungsgeschichte einzutauchen, wird verständlich, welches Muster ihr zugrunde liegt. Die Venus reagiert auf die Antriebskräfte des Ego, auf die Energien, mit deren Hilfe ein Mensch seine Stellung in der Welt – im Falle der Venus beim Partner – durchsetzt. Solange sich seine persönliche Motivation mit den Wünschen des anderen, beziehungsweise mit denen der Götter deckt, glaubt er, er lenke sein Schicksal. Es sei an ihm, sich für oder gegen jemanden zu entscheiden. In seiner Sippe wie auch später in jeder weiteren Gruppe würde er gebraucht, damit er mit seiner Anwesenheit die fehlende Kraft anderer ersetzt. Kommt dir das bekannt vor? Auch du bist immer einsatzbereit – ähnlich der Feuerwehr, wenn es irgendwo brennt –, der Saturn setzt dir für einige Zeit einen Riegel vor. Dein Wille verfehlt das Ziel. Du schaffst es nicht mehr, dein Umfeld in Bewegung zu versetzen. Man könnte sagen, du verlierst. Nicht etwa jemanden, sondern deine frühere Position. Das macht dich einsam. Wenn kein Feuer brennt, keine Leidenschaft lodert, wird es kalt in deinem Inneren. Wenn es nichts zu kämpfen gibt und nichts von außen auf dich zukommt, fühlst du dich wie auf einem Abstellgleis. Durch Saturns verlangsamende Wirkung bleibt das Echo aus – so lange, bis er weitergezogen ist. Gefühle erkalten, Affären und ein potenzielles Liebesverhältnis wandeln sich eventuell in platonische Beziehungen. Die gleiche abkühlende Wirkung zeigt sich in Freundschaften. Eine gute Partnerschaft jedoch wird sich vertiefen und festigen. Du wirst von deinen

Mitmenschen in die Pflicht genommen, sie verlangen von dir Verantwortungsgefühl und Gewissenhaftigkeit. Dafür begegnen sie dir mit Respekt und Achtung.

Saturn-Transite über die Stier-Venus

Saturn tritt deiner Venus im Stier als Hüter der Ordnung und der kosmischen Gesetze entgegen. Im Bereich Partnerschaft bist du recht bequem, lässt dich gerne von deinem Umfeld versorgen, sowohl mit »Bestätigungs-Häppchen« als auch mit irdischen Gütern. Zumeist ist es dir gegönnt, deiner Stier-Venus im »Geschäft« Partnerschaft einen guten Platz zu sichern. Deine freundschaftsbildenden Gene ziehen deine Umgebung in deine Bedürfnisse hinein und außerdem bist du jemand, der leichten Herzens nimmt. Mit dem Saturn-Transit ändern sich die Verhältnisse. Der große Weise legt seinen Finger auf ein eventuell vorhandenes Ungleichgewicht und schickt dir jemanden ins Leben, der »Schulden« eintreiben möchte. Da diese Art der Rechnung nicht vom Kopf und Bewusstsein gemacht wird, bist du möglicherweise sehr überrascht, wenn er vor deiner Türe steht. Du kannst dich nicht erinnern, irgendjemandem etwas schuldig geblieben zu sein. Du fühlst dich ungerecht behandelt, zurückgesetzt, verkannt und einsam. Obwohl du alles tust, dieses Gefühl »unten« zu halten, kommt es dir bekannt vor. Immer wieder erwischt es dich, immer dann, wenn und von dem du es am wenigsten erwartet hättest. Ausgerechnet der Mensch, der es zeitweise zum Verschwinden bringen konnte, ein Partner, ein guter Freund, ist Ursache dafür, dass es wieder mit eiskalten Händen nach deinem Selbstbewusstsein greift. Muss Saturn als Botschafter ausgerechnet diesen Weg wählen? Du kennst die Antwort: Wer sonst könnte dich am wundesten Punkt treffen, wenn nicht der, der sonst schützend seine Hand darüber hält. In den Zeiten des Saturn-Transits wird dir die von außen kommende warme, behütende Kraft entzogen und dein Selbstbewusstsein steht nackt, von allen künstlichen Hüllen befreit in der Welt. Jetzt spürst du, wie viele Anteile deines Beziehungsglücks sich auf dich selbst und wie wenige sich auf dein Gegenüber beziehen. Ein Saturn-Transit möchte deine Venus durch diese Krise hindurch einem neuen, erwachseneren Blick auf deine Partnerschaften zuführen: Wenn du deinen Wert vom Gegenüber zu abhängig machst, benutzt du den Partner und machst dich zu seinem Objekt. Bist du wirklich glücklich, wenn er dich wie ein Schmuckstück an sein Ego heftet? Erst wenn du den Schmerz des Wertverlustes »überlebt« hast, bist du frei und verstehst endlich, welcher Ausgleich von dir gefordert wird.

Saturn-Transite über die Zwillinge-Venus

Eine schwere Zeit für dich. Du fühlst dich unverstanden und in deinen Aktivitäten gebremst. Zu viele Pflichten, zu viel Arbeit engen dich ein. Vom Partner (oder von Kollegen) ist keine Hilfe zu erwarten. Das Leben scheint dir zu ernst, deine Flügel, mit denen du üblicherweise von Mensch zu Mensch fliegst, sind gebrochen. Du bekommst Angst, deine übliche Rolle nicht mehr aufrechthalten zu können. Als kommunikativer Besucher im Leben anderer fühlst du dich angenommen, dein freundliches Kommen und Gehen wird allgemein anerkannt. Jetzt aber fühlst du dich zu schwer, zu belastet, um das Spiel weiter zu spielen. Es gibt eine Reihe von Umständen, die im Moment wie Mühlsteine an deiner Seele hängen können: Gute Freunde ziehen sich – scheinbar grundlos – von dir zurück. Am Arbeitsplatz werden dir Dinge aufgebürdet, die deine Bewegungsfreiheit einschränken (z.B. ein neuer Vorgesetzter verlangt mehr Ordnung und Disziplin). Deine Partnerschaft ist in einer Sinnkrise. Dein Gegenüber verlangt mehr Verantwortung von dir und vertritt darüber hinaus in allen Belangen deinen Gegenpol. Es gibt keine Einigung zwischen euch. Eine Menge Probleme türmen sich vor dir auf, am liebsten möchtest du weglaufen. Doch wohin? Du befindest dich in deinem Leben, ein anderes steht dir nicht zur Verfügung. Was kannst du tun? Zuerst einmal: Gib auf, es gibt im Moment keinen leichten Weg! Du stehst vor einem (ganz normalen) Berg, der zu überwinden ist. Nimm Abschied von der leichten, jugendlicheren Form deines Beziehungslebens. Sobald du diese Stufe der Reife erklommen hast, wirst du wieder beweglicher sein. Ein kleiner Rest Schwere wird allerdings bleiben. Als Lohn dafür geben dir die Götter in Zukunft ein etwas höheres spezifisches Gewicht und deiner Seele etwas mehr Dichte.

Saturn-Transite über die Krebs-Venus

Eine schwere Zeit für dich! Unentwegt wirst du an Wunden deiner Kindheit und Verletzungen aus früheren Beziehungen erinnert. Du fühlst dich ungeborgen, vom Leben (bzw. vom Partner) um die Liebe (wieder einmal!) betrogen. Du ziehst dich in dein Schneckenhaus zurück. Eine neue Perle in einer Reihe von Schmerzen (frühere Saturn-Transite) verlängert die Kette deines Unglücks. Die ganze Welt ist dein Feind, niemand versteht dich, am wenigsten die, die vorgeben, dich zu lieben. Saturn, der weise Alte, tritt deiner Seele mit folgender Frage entgegen: Wie lange noch willst du darauf reinfallen, wie lange noch hältst du an deiner (schweren?) Vergangenheit fest? Wie ein Kind stellst du der Welt wieder und wieder die gleiche Frage: Hast du mich wirklich lieb? Und wiederholt – auf jeden Fall jetzt mit dem Saturn im Transit – hörst du die Antwort »Nein«. Mit einer so gearteten emotionalen Grundstimmung bist du immer auf der Suche nach diesem »Nein«. Die Welt ist keine Mutter, in die du zurückschlüpfen kannst, um deine Geburt ungeschehen zu machen. Damit fühlt sich jeder Partner überfordert. Er bekommt von (deinem!) Saturn den Auftrag, dich von Zeit zu Zeit zurückzuweisen. Dies ist der einzige Weg für dich: zu wachsen und mehr Verantwortung für dein eigenes Befinden zu übernehmen. Auch eine Krebs-Venus muss einmal erwachsen werden. Die liebevollen, aufnehmenden Qualitäten, die du in eine Beziehung einzubringen verstehst, geben dir kein Recht, sie auch vom Partner zu verlangen. Er hat seine Fähigkeiten, seine individuelle Art, die Beziehung zu gestalten. Wie immer diese sich zeigen, es ist ganz sicher, dass sie nicht mütterlich sind. Keine Beziehung braucht zwei Mütter! Sei froh über den Anspruch an dich und dein Erwachsensein. Dein Partner und Saturn trauen es dir zu. Jetzt fehlst nur noch du im Bunde!

Saturn-Transite über die Löwe-Venus

Jeder Mensch, nicht nur du mit deiner Löwe-Venus, wählt den Partner aus Ego-Gründen. Jeder sucht seinen Wert über den anderen zu bestätigen. Bei dir allerdings steht dieser Aspekt im Vordergrund. Für dich ist derjenige der Richtige, der dich möglichst bis in den Himmel hebt. Nur, dort wohnen andere Götter, denen dies – besonders zu Zeiten eines Saturn-Transits – nicht recht ist.

Sobald also Saturn zu deiner Venus einen Aspekt bildet, kommt – bildlich gesprochen – eine schwere Hand »von oben« und drückt dich in die Tiefe. Du landest auf der Erde. Dir kommt es vor, als habe die Welt den »roten Teppich« eingerollt, und deine hochwohlgeborenen Freiersfüße landen unzart auf dem Boden der Realität. Du bist ein Mensch wie jeder andere. Auch du hast ein Beziehungspäckchen zu tragen. Du erfährst ein »Du sollst, du musst!« Dein übliches »Ich will haben, strahlen, wichtig und Mittelpunkt für andere sein« verhallt ungehört.

Die ganze Welt scheint sich gegen dich verschworen zu haben. Dein Umfeld kritisiert dich, macht dich auf Fehler aufmerksam. Zacken brechen aus deiner Krone. Du empfindest Beziehungen als begrenzend und einschränkend. Verpflichtungen und Notwendigkeiten ziehen sich wie eine Schlinge um deinen Hals. Du fühlst dich wie erstarrt, von den Umständen unterdrückt. Dies ist eine schwere Lernaufgabe für dich. Im Theaterstück des Lebens bekommt ein anderer die Hauptrolle. Von dir wird Zurückhaltung und Disziplin verlangt.

Halte durch, jeder Transit geht einmal zu Ende. Schlage die Warnungen und Botschaften Saturns – überbracht von deinen Mitmenschen – nicht aus. Sie sind es leid, wie wichtig du dich nimmst. Niemand möchte nur Zuschauer im *gemeinsamen* Beziehungsstück sein, sie alle möchten mitspielen. Damit du lernst, sie zu sehen, sie wahrzunehmen, musst du eine Zeit auf der »Ersatzbank« verbringen. Geläutert wirst du bald ins Spiel zurückkehren, als Mittelspieler, was sonst?

Saturn-Transite über die Jungfrau-Venus

Jeder Saturn-Transit zeigt einem Menschen, in welche Sackgasse ihn sein Beziehungsmuster geführt hat. Geben und Nehmen müssen ausgeglichen sein, ebenso wie Anpassung und Freiheit. Sonst ist zumindest einer von beiden unglücklich. Deine Jungfrau-Venus wird von einem großen Wunsch zu dienen geleitet. Ihrer inneren Natur entsprechend gibt sie mehr als sie nimmt. Dieses Grundmuster entstammt zumeist der ursprünglichen Position im Elternhaus. Auch dort bist du gebraucht worden, hast dich eingesetzt für Vater, Mutter und Geschwister. Diese Beziehungsgrundlage gibt dir Sicherheit. Es ist nur allzu natürlich, dass du belohnt werden möchtest, dass dir Bestätigung und Anerkennung deiner Leistung wichtig sind. Und damit sind wir beim Schmerz des Saturn-Transits angelangt: Die Welt zeigt keinerlei Dankbarkeit für deine Dienste. Es hilft dir nichts, deinem Umfeld die Liste deiner »guten Taten« vorzuhalten. Sie *dürfen* dich nicht hören. Dein Saturn-Transit »verbietet« es ihnen, deine Gaben zu beachten.

Es gibt noch einen weiteren Weg, dir deine Aufgabe zu stellen: Plötzlich brauchen dich die Menschen nicht mehr. Sie sind entweder gesund oder erwachsen geworden und kommen jetzt gut ohne dich zurecht. Eure Beziehung, so wie sie einmal war, muss sterben. Du musst den gewohnten Platz verlassen, so die Botschaft Saturns. Und da Energiemuster im Allgemeinen sehr fest an der menschlichen Seele haften, brauchst du dafür Zeit –

Zeit des Alleinseins, Zeit der Ablösung, Zeit der Einsamkeit. Zumindest fühlst du dich alleine. Man kann auch unter Menschen einsam sein. Die Ablehnung und der Rückzug deiner Umwelt ist ein notwendiger »Schachzug« des Schicksals, dich auf etwas hinzuweisen: auf das Ungleichgewicht zwischen dir und den anderen. Im Allgemeinen wird in unserer Gesellschaft derjenige als der »Gute« belobigt, der viel gibt. Schauen wir einmal genauer hin, so ist dieser ebenso Träger des Ungleichgewichts wie der Nehmer. Glück und Freiheit entsteht für beide erst nach dem Ausgleich. Sobald du diese Botschaft verinnerlicht hast, wird sich dein Beziehungsrad ein Stückchen weiterdrehen.

Saturn-Transite über die Waage-Venus

Es gibt eine große Wunde, an die du nicht erinnert werden möchtest. Du tust alles dafür, damit sie geschützt vor den Angriffen des Partners und der Welt tief in deinem Inneren verborgen bleibt. Du hast Angst davor, von deinem Gegenüber nicht anerkannt zu werden. Du hast alles daran gesetzt zu lernen, wie man die *richtige* Ergänzung für den Partner wird. Deine Waage-Venus lebt davon, die Hälfte eines Ganzen zu sein. Das gibt ihr eine Existenzberechtigung. Es geht hierbei nicht um ein Gebraucht-Werden, sondern eher um ein Da-sein-Dürfen. Schon in deiner Kindheit fühltest du dich auf einem unsicheren Platz. Nur als passende Ergänzung zum Du – und dabei möchtest du alle Bereiche des Lebens abdecken – glaubst du, eine Existenzberechtigung zu haben. Nicht die Anpassung gibt dir diese Bestätigung, sondern der Satz: »Du, nur du bist es! Dich meine ich und keinen anderen!«

Mit dem Saturn-Transit wirst du schlagartig zum »falschen« Partner. Nicht die Eigenschaften deiner Persönlichkeit sind dabei ausschlaggebend für dieses vernichtende Urteil, sondern die Tatsache, dass dein partnerschaftliches Verhalten nicht mehr gewürdigt wird. Saturn kommt als strenger Meister mit einer schweren Lernaufgabe auf deine Venus zu. Er möchte dich auf ein Muster hinweisen, das dich wiederholt in dieselbe Sackgasse gebracht hat. Dein Ausmaß an *Zu*neigung überfordert dein Gegenüber. Dein ausgeprägtes Gefühl für Gemeinsamkeit kann von ihm nicht geteilt werden. Er betrachtet sich mehr als ein Individuum und nicht nur als die Hälfte eines Paares. Auch du bist nicht immer nur Teil eines »Wirs«. Zu Zeiten des Saturn-Transits wird deine Seele aus diesem »Wir« herausgedrängt, um ihre »Ich«-Identität wieder zu finden. Das Leben besteht aus einem Wechsel dieser beiden Pole. Je mehr du den einen nährst und einforderst, desto weiter drängst du die Welt in den anderen Pol hinein. Insoweit zeigt sich hier, dass ihr zwei Hälften *einer* Geschichte seid. Saturn ermahnt dich, deinen Teil umzuschreiben, damit auch deine Weggefährten eine Chance bekommen, ein Stückchen näher an die Beziehung heranzurücken.

Saturn-Transite über die Skorpion-Venus

Traditionell wird in der Astrologie das Tierkreiszeichen Skorpion als Symbol des Sterbens von subjektiven Ideen und Vorstellungen gedeutet. Der Saturn, dem Steinbock zugeordnet, steht für den Tod, der uns gesetzmäßig am Ende unseres Lebens ereilt. Trifft der objektive Saturn als Hüter einer übergeordneten Zeitqualität auf Planeten, die in irgend einer Weise skorpionisch gefärbt sind, wird damit ein großer Kampf entfesselt. Der Mensch stellt sich mit seiner subjektiv gebundenen Sichtweise gegen ein objektives Schicksal. Für die Skorpion-Venus bestehen Liebe und Zuneigung vor allem aus ihrer intensiven, auf das Ziel, den Partner, gerichteten Energie. Sie duldet keinen Widerspruch, kein Ausweichen. Ihre fixierten Kräfte verstehen es, ihr Gegenüber zu fesseln. Aus dieser Tatsache zieht sie den Schluss, mit ihren Gefühlen richtig zu liegen. Tritt Saturn in seiner Eigenschaft als Hüter einer höheren Ordnung auf die Beziehungsbühne, so bezieht er Stellung *vor* dem Bild des Partners. Er »beleuchtet« es mit Wirklichkeit und verstellt damit den Blick auf die Projektion. Was sagt ein Mensch, dessen Ideal schlagartig von der Wahrheit verdeckt wird? »Ich hätte niemals gedacht, dass du so bist! Wie habe ich mich doch in dir getäuscht.« Die »Gefühle« erkalten, die Partnerschaft will nicht mehr gelingen. Mit wem bist du eine Beziehung eingegangen? Mit einem Menschen oder einem Bild? Was hat deine Emotionen entfacht? War es die Liebe oder die Vorstellung von Liebe? Deine Faszination bricht zusammen, das Spannungsfeld entlädt sich, Gefühle erkalten. Der Saturn-Transit lässt dich auf jeden Fall ernüchtert zurück. Ob er dich auch weiser zurücklässt, liegt an dir.

Saturn-Transite über die Schütze-Venus

Du braucht eine neue Gewichtung deiner Vergangenheit. Die allzu subjektive, schönfärbende Sicht deiner Schütze-Venus bekommt jetzt einen Lehrmeister vorgesetzt. In der Vergangenheit oder auch heute waren es für dich immer die anderen, die hauptsächlich am Misslingen deiner Beziehungen Schuld waren. Deine Aufgabe während eines Saturn-Transits besteht darin, diese Sichtweise zu revidieren. Wieder einmal hat sie dich in die gleiche Sackgasse geführt: Du machst alles richtig und doch wollen deine Beziehungen nicht so recht gelingen. Deine Umwelt hört nicht auf deine Vorschläge zur Verbesserung der Situation. Ein altes wiederkehrendes Muster tritt dir jetzt über Ablehnung und Unverständnis aus einer Welt mit »tauben Ohren« gegenüber. Saturn schickt dir seine Botschaft: *Du* sollst zuhören, nicht alles wissen und schon gar nicht besser wissen wollen. Die Erkenntnis, dass es dir wenig gebracht hat, jeden Beziehungsweg zu analysieren und zu durchleuchten, wird dir jetzt vom Schicksal vor Augen gehalten. Du bist ohnmächtig den »Machenschaften« deines Gegenübers ausgeliefert. Die Fragen (Fragen, nicht Antworten!), die dich weiterbringen, sind folgende: Wann habe ich Ähnliches schon einmal erlebt? Wodurch ist meine letzte Beziehung beendet worden? Was haben die jeweiligen Partner zu bemängeln gehabt? Verfolge den roten Faden durch deine Beziehungslandschaft hindurch. Das beste Ergebnis, das du unter der Vorherrschaft Saturns zu erreichen vermagst, ist, die Verantwortung für das Scheitern zu übernehmen. Das gilt für damals und für heute, für die ganz großen und für die kleinen Auseinandersetzungen. Es ist gut, wenn du ein bisschen demütiger zurückbleibst. Wenn nicht, auch gut, der nächste Saturn-Transit wird mit seiner schweren Hand nach dir greifen und es noch einmal versuchen.

Saturn-Transite über die Steinbock-Venus

Kennst du den Unterschied zwischen Verantwortung und Schuld? Mit deiner Steinbock-Venus besitzt du ein sehr ausgeprägtes Beziehungsgewissen, doch in diesem Bereich gibt es viel Verwirrung. Einerseits fühlst du dich immer schuldig, wenn dir Partnerschaften nicht gelingen, andererseits bist du ein Mensch, der bereit ist, die »Ordnungen der Liebe« einzuhalten. Wie passt das zusammen? Der transistierende Saturn begegnet deiner Steinbock-Venus mit einer vertrauten Energie. Auch wenn er keinen offensichtlichen Gegenpol bildet, so ist er doch »oben« und du bist »unten«. Sein Wissen ist groß und du bist klein. Deine Venus trägt ein Beziehungsschicksal auf ihren Schultern, von dem sie überzeugt ist, dass es ihr von den Göttern in die Wiege gelegt wurde. Mit ihrem scharfen »Gewissens-Messer« schneidet sie sich oft ins eigene Fleisch. Du versuchst etwas aufzuräumen, was du nicht in Unordnung gebracht hast. Die tief liegenden Schuldgefühle, die du in dir trägst, gehören nicht alle zu deiner Geschichte. Da, wo andere zu wenig tragen, trägst du zu viel. Saturn möchte dich auffordern, Verantwortung abzugeben und vor allem, dich vom Schuldthema zu lösen. Die Welt ist, wie du, verstrickt. Erkenne an, dass die unsichtbaren Bindungen, die jede Seele in sich trägt, Verhaltensweisen hervorbringen, die nicht nur aus dem freien Willen stammen. Die Ordnung, die Saturn von dir verlangt, wird vieles verändern. Sie entlastet dich einerseits und gibt dir andererseits etwas zurück. Traue deinen Mitmenschen zu, ihren Aufgaben gerecht zu werden. Und dir selbst traue ein gutes Beziehungsleben zu. Das ist viel schwerer, als du denkst.

Saturn-Transite über die Wassermann-Venus

Das Tierkreiszeichen Wassermann im Horoskop beschreibt das Betätigungsfeld des »Lösens« und des »Entbindens«. Dadurch, dass sich deine Venus mit diesem Prinzip verbunden hat, hast du es dir zur Hauptaufgabe gemacht, dich von Beziehungsabhängigkeiten zu befreien. Auch du bist erst einmal ebenso »unfrei« wie wir alle. Auch dich binden übernommene Werte und Bewertungen. Dein Drang, aus einengenden Zugehörigkeiten auszubrechen, ist stärker ausgeprägt und gehört zu deinen Hauptaufgaben. Es ist dir in jungen Jahren nicht möglich, die Tiefe dieses Auftrages zu erkennen. Allzu oft verwechselt du Trennungen, Liebesentzug und Distanz mit dem eigentlichen Thema. Mit allzu leichtem Herzen entziehst du dich deinen Beziehungen und machst deinen persönlichen Freiraum zum Nabel der Welt. Dieser Leichtfertigkeit schiebt ein Saturn-Transit einen Riegel vor. Er verschließt – mit Hilfe von Schicksalsumständen – deinen Beziehungsraum. Saturn bestimmt das Datum der Wiederöffnung. Ein gutes Hilfsmittel, dich »anzubinden«, sind Zeiten, in denen Verantwortung von dir gefordert wird: beispielsweise wegen eines Kindes, eines Geschäfts, einer finanziellen Krise und was Saturn sonst noch auf Lager hat. Menschen in deinem Umfeld deuten mit erhobenem Zeigefinger auf deine Unverbindlichkeiten und versuchen, dir die Flügel zu stutzen. Erst jetzt, in der »Falle«, gibt es für dich die Möglichkeit, deiner Wassermann-Venus auf eine tiefere Seelenebene zu folgen. Ihre wahre Aufgabe besteht im Umbruch alter Werte. Du sollst die aus der Vergangenheit übernommenen Muster ablegen und mit deinen Partnerschaften neue Wege gehen. Du sollst deine Wurzeln aus dem »Sippenknäuel« herauswinden und in neue Themen verpflanzen. Mit Ende des Saturn-Transits über deine Venus hat der Begriff »Freiheit« für dich eine neue Dimension gewonnen.

Saturn-Transite über die Fische-Venus

In deinen Beziehungen geistert von Zeit zu Zeit ein Gespenst herum, das unsichtbar zwischen dir und dem jeweiligen Partner steht. Kleine und große Lügen, heimliche Wünsche und Sehnsüchte bis hin zum handfesten Betrug verhindern die Nähe, die du dir eigentlich von ganzem Herzen wünscht. Es gehört zu deinem Wesen, bestimmte Bereiche einer Partnerschaft in der Schwebe zu halten. Es erscheint dir weniger gefährlich, so manches ungesagt und ungelebt zu lassen. Konflikte werden ignoriert, bis sie sich – da hast du sehr viel Vertrauen – von alleine lösen. Die Wirkung eines Saturn-Transits auf deine Venus entspricht in etwa einem glasklaren Wintertag, der die vorangegangenen Nebel zerstreut. Von außen kommen dir »wachmachende« Energien entgegen, denen du ohnmächtig ausgeliefert bist. Jetzt lässt sich nichts mehr verbergen, weder vor dir selbst noch vor dem Partner. Es ist, als wollte man deine Stimmungen einfangen, sie analysieren und bewerten. Daraus entstehen Konflikte, denen du ins Auge sehen musst. Die Welt ergreift Maßnahmen, dich zu zwingen. Sie möchte die trennenden Unklarheiten beseitigen, dich näher zum Partner ziehen und bewirkt aber zuerst nur das Gegenteil. Gefühlsmäßig ziehst du dich noch weiter zurück. Die Situation deprimiert dich: Warum nicht weiter träumen dürfen? Warum deine Geheimnisse preisgeben? Deine Liebe lebt von Geheimnissen, bei Tageslicht schwindet sie zusehends. Unter Saturns belehrendem Einfluss bleibt deiner Venus dennoch keine Wahl: Sie wird klüger. Beziehungen können dadurch in die Brüche gehen, denn dein selektiver Blick hatte es verstanden, bestimmte Umstände auszublenden. Nach der Desillusionierung bleibt – erst einmal – wenig übrig. Jetzt hast du die Gewissheit, dass es sinnlos ist, deine Hoffnungen weiter zu tragen. Die realistische Sicht macht dich einsam, der Partner entschwindet dir (zumindest im Inneren deiner Seele). Kannst du mit dem Rest weiterleben? Oder löst sich mit dem Erwachen deine Liebe in Nichts auf? Stell dir vor, Dornröschen hätte nach hundert Jahren die Augen deshalb wieder geschlossen und weitergeschlafen, weil der Prinz nicht ihrem Ideal entsprach. Würde dir dieser Schluss des Märchens gefallen?

Uranus-Transite

Jeder halbwegs gebildete und belesene Astrologe erwartet bei Uranus-Transiten über die Venus Trennungen. Nach Untersuchungen von einigen hundert Horoskopen und Trennungen kann ich sagen, dass das endgültige Auseinandergehen von Partnern viele Auslöser haben kann (die Einflüsse von Saturn und Neptun beispielsweise). Natürlich kommt es vor, dass ein Uranus-Transit den letzten Impuls zur Trennung gibt. Zumeist jedoch bedeutet er das Ende einer bestimmten Phase, bzw. Form und einen Neubeginn. Uranus ist Träger der Themen »Entbinden« und »Lösen«. Die wichtigsten Fragen, denen der Mensch nachzugehen hat: Wovon muss ich mich lösen? Welche Bereiche meiner Partnerschaft haben sich überholt und müssen erneuert werden? In welche Fallen bringen mich meine festgefahrenen Muster und worin besteht der Ausweg aus dem Hamsterrad, der immer wiederkehrenden Erlebnisspur?

Jeder Mensch trägt in seiner Venus seine Eltern und deren Beziehung mit sich. Besser gesagt, über seine Venus hat er von Kind an versucht, ein etwaiges Ungleichgewicht und Ungereimtheiten bei den Eltern auszugleichen. Seine eigenen Beziehungen sind geprägt von den unterschiedlichen Werten seiner Eltern und gegebenenfalls anderer Sippenmitglieder. Je unterschiedlicher sich die Eltern zu ihrer Beziehung gestellt haben, je größer das Spannungsfeld zwischen ihnen war, desto schwierigere Partnerschaften wird sich »das Kind« suchen. Hat sich der Vater zum Beispiel eine Geliebte und damit seine Freiheit genommen, während die Mutter ihm treu (und unschuldig) ergeben blieb, treffen die unterschiedlichen Werte in der Seele des Kindes widerstreitend zusammen. Am deutlichsten erkennen wir die Ähnlichkeit in der genauen Wiederholung: Das Kind, nun ein Mann, nimmt sich ebenfalls eine Geliebte *und* eine treue Ehefrau. Er tritt vollends in die Fußstapfen des Vaters (Wassermann-Venus). Oder eine Frau übernimmt die Position der Mutter und bleibt duldend in der Ehe, während der Partner fremdgeht (Jungfrau oder Steinbock-Venus).

Die zweite Variante ist der Rollentausch. Die Frau identifiziert sich mit dem Vater und betrügt ihren treuen Ehemann.

Die dritte und komplizierteste Übernahmemöglichkeit ist die abwechselnde Identifikation mit beiden Eltern. Die Frau hat beispielsweise eine Wassermann-Venus und delegiert sie an den Mann. Er nimmt sich eine Geliebte, woraufhin sie ihn verlässt. So ist sie *zuerst* die Betrogene wie die Mutter und dann die »Verräterin« wie der Vater. Es gibt noch weitere Strömungen, die aus der Sippe kommend unsere Seele prägen: beispielsweise Familiengeheimnisse, verschwundene, früh verstorbene und ausgegrenzte Personen. Es ist nicht Aufgabe dieses Buches, alle diese Möglichkeiten zu erklären. Wichtig für die Uranus-Transite über die Venus ist, alte Werte und Muster zu erkennen, um sie lösen zu können. So steht zum Beispiel eine Krebs-Venus für eine mehr der mütterlichen Seite zugeordnete Werteabhängigkeit, während eine Löwe-Venus in ihren Beziehungen mehr der Vaterseite nacheifert.

Die nachfolgenden Kurzbeschreibungen der Uranus-Transite können nur Anhaltspunkte dafür liefern, wonach der Mensch zu suchen hat. Die wassermännische Energie (Uranus ist dem Wassermann zugeordnet), die einer Venus etwas beizubringen versucht, zeigt sich zuallererst über die Unvereinbarkeit mit dem Partner. In Zeiten des Uranus-Transits wird sehr bald deutlich, dass das Gegenüber der fremdeste Mensch ist, dem man je begegnet ist. In der Beziehung entsteht ein großes Gefälle (oder es war bereits vorhanden und zeigt sich jetzt deutlich). Wenn die eigenen, d. h. die übernommenen Werte vom Partner boykottiert, bzw. verraten werden, spürt man besonders deutlich, wie verpflichtet man sich ihnen fühlt. Jetzt fließt alle Kraft zurück zur Sippe. Mit dem Wunsch, auf den Partner zuzugehen, um den gemeinsamen Weg fortzusetzen, wird erst dringend deutlich, wie gefangen man ist. Erst wenn der Partner droht, alleine zu bleiben, erwacht in einem der Wunsch fortzuschreiten. Dafür *muss* man die alten Werte opfern. Um die Kraft dafür zu sammeln und um überhaupt seinen ureigensten Weg zu erkennen, braucht man Abstand. In der Zerrissenheit dieser Phase besteht tatsächlich die Gefahr davonzulaufen. Wenn einer allerdings wüsste, wie weit er in Wirklichkeit kommt, er würde es sich noch einmal überlegen. Tatsächlich läuft er im Kreise herum und pendelt zwischen den verschiedensten Wertesystemen hin und her. Eine gute Lösung sieht anders aus: Zuerst einmal muss ein »Ort« der Nicht-Beziehung gefunden werden. Eine Zeit, bzw. ein Raum, in dem sich die Seele nicht verwickelt und hin und her gerissen fühlt. Dieser Platz ist ein Seelenplatz, ganz außerhalb von Abhängigkeiten und von Bestätigung. Nur hier kann er erwachsen werden, nur hier kann er die in seine Partnerschaft projizierten kindlichen Abhängigkeiten verlassen. Wenn er nach dem Uranus-Transit in seine Beziehung zurückkehrt, ist er ein anderer geworden. Vorher kann und darf niemand wissen, ob es den Partner dann noch gibt. Das macht die Uranus-Transite zu einer so schweren, unsicheren Zeit. Aus der menschlichen Angst heraus verlassen zu werden, »verpassen« wir allzu oft den uranischen Impuls. Statt dass uns Flügel wachsen, beschneiden und beschweren wir uns selbst. Nur, was nützt es uns, auch Uranus hat eine Menge Botschafter, die in seinem Dienst stehen: Jede Kündigung, jedes Ausgegrenzt-Werden (beispielsweise durch Mobbing), jedes Verlassen-Werden, das alles sind Hilfestellungen, den Vater der Gaion, Ahnherrn aller Götter und Ursprung und Zeuge der Himmelsgewalten, als das kennen zu lernen, was er wirklich ist: ein Erlöser, ein Prophet, der ein neues Beziehungszeitalter einleiten möchte.

Uranus-Transite über die Widder-Venus

Es ist einfach für dich, mit deiner grenzüberschreitenden Venus einem wassermännischen Impuls zu folgen. Die Werte, die du hinter dir zu lassen hast, verbrennen schnell im Feuer deiner vorwärts strebenden Energien. Dein Drang, dich selbst – unabhängig von den übernommenen Werten – zu finden, ist dein ständiger Begleiter. Schon immer bist du sehr darauf bedacht, dich zu zeigen, dich ins Zentrum der Aufmerksamkeit zu bringen. Als Kind musstest du oft laut rufen, um überhaupt gehört zu werden. Die anderen waren so mit sich selbst beschäftigt, dass sie dich sonst übersehen hätten. Sehr vehement verteidigst du deinen Platz, wann immer es dir notwendig erscheint. Manchmal etwas zu verbissen, zu aggressiv. Der Uranus-Transit lässt deine Energien verpuffen, das gewünschte Ziel verfehlen (beispielsweise die Eroberung eines Partners, der sich dir entzieht). Du brauchst diese Erfahrung, um zu lernen lockerzulassen.

Welche Person aus deiner Kindheit vertrittst du? Wer in deiner Sippe hatte immer das Gefühl, zu kurz gekommen zu sein? Sprich innerlich zu dieser Person und löse dich von ihrem Platz mit folgenden Worten: »Ich habe es bis jetzt gemacht wie du. Auch ich habe um Anerkennung gekämpft. Ab heute nehme ich es leichter, ich bin in Zukunft damit einverstanden, meinen Platz bei anderen auch einmal zu verlieren. Das macht mich frei und leicht.« Mag sein, dass du diese Worte auch zu jemandem in deinem heutigen Umfeld (innerlich) sprechen musst. Sprich nicht in Wut, sondern in Achtung. Dann drückt dir Uranus den Kuss der Unabhängigkeit auf die Stirn.

Uranus-Transite über die Stier-Venus

Der Uranus-Transit verlangt von dir die Überwindung sozialer oder anders gearteter Standesunterschiede. Deine Venus fühlt sich den von der Sippe übernommenen Werten sehr verpflichtet. Du hast Menschen um dich herum versammelt, die aus ähnlichem Holz geschnitzt sind. Das gibt dir die Sicherheit, in einer Reihe zu stehen mit deinen Ahnen, gestärkt vom passenden Umfeld. Äußere Werte wie Besitz und Reichtum stellen nur einen Teil der stabilisierenden Energien dar. Ist dir schon einmal aufgefallen, dass du die gleichen Ansichten vertrittst wie deine Eltern? Allerdings zeigt sich dies erst nach der Pubertät. Damals wolltest du noch alles verändern, neue Wege gehen. Es ist nichts daraus geworden, du bist in manchen Punkten sehr konservativ und in einigen Bereichen deines Beziehungslebens stecken geblieben. Nur wenn dich dein Gegenüber so bestätigt wie du bist, geht es dir gut. Mit dem Uranus-Transit über deine Venus soll sich dies ändern. Die Wegbegleiter deines Lebens wenden sich – inhaltlich oder auf der sichtbaren Ebene – von dir ab und tun dir ihr Anderssein kund. Sie vertreten nicht nur eine andere Lebensphilosophie, sondern fassen Ziele ins Auge, die sich von den deinen unterscheiden. Es ist auch gut möglich, dass sie sich von neuen Begegnungen beflügeln lassen, die ihnen im Moment mehr geben als du. Du bist eifersüchtig, dein Selbstwertgefühl sinkt. Händeringend suchst du nach Freunden, die dich und deine Werte stabilisieren könnten. Auch dort findest du nur »Verräter« oder besser gesagt, auch dort musst du deinem Uranus-Transit ins Auge blicken. Er möchte dich von all den Identifikationen befreien, die dich schwer und unbeweglich machen, die dich zu fest einbinden in Übernommenes.

Folgende Lösungssätze helfen dir, die notwendigen Schritte zu tun: Schau innerlich zurück zu deiner Herkunftsfamilie und sprich: »Ich gehöre zu euch, auch wenn ich wachse und weitergehe. Eure Werte sind gut und ich habe sie gerne vertreten, doch die Zeiten ändern sich und damit auch ich.« Versöhne dich mit den so genannten Verrätern, sie wollten dich, im Auftrag von Uranus, auf etwas hinweisen. Akzeptiere den Wechsel von »Binden« und »Lösen« und du wirst dadurch freier und beweglicher.

Uranus-Transite über die Zwillinge-Venus

Dein Platz in der Herkunftsfamilie, der sich sowohl in Gruppen wie in Partnerschaften wiederholt, soll im Laufe eines Uranus-Transits von dir in Frage gestellt werden. Du bist mit deiner ausgeglichenen, vermittelnden Art sehr zufrieden. Du spürst keine Schwere, keine Abhängigkeit. Du bist ein gern gesehener Unterhalter und verstehst es, die Menschen aufzumuntern. Schon deine Eltern waren sehr zufrieden mit deinem angenehmen Verhalten. Du bist zwischen den Eltern hin- und hergelaufen und hast versucht, sie bei Laune zu halten, indem du ein »pflegeleichtes« Kind gespielt hast. Auch heute bringt dir dieses Spiel einen guten Platz ein. Damit es dir immer gelingt, hast du gelernt, auch dann zu lachen, wenn dir nach Weinen zumute ist. Auch hast du gelernt zu scherzen, wenn du eigentlich wütend sein müsstest. Mit dem Uranus-Transit spürst du, wie unfrei du hinter dieser »Maske« bist. Gleichzeitig merkst du, dass die Menschen um dich herum etwas anderes von dir wollen. Sie spielen dein Spiel nicht mehr mit. Sie reagieren mit Desinteresse. Du fühlst dich verraten, deine Höflichkeit, deine beständig gute Laune machen sich nicht mehr bezahlt. So unbestätigt fällt es dir immer schwerer, die Rolle beizubehalten. Mit dem Uranus-Transit entwischen dir »Wahrheiten«, die besser ungesagt geblieben wären (so glaubst du). Die Frage ist, welche Wahrheit möchte ans Licht kommen, wie könnte eine Lösung für dich aussehen?

Stelle dir deine Eltern und Geschwister vor und hinter ihnen stehend deine Partner, Freunde und Geschäftskollegen. Eine Menge Menschen tauchen vor deinem inneren Auge auf. Jetzt sprich zu ihnen: »Es ist eure Sache, wenn es euch nicht gut geht, wenn ihr euch langweilt. In Zukunft stelle ich mich nicht mehr als Unterhalter zur Verfügung. Ihr gehört zu mir, ich freue mich, auch weiterhin mit euch zusammen zu sein in guten wie in schlechten Zeiten.«

Uranus-Transite über die Krebs-Venus

Dein Nest ist mal wieder zu klein geworden. Auch wenn du dich zusammenkauerst, wirst du nichts daran ändern können. Du bist gewachsen! Deine Krebs-Venus verbindet sich gerne mit ihrem Umfeld. Nicht nur deine Partner, sondern auch Freunde und Kollegen bilden ein soziales Netz, in dem du deine emotionale Sicherheit findest. Um dir diese Heimat zu erhalten, musst du zeitweise auf das Wachstum deiner Individualität verzichten. Zu Zeiten eines Uranus-Transits empfindest du die gleiche, von dir selbst gestaltete Situation der Geborgenheit als seelischen Zwang. Aus den Beziehungen sind Versorgungsstationen geworden, von denen alle Beteiligten abhängig sind.

Dein Uranus-Transit hat zwei Seiten: Entweder es wird den anderen zu viel und sie verraten deine Zuwendung durch Rückzug. Oder du fühlst dich leer, hast nichts mehr zu geben. Seit deiner Kindheit warst du immer Geber und Versorger. Entweder waren deine Eltern bedürftig oder es gab Geschwister, die dich gebraucht haben. Dein Eigenwert setzt sich aus folgenden zwei Komponenten zusammen: Erstens: Du wirst gebraucht. Zweitens: Du bist klein und übergibst einem anderen die Sorge um dich. Der Uranus-Transit sprengt beide Seiten, er löst dich von der Überforderung und dein Gegenüber von der emotionalen Überfrachtung eurer Beziehung.

Obwohl dir die folgenden Lösungssätze große Angst machen, sind sie der einzig richtige Weg in die seelische Unabhängigkeit. Sprich innerlich zu deinen Eltern: »Ich bin euer Kind und damit kleiner als ihr, ich kann euch nicht helfen.«

Zu deinen Geschwistern kannst du sagen: »Ich bin genauso klein wie ihr und kann deshalb nicht für euch da sein.«

Der letzte und wichtigste Satz, den du zu deinen Partnern bzw. zu Freunden sprechen solltest, lautet: »Ich bin genauso groß wie ihr, deshalb braucht ihr mir nicht zu helfen. Wir sind ebenbürtig.«

Uranus-Transite über die Löwe-Venus

Mit deiner Venus im Löwen bist du es gewohnt, sehr wichtig zu sein. Entweder du bist ein absolutes Wunschkind oder deine Eltern oder einer von beiden hat dich dringend gebraucht. Es gibt viele Möglichkeiten, einen außerordentlichen Platz im Herkunftssystem besetzt zu haben. Vielleicht bist du der Erstgeborene und trägst die Hoffnung deiner Eltern für eine gute Zukunft weiter. Vielleicht braucht dich ein Elternteil als Partnerersatz, weil er vom Ehepartner nicht genügend Beachtung bekam. Vielleicht sollst du für einen Elternteil das erfüllen, was ihm in seinem Leben nicht gegönnt war. Es gibt noch mehrere dieser Möglichkeiten, welchen Umständen du deine enorme Wichtigkeit zu verdanken hast. Du musst es selbst herausfinden.

In Partnerschaften, im Geschäftsleben und in Freundschaften versuchst du, einen ähnlichen Platz einzunehmen. Auch weiterhin möchtest du deine Größe in den Augen der anderen gespiegelt sehen. Mit dem Uranus-Transit kommt der Sturz! Du fällst auf den Boden einer ganz einfachen Tatsache: Du bist ein Mensch wie jeder andere. Nur wenn du dich von jemandem hast erheben lassen, kann dieser dich auch stürzen. Du tust gut daran, alleine vom Thron herabzusteigen.

Mit folgenden Lösungssätzen kann es dir gelingen: Sprich innerlich zu den Eltern (oder zu dem Elternteil, von dem du deine Wichtigkeit bekommen hast): »Ich freue mich, dass ihr stolz auf mich seid. Doch mein Leben gehört mir, ich kann es nicht für euch leben. Ich verlasse hiermit den Platz und ordne mich in die Reihe meiner Geschwister ein.« Wenn du keine Geschwister hast, kannst du sagen: »Ich nehme jetzt den Platz eines Kindes ein.« Zu den Menschen in deinem Umfeld sprich, am besten mit einer inneren Verbeugung: »In Zukunft stelle ich mich nicht mehr über euch, wir sind ebenbürtig.«

Uranus-Transite über die Jungfrau-Venus

Am liebsten möchtest du ausbrechen, dein Beziehungsalltag lastet auf deinen müden Schultern. Schon seit frühester Kindheit fühlst du dich für alles zuständig, musst immer für andere mitdenken und planen. Der Uranus-Transit bringt dir Unruhe und ein Gefühl der Überforderung. Nach allen Seiten hin musst du koordinieren, den verschiedensten Ansprüchen gerecht werden. Ob es sich um Freunde oder um deinen Partner handelt, überall siehst du das Gleiche: Ohne dich geht gar nichts. Was wäre, wenn du dem Impuls, dich zu befreien, nachgeben und alles hinschmeißen würdest? Glaubst du wirklich, die Welt ginge unter?

Sobald dir das Schicksal die Fäden aus der Hand nimmt, wirst du eine Überraschung erleben: Nicht die anderen, sondern du drohst unterzugehen. Du verlierst die Kontrolle und damit deinen sicheren Beziehungsplatz. Auf diesem Platz »arbeitest« du schon, seit du ein Kind warst, um dir eine Anwesenheitsberechtigung zu verschaffen. Ohne Leistung keine Liebe, das sind deine bisherigen Erfahrungen. Du hast deinen Eltern viel helfen müssen und falls ein Elternteil, aus welchen Gründen auch immer, ausgefallen ist, hast du seinen Platz eingenommen und seine Arbeit getan. Außerdem hast du dich immer verpflichtet gefühlt, zwischen ihnen und den Geschwistern auszugleichen und Streit zu schlichten. Seit damals ist dir die Rolle des dienstbaren Vermittlers geblieben. Wann immer jemand überfordert ist, stellst du dich zur Verfügung. In Zeiten des Uranus-Transits über deine Jungfrau-Venus wird besonders deutlich, dass es dir niemand dankt. Zu selbstverständlich werden deine Dienste angenommen. Der Verrat, den diese Undankbarkeit in deinen Augen mit sich bringt, setzt aber einen guten Prozess in Gang. Der Mensch wird, auch wenn er es nicht weiß, nur zum Guten hin verraten. Deine Wertvorstellungen sollen durchbrochen werden, du sollst dich vom Leistungszwang befreien. Die Lösungssätze, die deinen Durchbruch zu dir selbst hin hilfreich begleiten können, lauten: »Ich bin liebenswert, so wie ich bin, ich muss dem nichts hinzufügen.« Zu deinen Eltern (bzw. zu dem betreffenden Elternteil hin) sprich innerlich die Worte: »Es ist nicht meine Aufgabe, eure Lebensumstände zu verbessern. Ich bin das Kind, ihr seid die Eltern. Ich traue euch zu, dass ihr mit allem alleine fertig werdet.«

Uranus-Transite über die Waage-Venus

Während eines Uranus-Transits gerätst du in einen Loyalitätskonflikt. Da du es gerne jedem recht machen möchtest und sehr bestrebt bist, die Harmonie zwischen dir und der Welt aufrechtzuhalten, ist dieser Zustand eine wahre Hölle für dich. Schon von Kindheit an war es dir zuwider, Partei ergreifen zu müssen. Und wenn es schon sein musste, dann doch wenigstens für den Schwächeren. Für diesen allerdings hast du dich dann fast aufgeopfert. Dein Herz ist bis heute bei den Bedürftigen geblieben. Du bist gerne bereit, deren Schicksal ein wenig auszugleichen. Gerechtigkeit in Partnerschaften ist dir heilig. Du bist immer bemüht und hast einen ausgeprägten Gemeinschaftssinn. Was tun, wenn zwei Menschen, die du beide gerne hast, dich in unterschiedliche Richtungen ziehen möchten? Wie löst du eine Situation, wenn deine Loyalität zum Partner mit deinen eigenen Interessen kollidiert? Diese Aufgaben werden dir in Zeiten eines Uranus-Transits gestellt. Du musst jetzt neue Wege einschlagen, der alte ist zur Sackgasse geworden. Das Leben zwingt dich, zum Verräter zu werden, es stellt dich vor unvereinbare Situationen und überlässt dich einer harten Zerreißprobe. Der Uranus bringt festgefahrene Gleise ins Wanken und möchte dir damit einen Impuls setzen, eine Weiche stellen, den Platz »zwischen den Stühlen« aufzugeben. Die lösende Formel für dich lautet: »Es liegt nicht nur an mir, wie Beziehungen verlaufen. Ab heute überlasse ich den anderen ihren Teil.«

Kehre gedanklich zurück in deine Kindheit, schaue auf deine Familie und sprich zu ihnen: »Ich muss zwischen euch nichts mehr ausgleichen. Alles ist gut, so wie es ist, auch ohne mein Dazutun.«

Uranus-Transite über die Skorpion-Venus

Die Prinzipien Skorpion und Wassermann bilden im Tierkreis ein Quadrat. So ist zu verstehen, dass ein Uranus-Transit über eine Skorpion-Venus eine Menge Scherben hinterlässt. Bilder und Vorstellungen werden zerrissen und hinterlassen ein Beziehungsschlachtfeld. Das geschlossene System einer Skorpion-Venus wird aufgebrochen, die gesamte Welt ist dazu aufgerufen. Am deutlichsten hört dein Partner auf diesen Ruf. Er entzieht sich dir, wird zum Verräter an den gemeinsamen Idealen. Ob es sich um Freundschaften oder um Liebesverhältnisse handelt, du nimmst keine Beziehung auf die leichte Schulter. Du lässt dich immer voll und ganz auf den anderen ein. Jede deiner Partnerschaften wird von einer merkwürdigen Spannung zwischen Hass und Liebe begleitet. Oft fühlst du dich vom anderen erniedrigt und doch seelisch angezogen. Deine Beziehungen sind in der Tiefe betrachtet alles Opfer-Täter-Beziehungen. Dieses Muster kennst du von Kindheit an. Du musstest für vieles herhalten. Man hat dir Vorstellungen übergestülpt, denen du dich zu beugen hattest. Du hast dich aus kindlicher Liebe zur Verfügung gestellt und viele, ins Unbewusste der Sippe verdrängte Gefühle auf dich genommen. Du kennst das Angezogen- und Abgestoßensein zur Genüge. Die ganze Verzweiflung deiner Liebe hängt an diesem Muster. Mit dem Uranus-Transit ist es an der Zeit, dich zu befreien. Die Umstände helfen dir loszulassen, wehre dich nicht. Es ist schwer für dich, die Macht und die Kontrolle über die anderen zu verlieren. Denke daran, dass dir damit auch Eifersucht und Schmerz genommen wird.

Uranus kann dich aus der »Liebes-Zange« befreien, aber er braucht deine Einwilligung. Du kannst mithelfen, indem du folgende Lösungssätze sprichst: »Wer zu mir gehört, wird sowieso bleiben. Nur in Freiheit kann die Liebe gelingen.« Zusätzlich kann es dir helfen, zurückzuschauen in deine Kindheit und dieses kleine Lösungsritual zu sprechen: »Liebe Mutter, lieber Vater (oder welche Person auch immer dich noch fest umklammert hält), aus Liebe zu euch habe ich einen Teil meines Lebens geopfert. Es hat uns allen wenig gebracht. Ich verlasse euch jetzt, um mir mein eigenes Leben, mein eigenes Glück zu nehmen – bitte segnet mich.«

Uranus-Transite über die Schütze-Venus

Ein Uranus-Transit verdreht in deinen Beziehungen das Gefälle. Du wirst nach »unten« gedrängt, der andere – wen auch immer Uranus für dieses Amt gewählt hat – steigt auf. Dieser Rollen- bzw. Platzwechsel lässt von deinem Selbstwertgefühl nichts übrig. Dein Platz ist schon immer, von Kindesbeinen an, der des Größeren. Du bist in deiner Herkunftsfamilie Helfer und Retter gewesen. Auf dich haben sich die anderen gestützt. Selbst deine Eltern, zumindest einer der beiden, haben bei dir Rat gesucht. Und jetzt sollst du dich einverstanden erklären, diese Position zu verlassen! Es gibt keinen ersichtlichen Grund für dieses Geschehen und das ist das Schlimmste für dich. Mit Erklärungen und guten Gründen könntest du umgehen. Aber einfach so abgesetzt zu werden, ist für dich eine große Qual. Schau dich um in deinem Leben: Möchte eine andere Person deine Stellung? Wirst du aus einer Gruppe »herausgedrängt«? Ist dir dein Partner über den Kopf gewachsen und lässt sich von dir nichts mehr sagen? Solche und ähnliche Umstände erschüttern dein Wertesystem und lassen dich ratlos zurück.

Jeder Uranus-Transit möchte den Menschen aus der Gefangenschaft seiner Beziehungsgeschichte befreien. Die Position des Gebers und des Besserwissers schafft einseitige Verhältnisse. Erst nach dem Uranus-Transit wirst du verstehen und zu schätzen wissen, dass du etwas Wichtiges zurückgegeben hast. Mit folgenden Lösungsworten kannst du mithelfen, den Fortschritt zu beschwören: »Ich bin nicht nur als Geber geboren, ich darf auch aufnehmen. Der Ausgleich macht mich frei.« Zu den Menschen deiner Herkunft, mit denen du über die »Helferschiene« auch heute noch verbunden bist, sprich innerlich folgende Worte: »Ich traue dir zu, den eigenen Lebensweg zu gehen. Ab heute verlasse ich die Position des Größeren und begebe mich auf meinen Platz.« (Wenn es sich um einen Elternteil handelt, heißt es: auf den Platz des Kindes).

Uranus-Transite über die Steinbock-Venus

Wenn Uranus an die Türe deiner Beziehung klopft, muss es schon sehr laut werden, damit du ihn erhörst. Die Prinzipien deiner Steinbock-Venus sind sehr gefestigt und schwer in Frage zu stellen. An dir und deinen Partnerschaften wird noch deutlicher als bei anderen, dass sich ein Muster wiederholt. Es entsteht in der Kindheit und hängt vom Platz in der Sippe ab. Jede weitere Partnerschaft ist quasi eine Wiederholung. Äußerlich mag es sich um neue, andersartige Formen handeln, doch die Seele kennt nur den einen Platz. In deinem Fall übernimmst du voll und ganz die Verantwortung für den gemeinsamen Weg. Von Kindesbeinen an wurde dir der reifere, erwachsenere Part zugeschoben. Vielleicht bist du tatsächlich älter und musstest deine jüngeren Geschwister hüten. Mag auch sein, dass ein Elternteil krank oder leidend war und du für ihn da sein musstest. Oft laufen diese dort verhafteten Prozesse unbewusst ab und müssen zuerst einmal aufgedeckt werden. Du erkennst die Ausprägung dieser ursprünglichen Stellung in deinen späteren Beziehungen. Je enger eine Partnerschaft oder eine Freundschaft wird, desto deutlicher spürst du das Verantwortungsgefälle. Dein Gegenüber überlässt dir die Organisation und die Kontrolle der gemeinsamen Belange. Du denkst oft für ihn mit, spielst Vater oder Mutter, indem du ihn ein wenig nacherziehst. Du weißt besser, was für ihn gut oder schlecht ist. Je kindlicher dein Gegenüber ist, desto weniger wird er sich wehren. Doch selbst seine Einwilligung gibt dir kein Recht, dich in sein Leben einzumischen – ob es sich um wichtige oder weniger wichtige Belange handelt. Mag sein, dass sich der Partner gerne von dir tragen lässt. Nur, laufen lernen wird er dabei nicht!

Mit dem Uranus-Transit über deine Venus sollen deine Beziehungen eine neue Qualität bekommen. Die fremde Last wird von deinen Schultern rutschen, von außen kommt Unwillen auf dich zu. Man findet dich anmaßend und selbstgerecht. Die anderen möchten sich aus deiner Obhut befreien. Deine, für dich schwierige Aufgabe dabei ist folgende: Erlaube ihnen zu scheitern! Schaue zu, wenn etwas misslingt, und sprich zu dir selbst: »Jeder Mensch ist nur für sich selbst verantwortlich. Wenn ich einem anderen seine Bürde abnehme, schwäche ich ihn.« Schicke einen weiteren Lösungssatz zurück in deine Kindheit. Du stellst dir vor, du stehst klein (sehr wichtig!) vor den Eltern und sagst: »Es war anmaßend von mir zu glauben, ich könnte etwas für euch tragen. Ich habe es aus Liebe getan, doch es war falsch. Ab heute trage ich nur noch meines.«

Uranus-Transite über die Wassermann-Venus

Von einer Wassermann-Venus kann man schwer sagen, welches Muster sie aus der Kindheit in ihre späteren Beziehungen hineinträgt. Mag sein, dass sie das Schicksal eines Ausgegrenzten wiederholt (forsche danach!). Auf jeden Fall heißt der Auftrag an dich: Brich mit den alten Werten und Mustern, wie immer sie auch aussehen. Es ist nicht gut, sie weiterzutragen. Mit dem Uranus-Transit über deine Venus verstärkt sich dieser Auftrag. Du spürst noch deutlicher als sonst, dass du in deinen Beziehungen wie ein Fremder bist, dass du jede Situation, die sich gefestigt hat, wieder brechen musst. Du musst sie aus der geraden, zielgerichteten Bahn werfen und ihr neuen Schwung verleihen. In Zeiten des Uranus-Transits betrifft dies auch die von dir selbst gemachten Verträge und Absprachen. Du kommst dir vor wie ein Verräter – und: Du musst es sein. Die Bewegung und Entwicklung einer Partnerschaft hängt oft vom Mut ab, alte Sicherheiten sterben zu lassen und zu neuen Ufern aufzubrechen. Wenn der laufende Uranus ein Quadrat oder eine Opposition zu deiner Venus bildet, wird dieser Impuls von deinem Umfeld bekämpft. Man empfindet dich als Querulant und als unzuverlässig. Es bringt dir nichts, dich daraufhin anzupassen. Deine Umbruchs-Energie ist so stark, dass sie sich doch wieder durchsetzen würde. Schon immer war dies deine Rolle. Seit deiner Kindheit wolltest du über die Werte deiner Sippe hinauswachsen. Dort war dir alles zu eng, zu glanzlos. Und damit sind wir beim Problem angelangt: Der Uranus-Transit will dir deine Missachtung vor Augen führen. Dein Fortschritt ist gut und der damit verbundene »Verrat« muss sein. Deine Überheblichkeit über die anderen jedoch wirft dich zurück. Sie ist eine Falle, die dich scheitern lässt. Schau mit mehr Achtung auf die anderen (Eltern, Freunde, Partner usw.) und sprich die lösenden Worte: »Ich bin nicht besser als ihr, nur anders. Ich liebe euch, auch wenn wir verschieden sind, und jetzt gehe ich, weil es meine Aufgabe ist zu gehen.« (Mit *gehen* ist das Verlassen einer Loyalität gemeint.)

Uranus-Transite über die Fische-Venus

In deiner Kindheit hattest du immer das Gefühl, nicht beachtet zu werden. Deine Eltern waren mit sich oder mit etwas anderem sehr beschäftigt oder ein Elternteil fehlte. Auf jeden Fall hast du dich als unwichtig empfunden (innerlich, von deinen subjektiven Gefühlen aus betrachtet). »Wen würde es stören, wenn es mich nicht gäbe?« »Am besten wäre ich gar nicht erst geboren worden.« Dieses Grundgefühl trägst du in deine späteren Beziehungen hinein. Braucht dich der andere wirklich? Meint er überhaupt dich? Könnte er nicht ohne dich ebenso gut leben? Er könnte, das ist die Antwort eines Uranus-Transits über deine Fische-Venus. Dein Kopf weiß das wohl: Jeder Mensch kann ohne den anderen leben, wenn er muss. Nur dein Herz will davon nichts wissen – es träumt von mehr. Immer mal wieder erwachst du aus deinen Verschmelzungsträumen. Von einem Uranus-Transit wirst du wieder wachgerüttelt. Die Welt kommt wirklich sehr gut ohne dich aus. Jeder Mensch ist ersetzbar. Wenn du es nicht wärest, wäre es jemand anderes. Ist das nicht umgekehrt ebenso? Könnten deine Illusionen nicht einen anderen verzaubern, ihn zum Prinzen, bzw. zur Prinzessin machen? Sobald der unerwünschte Enthüller Uranus auf deine vernebelten Beziehungsenergien trifft, lüftet sich der Schleier und du wirst enttäuscht. Am liebsten würdest du dein Gegenüber sofort austauschen. Der Impuls zur Trennung ist da. Dieser Impuls darf nicht missverstanden werden. Du sollst dich von deinem alten Platz, nicht von deinem Partner trennen.

Zwei wichtige Lösungssätze helfen dir, diesen Prozess zu fördern. Sprich zuerst, das innere Auge auf deine Kindheit gerichtet, folgende Worte: »Ich bin wichtig, allein weil es mich gibt. Ich danke für mein Leben (das kannst du zu den Eltern sprechen) und mache das Beste daraus.« Und dann hole dir die wichtigsten (und damit enttäuschendsten) Personen vor dein inneres Auge und sage: »Auch du bist der/die Richtige für mich. Es kann gar nicht anders sein, sonst wärst du nicht hier.«

Neptun-Transite

Neptun repräsentiert als Gott der Meere die unergründlichen, geheimnisvollen Tiefen der Seele. Er steht für das Unsichtbare, das Jenseitige, für die Illusionen und die Wunder. Im Zusammenhang mit dem Thema Beziehungen hat er die Bedeutung, die Sehnsucht, die Grenzen zum Du hin aufzulösen, damit man den vordergründigen Alltag verlassen kann, um ganz im anderen aufzugehen. Wenn er überhaupt ein Ziel hätte, so wäre es die chymische, die mystische Hochzeit, die das Paar zurückversetzt an den Anfang, ins Paradies. Kein Wunder, dass bei diesem Anspruch *jeder* Neptun-Transit erst einmal als Enttäuschung erlebt wird. Sobald sich die Person, die du glaubtest zu lieben, als die falsche entpuppt, radierst du sie in deinem Inneren aus und stehst alleine in der Welt. Die Projektion derselben Geschichte lässt dich glauben, du wärest für den anderen über Nacht zu einem Nichts geworden. Seine Aufmerksamkeit oder gar seine Liebe wird dir entzogen. Er überlässt dich ganz dir selbst und deiner Wunde. Auch in diesem Fall steht du mit den Fragen *»Was ist überhaupt Liebe? Was ist Beziehung?«* alleine da. Du bist nicht nur enttäuscht von der Welt, sondern auch von deiner eigenen Beziehungsfähigkeit. Schon wieder einmal ist nichts aus der Beziehung geworden. Solange Neptun deine Venus entzaubert, siehst und fühlst du nichts mehr von der Partnerschaft. Zusammengefasst bleibt als Ergebnis übrig: Die Welt als Objekt deiner Begierde (du nennst es Liebe) gibt es nicht mehr. Sie löst sich auf. Und dir kommt es vor, als würdest du in einer anderen Welt aufwachen. Du nimmst deine Sehnsucht wieder wahr. Die Sehnsucht, die du so lange Zeit an die Grenzen einer (deiner!) einschränkenden Liebe verloren hast. Neptun kann für dich das Ende deiner Partnerschaft oder ihren Anfang bedeuten. Je nachdem von welcher Seite aus du darauf schaust. Mit den Augen deines Egos betrachtet bedeuten die enttäuschten Beziehungsideale das Ende. Der Zauber der Liebe ist vergangen. Mit den inneren Augen der Seele betrachtet, beginnt der wahre Erlösungsweg. Es muss immer etwas vergehen, damit es wieder entstehen kann, um dann wieder zu vergehen. Der Weg des Helden beginnt an dieser Stelle. Erst wenn er Kontakt zu dem verzauberten Frosch aufgenommen hat, kann er nach der Lösungsformel suchen. Die Phase, die wir üblicherweise als Verzauberung beschreiben, die Verliebtheit, die rosarote Brille, ist nicht mehr als das Vorspiel. Wir haben uns ein Buch gekauft und jetzt erst setzen wir die Lesebrille auf und tauchen ein in unser Märchen.

In den Märchen und Mythen der Welt spiegeln sich alle Geschichten und alle Geheimnisse der menschlichen Seele. In ihrer bildhaften Form verbirgt sich ein großer Schatz: der Schlüssel zur Seele, der Schlüssel zur Liebe. Die folgenden Beschreibungen der Neptun-Transite machen sich diese Weisheit zunutze. Sie machen dich bekannt mit deinem Beziehungsmärchen (zumindest mit einem davon, jeder sieht sich in mehreren Geschichten gespiegelt). Die Aufgabe Neptuns besteht darin, die Menschen vom Vordergründigen zu lösen und sie hinabzuführen in die Tiefe ihres Seins. Mit den Märchen haben wir ein Werkzeug der Fantasie in der Hand, auf dessen Flügeln wir ein Reich betreten können, in dem die Seele eher zu sich selbst und zum Partner zurückfindet als in der sichtbaren Welt. Also: Verlassen wir die Klagen dieser sichtbaren und doch so trügerischen Welt. Versuchen wir diese zu entzaubern: Was steckt hinter dem »niemand liebt mich« und »immer gerate ich an den/die Falsche«? Warum finden wir, die wir doch alle Prinzen und Prinzessinnen sind, immer nur »Frösche« und »Schweinehirten«? Was ist mit dem erlösenden Kuss gemeint, den wir allzu gerne der Welt aufdrücken würden, wenn sie doch daraufhin – bitte – unsere Wünsche erfüllen wollte! Die Suche nach dem symbolischen Inhalt deines Märchen kann dir niemand abnehmen. Ich werde dir – auch das gehört zu jeder Geschichte – einige Hilfestellungen geben. Deinem Geheimnis musst du letztlich selbst auf die Spur kommen. Genau dort ist nun mal jeder alleine. Und nicht einmal ein Text vermag dich zu deinem ureigensten Mythos zu führen. Bedenke, es handelt sich um eine Suche – die Suche des Menschen nach dem verlorenen Paradies.

Neptun-Transite über die Widder-Venus

Schneeweißchen und Rosenrot

Eine arme Witwe, die lebte einsam in einem Hüttchen, und vor dem Hüttchen war ein Garten, darin standen zwei Rosenbäumchen, davon trug das eine weiße, das andere rote Rosen; und sie hatte zwei Kinder, die glichen den beiden Rosenbäumchen, und das eine hieß Schneeweißchen und das andere Rosenrot. Sie waren aber so fromm und gut, so arbeitsam und unverdrossen, als je zwei Kinder auf der Welt gewesen sind: Schneeweißchen war nur stiller und sanfter als Rosenrot. Rosenrot sprang lieber in den Wiesen und Feldern umher, suchte Blumen und fing Sommervögel; Schneeweißchen aber saß daheim bei der Mutter, half ihr im Hauswesen oder las ihr vor, wenn nichts zu tun war. Die beiden Kinder hatten einander so lieb, dass sie sich immer an den Händen fassten, sooft sie zusammen ausgingen; und wenn Schneeweißchen sagte: »Wir wollen uns nicht verlassen«, so antwortete Rosenrot: »Solange wir leben, nicht«, und die Mutter setzte hinzu: »Was das eine hat, soll's mit dem andern teilen.«

Oft liefen sie im Walde allein umher und sammelten rote Beeren, aber kein Tier tat ihnen etwas zuleid, sondern sie kamen vertraulich herbei; das Häschen fraß ein Kohlblatt aus ihren Händen, das Reh graste an ihrer Seite, der Hirsch sprang ganz lustig vorbei, und die Vögel blieben auf den Ästen sitzen und sangen, was sie nur wussten …

Abends wenn die Flocken fielen, sagte die Mutter: »Geh, Schneeweißchen, und schieb den Riegel vor«, und dann setzten sie sich an den Herd, und die Mutter nahm die Brille und las aus einem großen Buche vor, und die beiden Mädchen hörten zu, saßen und spannen …

Eines Abends, als sie so vertraulich beisammen saßen, klopfte jemand an die Türe, als wollte er eingelassen sein. Die Mutter sprach: »Geschwind, Rosenrot, mach auf, es wird ein Wanderer sein, der Obdach sucht.« Rosenrot ging und schob den

Riegel weg und dachte, es wäre ein armer Mann, aber der war es nicht, es war ein Bär, der seinen dicken schwarzen Kopf zur Türe hereinstreckte. Rosenrot schrie laut und sprang zurück, das Lämmchen blökte, das Täubchen flatterte auf, und Schneeweißchen versteckte sich hinter der Mutter Bett. Der Bär aber fing an zu sprechen und sagte: »Fürchtet euch nicht, ich tue euch nichts zuleid, ich bin halb erfroren und will mich nur ein wenig bei euch wärmen.«

»Du armer Bär«, sprach die Mutter, »leg dich ans Feuer und gib nur Acht, dass dir dein Pelz nicht brennt.« Dann rief sie: »Schneeweißchen, Rosenrot, kommt hervor, der Bär tut euch nichts, er meint's ehrlich.« Da kamen sie beide heran und nach und nach näherten sich auch das Lämmchen und Täubchen und hatten keine Furcht vor ihm.

Der Bär sprach: »Ihr Kinder, klopft mir den Schnee ein wenig aus dem Pelzwerk«, und sie holten den Besen und kehrten dem Bär das Fell rein; er aber streckte sich ans Feuer und brummte ganz vergnügt und behaglich. Nicht lange, so wurden sie ganz vertraut und trieben Mutwillen mit dem unbeholfenen Gast. Sie zausten ihm das Fell mit den Händen, setzten ihre Füßchen auf seinen Rücken und walgerten ihn hin und her, oder sie nahmen eine Haselrute und schlugen auf ihn los, und wenn er brummte, so lachten sie. Der Bär ließ sich's aber gerne gefallen, nur wenn sie's gar zu arg machten, rief er: »Lasst mich am Leben, ihr Kinder: Schneeweißchen, Rosenrot, schlägst dir den Freier tot.«

Als Schlafenszeit war und die andern zu Bett gingen, sagte die Mutter zu dem Bär: »Du kannst in Gottes Namen da am Herde liegen bleiben, so bist du vor der Kälte und dem bösen Wetter geschützt.« Sobald der Tag graute, ließen ihn die beiden Kinder hinaus, und er trabte über den Schnee in den Wald hinein.

Von nun an kam der Bär jeden Abend zu der bestimmten Stunde, legte sich an den Herd und erlaubte den Kindern, Kurzweil mit ihm zu treiben, so viel sie wollten; und sie waren so gewöhnt an ihn, dass die Türe nicht eher zugeriegelt ward, als bis der schwarze Gesell angelangt war.

Als das Frühjahr herangekommen und draußen alles grün war, sagte der Bär eines Morgens zu Schneeweißchen: »Nun muss ich fort und darf den ganzen Sommer nicht wiederkommen.« »Wo gehst du denn hin, lieber Bär?«, fragte Schneeweißchen. »Ich muss in den Wald und meine Schätze vor den bösen Zwergen hüten; im Winter, wenn die Erde hart gefroren ist, müssen sie wohl unten bleiben und können sich nicht durcharbeiten, aber jetzt, wenn die Sonne die Erde aufgetaut und erwärmt hat, da brechen sie durch, steigen herauf, suchen und stehlen; was einmal in ihren Händen ist und in ihren Höhlen liegt, das kommt so leicht nicht wieder an des Tages Licht.« Schneeweißchen war ganz traurig über den Abschied, und als es ihm die Türe aufriegelte und der Bär sich hinausdrängte, blieb er an dem Türhaken hängen und ein Stück seiner Haut riss auf, und da war es Schneeweißchen, als hätte es Gold durchschimmern gesehen; aber es war seiner Sache nicht gewiss. Der Bär lief eilig fort und war bald hinter den Bäumen verschwunden.

Nach einiger Zeit schickte die Mutter die Kinder in den Wald, Reisig zu sammeln. Da fanden sie draußen einen großen Baum, der lag gefällt auf dem Boden, und an dem Stamme sprang zwischen dem Gras etwas auf und ab, sie konnten aber nicht unterscheiden, was es war. Als sie näher kamen, sahen sie einen Zwerg mit einem alten, verwelkten Gesicht und einem ellenlangen, schneeweißen Bart. Das Ende des Bartes war in eine Spalte des Baumes eingeklemmt, und der Kleine sprang hin und her wie ein Hündchen an einem Seil und wusste nicht, wie er sich helfen sollte. Er glotzte die Mädchen mit seinen roten feurigen Augen an und schrie: »Was steht ihr da! Könnt ihr nicht herbeigehen und mir Beistand leisten?« »Was hast du angefangen, kleines Männchen?«, fragte Rosenrot. »Dumme, neugierige Gans«, antwortete der Zwerg, »… da lachen die albernen, glatten Milchgesichter! Pfui, was seid ihr garstig!« Die Kinder gaben sich alle Mühe, aber sie konnten den Bart nicht herausziehen, er steckte zu fest. »Ich will laufen und Leute herbeiholen«, sagte Rosenrot. »Wahnsinnige Schafsköpfe«, schnarrte der Zwerg, »wer wird gleich Leute herbeirufen, ihr seid mir schon um zwei zu viel; fällt euch nichts Besseres ein?« »Seid nur nicht ungeduldig«, sagte Schneeweißchen, »ich will schon Rat schaffen«, holte sein Scherchen aus der Tasche und schnitt das Ende des Bartes ab. Sobald der Zwerg sich frei fühlte, griff er nach einem Sack, der zwischen den Wurzeln des Baums steckte und mit Gold gefüllt war, hob ihn heraus und brummte vor sich hin: »Ungehobeltes Volk, schneidet mir ein Stück von meinem stolzen Barte ab! Lohn's euch der Guck[g]uck!« Damit schwang er seinen Sack auf den Rücken und ging fort, ohne die Kinder nur noch einmal anzusehen.

Einige Zeit danach wollten Schneeweißchen und Rosenrot ein Gericht Fische angeln. Als sie nahe bei dem Bach waren, sahen sie, dass etwas wie eine große Heuschrecke nach dem Wasser zu hüpfte, als wollte es hineinspringen. Sie liefen heran und erkannten den Zwerg. »Wo willst du hin?«, sagte Rosenrot, »du willst doch nicht ins Wasser?« »Solch ein Narr bin ich nicht«, schrie der Zwerg, »seht ihr nicht, der verwünschte Fisch will mich hineinziehen?« Der Kleine hatte dagesessen und geangelt, und unglücklicherweise hatte der Wind seinen Bart mit der Angelschnur verflochten; als gleich darauf ein großer Fisch anbiss, fehlten dem schwachen Geschöpf die Kräfte, ihn herauszuziehen: Der Fisch behielt die Oberhand und riss den Zwerg zu sich hin. Zwar hielt er sich an allen Halmen und Binsen, aber das half nicht viel, er musste den Bewegungen des Fisches folgen und war in beständiger Gefahr, ins Wasser gezogen zu werden. Die Mädchen kamen zu rechter Zeit, hielten ihn fest und versuchten, den Bart von der Schnur loszumachen, aber vergebens, Bart und Schnur waren fest ineinander verwirrt. Es blieb nichts übrig, als das Scherchen hervorzuholen und den Bart abzuschneiden, wobei ein kleiner Teil desselben verloren ging. Als der Zwerg das sah, schrie er sie an: »Ist das Manier, ihr Lorche, einem das Gesicht zu schänden? Nicht genug, dass ihr mir den Bart unten abgestutzt habt, jetzt schneidet ihr mir den besten Teil davon ab: Ich darf mich vor den Meinigen gar nicht sehen lassen. Dass ihr laufen müsstet und die Schuhsohlen verloren hättet!« Dann holte er einen Sack Perlen, der im Schilfe lag, und ohne ein Wort weiter zu sagen, schleppte er ihn fort und verschwand hinter einem Stein.

Es trug sich zu, dass bald hernach die Mutter die beiden Mädchen nach der Stadt schickte, Zwirn, Nadeln, Schnüre und Bänder einzukaufen. Der Weg führte sie über eine Heide, auf der hier und da mächtige Felsenstücke zerstreut lagen. Da sahen sie einen großen Vogel in der Luft schweben, der langsam über ihnen kreiste, sich immer tiefer herabsenkte und endlich nicht weit bei einem Felsen niederstieß. Gleich darauf hörten sie einen durchdringenden, jämmerlichen Schrei. Sie liefen herzu und sahen mit Schrecken, dass der Adler ihren alten Bekannten, den Zwerg, gepackt hatte und ihn forttragen wollte. Die mitleidigen Kinder hielten gleich das Männchen fest und zerrten sich so lange mit dem Adler herum, bis er seine Beute fahren ließ. Als der Zwerg sich von dem ersten Schrecken erholt hatte, schrie er mit seiner kreischenden Stimme: »Konntet ihr nicht säuberlicher mit mir umgehen? Gerissen habt ihr an meinem dünnen Röckchen, dass es überall zerfetzt und durchlöchert ist, unbeholfenes und täppisches Gesindel, das ihr seid!« Dann nahm er einen Sack mit Edelsteinen und schlüpfte wieder unter den Felsen in seine Höhle.

Die Mädchen waren an seinen Undank schon gewöhnt, setzten ihren Weg fort und verrichteten ihr Geschäft in der Stadt. Als sie beim Heimweg wieder auf die Heide kamen, überraschten sie den Zwerg, der auf einem reinlichen Plätzchen seinen Sack mit Edelsteinen ausgeschüttet hatte und nicht gedacht hatte, dass so spät noch jemand daherkommen würde. Die Abendsonne schien über die glänzenden Steine, sie schimmerten und leuchteten so prächtig in allen Farben, dass die Kinder stehen blieben und sie betrachteten. »Was steht ihr da und habt Maulaffen feil!«, schrie der Zwerg, und sein aschgraues Gesicht ward zinnoberrot vor Zorn. Er wollte mit seinen Scheltworten fortfahren, als sich ein lautes Brummen hören ließ und ein schwarzer Bär aus dem Walde herbeitrabte. Erschrocken sprang der Zwerg auf, aber er konnte nicht mehr zu seinem Schlupfwinkel gelangen, der Bär war schon in seiner Nähe. Da rief er in Her-

zensangst: »Lieber Bär, verschont mich, ich will Euch alle meine Schätze geben, sehet, die schönen Edelsteine, die da liegen. Schenkt mir das Leben, was habt Ihr an mir kleinem schmächtigem Kerl? Ihr spürt mich nicht zwischen den Zähnen; da, die beiden gottlosen Mädchen packt, das sind für Euch zarte Bissen, fett wie junge Wachteln, die fresst in Gottes Namen.«

Der Bär kümmerte sich um seine Worte nicht, gab dem boshaften Geschöpf einen einzigen Schlag mit der Tatze, und es regte sich nicht mehr. Die Mädchen waren fortgesprungen, aber der Bär rief ihnen nach: »Schneeweißchen und Rosenrot, fürchtet euch nicht, wartet, ich will mit euch gehen.« Da erkannten sie seine Stimme und blieben stehen, und als der Bär bei ihnen war, fiel plötzlich die Bärenhaut ab, und er stand da als ein schöner Mann und war ganz in Gold gekleidet. »Ich bin eines Königs Sohn«, sprach er, »und war von dem gottlosen Zwerg, der mir meine Schätze gestohlen hatte, verwünscht, als ein wilder Bär im Walde zu laufen, bis ich durch seinen Tod erlöst würde. Jetzt hat er seine wohlverdiente Strafe empfangen.«

*Schneeweißchen ward mit ihm vermählt und Rosenrot mit seinem Bruder, und sie teilten die großen Schätze miteinander, die der Zwerg in seiner Höhle zusammengetragen hatte. Die alte Mutter lebte noch lange Jahre ruhig und glücklich bei ihren Kindern. Die zwei Rosenbäumchen aber nahm sie mit, und sie standen vor ihrem Fenster und trugen jedes Jahr die schönsten Rosen, weiß und rot.**

Vielleicht fragst du dich, wer du bist in dieser Geschichte. Eines der Mädchen, der verzauberte Prinz, der böse Zwerg? Nun alle in einem Märchen – in einem guten Märchen – mitwirkenden Personen symbolisieren Teilaspekte einer einzigen Seele, eines einzigen Entwicklungsprozesses. So bist du sowohl gut und

* Alle Märchen, bis auf »Der Schweinehirt« und »Die kleine Meerjungfrau«, wurden entnommen aus: *Grimms Kinder- und Hausmärchen.* Hg. von Hans-Jörg Uther. München: Diederichs 1996. »Der Schweinehirt« und »Die kleine Meerjungfrau« stammen aus: Hans-Christian Andersen: *Märchen und Geschichten.* Hg. und übs. von Gisela Perlet. München: Diederichs 1996.

böse als auch verzaubert und Erlöser gleichzeitig. Zu Beginn der Geschichte steht ein Paar, zwei Schwestern, die – obwohl von unterschiedlichem Temperament – in Liebe und Harmonie durchs Leben gehen. Sie teilen alles miteinander, das ist das Beziehungsziel. Beide stehen ganz auf der aggressionsfreien Seite der Welt. Selbst die wilden Tiere und der Bär mit seinem dunklen Gesicht können ihnen nichts anhaben. Wenn sich jemand so fest mit der guten Seite des Daseins verbindet, dann bleibt für die Welt nur noch der Gegenpol. Schneeweißchen und Rosenrot machen sich zuerst einmal mit dem »wilden« Bär vertraut. Noch ganz jung und naiv spielen sie mit ihm. Er, der verzauberte Prinz, weiß mehr: »Rosenrot, schlägst dir den Freier tot.« Aber noch muss er auf Erlösung warten, zuerst ist er noch ganz Opfer, er hat den »Schatz« seiner männlichen Kraft verloren. Bevor sich der weibliche und der männliche Teil wieder vereinigen können, muss der »Täter« und damit die männliche Energie zurückerobert werden. Wer könnte diesen »verzauberten« Aspekt besser darstellen als ein alter, böser, undankbarer Zwerg. Er ist der direkte Gegenpol zu den guten, geduldigen Mädchen. Dreimal müssen sie ihm begegnen, ihn retten, ihn befreien. Sie gewöhnen sich an ihn und seinen Undank, wie es im Märchen heißt. Die Mädchen (also das Weibliche) reagieren nicht auf die Aggressivität ihres Gegenübers. Täten sie es, wären sie entweder bald ebenfalls Opfer oder genauso hasserfüllt wie der Zwerg.

Der männliche Teil ist also gespalten in Täter (Zwerg) und Opfer (Bär). Der Reichtum liegt moralisch gesehen auf der falschen Seite, der Zwerg hat ihn sich unrechtmäßig angeeignet. Er wollte damit seine Kleinwüchsigkeit ausgleichen. Hierbei handelt es sich um ein typisches Beziehungsspiel: Sobald ich mich klein fühle, verzaubere ich (in mir) den anderen und nehme ihm seinen Schatz ab. (Ich sage dann nicht mehr »mein Schatz« zu ihm.) Die Auseinandersetzung der beiden Aspekte des Männlichen kommt nur in Gang, wenn die weibliche Seite der Seele in Geduld und Liebe darauf schaut. Von ihm aus beginnt der Lösungsprozess: Der Bart, das Alte, muss geopfert werden. Der männliche Teil gewinnt seine Kräfte und damit sein Ansehen zurück. Zuerst aber muss er die niederen Instinkte in sich töten. Das Gold seiner Kleidung tut kund, dass er sein Herz (zuvor versteckt unter dem dicken Fell) wieder entdeckt hat. Die Vermählung kann stattfinden. Und damit alles gerecht zugeht, gibt es einen Bruder und damit eine Doppelhochzeit. Die beiden Rosenbäumchen vor dem Fenster erzählen noch lange davon, dass es sich bei diesem Märchen um die Geschichte einer Blume handelt, die nicht nur schön ist, sondern auch Dornen hat.

Neptun-Transite über die Stier-Venus

König Drosselbart

Ein König hatte eine Tochter, die war über alle Maßen schön, aber dabei so stolz und übermütig, dass ihr kein Freier gut genug war. Sie wies einen nach dem andern ab und trieb noch dazu Spott mit ihnen.

Einmal ließ der König ein großes Fest anstellen und ladete dazu aus der Nähe und Ferne die heiratslustigen Männer ein. Sie wurden alle in eine Reihe nach Rang und Stand geordnet; erst kamen die Könige, dann die Herzöge, die Fürsten, Grafen und Freiherrn, zuletzt die Edelleute. Nun ward die Königstochter durch die Reihen geführt, aber an jedem hatte sie etwas auszusetzen … Besonders aber machte sie sich über einen guten König lustig, der ganz oben stand und dem das Kinn ein wenig krumm gewachsen war. »Ei«, rief sie und lachte, »der hat ein Kinn wie die Drossel einen Schnabel«; und seit der Zeit bekam er den Namen Drosselbart.

Der alte König aber, als er sah, dass seine Tochter nichts tat als über die Leute spotten und alle Freier, die da versammelt waren, verschmähte, ward er zornig und schwur, sie sollte den ersten besten Bettler zum Manne nehmen, der vor seine Türe käme.

Ein paar Tage darauf hub ein Spielmann an, unter dem Fenster zu singen, um damit ein geringes Almosen zu verdienen. Als es der König hörte, sprach er: »Lasst ihn heraufkommen.« Da trat der Spielmann in seinen schmutzigen, verlumpten Kleidern herein, sang vor dem König und seiner Tochter und bat, als er fertig war, um eine milde Gabe.

Der König sprach: »Dein Gesang hat mir so wohl gefallen, dass ich dir meine Tochter da zur Frau geben will.« Die Königstochter erschrak, aber der König sagte: »Ich habe den Eid getan, dich dem ersten besten Bettelmann zu geben, den will ich auch halten.« Es half keine Einrede, der Pfarrer ward geholt, und sie musste sich gleich mit dem Spielmann trauen lassen. Als das geschehen war, sprach der König: »Nun schickt sich's nicht, dass du als ein Bettelweib noch länger in meinem Schloss bleibst, du kannst nur mit deinem Manne fortziehen.« Der Bettelmann führte sie an der Hand hinaus, und sie musste mit ihm zu Fuß fortgehen. Als sie in einen großen Wald kamen, da fragte sie: »Ach, wem gehört der schöne Wald?« »Der gehört dem König Drosselbart; hätt'st du'n genommen, so wär er dein.« »Ich arme Jungfer zart, ach, hätt ich genommen den König Drosselbart!«

Darauf kamen sie über eine Wiese, da fragte sie wieder: »Wem gehört die schöne grüne Wiese?« – »Sie gehört dem König Drosselbart ...«

Dann kamen sie durch eine große Stadt, da fragte sie wieder: »Wem gehört diese schöne große Stadt?« – »Sie gehört dem König Drosselbart ...«

»Es gefällt mir gar nicht«, sprach der Spielmann, »dass du dir immer einen andern zum Mann wünschest: Bin ich dir nicht gut genug?«

Endlich kamen sie an ein ganz kleines Häuschen, da sprach sie: »Ach Gott, was ist das Haus so klein! Wem mag das elende winzige Häuschen sein?« Der Spielmann antwortete: »Das ist mein und dein Haus, wo wir zusammen wohnen.« Sie musste sich bücken, damit sie zu der niedrigen Tür hineinkam. »Wo sind die Diener?«, sprach die Königstochter. »Was Diener!«, antwortete der Bettelmann. »Du musst selber tun, was du willst getan haben. Mach nur gleich Feuer an und stell Wasser auf, dass du mir mein Essen kochst; ich bin ganz müde.« Die Königstochter verstand aber nichts vom Feueranmachen und Kochen, und der Bettelmann musste selber mit Hand anlegen, dass es noch so leidlich ging …

Ein paar Tage lebten sie auf diese Art schlecht und recht und zehrten ihren Vorrat auf. Da sprach der Mann: »Frau, so geht's nicht länger, dass wir hier zehren und nichts verdienen. Du sollst Körbe flechten.« Er ging aus, schnitt Weiden und brachte sie heim; da fing sie an zu flechten, aber die harten Weiden stachen ihr die zarten Hände wund. »Ich sehe, das geht nicht«, sprach der Mann, »spinn lieber, vielleicht kannst du das besser.« Sie setzte sich hin und versuchte zu spinnen, aber der harte Faden schnitt ihr bald in die weichen Finger, dass das Blut daran herunterlief. »Siehst du«, sprach der Mann, »du taugst zu keiner Arbeit, mit dir bin ich schlimm angekommen. Nun will ich's versuchen und einen Handel mit Töpfen und irdenem Geschirr anfangen: Du sollst dich auf den Markt setzen und die Ware feilhalten.« »Ach«, dachte sie, »wenn auf den Markt Leute aus meines Vaters Reich kommen und sehen mich da sitzen und feilhalten, wie werden sie mich verspotten!« Aber es half nichts, sie musste sich fügen, wenn sie nicht Hungers sterben wollten … Sie setzte sich mit dem Geschirr an eine Ecke des Marktes und stellte es um sich her und hielt feil. Da kam plötzlich ein trunkener Husar dahergejagt und ritt geradezu in die Töpfe hinein, dass alles in tausend Scherben zersprang. Sie fing an zu weinen und wusste vor Angst nicht, was sie anfangen sollte. »Ach, wie wird mir's ergehen!«, rief sie. »Was wird mein Mann dazu sagen!« Sie lief heim und erzählte ihm das Unglück. »Wer setzt sich auch an die Ecke des Marktes mit irdenem Geschirr!«, sprach der Mann. »Lass nur das Weinen, ich sehe wohl, du bist zu keiner ordentlichen Arbeit zu gebrauchen. Da bin ich in unseres Königs Schloss gewesen und habe gefragt, ob sie nicht eine Küchenmagd brauchen könnten, und sie haben mir versprochen, sie wollten dich dazu nehmen; dafür bekommst du freies

Essen.« Nun ward die Königstochter eine Küchenmagd, musste dem Koch zur Hand gehen und die sauerste Arbeit tun.

Es trug sich zu, dass die Hochzeit des ältesten Königssohnes gefeiert werden sollte, da ging die arme Frau hinauf, stellte sich vor die Saaltüre und wollte zusehen. Als nun die Lichter angezündet waren und immer einer schöner als der andere hereintrat und alles voll Pracht und Herrlichkeit war, da dachte sie mit betrübtem Herzen an ihr Schicksal und verwünschte ihren Stolz und Übermut, der sie erniedrigt und in so große Armut gestürzt hatte. Von den köstlichen Speisen, die da ein und aus getragen wurden und von welchen der Geruch zu ihr aufstieg, warfen ihr Diener manchmal ein paar Brocken zu, die tat sie in ihr Töpfchen und wollte es heimtragen.

Auf einmal trat der Königssohn herein, war in Samt und Seide gekleidet und hatte goldene Ketten um den Hals. Und als er die schöne Frau in der Türe stehen sah, ergriff er sie bei der Hand und wollte mit ihr tanzen, aber sie weigerte sich und erschrak, denn sie sah, das es der König Drosselbart war, der um sie gefreit und den sie mit Spott abgewiesen hatte. Ihr Sträuben half nichts, er zog sie in den Saal; da zerriss das Band, an welchem die Taschen hingen, und die Töpfe fielen heraus, dass die Suppe floss und die Brocken umhersprangen. Und wie das die Leute sahen, entstand ein allgemeines Gelächter und Spotten, und sie war so beschämt, dass sie sich lieber tausend Klafter unter die Erde gewünscht hätte. Sie sprang zur Türe hinaus und wollte entfliehen, aber auf der Treppe holte sie ein Mann ein und brachte sie zurück; und wie sie ihn ansah, war es wieder der König Drosselbart.

Er sprach ihr freundlich zu: »Fürchte dich nicht, ich und der Spielmann, der mit dir in dem elenden Häuschen gewohnt hat, sind eins: Dir zuliebe habe ich mich so verstellt, und der Husar, der dir die Töpfe entzweigeritten hat, bin ich auch gewesen. Das alles ist geschehen, um deinen stolzen Sinn zu beugen und dich für deinen Hochmut zu strafen, womit du mich verspottet hast.« Da weinte sie bitterlich und sagte: »Ich habe großes Unrecht gehabt und bin nicht wert, deine Frau zu sein.« Er aber sprach: »Tröste dich, die bösen Tage sind vorüber, jetzt wollen wir unsere Hochzeit feiern.«

Da kamen die Kammerfrauen und taten ihr die prächtigsten Kleider an, und ihr Vater kam und der ganze Hof und wünschten ihr Glück zu ihrer Vermählung mit dem König Drosselbart, und die rechte Freude fing jetzt erst an …

Es liegt auf der Hand, dass es sich bei diesem Märchen um die Themen des Wertes und der überzogenen Ansprüche handelt. Nicht nur, dass der Königstochter kein Freier gut genug ist, sie verspottet sie und drückt ihnen ihr Siegel auf: Der eine ist ihr zu lang, der nächste zu kurz usw. Nicht einmal ein Königssohn, der doch eigentlich ihrem Wertesystem entsprechen müsste, passt ihr. Sein Kinn – ein starkes Kinn bedeutet in der Physiognomie Willenskraft – sähe aus wie der Schnabel einer Drossel. Ihr Vater, der König, symbolisiert den reiferen, erwachseneren männlichen Seelenanteil (die Sonne), während der Freier dem jugendlichen Mars entspricht. Der König – natürlich steht er für ihr eigenes erwachsenes Ich – verstößt sie, indem er sie dem nächstbesten Bettler verspricht. Hier zeigt sich die Wirklichkeit ihrer Stellung, ihre mangelnde Eigenständigkeit. Sie hat keine Chance, die Hand des Bettlers auszuschlagen. Man sieht, dass ihre vermeintliche Stärke nur aus der Ablehnung anderer besteht und kein wirkliches Selbstbewusstsein vorhanden ist. Nur die Zugehörigkeit zum König als seine Tochter gibt ihr die hohe Position. Wann immer wir uns *über* jemanden erhöhen, werden wir durch dieselbe Person auch stürzen. Im Fortgang der Geschichte wird ihr erst einmal gezeigt, was sie alles verloren hat (die Ländereien des Königs Drosselbart). Nicht genug, das Schicksal beugt sie, sie muss durch eine niedrige Tür hindurchgehen, um in ein winziges Häuschen zu gelangen. Das Haus symbolisiert den Seelenraum, in dem jetzt ihre wahre Größe zu Tage tritt. Niemand dient ihr, niemand füttert sie, weder mit Nahrung noch mit Anerkennung. Sie versteht es nicht, ein Feuer zu entfachen und kann nicht kochen. Feuer symbolisiert die Lebens- und Willenskraft, und das Kochen die Fähigkeit eines Menschen, sich aus sich selbst heraus und auch andere zu nähren. Jede Arbeit misslingt, ihre Hände sind zu zart, sie bluten. Sie hat nie gelernt zuzupacken, war bis dahin in ihrem Leben immer in der passiven Rolle. Nachdem ihr die Töpfe auf dem Markt zerbrochen wurden, muss sie zurückkehren an die Stätte ihrer Kindheit – als Magd. Ihr Ego ist zerschmettert, der Weg zurück zu den Wurzeln ist der einzige, der ihr noch bleibt und der einzige sinnvolle. Er entspricht dem, was wir Therapie nennen: Kehre zurück, erinnere dich, wer du bist. Sie steht vor dem verlorenen Glanz und bekommt ihre zweite Chance. Sie erkennt und verwünscht ihren Stolz. Der König, der damals um sie gefreit hatte, reicht ihr die Hand zum Tanze. Eine letzte Prüfung steht ihr bevor. Sie blamiert sich – jetzt ist es öffentlich – vor dem gesamten Hof. Sie erleidet am eigenen Leib das, was sie ehemals den anderen antat. Jetzt ist sie Opfer ihrer eigenen Geschichte. Das Schicksal ist zufrieden mit dem Ausgleich. Sie erkennt in dem Spielmann den König und sieht ein, ihn ungerecht behandelt zu haben. Sie ist es, die ein Werteproblem hatte, nicht er! Die Vermählung darf stattfinden. Die Zurücknahme ihrer Projektionen macht aus dem »Bettler« wieder einen König. Jetzt ist er in Ordnung, so wie er ist, beziehungsweise sie ist jetzt in Ordnung, so wie sie ist.

Neptun-Transite über die Zwillinge-Venus

Die zertanzten Schuhe

Es war einmal ein König, der hatte zwölf Töchter, eine immer schöner als die andere. Sie schliefen zusammen in einem Saal, wo ihre Betten nebeneinander standen, und abends, wenn sie darin lagen, schloss der König die Tür zu und verriegelte sie. Wenn er aber am Morgen die Tür aufschloss, so sah er, dass ihre Schuhe zertanzt waren, und niemand konnte herausbringen, wie das zugegangen war. Da ließ der König ausrufen, wer's könnte ausfindig machen, wo sie in der Nacht tanzten, der sollte sich eine davon zur Frau wählen und nach seinem Tod König sein; wer sich aber meldete und es nach drei Tagen und Nächten nicht herausbrächte, der hätte sein Leben verwirkt.

Nicht lange, so meldete sich ein Königssohn und erbot sich, das Wagnis zu unternehmen. Er ward wohl aufgenommen und abends in ein Zimmer geführt, das an den Schlafsaal stieß. Sein Bett war da aufgeschlagen, und er sollte Acht haben, wo sie hingingen und tanzten; und damit sie nichts heimlich treiben konnten oder zu einem anderen Ort hinausgingen, war auch die Saaltüre offen gelassen. Dem Königssohn fiel's aber wie Blei auf die Augen, und er schlief ein, und als er am Morgen aufwachte, waren alle zwölfe zum Tanze gewesen, denn ihre Schuhe standen und hatten Löcher in den Sohlen. Den zweiten und dritten Abend ging's nicht anders, und da ward ihm sein Haupt ohne Barmherzigkeit abgeschlagen. Es kamen hernach noch viele und meldeten sich zu dem Wagestück, sie mussten aber alle ihr Leben lassen.

Nun trug sich's zu, dass ein armer Soldat, der eine Wunde hatte und nicht mehr dienen konnte, sich auf dem Weg nach der Stadt befand, wo der König wohnte. Da begegnete ihm eine alte Frau, die fragte ihn, wo er hin wollte. »Ich weiß selber nicht recht«, sprach er, und setzte im Scherz hinzu: »Ich hätte wohl Lust, ausfindig zu machen, wo die Königstöchter ihre Schuhe vertanzen, und darnach König zu werden.« »Das ist so schwer nicht«, sagte die Alte, »du musst den Wein nicht trinken, der dir abends gebracht wird, und musst tun, als wärst du fest eingeschlafen.« Wie der Soldat den guten Rat bekommen hatte, ward's Ernst bei ihm, so dass er ein Herz fasste, vor den König ging und sich als Freier meldete.

Er ward so gut aufgenommen wie die anderen auch, und es wurden ihm königliche Kleider angetan. Abends zur Schlafenszeit ward er in das Vorzimmer geführt, und als er zu Bette gehen wollte, kam die älteste und brachte ihm einen Becher Wein; aber er hatte sich einen Schwamm unter das Kinn gebunden, ließ den Wein da hineinlaufen und trank keinen Tropfen. Dann legte er sich nieder, und als er ein Weilchen gelegen hatte, fing er an zu schnarchen wie im tiefsten Schlaf. Das hörten die zwölf Königstöchter, lachten, und die älteste sprach: »Der hätte auch sein Leben sparen können.« Danach standen sie auf, öffneten Schränke, Kisten und Kästen und holten prächtige Kleider heraus; putzten sich vor den Spiegeln, sprangen herum und freuten sich auf den Tanz. Nur die jüngste sagte: »Ich weiß nicht, ihr freut euch, aber mir ist so wunderlich zumute: gewiss widerfährt uns ein Unglück.« »Du bist eine Schneegans«, sagte die älteste, »die sich immer fürchtet. Hast du vergessen, wie viele Königssöhne schon umsonst da gewesen sind? Dem Soldaten hätt' ich nicht einmal brauchen einen Schlaftrunk zu geben, der Lümmel wäre doch nicht aufgewacht.« Wie sie alle fertig waren, sahen sie erst nach dem Soldaten, aber der hatte die Augen zugetan, rührte und regte sich nicht, und sie glaubten nun, ganz sicher zu sein. Da ging die älteste an ihr Bett und klopfte daran; alsbald sank es in die Erde, und sie stiegen durch die Öffnung hinab, eine nach der anderen, die älteste voran …

Und wie sie unten waren, standen sie in einem wunderprächtigen Baumgang, da waren alle Blätter von Silber und schimmerten und glänzten. Der Soldat dachte: »Du willst dir ein Wahrzeichen mitnehmen«, und brach einen Zweig davon ab: Da fuhr ein gewaltiger Krach aus dem Baume. Die jüngste rief: »Es ist nicht richtig, habt ihr den Knall gehört?« Die älteste aber sprach: »Das sind Freudenschüsse, weil wir unsere Prinzen bald erlöst haben.« Sie kamen darauf in einen Baumgang, wo alle Blätter von Gold, und endlich in einen dritten, wo sie klarer Demant waren; von beiden brach er einen Zweig ab, wobei es jedes Mal krachte, dass die jüngste vor Schrecken zusammenfuhr: aber die älteste blieb dabei, es waren Freudenschüsse. Sie gingen weiter und kamen zu einem großen Wasser, darauf standen zwölf Schifflein, und in jedem Schifflein saß ein schöner Prinz, die hatten auf die zwölfe gewartet, und jeder nahm eine zu sich, der Soldat aber setzte sich mit der jüngsten hinein …

Jenseits des Wassers stand ein schönes, hell erleuchtetes Schloss, woraus eine lustige Musik erschallte von Pauken und

Trompeten. Sie ruderten hinüber, traten ein, und jeder Prinz tanzte mit seiner Liebsten; der Soldat tanzte aber unsichtbar mit, und wenn eine einen Becher mit Wein hielt, so trank er ihn aus, dass er leer war, wenn sie ihn an den Mund brachte; und der jüngsten ward auch Angst darüber, aber die älteste brachte sie immer zum Schweigen. Sie tanzten da bis drei Uhr am anderen Morgen, wo alle Schuhe und sie aufhören mussten. Die Prinzen fuhren sie über das Wasser wieder zurück, und der Soldat setzte sich diesmal vornehin zur ältesten. Am Ufer nahmen sie von ihren Prinzen Abschied und versprachen, in der folgenden Nacht wiederzukommen.

Als sie an der Treppe waren, lief der Soldat voraus und legte sich in sein Bett, und als die zwölf langsam und müde heraufgetrippelt kamen, schnarchte er schon wieder so laut, dass sie's alle hören konnten, und sie sprachen: »Vor dem sind wir sicher.« Da taten sie sich ihre schönen Kleider aus, brachten sie weg, stellten die zertanzten Schuhe unter das Bett und legten sich nieder.

Am andern Morgen wollte der Soldat nichts sagen, sondern das wunderliche Wesen noch mitansehen, und ging die zweite und dritte Nacht wieder mit. Da war alles wie das erste Mal, und sie tanzten jedes Mal, bis die Schuhe entzwei waren. Das dritte Mal aber nahm er zum Wahrzeichen einen Becher mit. Als die Stunde gekommen war, wo er antworten sollte, steckte er die drei Zweige und den Becher zu sich und ging vor den König, die zwölfe aber standen hinter der Tür und horchten, was er sagen würde. Als der König die Frage tat: »Wo haben meine zwölf Töchter ihre Schuhe in der Nacht vertanzt?«, so antwortete er: »Mit zwölf Prinzen in einem unterirdischen Schloss«, berichtete, wie es zugegangen war, und holte die Wahrzeichen hervor. Da ließ der König seine Töchter kommen und fragte sie, ob der Soldat die Wahrheit gesagt hätte, und da sie sahen, dass sie verraten waren und Leugnen nichts half, so mussten sie alles eingestehen. Darauf fragte ihn der König, welche er zur Frau haben wollte. Er antwortete: »Ich bin nicht mehr jung, so gebt mir die älteste.« Da ward noch an selbigem Tage die Hochzeit gehalten und ihm das Reich nach des Königs Tode versprochen. Aber die Prinzen wurden auf so viele Tage wieder verwünscht, als sie Nächte mit den zwölfen getanzt hatten.

Jeder Mensch ist ein multiples Wesen und trägt die verschiedensten Seelenaspekte in sich. Der König, der Vater, symbolisiert im Märchen nicht nur die Herkunft, sondern auch das Ego. Er hat zwölf Töchter – sprich zwölf Seelenanteile –, die alle der gleichen Beschäftigung nachgehen: Sie tanzen des nachts »unterirdisch« mit den Prinzen. Es ist nicht so, dass eine näht und putzt, die andere liest und philosophiert, die Dritte heiratet und Kinder bekommt. Alle zwölf tun das Gleiche: Sie amüsieren sich, sie möchten sich nicht binden, sie möchten nicht erwachsen werden. Zwar reichen sie dem Prinzen zum Tanze die Hand, doch nur in der Nacht. Keine von ihnen kommt auf die Idee, die Beziehung zu legalisieren, zu vertiefen oder sich gar zu binden. Was wäre, wenn wir in unseren Beziehungen nur diesen einen unverbindlichen Teil leben würden? Jedem, der uns darauf hinweisen würde, würden wir den Kopf abhacken. Genauso geschieht es im Märchen. Jeder ernsthafte Freier musste sein Leben lassen. Die unerwachsenen Prinzessinnen möchten keine Zuschauer. Die mutigen Männer werden um ihr Leben betrogen. Der betäubende Wein steht symbolisch für den Betrug am anderen, ihm wird nur scheinbar eine Chance gegeben. Wie immer im Märchen – und im richtigen Leben – taucht jetzt der ältere, reifere Aspekt der weiblichen Seite auf. Die alte Frau, die der Soldat (er symbolisiert den kämpferischen Mars) trifft, rät ihm, die Prinzessinnen mit gleicher Waffe zu schlagen. Auch er soll sich unsichtbar machen. Er soll sich nicht von ihnen einschläfern lassen. Das ist eine gute Symbolik dafür, sich in einer Partnerschaft nicht in die »Spielchen« des anderen hineinziehen zu lassen. Er bleibt wach und kann ihnen folgen. Der Weg führt in die Tiefe hinab, ins Unbewusste. Die jüngste Schwester drückt die Angst aus, es könnte mit der Jugend und der Leichtigkeit vorbei sein. Die anderen sind jedoch so in ihr Spiel vertieft, dass sie nicht darauf hören. Die

Zahl Drei symbolisiert Glück und Einsicht. Das ist der Grund dafür, dass wir hier, wie in allen Märchen, drei Nächte (und drei Räume) lang warten müssen, bis die Erlösung stattfinden kann. Der Soldat macht es richtig, er nimmt drei Erkennungszeichen mit zurück in die Wirklichkeit. Wichtig dabei ist der Becher Wein, den er leer trinkt. Das betäubende Getränk, also die schönfärbende Illusion, muss vom männlichen Teil (der Kopf) des Paares geleert werden. Jetzt *weiß* er, wer sein Gegenüber ist. Der nächtliche Tanz hat aus den Prinzen keine Ehemänner gemacht. Sie verbleiben am anderen Ufer und werden so viele *Tage* verwünscht, wie sie das Licht gescheut haben. So stirbt auch der jugendlich unerwachsene männliche Teil. Der Soldat achtet auf eine ebenbürtige Partnerschaft. Er, selbst schon etwas älter, nimmt die älteste Tochter zur Frau. Jetzt haben beide die Chance, erwachsen zu werden, aus dem jugendlichen Soldaten wird ein König, aus der Prinzessin eine Königin.

Neptun-Transite über die Krebs-Venus

Die Gänsemagd

Es lebte einmal eine alte Königin, der war ihr Gemahl schon lange Jahre gestorben, und sie hatte eine schöne Tochter. Wie die erwuchs, wurde sie weit über Feld an einen Königssohn versprochen. Als nun die Zeit kam, wo sie vermählt werden sollten und das Kind in das fremde Reich abreisen musste, packte ihr die Alte gar viel köstliches Gerät und Geschmeide ein, Gold und Silber, Becher und Kleinode, kurz, alles, was nur zu einem königlichen Brautschatz gehörte, denn sie hatte ihr Kind von Herzen lieb. Auch gab sie ihr eine Kammerjungfer bei, welche mitreiten und die Braut in die Hände des Bräutigams überliefern sollte, und jede bekam ein Pferd zur Reise, aber das Pferd der Königstochter hieß Falada und konnte sprechen. Wie nun die Abschiedsstunde da war, begab sich die alte Mutter in ihre Schlafkammer, nahm ein Messerlein und schnitt damit in ihre

Finger, dass sie bluteten; darauf hielt sie ein weißes Läppchen unter und ließ drei Tropfen Blut hineinfallen, gab sie der Tochter und sprach: »Liebes Kind, verwahre sie wohl, sie werden dir unterwegs Not tun.«

Also nahmen beide voneinander betrübten Abschied; das Läppchen steckte die Königstochter in ihren Busen vor sich, setzte sich aufs Pferd und zog nun fort zu ihrem Bräutigam. Da sie eine Stunde geritten waren, empfand sie heißen Durst und sprach zu ihrer Kammerjungfer: »Steig ab und schöpfe mir mit meinem Becher, den du für mich mitgenommen hast, Wasser aus dem Bache, ich möchte gern einmal trinken.« »Wenn Ihr Durst habt«, sprach die Kammerjungfer, »so steigt selber ab, legt Euch ans Wasser und trinkt, ich mag Eure Magd nicht sein.« Da stieg die Königstochter vor großem Durst herunter, neigte sich über das Wasser im Bach und trank und durfte nicht aus dem goldenen Becher trinken. Da sprach sie: »Ach Gott!« Da antworteten die drei Blutstropfen: »Wenn das deine Mutter wüsste, das Herz im Leibe tät ihr zerspringen.« Aber die Königsbraut war demütig, sagte nichts und stieg wieder zu Pferd. So ritten sie etliche Meilen weiter fort, aber der Tag war warm, die Sonne stach, und sie durstete bald von neuem. Da sie nun an einen Wasserfluss kamen, rief sie noch einmal ihrer Kammerjungfer: »Steig ab und gib mir aus meinem Goldbecher zu trinken«, denn sie hatte aller bösen Worte längst vergessen. Die Kammerjungfer sprach aber noch hochmütiger: »Wollt Ihr trinken, so trinkt allein, ich mag nicht Eure Magd sein.« Da stieg die Königstochter hernieder vor großem Durst, legte sich über das fließende Wasser und sprach: »Ach Gott!« Und die Blutstropfen antworteten wiederum: »Wenn das deine Mutter wüsste, das Herz im Leibe tät ihr zerspringen.« Und wie sie so trank und sich recht überlehnte, fiel ihr das Läppchen, worin die drei Tropfen waren, aus dem Busen und floss mit dem Wasser fort, ohne dass sie es in ihrer großen Angst merkte. Die Kammerjungfer hatte aber zugesehen und freute sich, dass sie Gewalt über die Braut bekäme: denn damit, dass diese die Blutstropfen verloren hatte, war sie schwach und machtlos geworden. Als sie nun wieder auf ihr Pferd steigen wollte, das da hieß Falada, sagte die Kammerfrau: »Auf Falada gehör' ich, und auf meinen Gaul gehörst du«; und das musste sie sich gefallen lassen. Dann befahl ihr die Kammerfrau mit harten Worten, die königlichen Kleider auszuziehen und ihre schlechten anzulegen, und endlich musste sie sich unter freiem Himmel verschwören, dass sie am königlichen Hof keinem Menschen etwas davon sprechen wollte; und wenn sie diesen Eid nicht abgelegt hätte, wäre sie auf der Stelle umgebracht worden. Aber Falada sah das alles an und nahm's wohl in Acht. Die Kammerfrau stieg nun auf Falada und die wahre Braut auf das schlechte Ross, und so zogen sie weiter, bis sie endlich in dem königlichen Schloss eintrafen.

Da war große Freude über ihre Ankunft, und der Königssohn sprang ihnen entgegen, hob die Kammerfrau von Pferde und meinte, sie wäre seine Gemahlin; sie ward die Treppe hinaufgeführt, die wahre Königstochter musste aber unten stehen bleiben ... Der alte König hatte keine Arbeit für sie und wusste nichts, als dass er sagte: »Da hab ich so einen kleinen Jungen, der hütet die Gänse, dem mag sie helfen.« Der Junge hieß Kürdchen (Konrädchen), dem musste die wahre Braut helfen Gänse hüten.

Bald aber sprach die falsche Braut zu dem jungen König: »Liebster Gemahl, ich bitte Euch, tut mir einen Gefallen.« Er antwortete: »Das will ich gerne tun.« »Nun, so lasst den Schinder rufen und da dem Pferde, worauf ich hergeritten bin, den Hals abhauen, weil es mich unterwegs geärgert hat.« Eigentlich aber fürchtete sie, dass das Pferd sprechen möchte, wie sie mit der Königstochter umgegangen war. Nun war das so weit geraten, dass es geschehen und der treue Falada sterben sollte, da kam es auch der rechten Königstochter zu Ohr, und sie versprach dem Schinder heimlich ein Stück Geld, das sie ihm bezahlen wollte, wenn er ihr einen kleinen Dienst erwiese. In der Stadt war ein großes finsteres Tor, wo sie abends und morgens mit den Gänsen durch musste, unter dem finsteren Tor möchte er dem Falada seinen Kopf hinnageln, dass sie ihn doch noch mehr als einmal sehen könnte. Also versprach das der Schindersknecht zu tun, hieb den Kopf ab und nagelte ihn unter das finstere Tor fest.

Des Morgens früh, da sie und Kürdchen unterm Tor hinaustrieben, sprach sie im Vorbeigehen: »O du Falada, da du hangest«, da antwortete der Kopf: »O du Jungfer Königin, da du gangest, wenn das deine Mutter wüsste, ihr Herz tät ihr zerspringen.«

Da zog sie still weiter zur Stadt hinaus, und sie trieben die Gänse aufs Feld. Und wenn sie auf der Wiese angekommen war, saß sie nieder und machte ihre Haare auf, die waren eitel Gold, und Kürdchen sah sie und freute sich, wie sie glänzten, und wollte ihr ein paar ausraufen. Da sprach sie: »Weh, weh, Windchen, nimm Kürdchen sein Hütchen, und lass'n sich mit jagen, bis ich mich geflochten und geschnatzt und wieder aufgesatzt.« Und da kam ein so starker Wind, dass er dem Kürdchen sein Hütchen wegwehte über alle Land, und es musste ihm nachlaufen. Bis es wieder kam, war sie mit dem Kämmen und Aufsetzen fertig, und er konnte keine Haare kriegen. Da war Kürdchen bös und sprach nicht mit ihr; und so hüteten sie die Gänse, bis dass es Abend ward, dann gingen sie nach Haus …

Abends aber, nachdem sie heimgekommen waren, ging Kürdchen vor den alten König und sagte: »Mit dem Mädchen will ich nicht länger Gänse hüten.« »Warum denn?«, fragte der alte König. »Ei, das ärgert mich den ganzen Tag.« Da befahl ihm der alte König zu erzählen, wie's ihm denn mit ihr ginge. Da sagte Kürdchen: »Morgens, wenn wir unter dem finstern Tor mit der Herde durchkommen, so ist da ein Gaulskopf an der Wand, zu dem redet sie: ›O du Falada, da du hangest.‹ Da antwortet der Kopf: ›O du Jungfer Königin, da du gangest, wenn das deine Mutter wüsste, ihr Herz tät ihr zerspringen.‹« Und so erzählte Kürdchen weiter, was auf der Gänsewiese geschähe und wie es da dem Hut im Winde nachlaufen müsste. Der alte König befahl ihm, den nächsten Tag wieder hinauszutreiben, und er selbst, wie es Morgen war, setzte sich hinter das finstere Tor und hörte da, was sie mit dem Haupt des Falada sprach; und dann ging er ihr nach in das Feld und barg sich in einem Busch auf der Wiese. Da sah er nun bald mit seinen eigenen Augen, wie die Gänsemagd und der Gänsejunge die Herde ge-

trieben brachte und wie nach einer Weile sie sich setzte und ihre Haare losflocht, die strahlten von Glanz …

Darauf ging er unbemerkt zurück, und als abends die Gänsemagd heimkam, rief er sie beiseite und fragte, warum sie dem allem so täte. »Das darf ich Euch und darf auch keinem Menschen mein Leid klagen, denn so hab ich mit unter freiem Himmel verschworen, weil ich sonst um mein Leben gekommen wäre.« Er drang in sie und ließ ihr keinen Frieden, aber er konnte nichts aus ihr herausbringen. Da sprach er: »Wenn du mir nichts sagen willst, so klag dem Eisenofen da dein Leid«, und ging fort. Da kroch sie in den Eisenofen, fing an zu jammern und zu weinen, schüttete ihr Herz aus und sprach: »Da sitze ich nun, von aller Welt verlassen, und bin doch eine Königstochter, und eine falsche Kammerjungfer hat mich mit Gewalt dahin gebracht, dass ich meine königlichen Kleider habe ablegen müssen, und hat meinen Platz bei meinem Bräutigam eingenommen, und ich muss als Gänsemagd gemeine Dienste tun. Wenn das meine Mutter wüsste, das Herz im Leib tät ihr zerspringen.« Der alte König stand aber außen an der Ofenröhre, lauerte ihr zu und hörte, was sie sprach. Da kam er wieder herein und hieß sie aus dem Ofen gehen. Da wurden ihr königliche Kleider angetan, und es schien ein Wunder, wie sie so schön war.

Der alte König rief seinen Sohn und offenbarte ihm, dass er die falsche Braut hätte: die wäre bloß ein Kammermädchen, die wahre aber stände hier, als die gewesene Gänsemagd. Der junge König war herzensfroh, als er ihre Schönheit und Tugend erblickte, und ein großes Mahl wurde angestellt, zu dem alle Leute und guten Freunde gebeten wurden. Obenan saß der Bräutigam, die Königstochter zur einen Seite und die Kammerjungfer zur andern, aber die Kammerjungfer war verblendet und erkannte jene nicht mehr in dem glänzenden Schmuck. Als sie nun gegessen und getrunken hatten und guten Muts waren, gab der alte König der Kammerfrau ein Rätsel auf, was eine solche wert wäre, die den Herrn so und so betrogen hätte, erzählte damit den ganzen Verlauf und fragte: »Welches Urteil ist dieser würdig?« Da sprach die falsche Braut: »Die ist nichts Besseres wert, als dass sie splitternackt ausgezogen und in ein Fass gesteckt wird, das inwendig mit spitzen Nägeln beschlagen ist; und zwei weiße Pferde müssen vorgespannt werden, die sie Gasse auf Gasse ab zu Tode schleifen.« »Das bist du«, sprach der alte König, »und hast dein eigenes Urteil gefunden, und danach soll dir widerfahren.« Und als das Urteil vollzogen war, vermählte sich der junge König mit seiner rechten Gemahlin, und beide beherrschten ihr Reich in Frieden und Seligkeit.

Ein vaterloses, gutmütiges Königsmädchen verlässt ihr Elternhaus, um zu heiraten. Mit dem Fehlen des Vaters fehlt ihr die männliche Durchsetzungskraft. Sie steht näher bei der Mutter, sie trägt die Geschichte der Mutter in sich. Sie soll sich immer daran erinnern, das Läppchen mit den drei Blutstropfen an ihrem Busen zu tragen. Die Mutter liebt ihre Tochter und möchte sie vor einem ähnlich schweren Schicksal (den Mann zu verlieren) bewahren. Das Pferd »Fallada« wird ihr als Zeuge und Erinnerer mit auf den Weg gegeben. In der Astrologie ist das Pferd dem Schützen, dem Prinzip der Einsicht und des Vertrauens zugeordnet. Wie sehr uns unsere Eltern auch vor dem Schweren bewahren möchten, die Kraft der Wiederholung ist zumeist stärker. Der viel zu behüteten Königstochter wird ein zweiter, aggressiverer weiblicher Teil an die Seite gestellt. Die Dienerin entpuppt sich als Feindin und übernimmt, nachdem der Schutz der Mutter verloren ist, die Macht. Der unselbständigen Tochter wird böse mitgespielt, sie kommt mit dem wahren Leben in Berührung. Noch hat sie nicht die Kraft und die Autorität ihrer Mutter. Sie ist naiv und gutgläubig und reagiert auf die feindliche Übernahme mit Angst und Hilflosigkeit. Mit diesen Eigenschaften ist sie zu jung, um Königin zu werden.

Die Verwechslungsgeschichte bedeutet: Sie verwechselt Dienen mit Hingabe. Die falsche Dienerin, die zum Schluss sterben muss, nimmt unrechtmäßig den Platz in der Beziehung ein. Weder die äußeren Kleider, noch ihr überfreundliches Benehmen machen aus ihr die richtige, eine ebenbürtige Partnerin. Ebenbürtigkeit heißt: die Ordnung einhalten. Deinem Partner zu dienen, bedeutet eine Art Muttterersatz für ihn zu sein. So gerät die Geschichte in die Sackgasse. Die falsche Dienerin möchte keine Augenzeugen, keine Erinnerung an ihre wahre Herkunft. Dasselbe gilt für die Königstochter: Sie hat das Tüchlein mit den drei Blutstropfen verloren. Nicht nur der Schutz, sondern auch die Erinnerung an die Lebensgeschichte der Mutter ist dahin. Jetzt ist es der sprechende Pferdekopf, dem die Aufgabe der Erinnerung (des Therapeuten) obliegt. Man kann sich noch so viel Mühe geben, die Wahrheit zu verdrängen, sie wird immer wieder auferstehen. Der kleine Junge, mit dem zusammen die Königstochter die Gänse hütet – er spiegelt ihr wirkliches seelisches Alter –, ist verwundert über ihr goldenes Haar. Obwohl sie es aus Angst versteckt, kann sie ihre Herkunft doch nicht ganz verbergen. Der König, als der weisere, reifere männliche Anteil, lässt sich nicht so leicht betrügen wie der Prinz. Er erfindet den Trick mit dem Ofen. Der Ofen ist quasi der Beichtvater, die Geheimnisse kommen ans Licht. Die Königstochter ist letztlich ein Kind geblieben, das sich das Erwachsensein bis jetzt fälschlicherweise angeeignet hat. Sobald diese Wahrheit ans Licht kommt, können die Verhältnisse geklärt werden.

Hier, wie in jeder Geschichte, gilt, dass die weibliche Rolle der Prinzessin auch von einem Mann eingenommen werden kann.

Neptun-Transite über die Löwe-Venus

Der Schweinehirt

Es war einmal ein armer Prinz; er hatte ein Königreich, das war ganz klein, aber als Heiratsgut war es allemal groß genug, und heiraten wollte er.

Es war ja wirklich etwas dreist, dass er es wagte, die Tochter des Kaisers zu fragen: »Willst du mich haben?«, aber er wagte es doch, denn sein Name war weit und breit berühmt. Es gab hundert Prinzessinnen, die gern ja gesagt hätten …

Auf dem Grab, in dem der Vater des Prinzen ruhte, wuchs ein Rosenbusch, ach, ein ganz prachtvoller Rosenbusch! Er trug nur alle fünf Jahre Blüten und dann auch nur eine einzige; diese Rose aber duftete so süß, dass man nur daran zu riechen brauchte, und schon hatte man alle Sorgen und allen Kummer vergessen. Und dann besaß der Prinz eine Nachtigall, die konnte so wunderbar singen, als hätte sie alle schönen Melodien in ihrer kleinen Kehle. Diese Rose und diese Nachtigall sollte die Prinzessin haben, und deshalb wurden beide in große Silberfutterale eingepackt und an sie geschickt.

Der Kaiser ließ sie vor sich her in einen großen Saal tragen, wo die Prinzessin mit ihren Hofdamen gerade ›Gäste kommen‹ spielte, und als sie die großen Futterale mit den Geschenken sah, klatschte sie vor Freude in die Hände. »Hoffentlich ist es eine kleine Mietzekatze!«, sagte sie – aber dann kam der Rosenstock mit der herrlichen Rose zum Vorschein. »Nein, wie niedlich der ist!«, sagten sämtliche Hofdamen. »Der ist mehr als niedlich«, sagte der Kaiser, »der ist hübsch!« Doch als die Prinzessin ihn befühlte, war sie den Tränen nahe. »Pfui, Papa«, sagte sie, »der ist nicht künstlich, der ist echt!« … »Wir wollen erst einmal nachsehen, was in dem zweiten Futteral ist, bevor wir uns empören«, meinte der Kaiser, und dann kam die Nachtigall zum Vorschein. Sie sang so wunderschön, dass man im ersten Moment nichts Schlechtes über sie sagen konnte. »Superbe! Charmant!«, sagten die Hofdamen, denn sie redeten allesamt französisch, die eine schlimmer als die andere. »Wie mich dieser Vogel an die Spieldose der seligen Kaiserin erinnert«, sagte ein alter Kavalier, »ach ja! es ist ganz derselbe Ton, derselbe Vortrag!« »Ja!«, sagte der Kaiser, und dann weinte er wie ein kleines Kind. »Ich will doch wohl nicht hoffen, dass sie auch echt ist!«, sagte die Prinzessin. »Doch, das ist ein wirklicher Vogel«, sagten jene, die ihn gebracht hatten. »Ja, dann lasst den Vogel fliegen«, sagte die Prinzessin, und sie wollte dem Prinzen auf keinen Fall erlauben, ihr einen Besuch abzustatten.

Der aber ließ es sich nicht verdrießen; er rieb sich braune und schwarze Farbe ins Gesicht, drückte die Mütze tief in die Stirn und klopfte an. »Guten Tag, Kaiser!«, sagte er. »Kann ich nicht einen Dienst hier im Schloss finden?« »Jawohl!«, sagte der Kaiser. »Ich brauche einen zum Schweinehüten, von denen haben wir nämlich zu viele.«

Und so wurde der Prinz als kaiserlicher Schweinehirt angestellt. Er bekam ein schlechtes Kämmerlein neben dem Schweinestall, und hier musste er bleiben. Doch er arbeitete den ganzen Tag, und als es Abend wurde, hatte er einen hübschen kleinen Topf gemacht, an dem rundherum Glöckchen hingen und, sowie er kochte, ganz leiblich läuteten und die alte Melodie spielten: »Ach, du lieber Augustin, alles ist weg, weg, weg!« …

Nun kam die Prinzessin mit all ihren Hofdamen herbeispaziert, und als sie die Melodie vernahm, blieb sie stehen und schien sich sehr zu freuen, denn »Ach, du lieber Augustin« konnte sie auch spielen; es war das einzige, was sie konnte, aber sie spielte es mit einem Finger.

»Das ist ja das, was ich kann!«, sagte sie. »Dann muss es ein gebildeter Schweinehirt sein. Hört mal, geht zu ihm und fragt ihn, was dieses Instrument kostet!« Und dann musste eine der Hofdamen zum Schweinestall laufen, sie zog sich dafür aber Holzschuhe an. »Was willst du für diesen Topf haben?«, fragte die Hofdame. »Ich will zehn Küsse von der Prinzessin haben!«, sagte der Schweinehirt. »Gott bewahr uns!«, sagte die Hofdame. »Ja, weniger kann es nicht sein!«, antwortete der Schweinehirt. »Der ist ja ungezogen!«, sagte die Prinzessin, und dann ging sie fort. Doch als sie ein kleines Stück gegangen war, da klangen die Glöckchen so wunderschön …

»So eine ärgerliche Geschichte!«, sagte die Prinzessin. »Aber dann müsst ihr euch vor mich stellen, damit es keiner sieht!« Und die Hofdamen stellten sich vor sie und breiteten ihre Kleider aus, und dann bekam der Schweinehirt die zehn Küsse und die Prinzessin den Topf.

Der Schweinehirt, das heißt der Prinz, aber sie kannten ihn ja nur als einen echten Schweinehirten, ließ den Tag nicht ungenutzt verstreichen. Und so machte er eine Schnarre; wenn man die herumdrehte, erklangen sämtliche Walzer und Hopser, die man seit Erschaffung der Welt kannte. »Aber das ist ja superbe!«, sagte die Prinzessin, als sie vorbeiging. »Niemals habe ich eine schönere Komposition gehört! Hört mal, geht zu ihm und fragt, was dieses Instrument kostet – aber küssen tu ich nicht!« »Er will hundert Küsse von der Prinzessin haben!«, sagte die Hofdame, nachdem sie gefragt hatte. »Ich glaube, der ist verrückt!«, entgegnete die Prinzessin, und dann ging sie fort. Doch als sie ein kleines Stück gegangen war, blieb sie stehen ...

»Hundert Küsse von der Prinzessin«, sagte der Schweinehirt, »oder jeder behält seins!« »Stellt euch davor!«, sagte die Prinzessin, und dann stellten sich alle Hofdamen vor sie hin, und dann küsste er.

»Was mag das nur für ein Auflauf da unten beim Schweinestall sein?«, sagte der Kaiser, der auf den Balkon getreten war. Er rieb sich die Augen und setzte die Brille auf. »Das sind ja die Hofdamen, die da am Werk sind! Ich muss wohl zu ihnen auf den Hof!« Sobald er unten angekommen war, ging er ganz leise, und die Hofdamen hatten mit dem Küsse zählen so viel zu tun, weil es ja ehrlich zugehen sollte, dass sie den Kaiser gar nicht bemerkten. Der stellte sich nun auf Zehenspitzen. »Was ist denn das!«, sagte er, als er sah, wie die beiden sich küssten, und dann schlug er ihnen seinen Pantoffel auf den Kopf, gerade als der Schweinehirt den sechsundachzigsten Kuss bekam. »Hinaus!«, sagte der Kaiser, denn er war wütend, und sowohl die Prinzessin als auch der Schweinehirt wurden aus dem Kaiserreich geworfen ...

»Ach, ich elender Mensch!«, sagte die Prinzessin. »Hätte ich doch den schönen Prinzen genommen! Ach, wie unglücklich ich bin!« Und der Schweinehirt ging unter einen Baum, rieb sich das Schwarze und Braune aus dem Gesicht, warf die hässlichen Kleider ab und trat nun in seiner Prinzentracht hervor, so prächtig, dass sich die Prinzessin vor ihm verneigen musste. »Ich habe dich verachten gelernt, du!«, sagte er. »Einen ehrlichen Prinzen wolltest du nicht haben. Von der Rose und der Nachtigall wolltest du nichts wissen, aber den Schweinehirten konntest du für eine Spielerei küssen! Und jetzt mach's gut!«

Und dann ging er in sein Königreich und verschloss vor ihr die Tür, und jetzt konnte sie wahrhaftig singen: »Ach, du lieber Augustin, alles ist weg, weg, weg!«

Dieses Märchen nimmt scheinbar kein gutes Ende. Das Paar findet nicht zueinander. Schauen wir uns an, wie alles anfing: Ein kleiner König, dem hunderte von Prinzessinnen gerne ihr Ja-Wort geben würden, freit um die Tochter eines Kaisers. Die Frage, die wir jetzt noch nicht beantworten können, ist, möchte sein *Ego* hoch hinaus oder möchte er wachsen und seine Grenzen erweitern. Er nimmt eine seltene Rose vom Rosenstrauch auf seines Vaters Grab. Jetzt hat man das Gefühl, er meint es ehrlich, sein Vater steht hinter ihm. Auch die Nachtigall ist ein Geschenk, das Freude, Lebendigkeit und Freiheit symbolisiert. Die Prinzessin fällt ein abweisendes Urteil, ihr sind die Geschenke zu natürlich. Sie hätte es lieber, dass man etwas künstlicher um sie werben würde.

Der kleine König gibt nicht auf. Er schlüpft in die bescheidenste Rolle, die man sich nur vorstellen kann. Er wird Schweinehirt am Hof des Kaisers. Schmutzig, wie er ist, versteht er es, Dinge herzustellen, die die Prinzessin dazu verführen, ihn erst zehn, dann hundert Mal zu küssen. Er spielt mit ihr, lässt sich ganz auf ihre Art, mit Gefühlen umzugehen, ein (später verachtet er sie dafür). Sie verrät sich und ihre Werte, nur um an die Geschenke heranzukommen. Das bricht ihr das Genick, sie wird vom Vater verstoßen. Der Kaiser kann nicht dulden, dass sie einen Schweinehirten küsst, der Vater kann nicht dulden, dass sich seine Tochter so unwürdig benimmt. Nachdem sie alles verloren hat, wünscht sie sich den schönen Prinzen zurück. Doch dieser möchte sie jetzt, wo er sie haben könnte, nicht mehr: »Ach, du lieber Augustin, alles ist hin.« Beide spielen das gleiche Spiel. Er wollte sie erobern, das ist klar. Aber lieben, in ihr seinen Schatten erkennen, das wollte auch er nicht. Sie wollte keine ehrliche, lebendige Liebe, sondern eine, die ihre Vorstellungen bestätigt. Die Geschichte mit den hundert Küssen ist nicht nur ihr, sondern auch sein Spiel. Die gestohlenen Küsse sind weit von dem berühmten erlösenden Märchenkuss entfernt. Zum Schluss sind zwar beide alleine, doch sie haben etwas gelernt. Und das wiederum macht sie reifer und fähiger für die nächste Beziehung. Er kehrt – ohne des Kaisers Tochter – in sein kleines Königreich zurück. Das heißt, er beschränkt sich wieder auf seine natürlichen Grenzen und verzichtet auf die Frau, die ihn sowieso nicht haben wollte. Es handelt sich dabei nicht um den Verlust einer Liebe, sondern eher um verlorene Macht. Auch sie erkennt die Dummheit ihres eitlen Spieles und zeigt mit ihrer Verneigung, dass sie etwas verstanden hat. Und wenn nicht, so wird es ein nächstes Mal geben und damit eine neue Chance.

Neptun-Transite über die Jungfrau-Venus

Rapunzel

Es war einmal ein Mann und eine Frau, die wünschten sich schon lange vergeblich ein Kind, endlich machte sich die Frau Hoffnung, der liebe Gott werde ihren Wunsch erfüllen. Die Leute hatten in ihrem Hinterhaus ein kleines Fenster, daraus konnte man in einen prächtigen Garten sehen, der voll der schönsten Blumen und Kräuter stand; er war aber von einer hohen Mauer umgeben, und niemand wagte hineinzugehen, weil er einer Zauberin gehörte, die große Macht hatte und von aller Welt gefürchtet ward.

Eines Tages stand die Frau an diesem Fenster und sah in den Garten hinab, da erblickte sie ein Beet, das mit den schönsten Rapunzeln bepflanzt war; und sie sahen so frisch und grün aus, dass sie lüstern ward und das größte Verlangen empfand, von den Rapunzeln zu essen. Das Verlangen nahm jeden Tag zu, und da sie wusste, dass sie keine davon bekommen konnte, so fiel sie ganz ab, sah blass und elend aus. Da erschrak der Mann und fragte: »Was fehlt dir, liebe Frau?« »Ach«, antwortete sie, »wenn ich keine Rapunzeln aus dem Garten hinter unserm Hause zu essen kriege, so sterbe ich.« Der Mann, der sie lieb hatte, dachte: »Eh du deine Frau sterben lässest, holst du ihr von den Rapunzeln, es mag kosten, was es will.« In der Abenddämmerung stieg er also über die Mauer in den Garten der Zauberin, stach in aller Eile eine Hand voll Rapunzeln und brachte sie seiner Frau. Sie machte sich sogleich Salat daraus und aß sie in voller Begierde auf. Sie hatten ihr aber so gut, so gut geschmeckt, dass sie den andern Tag noch dreimal so viel Lust bekam. Sollte sie Ruhe haben, so musste der Mann noch einmal in den Garten steigen. Er machte sich also in der Abenddämmerung wieder hinab, als er aber die Mauer herabgeklettert war, erschrak er gewaltig, denn er sah die Zauberin vor sich stehen. »Wie kannst du es wagen«, sprach sie mit zornigem Blick, »in meinen Garten zu steigen und wie ein Dieb mir meine Rapunzeln zu stehlen? Das soll dir schlecht bekommen.« »Ach«, antwortete er, »lasst Gnade für Recht ergehen, ich habe mich nur aus Not dazu entschlossen; meine Frau hat Eure Rapunzeln aus dem Fenster erblickt und empfindet ein so großes Gelüsten, dass sie sterben würde, wenn sie nicht davon zu essen bekäme.« Da ließ die Zauberin in ihrem Zorne nach und sprach zu ihm: »Verhält es sich so, wie du sagst, so will ich dir gestatten, Rapunzeln mitzunehmen, so viel du willst, allein ich mache eine Bedingung: Du musst mir das Kind geben, das deine Frau zur Welt bringen wird. Es soll ihm gut gehen, und ich will für es sorgen wie eine Mutter.«

Der Mann sagte in der Angst alles zu, und als die Frau in Wochen kam, so erschien sogleich die Zauberin, gab dem Kinde den Namen Rapunzel und nahm es mit sich fort. Rapunzel ward das schönste Kind unter der Sonne. Als es zwölf Jahre alt war, schloss es die Zauberin in einen Turm, der in einem Walde lag und weder Treppe noch Türe hatte, nur ganz oben war ein kleines Fensterchen. Wenn die Zauberin hinein wollte, so stellte sie sich unten hin und rief: »Rapunzel, Rapunzel, lass mir dein Haar herunter.« Rapunzel hatte lange, prächtige Haare, fein wie gesponnen Gold. Wenn sie nun die Stimme der Zauberin vernahm, so band sie ihre Zöpfe los, wickelte sie oben um einen Fensterhacken, und die Zauberin stieg daran hinauf.

Nach ein paar Jahren trug es sich zu, dass der Sohn des Königs durch den Wald ritt und an dem Turm vorüberkam. Da hörte er einen Gesang, der war so lieblich, dass er stillhielt und horchte. Das war Rapunzel, die in ihrer Einsamkeit sich die Zeit damit vertrieb, ihre süße Stimme erschallen zu lassen. Der Königssohn wollte zu ihr hinaufsteigen und suchte nach einer Türe des Turms, aber es war keine zu finden. Er ritt heim, doch der Gesang hatte ihm so sehr das Herz gerührt, dass er jeden Tag hinaus in den Wald ging und zuhörte. Als er einmal so hinter einem Baum stand, sah er, dass eine Zauberin herankam und hörte, wie sie hinaufrief: »Rapunzel, Rapunzel, lass dein Haar herunter.« …

Und den folgenden Tag, als es anfing, dunkel zu werden, ging er zu dem Turme und rief: »Rapunzel, Rapunzel, lass dein Haar herunter.« Alsbald fielen die Haare herab, und der Königssohn stieg hinauf. Anfangs erschrak Rapunzel gewaltig, als ein Mann zu ihr hereinkam, wie ihre Augen noch nie einen erblickt hatten, doch der Königssohn fing an, ganz freundlich mit ihr zu reden, und erzählte ihr, dass von ihrem Gesang sein Herz so sehr sei bewegt worden, dass es ihm keine Ruhe gelassen und er sie selbst habe sehen müssen. Da verlor Rapunzel ihre Angst, und als er sie fragte, ob sie ihn zum Manne nehmen wollte, … sagte sie ja und legte ihre Hand in seine Hand. Sie sprach: »Ich will gerne mit dir gehen, aber ich weiß nicht, wie ich herabkommen kann. Wenn du kommst, so bring jedes Mal einen Strang Seide mit, daraus will ich eine Leiter flechten, und wenn sie fertig ist, so steige ich herunter, und du nimmst mich auf dein Pferd.« …

Die Zauberin merkte auch nichts davon, bis einmal Rapunzel anfing und zu ihr sagte: »Sag Sie mir doch, Frau Gothel, wie kommt es nur, Sie wird mir viel schwerer heraufzuziehen als der junge Königssohn, der ist in einem Augenblick bei mir.« »Ach, du gottloses Kind«, rief die Zauberin, »was muss ich von dir hören, ich dachte, ich hätte dich von aller Welt geschieden, und du hast mich doch betrogen!« In ihrem Zorne packte sie die schönen Haare der Rapunzel, schlug sie ein paarmal um ihre linke Hand, griff eine Schere mit der rechten, und ritsch, ratsch waren sie abgeschnitten, und die schönen Flechten lagen auf der Erde. Und sie war so unbarmherzig, dass sie die arme Rapunzel in eine Wüstenei brachte, wo sie in großem Jammer und Elend leben musste. Denselben Tag aber, wo sie Rapunzel verstoßen hatte, machte abends die Zauberin die abgeschnittenen Flechten oben am Fenster fest, und als der Königssohn kam und rief: »Rapunzel, Rapunzel, lass dein Haar herunter«, so ließ sie die Haare hinab. Der Königssohn stieg hinauf, aber er fand oben nicht seine liebste Rapunzel, sondern die Zauberin, die ihn mit bösen und giftigen Blicken ansah. »Aha«, rief sie höhnisch, »du willst die Frau Liebste holen, aber der schöne Vogel sitzt nicht mehr im Nest und singt nicht mehr, die Katze hat ihn geholt und wird dir auch noch die Augen auskratzen. Für dich ist Rapunzel verloren, du wirst sie nie wieder erblicken.« Der Königssohn geriet außer sich vor Schmerz, und in der Verzweiflung sprang er den Turm herab: das Leben brachte er davon, aber die Dornen, in die er fiel, zerstachen ihm die Augen. Da irrte er blind im Walde umher, aß nichts als Wurzeln und Beeren und tat nichts als jammern und weinen über den Verlust seiner liebsten Frau.

So wanderte er einige Jahre im Elend umher und geriet endlich in die Wüstenei, wo Rapunzel mit den Zwillingen, die sie geboren hatte, einem Knaben und einem Mädchen, kümmerlich lebte. Er vernahm eine Stimme, und sie däuchte ihn so bekannt; da ging er darauf zu, und wie er herankam, erkannte ihn Rapunzel und fiel ihm um den Hals und weinte. Zwei von ihren Tränen aber benetzten seine Augen, da wurden sie wieder klar, und er konnte damit sehen wie sonst. Er führte sie in sein Reich, wo er mit Freude empfangen ward, und sie lebten noch lange glücklich und vergnügt.

Im ersten Teil des Märchens sehen wir schnell, wohin es führt, wenn ein Mensch – in diesem Fall ein Mann – es seinem Partner unbedingt recht machen möchte. Er mutet seiner Frau nicht zu, mit ihren unerfüllten Wünschen selbst fertig zu werden. Nur um sie zufrieden zu stellen, verschreibt er sich dem Verbotenen, dem Garten der Zauberin. Die Zauberin symbolisiert den dunklen Teil des Weiblichen, der machthungrig und besitzergreifend ist. Dafür muss das Kind geopfert werden. In der Sprache der Seele ist das Kind nicht nur das schwächste Glied der Kette, sondern steht für den Gefühlsbereich des Menschen. So verlieren beide ihren wichtigsten, lebendigsten gemeinsamen Seelenanteil. Dieser lebt jetzt eingesperrt von der dunklen Frau, abgeschottet vom Licht und vom Leben, d. h. verdrängt.

Als das Kind heranwächst, wird deutlich, dass es mit seinen hellen, goldenen Haaren den guten, den lichten Teil des Weiblichen darstellt, vor dem die dunkle Frau Angst hat, da er ihre Existenz bedroht. Ihre Macht wäre gebrochen, würde sie sich auf diesen Teil (von sich selbst) einlassen. Rapunzel ist ein liebes Mädchen, das in ihrer Einsamkeit das Singen nicht verlernt. Die Zauberin möchte alleine teilhaben an der Kraft ihrer Seele und besucht sie hin und wieder, indem sie am goldenen Haar in den Turm hinaufsteigt. Unermüdlich reicht ihr das Mädchen die Hand (den Zopf), um sich mit ihr zu verbinden. Es gelingt nicht, die Gegensätze von Gut und Böse zu verbinden, bis ein Prinz, angelockt von ihrem Gesang, zu ihr hinaufsteigt. Sie erkennt ihn und seine Liebe und ist jetzt bereit, den Turm und damit ihre Naivität und Unschuld zu verlassen, um den Boden der Realität zu betreten. Die dunkle Frau, die es nicht geschafft hat, sich mit ihr zu verbinden, missgönnt ihr das Glück, sie verbannt sie in die Wüste. In dem Moment, in dem das Weibliche dem Männlichen folgen möchte, schiebt sich die dunkle, machtstrebende Seite dazwischen und zieht es vor, alleine in der Wüste zu leben. Wie viele Beziehungen scheitern an dieser Stelle! Der Königssohn wird für seine noch unvollkommene Liebe bestraft: Das männliche Ego ist verzweifelt, es stürzt sich vom Turm. Der Sturz macht ihn blind, er irrt im Walde umher, was heißt, er verliert sich ganz im Dickicht seines Unbewussten, seiner Verletzungen. In der Zwischenzeit entbindet Rapunzel Zwillinge, sie bringt neues Leben auf die Welt. Sie besteht ihre Reifeprüfung, sie wird erwachsen. Seit sie den »Elfenbeinturm« ihrer Kindheit verlassen hat und sich dem kargen, realen Leben ausgesetzt sieht, gewinnt die weibliche Seite an Kraft. »Zufällig« begegnen sich die beiden in der Wüstenei und erkennen sich wieder. Allzu oft entfernen sich zwei Menschen in der Krise voneinander und müssen zuerst, jeder alleine für sich, eine Entwicklung durchmachen, bevor sie sich einander wieder nähern können. Rapunzel weint um ihn und heilt ihn damit von seiner Blindheit. Diese beiden Tränen sind keine Tränen des Selbstmitleids. Sie sind Ausdruck der Erkenntnis der eigenen Blindheit (des Egos) und kommen aus tiefster Seele. Sie verbinden das Männliche und das Weibliche und führen damit zurück ins Paradies: »Er führte sie in sein Reich und sie lebten noch lange glücklich und vergnügt.«

Neptun-Transite über die Waage-Venus

Die Kristallkugel

Es war einmal eine Zauberin, die hatte drei Söhne, die sich brüderlich liebten; aber die Alte traute ihnen nicht und dachte, sie wollten ihr ihre Macht rauben. Da verwandelte sie den ältesten in einen Adler, der musste auf einem Felsengebirge hausen, und man sah ihn manchmal am Himmel in großen Kreisen auf- und nieder schweben. Den zweiten verwandelte sie in einen Walfisch, der lebte im tiefen Meer, und man sah nur, wie er zuweilen einen mächtigen Wasserstrahl in die Höhe warf. Beide hatten nur zwei Stunden jeden Tag ihre menschliche Gestalt. Der dritte Sohn, da er fürchtete, sie möchte ihn auch in ein reißendes Tier verwandeln, in einen Bären oder einen Wolf, ging heimlich fort. Er hatte aber gehört, dass auf dem Schloss der goldenen Sonne eine verwünschte Königstochter säße, die auf Erlösung harrte; es müsste aber jeder sein Leben daran wagen, schon dreiundzwanzig Jünglinge wären eines jämmerlichen Todes gestorben und nur noch einer übrig, dann dürfte keiner mehr kommen. Und da sein Herz ohne Furcht war, so fasste er den Entschluss, das Schloss von der goldenen Sonne aufzusuchen.

Er war schon lange Zeit herumgezogen und hatte es nicht finden können, da geriet er in einen großen Wald und wusste nicht, wo der Ausgang war. Auf einmal erblickte er in der Ferne zwei Riesen, die winkten ihm mit der Hand, und als er zu ihnen kam, sprachen sie: »Wir streiten um einen Hut, wem er gehören soll, und da wir beide gleich stark sind, so kann keiner den anderen überwältigen; die kleinen Menschen sind klüger als wir, deshalb wollen wir dir die Entscheidung überlassen.« »Wie könnt ihr euch um einen alten Hut streiten?«, sagte der Jüngling. »Du weißt nicht, was er für Eigenschaften hat, er ist ein Wünschhut, wer den aufsetzt, der kann sich hinwünschen, wohin er will, und im Augenblick ist er dort.« »Gebt mir den Hut«, sagte der Jüngling, »ich will ein Stück Wegs gehen, und wenn ich euch dann rufe, so lauft um die Wette, und wer am Ersten bei mir ist, dem soll er gehören.« Er setzte den Hut auf und ging fort, dachte aber an die Königstochter, vergaß die Riesen und ging immer weiter. Einmal seufzte er aus Herzensgrund und rief: »Ach, wäre ich doch auf dem Schloss der goldenen Sonne!« Und kaum waren die Worte über seine Lippen, so stand er auf einem hohen Berg vor dem Tor des Schlosses.

Er trat hinein und ging durch alle Zimmer, bis er in dem letzten die Königstochter fand. Aber wie erschrak er, als er sie anblickte: Sie hatte ein aschgraues Gesicht voll Runzeln, trübe Augen und rote Haare. »Seid ihr die Königstochter, deren Schönheit alle Welt rühmt?«, rief er aus. »Ach«, erwiderte sie, »das ist meine Gestalt nicht, die Augen der Menschen können mich nur in dieser Hässlichkeit erblicken, aber damit du weißt, wie ich aussehe, so schau in den Spiegel, der lässt sich nicht irremachen, der zeigt dir mein Bild, wie es in Wahrheit ist.« Sie gab ihm den Spiegel in die Hand, und er sah darin das Abbild der schönsten Jungfrau, die auf der Welt war, und sah, wie ihr vor Traurigkeit die Tränen über die Wangen rollten. Da sprach er: »Wie kannst du erlöst werden? Ich scheue keine Gefahr.« Sie sprach: »Wer die kristallne Kugel erlangt und hält sie dem Zauberer vor, der bricht damit seine Macht, und ich kehre in meine wahre Gestalt zurück. Ach«, setzte sie hinzu, »schon so mancher ist darum in seinen Tod gegangen, und du junges Blut, du jammerst mich, wenn du dich in die großen Gefährlichkeiten begibst.« »Mich kann nichts abhalten«, sprach er, »aber sage mir, was ich tun muss.« »Du sollst alles wissen«, sprach die Königstochter, »wenn du den Berg, auf dem das Schloss steht, hinabgehst, so wird unten an einer Quelle ein wilder Auerochs stehen, mit dem musst du kämpfen. Und wenn es dir glückt, ihn zu töten, so wird sich aus ihm ein feuriger Vogel erheben, der trägt in seinem Leib ein glühendes Ei, und in dem Ei steckt als Dotter die Kristallkugel. Er lässt aber das Ei nicht fallen, bis er dazu gedrängt wird, fällt es aber auf die Erde, so zündet es und verbrennt alles in seiner Nähe, und das Ei selbst zerschmilzt und mit ihm die kristallne Kugel, und all deine Mühe ist vergeblich gewesen.«

Der Jüngling stieg hinab zu der Quelle, wo der Auerochse schnaubte und ihn anbrüllte. Nach langem Kampf stieß er ihm sein Schwert in den Leib, und er sank nieder. Augenblicklich erhob sich aus ihm der Feuervogel und wollte fortfliegen, aber der Adler, der Bruder des Jünglings, der zwischen den Wolken daherzog, stürzte auf ihn herab, jagte ihn nach dem Meer hin und stieß ihn mit seinem Schnabel an, so dass er in der Bedrängnis das Ei fallen ließ. Es fiel aber nicht in das Meer, sondern auf eine Fischerhütte, die am Ufer stand, und die fing gleich an zu rauchen und wollte in Flammen aufgehen. Da erhoben sich im Meer haushohe Wellen, strömten über die Hütte und bezwangen das Feuer. Der andere Bruder, der Walfisch, war herangeschwommen und hatte das Wasser in die Höhe getrieben. Als der Brand gelöscht war, suchte der Jüngling nach dem Ei und fand es glücklicherweise; es war noch nicht geschmolzen, aber die Schale war von der plötzlichen Abkühlung durch das kalte Wasser zerbröckelt, und er konnte die Kristallkugel unversehrt herausnehmen.

Als der Jüngling zu dem Zauberer ging und sie ihm vorhielt, so sagte dieser: »Meine Macht ist zerstört, und du bist von nun an der König vom Schloss der goldenen Sonne. Auch deinen

Brüdern kannst du die menschliche Gestalt damit zurückgeben.« Da eilte der Jüngling zu der Königstochter, und als er in ihr Zimmer trat, so stand sie da in vollem Glanz ihrer Schönheit, und beide wechselten voll Freude ihre Ringe miteinander.

In diesem Märchen sind zuerst beide Seiten verzaubert. Das Weibliche, die Mutter, ist eine Zauberin, sie lässt die Söhne nicht an die Macht. Der männliche Teil ist aufgespalten in drei Teile: Der eine wird zum Adler, er symbolisiert den Freiheitsaspekt. Im Fortlauf der Geschichte wird er gebraucht, da er von oben aus dem Weitblick kommend zur Lösung beiträgt. Der zweite Bruder taucht als Wal ins Meer und verbindet sich dort mit dem Unbewussten. Der dritte Sohn wird zum Helden, er möchte die Prinzessin befreien. Sie ist ebenfalls verzaubert und richtet damit viel Unheil an. Viele Männer, dreiundzwanzig an der Zahl, mussten ihr Leben lassen. Es ist ihre letzte Chance lieben zu lernen. Mit der vierundzwanzig – zweimal zwölf – wäre sonst ein zweiter Zyklus abgeschlossen. Die Männer vor ihm starben letztlich, weil sie die wahre Gestalt der Frau nicht erkannten und damit den weiblichen Aspekt der eigenen Seele noch nicht entwickelt hatten. Sie war im Spiegel, im Bild verborgen. Wie oft enden Beziehungen, weil wir uns nicht die Mühe machen, den anderen in seiner ganzen Wirklichkeit wahrzunehmen. Wir geben uns mit einem Bild, bzw. unseren Projektionen zufrieden. Den Männern, die den Tod (das Ende der Beziehung) fanden, fehlten die beiden Seelenanteile, die hier durch die Brüder dargestellt werden: die Freiheit und die Tiefe der Gefühle. Vergessen wir nicht, *alle* im Märchen vorhandenen Personen sind Seelenanteile von uns selbst. Die Voraussetzung, um überhaupt eine (Er-)lösung zu finden, ist, ein Herz ohne Furcht zu haben. So beginnt der Weg. Die erste Aufgabe kommt auf den Jüngling zu, als er Schiedsrichter für die beiden Riesen sein soll. Er ist bereit, ihnen zu helfen, eine gerechte Lösung zu finden. Die streitenden Riesen empfinden sich selbst als zu groß, sie sagen, die Kleinen sind klüger. Und so ist es dann auch, nicht die (vermeintliche) Größe bringt den

Mann zur Frau, sondern die Weisheit und sein Schicksal, in diesem Fall symbolisch der Zauberhut. Ihm gefällt die Gestalt, die er vorfindet, nicht, sie entspricht nicht seinen Vorstellungen, dennoch ist er bereit, sie (in sich!) zu erlösen. Er setzt sein Leben aufs Spiel (das Weiterleben seiner Vorstellungen) und will die Kristallkugel aus dem Ei holen. Die Kugel ist ein Symbol für die Einheit, Kristall steht für die Klarheit. Beides muss zuerst geboren werden, bevor die beiden wieder eins werden können. Dürfen wir so weit gehen zu sagen, der Auerochse, der zuerst getötet werden muss, ist der »dumme Ochse« in uns selbst, der mit seinem überzogenen Ich uns allzu oft den Weg zum Du verwehrt? Nun, der Jüngling schafft es mit Hilfe seiner Brüder, die als Seelenanteile von ihm selbst seiner eigenen Verzauberung entsprechen, die Kugel aus dem Ei zu bergen. Der trennende Zauber zerfällt, er wird erwachsen und wird König. Auch sie erlangt ihre wahre, jüngere Gestalt zurück. Die beiden sind jetzt ebenbürtig und wechseln voller Freude ihre Ringe.

Neptun-Transite über die Skorpion-Venus

Die kleine Meerfrau

Weit draußen im Meer ist das Wasser so blau wie die Blüte der herrlichsten Kornblume und so klar wie das reinste Glas. Aber es ist sehr tief, tiefer als irgendein Ankertau reicht … Dort unten wohnen die Meerleute …

An der allertiefsten Stelle ist das Schloss des Meerkönigs zu finden. Seine Mauern sind aus Korallen, die langen, spitzen Fenster aus dem allerklarsten Bernstein, und als Dach dienen Muschelschalen, die sich, je nach der Strömung, öffnen und schließen … Der Meerkönig war seit vielen Jahren verwitwet, und seine alte Mutter führte ihm den Haushalt … Ansonsten verdiente sie viel Lob, vor allem weil sie den kleinen Meerprinzessinnen, ihren Enkeltöchtern, von Herzen zugetan war. Das waren sechs prächtige Kinder, und am schönsten von ihnen war die Jüngste. Ihre Haut war zart und rein wie ein Rosenblatt, ihre Augen leuchteten so blau wie der tiefste See, doch weil ihr Körper in einem Fischschwanz endete, fehlten ihr wie allen anderen die Füße.

Den ganzen Tag durften die Mädchen unten in den großen Sälen des Schlosses spielen, wo aus den Wänden lebendige Blumen wuchsen. Wenn dann die großen Bernsteinfenster geöffnet wurden, schwammen die Fische zu ihnen herein, so wie zu uns die Schwalben ins Zimmer fliegen, wenn wir die Fenster aufmachen. Vor dem Schloss war ein großer Garten mit feuerroten und dunkelblauen Bäumen, deren Früchte wie Gold und die Blüten wie brennendes Feuer glänzten, und sie bewegten ständig Stängel und Blätter …

Jede der kleinen Prinzessinnen hatte ihr Fleckchen im Garten, wo sie graben und pflanzen durfte, ganz wie sie Lust hatte … Die Jüngste war ein sonderbares Kind, still und nachdenklich, und während die anderen Schwestern ihre Beete mit den wunderlichsten Dingen von gestrandeten Schiffen schmückten, wollte sie außer den rosenroten Blumen, die der Sonne am Himmel glichen, nur eine hübsche Marmorstatue darauf haben, eine schöne Knabengestalt, aus weißem, reinem Stein gemeißelt, die durch einen Schiffbruch auf den Meeresgrund geraten war. Daneben pflanzte sie eine rosenrote Trauerweide, die prächtig gedieh und ihre frischen Zweige über die Statur bis auf den blauen Sandboden hängen ließ …

Nichts konnte die Jüngste mehr erfreuen, als von der Menschenwelt über dem Wasser zu hören … »Wenn ihr euer fünfzehntes Jahr vollendet«, sagte die Großmutter, »dann wird euch erlaubt sein, aus dem Meer aufzutauchen und im Mondschein auf den Klippen zu sitzen; ihr könnt die großen Schiffe vorübersegeln und Wälder und Städte sehen!«

Im kommenden Jahr sollte die erste der Schwestern fünfzehn Jahre alt werden, die übrigen aber – ja, eine war immer ein Jahr jünger als die andere, und die Jüngste musste also noch ganze fünf Jahre warten, bis sie vom Meeresgrund aufsteigen und in

Augenschein nehmen durfte, wie es bei uns aussah. Doch eine Schwester versprach, den anderen zu berichten, was sie gesehen und was ihr am ersten Tag am besten gefallen habe. Die Großmutter erzählte ihnen nämlich nicht genug: es gab so vieles, worüber sie Bescheid wissen mussten. Keine war so voller Sehnsucht wie die Jüngste, gerade sie, die doch die längste Zeit zu warten hatte und die so still und nachdenklich war. So manche Nacht stand sie am offnen Fenster und schaute empor, wo die Fische mit ihren Flossen und Schwänzen im dunkelblauen Wasser schlugen …

Nun war die älteste Prinzessin fünfzehn Jahre und durfte hinauf über die Meeresfläche steigen. Nach ihrer Rückkehr hatte sie hundert Dinge zu berichten. Doch am schönsten sei es gewesen, sagte sie, bei Mondschein und ruhiger See auf einer Sandbank zu liegen und die große Stadt an der Küste zu betrachten, deren Lichter wie Hunderte von Sternen blinkten, die Musik, das Getöse und Gelärme von Wagen und Menschen und den Klang der Glocken von den vielen Kirchtürmen und Turmspitzen zu hören …

Im nächsten Jahr wurde der zweiten Schwester erlaubt, durch das Wasser emporzusteigen und zu schwimmen, wohin sie wollte. Als sie auftauchte, ging gerade die Sonne unter, und diesen Anblick fand sie am schönsten. Der ganze Himmel sei wie Gold gewesen, sagte sie, und die Wolken, ja ihre Pracht konnte sie gar nicht genug beschreiben! …

Im Jahr darauf durfte die dritte Schwester nach oben. Sie war von allen die kühnste und schwamm deshalb in einen breiten Fluss, der in das Meer einmündete. Prächtige grüne Hügel mit Weinranken sah sie, aus herrlichen Wäldern guckten Schlösser und Höfe hervor; alle Vögel hörte sie singen, und so warm schien die Sonne, dass sie oft untertauchen musste, um sich das brennende Gesicht zu kühlen …

Die vierte Schwester war nicht so mutig, sie blieb draußen im wilden Meer und erzählte dann, gerade das sei am schönsten gewesen: Man könne rundherum viele Meilen weit schauen, und der Himmel stehe wie eine große Glasglocke darüber …

Nun kam die fünfte Schwester an die Reihe. Weil ihr Geburtstag gerade in den Winter fiel, bekam sie zu sehen, was die andern beim ersten Mal nicht gesehen hatten. Die See nahm sich vollkommen grün aus, und überall schwammen große Eisberge herum, jeder davon einer Perle gleich, wie sie sagte, und doch viel größer als jene Kirchtürme, welche die Menschen erbauten …

Oft geschah es in der Abendstunde, dass die fünf Schwestern Arm in Arm und in einer Reihe über das Wasser stiegen … Währendessen blieb ihre kleine Schwester ganz allein zurück und sah ihnen nach, und da war ihr, als müsste sie weinen; doch eine Meerfrau hat keine Tränen und deshalb leidet sie viel mehr …

Endlich hatte sie das rechte Alter erreicht. »Schau an, da haben wir dich so weit«, sagte ihre Großmutter, die alte Königinwitwe. »Komm her, ich will dich schmücken, genauso wie deine Schwestern!« Und sie setzte ihr einen Kranz weißer Lilien auf den Kopf, von denen jedes Blütenblatt die Hälfte einer Perle war, und befahl acht großen Austern, sich auf dem Schwanz der Prinzessin festzuklemmen, um ihren hohen Stand recht zu beweisen. »Das tut so weh!«, sagte die kleine Meerfrau. »Ja, wer schön sein will, muss leiden«, sagte die Alte … »Auf Wiedersehen!«, sagte sie und stieg ganz leicht und klar wie eine Luftblase durch das Wasser empor.

Als sie den Kopf über den Meeresspiegel hob, war die Sonne gerade untergegangen, doch alle Wolken glänzten noch wie Rosen und Gold, und mitten in der blassroten Luft strahlte der Abendstern so hell und schön, die Luft war mild und frisch und das Meer vollkommen still.

Da lag ein großes Schiff mit drei Masten, nur ein einziges Segel war gesetzt, denn kein Lüftchen regte sich, und ringsum im Tauwerk und auf Stegen saßen Matrosen. Musik und Gesang ertönte, und als es dunkler wurde, zündete man hundert Laternen an – das sah aus, als wehten Fahnen aller Nationen im Wind.

Die kleine Meerfrau schwamm geradewegs zum Kajütenfenster, und jedes Mal, wenn sie vom Wasser emporgehoben wurde, konnte sie einen Blick durch die spiegelblanken Scheiben werfen. Viele geputzte Menschen waren zu sehen, doch am schönsten war der junge Prinz mit den großen schwarzen Augen; er war gewiss nicht viel älter als sechzehn Jahre, und all diese Pracht gab es, weil er Geburtstag hatte … Das Schiff selbst war so hell erleuchtet, dass sie jedes kleine Tau und erst recht die Menschen erkennen konnte. Oh, wie schön war doch der junge Prinz! Er drückte den Leuten die Hand, lachte und lächelte, während die Musik in die herrliche Nacht hinaustönte.

Es wurde spät, doch die kleine Meerfrau konnte den Blick von dem Schiff und vom schmucken Prinzen nicht abwenden. Die bunten Laternen wurden gelöscht, weder Raketen noch die Kanonen wurden abgefeuert, doch tief unten im Meer summte und brummte es. Die kleine Meerfrau saß auf dem Wasser und ließ sich vom Wellengang schaukeln, um in die Kajüte hineinzuschauen.

Aber das Schiff fuhr nun schneller, ein Segel nach dem anderen blähte sich auf, die Wellen gingen höher, große Wolken zogen heran, in der Ferne zuckten Blitze. Ach, ein schlimmes Unwetter braute sich zusammen! Deshalb strichen die Matrosen die Segel … Das Schiff ächzte und knackte, seine dicken Planken bogen sich unter den heftigen Stößen der See, der Mast brach mittendurch, als wäre er Schilfrohr, und das Schiff neigte sich schlingernd zur Seite, während das Wasser in seinen Innenraum drang. Da erkannte die Meerfrau, dass hier Gefahr im Verzug war, sie selbst musste sich vor den treibenden Balken und Wrackteilen in Acht nehmen. Einen Augenblick lang war es so kohlrabenschwarz, dass sie nicht das Geringste sehen konnte; doch wenn es dann blitzte, war es wieder so hell, dass sie auf dem Schiff alle Leute erkannte – jeder tummelte sich nach Kräften. Vor allem suchte sie den jungen Prinzen, und als das Schiff auseinander brach, sah sie ihn im tiefen Meer versinken. Zuerst freute sie sich sehr, denn jetzt sollte er zu ihr kommen; dann aber dachte sie daran, dass die Menschen im Wasser nicht leben können und dass er sterben müsste, um zum Schloss ihres Vaters zu gelangen. Nein, sterben, das durfte er nicht! Deshalb schwamm sie zwischen den treibenden Balken und Planken hindurch, vergaß ganz und gar, dass sie zerquetscht werden könnte, tauchte tief unter und stieg wieder hoch empor, bis sie endlich den jungen Prinzen erreichte. Der vermochte in der stürmischen See kaum noch zu schwimmen, seine Gliedmaßen erlahmten, die schönen Augen fielen ihm zu, und wenn die kleine Meerfrau nicht gekommen wäre, hätte er sterben müssen. Sie hielt seinen Kopf über Wasser und ließ sich dann mit ihm treiben, wohin die Wellen wollten.

Am Morgen war das böse Wetter vorüber; von dem Schiff war kein Span mehr zu sehen. Als die Sonne ganz rot und leuchtend aus dem Wasser stieg, schienen sich die Wangen des Prinzen zu beleben, doch seine Augen blieben geschlossen. Die Meerfrau küsste ihn auf seine schöne hohe Stirn und strich ihm das nasse Haar zurück; sie fand ihn der Marmorstatue in ihrem kleinen Garten ähnlich, küsste ihn wieder und wünschte sich sehr, er möge am Leben bleiben. Da erblickte sie vor sich das feste Land, hohe blaue Berge, so schimmernd mit weißem Schnee bedeckt, als lägen auf ihren Gipfeln Schwäne ... Hierhin schwamm die Meerfrau mit dem schönen Prinzen, bettete ihn in den Sand und sorgte vor allem dafür, dass sein Kopf höher und im warmen Sonnenschein lag. Nun läuteten in dem großen weißen Gebäude Glocken, und durch den Garten kamen viele junge Mädchen gezogen. Da schwamm die kleine Meerfrau weiter hinaus, versteckte sich hinter ein paar hohen Steinen im Wasser, legte sich Meerschaum auf Brust und Haar, damit niemand ihr kleines Gesicht sehen könnte, und hielt Ausschau, wer wohl den armen Prinzen entdeckte.

Es dauerte nicht lange, da näherte sich ihm ein junges Mädchen; sie schien heftig zu erschrecken, doch nur für einen Augenblick, dann holte sie mehrere Leute herbei. Die Meerfrau sah, wie der Prinz zum Leben erwachte und allen zulächelte, die ihn umgaben, nur für sie hatte er kein Lächeln übrig, er wusste ja auch nicht, dass sie ihn gerettet hatte. Darüber wurde sie sehr betrübt, und als die Leute ihn dann in das große Ge-

bäude brachten, tauchte sie traurig unter und schwamm heim zum Schloss ihres Vaters.

Schon immer war sie still und nachdenklich gewesen, jetzt aber wurde sie es noch viel mehr ... Oft stieg sie abends und morgens zu jener Stelle empor, an der sie den Prinzen verlassen hatte. Sie sah, dass im Garten die Früchte reiften und abgepflückt wurden, sie sah den Schnee auf den hohen Bergen schmelzen, aber den Prinzen sah sie nicht, und deshalb kehrte sie jedes Mal trauriger zurück. Es war ihr einziger Trost, in ihrem Gärtchen zu sitzen und die schöne Marmorstatue zu umarmen, die mit dem Prinzen Ähnlichkeit hatte. Doch ihre Blumen pflegte sie nicht mehr, die wuchsen wie wild, wucherten über die Wege und verflochten ihre langen Stängel und Blätter mit den Zweigen der Bäume, so dass es in ihrem Garten ganz dunkel war.

Schließlich hielt sie es nicht mehr aus und vertraute sich einer der Schwestern an, worauf es sogleich alle andern erfuhren, mehr aber nicht, und noch ein paar weitere Meerfrauen, die es auch nur ihren engsten Freundinnen erzählten. Eine von ihnen wusste Bescheid, sie hatte auch die Pracht auf dem Schiff gesehen und wusste, wer der Prinz war, woher er stammte und wo sein Königreich lag ...

Jetzt wusste die Meerfrau, wo der Prinz wohnte, und oft begab sie sich abends und nachts dorthin ... Hier saß sie und schaute den jungen Prinzen an, und der wähnte sich im hellen Mondschein ganz allein ... Immer besser gefielen ihr die Menschen, immer brennender wurde ihr Wunsch, zu ihnen emporzusteigen ... Die Meerfrau hatte so viele Fragen, doch die Schwestern wussten nicht immer Antwort. Deshalb wandte sie sich an die alte Großmutter, und die kannte sich mit der höheren Welt aus und nannte sie ganz richtig, die Länder über dem Meer. »Wenn die Menschen nicht ertrinken«, fragte die kleine Meerfrau, »können sie dann immer leben, brauchen sie nicht zu sterben wie wir auf dem Meeresgrund?« »Doch«, sagte die Alte, »sterben müssen sie auch, und ihre Lebenszeit ist sogar kürzer als unsere. Wir können dreihundert Jahre alt werden, aber wenn wir dann von hier verschwinden, bleibt von uns nur Schaum auf dem Wasser, wir finden nicht einmal ein Grab bei unsern Lieben. Wir haben keine unsterbliche Seele und werden nicht wieder zum Leben erweckt, wir sind wie das grüne Schilf – ist es erst einmal abgeschnitten, dann kann es kein zweites Mal grünen. Die Seele der Menschen dagegen lebt immer, auch dann, wenn der Körper Erde ist; sie steigt durch die klare Luft empor, zu all den leuchtenden Sternen. So wie wir aus dem Meer auftauchen und dann die Länder der Menschen erblicken, so tauchen sie zu unbekannten, wunderbaren Orten auf, die wir niemals zu sehen bekommen.« »Warum sind wir nicht mit einer unsterblichen Seele geboren?«, fragte die kleine Meerfrau betrübt. »Ich würde alle meine dreihundert Jahre Lebenszeit dafür geben, um nur einen einzigen Tag lang ein Mensch zu sein und dann an der himmlischen Welt teilzuhaben!« »An so etwas darfst du gar nicht denken!«, sagte die Alte. »Wir leben viel glücklicher und besser als die Menschen da oben.« … »Kann ich denn gar nichts tun, um eine ewige Seele zu gewinnen?« »Nein!«, sagte die Alte. »Nur wenn ein Mensch dich so lieben könnte, dass du ihm mehr wärst als Vater und Mutter; wenn er mit allen Gedanken und all seiner Liebe an dir hinge und seine rechte Hand vom Pfarrer in deine Rechte legen ließe, mit dem Versprechen ewiger Treue, dann würde seine Seele in deinen Körper strömen, und auch du könntest am Glück der Menschen teilhaben. Er würde dir eine Seele geben und seine eigene doch behalten.« … Da seufzte die Meerfrau und sah ihren Fischschwanz traurig an.

»Wir wollen lustig sein«, sagte die Alte … »heute Abend wollen wir einen Hofball geben!« Es war eine solche Pracht, wie man sie niemals auf Erden sieht! … Bald aber musste sie wieder an die Welt über der ihren denken; sie konnte den schönen Prinzen nicht vergessen und ihren Kummer darüber nicht verwinden, dass sie keine unsterbliche Seele wie er besaß. Deshalb schlich sie heimlich hinaus, und während das Schloss ihres Vaters ganz und gar von Gesang und Frohsinn erfüllt war, saß sie betrübt in ihrem kleinen Garten … »Derweil meine Schwestern

im Schloss des Vaters tanzen, will ich zur Meerhexe gehen, vor der ich immer so große Angst hatte, aber sie kann mir vielleicht raten und helfen.«

Da verließ die kleine Meerfrau ihren Garten und machte sich zu den brausenden Mahlströmen auf, hinter denen die Hexe wohnte … Alle Sträucher und Bäume waren Polypen, halb Tier und halb Pflanze, was aussah, als wüchsen aus dem Boden hundertköpfige Schlangen. An Stelle der Zweige hatten sie lange, schleimige Arme, mit Fingern, die geschmeidigen Würmern glichen und sich Glied für Glied von der Wurzel bis zur äußersten Spitze bewegten. Sie umklammerten alles, was sie im Meer ergreifen konnten, um es nie wieder loszulassen. Die kleine Meerfrau blieb ganz erschrocken stehen, ihr Herz klopfte vor Angst, und beinahe wäre sie umgekehrt. Dann aber dachte sie an den Prinzen und an die Seele der Menschen, und da fasste sie Mut …

»Ich weiß schon, was du willst«, sagte die Meerhexe, »das ist eine Dummheit! Trotzdem sollst du deinen Willen haben, denn das wird dich ins Unglück stürzen, mein schönes Prinzesschen. Du möchtest deinen Fischschwanz loswerden und dafür zwei Stümpfe zum Gehen haben, so wie die Menschen, damit sich der junge Prinz in dich verlieben kann und du ihn und eine unsterbliche Seele bekommst!« Dabei lachte die Hexe so laut und hässlich, dass ihr die Kröte und die Schlangen von der Brust fielen und sich nun auf dem Boden wälzten. »Du kommst gerade zur rechten Zeit«, fuhr sie fort, »denn wenn morgen früh die Sonne aufgeht, muss erst wieder ein Jahr verstreichen, bevor ich dir helfen kann. Ich werde dir einen Trank brauen, damit musst du vor Sonnenaufgang zum Land schwimmen, musst dich ans Ufer setzen und ihn trinken. Dann teilt sich dein Schwanz auseinander und schrumpft ein, bis du hast, was die Menschen hübsche Beine nennen. Aber das tut so weh, als ginge das scharfe Schwert durch dich hindurch … Wenn du bereit bist, all das zu leiden, dann will ich dir helfen.« »Ja!«, sagte die kleine Meerfrau mit bebender Stimme und dachte an den Prinzen und den Gewinn einer unsterblichen Seele. »Aber denk dran«, sagte

die Hexe, »hast du erst einmal menschliche Gestalt angenommen, dann kannst du nie wieder eine Meerfrau werden! Du kannst nie wieder durchs Wasser zu deinen Schwestern und zum Schloss deines Vaters hinuntersteigen, und wenn es dir nicht gelingt, die Liebe des Prinzen zu gewinnen – so dass er über dir Vater und Mutter vergisst, mit all seinen Gedanken an dir hängt, den Pfarrer eure Hände ineinander legen lässt und ihr Mann und Frau werdet –, dann bekommst du keine unsterbliche Seele! Am ersten Morgen nach seiner Hochzeit mit einer anderen muss dir das Herz brechen, und du wirst Schaum auf dem Wasser.« »Ich will es!«, sagte die kleine Meerfrau und war bleich wie der Tod. »Aber du musst mich auch bezahlen«, sagte die Hexe, »und was ich verlange, ist nicht wenig. Du hast von allen auf dem Meeresgrund die schönste Stimme und glaubst wohl, du könntest den Prinzen damit bezaubern, und diese Stimme sollst du mir überlassen. Ich wünsche für meinen kostbaren Trank das Beste, was du besitzt. Ich muss dir ja mein eignes Blut darin geben, damit er so scharf wird wie ein zweischneidiges Schwert!« … »Es geschehe!«, sagte die kleine Meerfrau, und die Hexe setzte ihren Kessel auf, um den Zaubertrank zu kochen … »Da hast du ihn!«, sagte die Hexe und schnitt der kleinen Meerfrau die Zunge ab. Die war nun stumm und konnte weder singen noch sprechen … Bald hatte sie den Wald, das Moor und die brausenden Mahlströme überwunden und konnte schon das Schloss ihres Vaters sehen … Da schlich sie sich in den Garten, pflückte von jedem Beet ihrer Schwestern eine Blume, warf dem Schloss tausend Kusshände zu und stieg durch das dunkelblaue Meer empor.

Als sie das Schloss des Prinzen erblickte und die prächtige Marmortreppe erklomm, war die Sonne noch nicht aufgegangen. Der Mond schien wunderbar hell. Die kleine Meerfrau schluckte den brennend scharfen Trunk, und es war, als ginge ein zweischneidiges Schwert durch ihren zarten Körper, sie verlor das Bewusstsein und blieb wie tot liegen. Erst als die Sonnenstrahlen über das Wasser fielen, wachte sie auf und spürte einen brennenden Schmerz. Doch gerade vor ihr stand der schöne junge Prinz, und als er seine kohlschwarzen Augen auf sie heftete, schlug sie die ihren nieder und sah, dass ihr Fischschwanz verschwunden war. Sie hatte die reizendsten weißen Beine, wie sie ein kleines Mädchen nur haben kann … Der Prinz fragte nach ihrem Namen und wie sie hierher gekommen sei, und sie blickte ihn freundlich und doch so traurig mit ihren dunkelblauen Augen an, sie konnte ja nicht sprechen. Da nahm er sie bei der Hand und führte sie ins Schloss. Bei jedem ihrer Schritte glaubte sie, wie die Hexe vorausgesagt hatte, auf spitze Ahlen und scharfe Messer zu treten, aber das ertrug sie gern. An der Hand des Prinzen stieg sie leicht wie eine Blase das Ufer hinauf, und er wie alle anderen wunderten sich über ihren anmutigen, schwebenden Gang.

Sie bekam kostbare Kleider aus Seide und Musselin und war im Schloss die Schönste von allen, doch sie war stumm, konnte weder singen noch sprechen. Sklavinnen, gekleidet in Gold und Seide, erfreuten den Prinzen und seine königlichen Eltern mit ihrem Gesang; eine sang lieblicher als alle andern, und der Prinz klatschte und lächelte ihr zu. Da wurde die kleine Meerfrau, die einst viel herrlicher gesungen hatte, traurig und dachte: »Ach, wenn er nur wüsste, dass ich meine Stimme für alle Ewigkeit weggegeben habe, um bei ihm zu sein!« …

Mit jedem Tag gewann der Prinz sie mehr lieb; er hatte sie gern, wie man ein gutes, liebes Kind gern hat, doch sie zu seiner Königin zu machen, das fiel ihm gar nicht ein, und seine Frau musste sie werden, sonst würde sie keine unsterbliche Seele bekommen und am Morgen nach seiner Hochzeit zu Schaum auf dem Meer werden. »Bin ich dir nicht die Liebste von allen?«, schienen ihre Augen zu fragen, wenn er sie in seine Arme nahm und auf die schöne Stirn küsste. »Doch, du bist mir am liebsten«, sagte der Prinz, »denn du hast von allen das beste Herz, du bist mir am treuesten ergeben, und du ähnelst einem jungen Mädchen, das ich einmal sah und wohl niemals wiederfinden werde … Sie ist die einzige, die ich auf dieser Welt lieben könnte, du aber ähnelst ihr und verdrängst fast ihr Bild aus meiner Seele.« – »Ach, er weiß nicht, dass ich es war, die sein Leben ret-

tete«, dachte die kleine Meerfrau, »ich habe ihn über das Meer bis zum Wald mit dem Tempel getragen. Ich saß hinter dem Schaum und hielt Ausschau nach Menschen. Ich habe das schöne Mädchen gesehen, das er mehr liebt als mich!« …

Doch nun sollte der Prinz heiraten, wurde erzählt, und zwar die schöne Tochter des Nachbarkönigs, deshalb sei er dabei, so ein prächtiges Schiff auszurüsten. Es hieß zwar, er wolle die Länder des Nachbarkönigs besichtigen, aber man wusste wohl, dass er sich die Tochter des Nachbarkönigs ansehen wollte, begleitet von einem großen Gefolge … Am nächsten Morgen lief das Schiff in den Hafen der prächtigen Stadt des Nachbarkönigs ein … Endlich traf sie [die Prinzessin] ein. Die kleine Meerfrau, die begierig auf den Anblick ihrer Schönheit gewesen war, musste zugeben, dass sie eine so liebliche Gestalt wie die Prinzessin noch nie gesehen hatte … »Du bist es«, sagte der Prinz, »du hast mich gerettet, als ich wie tot am Ufer lag!« Und er nahm seine errötende Braut in die Arme. »Oh, ich bin überglücklich!«, sagte er zu der kleinen Meerfrau. »Mein innigster Wunsch ist in Erfüllung gegangen, wie ich es niemals zu hoffen wagte. Du wirst dich über mein Glück freuen, denn du hast mich von allen am liebsten!«

Und die kleine Meerfrau küsste ihm die Hand, und ihr war, als müsste ihr das Herz brechen. Der Morgen nach seiner Hochzeit würde ihr ja den Tod bringen und sie in Schaum auf dem Meer verwandeln …

Noch am selben Abend gingen Braut und Bräutigam an Bord ihres Schiffs, wo die Kanonen dröhnten, alle Fahnen wehten und wo in der Mitte ein kostbares Zelt errichtet war, aus Gold und Purpur und mit den prächtigsten Pfühlen, hier sollte das Brautpaar die stille, kühle Nacht verbringen … Sie [die Meerfrau] wusste, dass sie ihn an diesem Abend zum letzten Mal sah – ihn, für den sie ihre Familie und ihr Heim verlassen, ihre herrliche Stimme hingegeben und jeden Tag unendliche Qualen gelitten hatte, ohne das er etwas davon ahnte. Es war die letzte Nacht, ohne Gedanken und ohne Traum. Und alles an Bord war Freude und Frohsinn, bis weit nach Mitternacht, sie lachte und tanzte mit dem Todesgedanken im Herzen. Der Prinz küsste seine schöne Braut, und sie spielte mit seinem schwarzen Haar, und Arm in Arm gingen sie in das prächtige Zelt und legten sich zur Ruhe. Auf dem Schiff wurde es still, alles verstummte, nur der Steuermann stand am Ruder. Die kleine Meerfrau legte ihre weißen Arme auf die Reling und spähte nach der Morgenröte im Osten – der erste Sonnenstrahl, wusste sie, würde sie töten. Da sah sie ihre Schwestern aus dem Meer emporsteigen, blass wie sie selbst; ihr langes schönes Haar flatterte nicht mehr im Wind, es war abgeschnitten. »Wir haben es der Hexe geschenkt und sie um Hilfe gebeten, damit du in dieser Nacht nicht zu sterben brauchst! Sie hat uns dafür ein Messer gegeben, hier ist es, siehst du, wie scharf? Das musst du vor Sonnenaufgang dem Prinzen ins Herz stechen, und wenn sein warmes Blut auf deine Füße spritzt, dann wachsen sie zu einem Fischschwanz zusammen, und du wirst wieder eine Meerfrau, kannst durch das Wasser zu uns hinuntersteigen und deine dreihundert Jahre leben, bevor du zum toten, salzigen Meerschaum wirst. Beeil dich! Er oder du, einer muss sterben, bevor die Sonne aufgeht! …« Und sie stießen einen sonderbar tiefen Seufzer aus und verschwanden in den Wellen.

Die kleine Meerfrau zog den Purpurvorhang vom Zelt, und als sie die liebliche Braut mit dem Kopf auf der Brust des Prinzen schlafen sah, beugte sie sich über ihn, küsste ihn auf die schöne Stirn, blickte zum Himmel, an dem immer heller das Morgenrot leuchtete, blickte auf das scharfe Messer und schaute dann wieder den Prinzen an, der im Traum seine Braut beim Namen nannte, weil er nur sie in Gedanken hatte, und das Messer zitterte in der Hand der Meerfrau – da aber warf sie es weit ins Meer hinaus, und wo es niederfiel, glänzten die Wellen rot, als würden Blutstropfen aus dem Wasser quellen. Noch einmal betrachtete sie den Prinzen mit halbgebrochenem Blick, stürzte sich dann vom Schiff ins Wasser und merkte, wie sich ihr Körper in Schaum auflöste.

Da stieg die Sonne aus dem Meer und ließ ihre Strahlen mild und warm auf den todkalten Meerschaum fallen. Die kleine

Meerfrau spürte nichts vom Tod, sie sah die helle Sonne und über sich Hunderte von anmutigen Geschöpfen schweben, die so durchsichtig waren, dass sie durch sie hindurch die weißen Segel des Schiffs und die roten Wolken des Himmels erkennen konnte. »Wohin komme ich?«, fragte sie, und ihre Stimme klang wie die der anderen Wesen, so geistig, wie es keine irdische Musik wiederzugeben vermag. »Zu den Töchtern der Luft!«, war die Antwort ... »Auch den Töchtern der Luft fehlt die ewige Seele, doch sie können sich durch gute Taten selbst eine schaffen. Wir fliegen in die warmen Länder, wo der schwüle Pesthauch die Menschen tötet, und fächeln dort Kühlung. Wir verbreiten den Duft der Blumen und bringen Labsal und Heilung. Haben wir uns dann dreihundert Jahre bemüht, nach unseren Kräften Gutes zu tun, dann bekommen wir eine unsterbliche Seele und haben teil am ewigen Glück der Menschen. Du arme kleine Meerfrau, du hast mit deinem ganzen Herzen nach demselben gestrebt, hast gelitten, geduldet und hast dich in die Welt der Luftgeister emporgehoben – jetzt kannst du dir durch gute Taten in dreihundert Jahren selbst eine unsterbliche Seele schaffen.« Und die kleine Meerfrau streckte ihre hellen Arme zur Sonne, und zum ersten Mal spürte sie Tränen.

Auf dem Schiff herrschte wieder Leben und Treiben, sie sah den Prinzen mit seiner schönen Braut nach ihr suchen, wehmütig starrten sie auf den wogenden Schaum, als wüssten sie von ihrem Sprung in die Wellen. Unsichtbar, wie die Meerfrau nun war, küsste sie die Braut auf die Stirn, lächelte dem Prinzen zu und stieg dann mit den andern Kindern der Luft auf die rosenrote Wolke, die durch die Luft segelte ...

Auf den ersten Blick könnte man das Märchen von der kleinen Seejungfrau für ein Fische-Märchen halten. Bei genauerem Hinsehen enthält es allerdings alle Themen einer Skorpion-Geschichte. Die jüngste Tochter des Königs der Meere verliebt sich zuerst in ein Bild (so beginnen alle Skorpion-Geschichten). Die Marmorstatue eines »herrlichen Knaben« findet in ihrem Gärtchen nicht nur einen guten Platz, sondern sie pflanzt zusätzlich neben sein Bild eine rosarote Trauerweide. Das rosarot erinnert uns an die berühmte Illusionsbrille der Verliebtheit. Die Symbolik einer Trauerweide versteht sich von selbst. Im Anfang liegt immer schon das Ende. Das junge Mädchen lebt von da an nicht mehr in der Gegenwart, sondern bindet all seine Energien an die Zukunft, an eine Wunschvorstellung. Wie das herbeigesehnte Schicksal es so will, wird es ihr nicht nur vergönnt, den Prinzen, von dem sie sofort fasziniert ist, zu sehen, sondern auch, ihn vor dem Ertrinken zu retten. Von dem Moment an gilt ihr gesamtes Streben ihm. Sie weiß, dass sie als Meerjungfrau auf der Erde in seiner Welt ihr Leben lassen kann, doch sie ist bereit, alles dafür zu opfern. Sie bedient sich der Magie und hinterlässt bei der Hexe ihre Zunge und damit die Möglichkeit, sich ausdrücken zu können. Besessen von der Idee, seine Liebe und damit eine unsterbliche Seele zu gewinnen, nimmt sie jeden Schmerz auf sich. Sie verlässt Familie und Freunde, um in seiner Nähe zu sein. Für ihn ist sie nicht mehr als ein liebenswertes, stummes Kind. Sie spielt ihm Leichtigkeit vor, obwohl sie nur unter großen Schmerzen auf ihren Beinchen stehen kann. Er soll sie erretten, er soll ihr seine Liebe und damit ihre Seele geben. Es ist verständlich, dass er sie nicht als Frau sehen kann. Sie bleibt in den Illusionen eines jungen Mädchens stecken, das sich Erlösung von außen erhofft. Das Schicksal führt dem heiß geliebten Prinzen die wahre Braut zu. Er glaubt von ihr errettet worden zu sein, was die Geschichte noch dramatischer und das Leid der Meerjungfrau noch größer macht. Dennoch, die beiden – die Braut ist eine Königstochter – sind einander ebenbürtig und füreinander bestimmt. In der Hochzeitsnacht muss die kleine Meerjungfrau entscheiden, ob sie erwachsen werden möchte. Ihre Schwestern übergeben ihr ein Messer, mit dem sie den Prinzen töten soll, um zu ihnen zurückzukehren. Damit würde sie ihre gesamte Geschichte rückgängig machen und alle Erfahrungen wären umsonst gewesen. In dieser Nacht entscheidet sie sich für die wahre Liebe: Sie verzichtet. Sie küsst zum Abschied nicht nur ihn, sondern auch die Braut und akzeptiert damit, dass er niemals für sie bestimmt war. Auch dieses Märchen, das ein scheinbar trauriges Ende nimmt, hat – wenn man es versteht – einen guten Schluss. Mit der Erkenntnis, dass Liebe nur gelingt, wenn die Ordnung eingehalten wird, und dass es nichts bringt, sich auf jemanden zu fixieren, kommt die Freiheit. Ebenso ist es niemals Aufgabe des Partners, die eigene Seele zu beleben, das muss schon jeder für sich selbst bewerkstelligen. Die Töchter der Luft, die das Ende der Geschichte etwas versöhnlicher machen, stehen symbolisch für die Lösung von der leidbringenden Fixierung. Endlich kann die kleine Meerjungfrau weinen, ihre Gefühle kommen wieder in Fluss. Sie lässt sich vom Wind (vom Schicksal) davontragen, wohin immer er sie mitnimmt. Vielleicht zu einer neuen Liebe, wer weiß?

Neptun-Transite über die Schütze-Venus

Die kluge Bauerntochter

Es war einmal ein armer Bauer, der hatte kein Land, nur ein kleines Häuschen und eine alleinige Tochter, da sprach die Tochter: »Wir sollten den Herrn König um ein Stück Rottland bitten.« Da der König ihre Armut hörte, schenkte er ihnen auch ein Eckchen Rasen, den hackten sie und ihr Vater um, und wollten ein wenig Korn und der Art Frucht darauf säen. Als sie den Acker beinah herum hatten, so fanden sie in der Erde einen Mörsel von purem Gold. »Hör«, sagte der Vater zu dem Mädchen, »weil unser König so gnädig ist gewesen und hat uns diesen Acker geschenkt, so müssen wir ihm den Mörsel dafür geben.« Die Tochter aber wollt es nicht bewilligen und sagte: »Vater, wenn wir den Mörsel haben und haben den Stößer nicht, dann müssen wir auch den Stößer herbeischaffen, darum schweigt lieber still.«

Er wollte ihr aber nicht gehorchen, nahm den Mörsel, trug ihn zum Herrn König und sagte, den hätte er gefunden in der Heide, ob er ihn als eine Verehrung annehmen wollte. Der Kö-

nig nahm den Mörsel und fragte, ob er nichts mehr gefunden hätte. »Nein«, antwortete der Bauer. Da sagte der König, er sollte nun auch den Stößer herbeischaffen. Der Bauer sprach, den hätten sie nicht gefunden; aber das half ihm so viel, als hätt er's in den Wind gesagt, er ward ins Gefängnis gesetzt und sollt so lange da sitzen, bis er den Stößer herbeigeschafft hätte. Die Bedienten mussten ihm täglich Wasser und Brot bringen, was man so in dem Gefängnis kriegt, da hörten sie, wie der Mann als fort schrie: »Ach, hätt ich meiner Tochter gehört! Ach, ach, hätt ich meiner Tochter gehört!« Da gingen die Bedienten zum König und sprachen das, wie der Gefangene als fort schrie: »Ach, hätt ich doch meiner Tochter gehört!«, und wollte nicht essen und nicht trinken. Da befahl er den Bedienten, sie sollten den Gefangenen vor ihn bringen, und da fragte ihn der Herr König, warum er also fort schrie: »Ach, hätt ich meiner Tochter gehört!« »Was hat Eure Tochter denn gesagt?« »Ja, sie hat gesprochen, ich sollte den Mörsel nicht bringen, sonst müsste ich auch den Stößer schaffen.« »Habt ihr so eine kluge Tochter, so lasst sie einmal herkommen.« Also musste sie vor den König kommen, der fragte sie, ob sie denn so klug wäre, und sagte, er wolle ihr ein Rätsel aufgeben, wenn sie das treffen könnte, dann wollte er sie heiraten. Da sprach sie gleich, ja, sie wollt's erraten. Da sagte der König: »Komm zu mir, nicht gekleidet, nicht nackend, nicht geritten, nicht gefahren, nicht in dem Weg, nicht außer dem Weg, und wenn du das kannst, will ich dich heiraten.« Da ging sie hin und zog sich aus splinternackend, da war sie nicht gekleidet, und nahm ein großes Fischgarn und setzte sich hinein und wickelte es ganz um sich herum, da war sie nicht nackend; und borgte einen Esel fürs Geld und band dem Esel das Fischgarn an den Schwanz, darin er sie fortschleppen musste, und das war nicht geritten und nicht gefahren, der Esel musste sie aber in der Fahrgleise schleppen, so dass sie nur mit der großen Zehe auf die Erde kam, und das war nicht in dem Weg und nicht außer dem Wege. Und wie sie so daherkam, sagte der König, sie hätte das Rätsel getroffen, und es wäre alles erfüllt. Da ließ er ihren Vater los aus dem Gefängnis und nahm sie bei sich als seine Gemahlin und befahl ihr das ganze königliche Gut an.

Nun waren etliche Jahre herum, als der Herr König einmal auf die Parade zog, da trug es sich zu, dass Bauern mit ihren Wagen vor dem Schloss hielten, die hatten Holz verkauft; etliche hatten Ochsen vorgespannt und etliche Pferde. Da war ein Bauer, der hatte drei Pferde, davon kriegte eins ein junges Füllchen, das lief weg und legte sich mitten zwischen zwei Ochsen, die vor dem Wagen waren. Als nun die Bauern zusammenkamen, fingen sie an sich zu zanken, zu schmeißen und zu lärmen, und der Ochsenbauer wollte das Füllchen behalten und sagte, die Ochsen hätten's gehabt, und es wäre sein. Der Zank kam vor den König, und der tat den Ausspruch, wo das Füllen gelegen hätte, da sollt es bleiben; und also bekam's der Ochsenbauer, dem's doch nicht gehörte. Da ging der andere weg, weinte und lamentierte über sein Füllchen. Nun hatte er gehört, dass die Frau Königin so gnädig wäre, weil sie auch von armen Bauersleuten gekommen wäre; er ging zu ihr und bat sie, ob sie ihm nicht helfen könnte, dass er sein Füllchen wieder bekäme. Sie sagte: »Ja, wenn ihr mir versprecht, dass ihr mich nicht verraten wollt, so will ich's Euch sagen. Morgen früh, wenn der König auf der Wachtparade ist, so stellt Euch hin mitten in die Straße, wo er vorbeikommen muss, nehmt ein großes Fischgarn und tut, als fischtet Ihr, und fischt also fort und schüttet das Garn aus, als wenn Ihr's voll hättet«, und sagte ihm auch, was er antworten sollte, wenn er vom König gefragt würde.

Also stand der Bauer am andern Tag da und fischte auf einem trockenen Platz. Wie der König vorbeikam und das sah, schickte er seinen Laufer hin, der sollte fragen, was der närrische Mann vorhätte. Da gab er zur Antwort: »Ich fische.« Fragte der Laufer, wie er fischen könnte, es wäre ja kein Wasser da. Sagte der Bauer: »So gut als zwei Ochsen können ein Füllen kriegen, so gut kann ich auch auf dem trockenen Platz fischen.« Der Laufer ging hin und brachte dem König die Antwort, da ließ er den Bauer vor sich kommen und sagte ihm, das hätte er nicht von sich, von wem er das hätte: Und sollt's gleich beken-

nen. Der Bauer aber wollt's nicht tun und sagte immer, Gott bewahr! Er hätt es von sich. Sie legten ihn aber auf ein Gebund Stroh und schlugen und drangsalten ihn so lange, bis er's bekannte, dass er's von der Frau Königin hätte.

Als der König nach Haus kam, sagte er zu seiner Frau: »Warum bist du so falsch mit mir, ich will dich nicht mehr zur Gemahlin: Deine Zeit ist um, geh wieder hin, woher du gekommen bist, in dein Bauernhäuschen.« Doch erlaubte er ihr eins, sie sollte sich das Liebste und Beste mitnehmen, was sie wüsste, und das sollte ihr Abschied sein. Sie sagte: »Ja, lieber Mann, wenn du's so befiehlst, will ich es auch tun«, und fiel über ihn her und küsste ihn und sprach, sie wollte Abschied von ihm nehmen. Dann ließ sie einen starken Schlaftrunk kommen, Abschied mit ihm zu trinken; der König tat einen großen Zug, sie aber trank nur ein wenig.

Da geriet er bald in einen tiefen Schlaf, und als sie das sah, rief sie einen Bedienten und nahm ein schönes weißes Linnentuch und schlug ihn da hinein, und die Bedienten mussten ihn in einen Wagen vor die Türe tragen, und sie fuhr ihn heim in ihr Häuschen. Da legte sie ihn in ihr Bettchen, und er schlief Tag und Nacht in einem fort, und als er aufwachte, sah er sich um und sagte: »Ach Gott, wo bin ich denn?« … Endlich kam seine Frau vor's Bett und sagte: »Lieber Herr König, Ihr habt mir befohlen, ich sollte das Liebste und Beste aus dem Schloss mitnehmen, nun hab ich nichts Besseres und Lieberes als dich, da hab ich dich mitgenommen.« Dem König stiegen die Tränen in die Augen, und er sagte: »Liebe Frau, du sollst mein sein und ich dein«, und nahm sie wieder mit ins königliche Schloss und ließ sich aufs Neue mit ihr vermählen; und dort werden sie ja wohl noch bis auf den heutigen Tag leben.

Eine Bauerstochter überwindet den Standesunterschied alleine durch ihre Klugheit. Zu Beginn der Geschichte ist sie Bittstellerin beim König. Er schenkt ihr und ihrem Vater ein Stückchen Land. Sie finden dort einen goldenen Mörser. Hier trennen sich das Männliche und das Weibliche. Der Vater kann das Geschenk nicht annehmen und bringt den Fund zum König. Dieser wird, wie die Tochter es vorhersagte, gierig und möchte auch den dazugehörigen Stößer. Der Vater gerät unschuldig in Gefangenschaft. Die zwei widerstreitenden männlichen Seelenanteile, der eine naiv und rechtschaffen, der andere anmaßend, ungerecht und gierig, können nur durch das Weibliche erlöst werden. Der König ist so beeindruckt von der Klugheit der Bauerstochter, dass er sie, nachdem sie das (sein?) Rätsel gelöst hat, zu sich auf das Schloss, in seine Höhe hinauf, zur Frau nimmt. Sie ist jetzt Königin. Der Vater, der erwachsene, der »große« männliche Teil, wird frei gelassen, er hat gelernt zu nehmen. Die Eheleute scheinen ebenbürtig miteinander zu regieren.

Einige Zeit später löst der König einen Streit seiner Untertanen auf seine Art und Weise. Diese sind mit der Lösung unzufrieden und wenden sich an die Königin. Sie macht den größten Fehler, den eine Schütze-Venus nur machen kann. Sie stellt sich über ihn und muss dadurch stürzen. Sie verhält sich ihm gegenüber illoyal und nutzt ihre Klugheit gegen ihn. Sofort wird sie aus ihrer Ehe und ihrer Stellung verbannt. Nur das öffentliche Eingeständnis, dass ihr der Mann der Liebste ist (lieber als der Beweis ihrer Klugheit und Größe), bringt sie in die Beziehung zurück. Die beiden ergreifen die Chance, ihre Partnerschaft auf einer neuen Ebene zu leben: Sie vermählen sich aufs Neue.

Neptun-Transite über die Steinbock-Venus

Der Krautesel

Es war einmal ein junger Jäger, der ging in den Wald auf Anstand. Er hatte ein frisches und fröhliches Herz, und als er daherging und auf dem Blatt pfiff, kam ein altes, hässliches Mütterchen, das redete ihn an und sprach: »Guten Tag, lieber Jäger, du bist wohl lustig und vergnügt, aber ich leide Hunger und Durst, gib mir doch ein Almosen.« Da dauerte den Jäger das ar-

me Mütterchen, dass er in seine Tasche griff und ihr nach seinem Vermögen etwas reichte. Nun wollte er weitergehen, aber die alte Frau hielt ihn an und sprach: »Höre lieber Jäger, was ich dir sage, für dein gutes Herz will ich dir ein Geschenk machen: geh nur immer deiner Wege, über ein Weilchen wirst du an einen Baum kommen, darauf sitzen neun Vögel, die haben einen Mantel in den Krallen und raufen sich darum. Da lege du deine Büchse an und schieß mitten darunter: den Mantel werden sie dir wohl fallen lassen, aber auch einer von den Vögeln wird getroffen sein und tot herabstürzen. Den Mantel nimm mit dir, es ist ein Wunschmantel, wenn du ihn um die Schultern wirfst, brauchst du dich nur an einen Ort zu wünschen, und im Augenblick bist du dort. Aus dem toten Vogel nimm das Herz heraus, und verschluck es ganz, dann wirst du allen und jeden Morgen früh beim Aufstehen ein Goldstück unter deinem Kopfkissen finden.«

Der Jäger dankte der weisen Frau und dachte bei sich: »Schöne Dinge, die sie mir versprochen hat, wenn's nur auch all so einträfe.« Doch wie er etwa hundert Schritte gegangen war, hörte er über sich in den Ästen ein Geschrei und Gezwitscher, dass er aufschaute; da sah er einen Haufen Vögel, die rissen mit den Schnäbeln und Füßen ein Tuch herum, schrien, zerrten und balgten sich, als wollt's jeder allein haben. »Nun«, sprach der Jäger, »das ist wunderlich, es kommt ja gerade so, wie das Mütterchen gesagt hat«, nahm die Büchse von der Schulter, legte an und tat seinen Schuss mitten hinein, dass die Federn herumflogen. Alsbald nahm das Getier mit großem Schreien die Flucht, aber einer fiel tot herab, und der Mantel sank ebenfalls herunter. Da tat der Jäger wie ihm die Alte geheißen hatte, schnitt den Vogel auf, suchte das Herz, schluckte es hinunter und nahm den Mantel mit nach Haus.

Am andern Morgen, als er aufwachte, fiel ihm die Verheißung ein, und er wollte sehen, ob sie auch eingetroffen wäre. Wie er aber sein Kopfkissen in die Höhe hob, da schimmerte ihm das Goldstück entgegen, und am andern Morgen fand er wieder eins, und so weiter jedes Mal, wenn er aufstand. Er sam-

melte sich einen Haufen Gold, endlich aber dachte er: »Was hilft mir all mein Gold, wenn ich daheim bleibe? Ich will ausziehen und mich in der Welt umsehen.« Da nahm er von seinen Eltern Abschied, hing seinen Jägerranzen und seine Flinte um und zog in die Welt.

Es trug sich zu, dass er eines Tages durch einen dicken Wald kam, und wie er zu Ende war, lag in der Ebene vor ihm ein ansehnliches Schloss. In einem Fenster desselben stand eine Alte mit einer wunderschönen Jungfrau und schaute herab. Die Alte aber war eine Hexe und sprach zu dem Mädchen: »Dort kommt einer aus dem Wald, der hat einen wunderbaren Schatz im Leib, den müssen wir darum berücken, mein Herzenstöchterchen: uns steht das besser an als ihm. Er hat ein Vogelherz bei sich, deshalb liegt jeden Morgen ein Goldstück unter seinem Kopfkissen.« Sie erzählte ihr, wie es damit beschaffen wäre und wie sie darum zu spielen hätte, und zuletzt drohte sie und sprach mit zornigen Augen: »Und wenn du mir nicht gehorchst, so bist du unglücklich.« Als nun der Jäger näher kam, erblickte er das Mädchen und sprach zu sich: »Ich bin nun so lang herumgezogen, ich will einmal ausruhen und in das schöne Schloss einkehren, Geld hab ich ja vollauf.« Eigentlich aber war die Ursache, dass er ein Auge auf das schöne Bild geworfen hatte. Er trat in das Haus ein und ward freundlich empfangen und höflich bewirtet. Es dauerte nicht lange, da war er so in das Hexenmädchen verliebt, dass er an nichts anderes mehr dachte und nur nach ihren Augen sah, und was sie verlangte, das tat er gerne. Da sprach die Alte: »Nun müssen wir das Vogelherz haben, er wird nichts spüren, wenn es ihm fehlt.« Sie richteten einen Trank zu, und wie er gekocht war, tat sie ihn in einen Becher und gab ihm den Mädchen, das musste ihn dem Jäger reichen. Sprach es: »Nun, mein Liebster, trink mir zu.« Da nahm er den Becher, und wie er den Trank geschluckt hatte, brach er das Herz des Vogels aus dem Leibe. Das Mädchen musste es heimlich fortschaffen und dann selbst verschlucken, denn die Alte wollte es haben.

Von nun an fand er kein Gold mehr unter seinem Kopfkissen, sondern es lag unter dem Kissen des Mädchens, wo es die

Alte jeden Morgen holte; aber er war so verliebt und vernarrt, dass er an nichts anderes dachte, als sich mit dem Mädchen die Zeit zu vertreiben. Da sprach die alte Hexe: »Das Vogelherz haben wir, aber den Wunschmantel müssen wir ihm auch abnehmen.« Antwortete das Mädchen: »Den wollen wir ihm lassen, er hat ja doch seinen Reichtum verloren.« Da ward die Alte bös und sprach: »So ein Mantel ist ein wunderbares Ding, das selten auf der Welt gefunden wird, den soll und muss ich haben.« Sie gab dem Mädchen Anschläge und sagte, wenn es ihr nicht gehorchte, sollte es ihm schlimm ergehen. Da tat es nach dem Geheiß der Alten, stellte sich einmal ans Fenster und schaute in die weite Gegend, als wäre es ganz traurig. Fragte der Jäger: »Was stehst du so traurig da?«

»Ach, mein Schatz«, gab es zur Antwort, »da gegenüber liegt der Granatenberg, wo die köstlichen Edelsteine wachsen. Ich trage so groß Verlangen danach, dass, wenn ich daran denke, ich ganz traurig bin; aber wer kann sie holen! Nur die Vögel, die fliegen, kommen hin, ein Mensch nimmermehr.« »Hast du nichts weiter zu klagen«, sagte der Jäger, »den Kummer will ich dir bald vom Herzen nehmen.« Damit fasste er sie unter seinen Mantel und wünschte sich hinüber auf den Granatenberg, und im Augenblick saßen sie auch beide drauf. Da schimmerte das edle Gestein von allen Seiten, dass es eine Freude war anzusehen, und sie lasen die schönsten und kostbarsten Stücke zusammen. Nun hatte es aber die Alte durch ihre Hexenkunst bewirkt, dass dem Jäger die Augen schwer wurden. Er sprach zu dem Mädchen: »Wir wollen ein wenig niedersitzen und ruhen, ich bin so müde, dass ich mich nicht mehr auf den Füßen halten kann.« Da setzten sie sich, und er legte sein Haupt in ihren Schoß und schlief ein. Wie er entschlafen war, da band es ihm den Mantel von den Schultern und hing ihn sich selbst um, las die Granaten und Steine auf und wünschte sich damit nach Haus.

Als aber der Jäger seinen Schlaf ausgetan hatte und aufwachte, sah er, dass seine Liebste ihn betrogen und auf dem wilden Gebirg allein gelassen hatte. »Oh«, sprach er, »wie ist die Untreue so groß auf der Welt!« Saß da in Sorge und Herzeleid und wusste nicht, was er anfangen sollte ... [Er] stand auf und klimmte den Berggipfel hinauf. Als er ein Weilchen da gesessen hatte, so schwebte eine Wolke heran, ergriff ihn, trug in fort und zog eine Zeit lang am Himmel her, dann senkte sie sich und ließ sich über einem großen, rings mit Mauern umgebenen Krautgarten nieder, also dass er zwischen Kohl und Gemüsen sanft auf den Boden kam.

Da sah der Jäger sich um und sprach: »Wenn ich nur etwas zu essen hätte, ich bin so hungrig, und mit dem Weiterkommen wird's schwer fallen; aber hier seh ich keinen Apfel und keine Birne und keinerlei Obst, überall nichts als Krautwerk.« Endlich dachte er: »Zur Not kann ich von dem Salat essen, der schmeckt nicht sonderlich, wird mich aber erfrischen.« Also suchte er sich ein schönes Haupt aus und aß davon, aber kaum hatte er ein paar Bissen hinabgeschluckt, so war ihm so wunderlich zumute, und er fühlte sich ganz verändert. Es wuchsen ihm vier Beine, ein dicker Kopf und zwei lange Ohren, und er sah mit Schrecken, dass er in einen Esel verwandelt war. Doch weil er dabei noch immer großen Hunger spürte und ihm der saftige Salat nach seiner jetzigen Natur gut schmeckte, so aß er mit großer Gier immerzu. Endlich gelangte er an eine andere Art Salat, aber kaum hatte er etwas davon verschluckt, so fühlte er aufs Neue eine Veränderung und kehrte in seine menschliche Gestalt zurück. Nun legte sich der Jäger nieder und schlief seine Müdigkeit aus.

Als er am anderen Morgen erwachte, brach er ein Haupt von dem bösen und eins von dem guten Salat ab und dachte: »Das soll mir zu dem meinigen wieder helfen und die Treulosigkeit bestrafen.« Dann steckte er die Häupter zu sich, kletterte über die Mauer und ging fort, das Schloss seiner Liebsten zu suchen. Als er ein paar Tage herumgestrichen war, fand er es glücklicherweise wieder. Da bräunte er sich schnell sein Gesicht, dass ihn seine eigene Mutter nicht erkannt hätte, ging in das Schloss und bat um eine Herberge. »Ich bin so müde«, sprach er, »und kann nicht weiter.« Fragte die Hexe: »Landsmann, wer seid Ihr, und was ist Euer Geschäft?« Er antwortete: »Ich bin ein Bote des Königs und war ausgeschickt, den köstlichsten Salat zu suchen, der unter der Sonne wächst. Ich bin auch so glücklich gewesen, ihn zu finden, und trage ihn bei mir, aber die Sonnenhitze brennt gar zu stark, dass mir das zarte Kraut zu welken droht und ich nicht weiß, ob ich es weiterbringen werde.« Als die Alte von dem köstlichen Salat hörte, ward sie lüstern und sprach: »Lieber Landsmann, lasst mich doch den wunderbaren Salat versuchen.« »Warum nicht?«, antwortete er. »Ich habe zwei Häupter mitgebracht und will Euch eins geben«, machte seinen Sack auf und reichte ihr das böse hin. Die Hexe dachte an nichts Arges, und der Mund wässerte ihr so sehr nach dem neuen Gericht, dass sie selbst in die Küche ging und es zubereitete. Als es fertig war, konnte sie nicht warten, bis es auf dem Tisch stand, sondern sie nahm gleich ein paar Blätter und steckte sie in den Mund, kaum aber waren sie verschluckt, so war auch die menschliche Gestalt verloren, und sie lief als eine Eselin hinab in den Hof. Nun kam die Magd in die Küche, … aß ein paar Blätter … und ward ebenfalls zu einer Eselin und lief hinaus zu der Alten … [Auch das Mädchen aß] davon und war alsbald wie die Übrigen ihrer menschlichen Gestalt beraubt und lief als eine Eselin in den Hof.

Nachdem sich der Jäger sein Angesicht gewaschen hatte, also dass ihn die Verwandelten erkennen konnten, ging er hinab in den Hof und sprach: »Jetzt sollt ihr den Lohn für eure Untreue empfangen.« Er band sie alle drei an ein Seil und trieb sie fort, bis er zu einer Mühle kam. Er klopfte an das Fenster, der Müller steckte den Kopf heraus und fragte, was sein Begehren wäre. »Ich habe drei böse Tiere«, antwortete er, »die ich nicht länger behalten mag. Wollt Ihr sie Euch nehmen, Futter und Lager geben und sie halten, wie ich Euch sage, so zahl ich dafür, was Ihr verlangt.« Sprach der Müller: »Warum das nicht? Wie soll ich sie aber halten?« Da sagte der Jäger, der alten Eselin, und das war die Hexe, sollte er täglich dreimal Schläge und einmal zu fressen geben; und der jüngsten, welche das Mädchen war, keinmal Schläge und dreimal zu fressen; denn er konnte es doch nicht über das Herz bringen, dass das Mädchen sollte ge-

schlagen werden. Darauf ging er zurück in das Schloss, und was er nötig hatte, das fand er alles darin.

Nach ein paar Tagen kam der Müller und sprach, er müsste melden, dass die alte Eselin, die nur Schläge bekommen hätte und nur einmal zu fressen, gestorben wäre. »Die zwei andern«, sagte er weiter, »sind zwar nicht gestorben und kriegen auch dreimal zu fressen, aber sie sind so traurig, dass es nicht lange mit ihnen dauern kann.« Da erbarmte sich der Jäger, ließ den Zorn fahren und sprach zum Müller, er sollte sie wieder hertreiben. Und wie sie kamen, gab er ihnen von dem guten Salat zu fressen, dass sie wieder zu Menschen wurden. Da fiel das schöne Mädchen vor ihm auf die Knie und sprach: »Ach, mein Liebster, verzeiht mir, was ich Böses an Euch getan, meine Mutter hatte mich dazu gezwungen; es ist gegen meinen Willen geschehen, denn ich habe Euch von Herzen lieb. Euer Wunschmantel hängt in einem Schrank, und für das Vogelherz will ich einen Brechtrunk einnehmen.« Da ward er anderes Sinnes und sprach: »Behalt es nur, es ist doch einerlei, denn ich will dich zu meiner treuen Ehegemahlin annehmen.« Und da ward Hochzeit gehalten, und sie lebten vergnügt miteinander bis an ihren Tod.

Der herzensgute Jäger wird zu Beginn der Geschichte von dem alten, hässlichen Mütterchen für seine gute Tat belohnt. Zwei magische Geschenke machen ihn zu einem scheinbar reichen Mann. Später sehen wir, wie ihn diese ins Verderben, beziehungsweise in einen Entwicklungsprozess hineinziehen. Das Herz des Vogels bringt ihm Gold, er opfert unbewusst die Freiheit für den Reichtum. Er selbst bemerkt später, dass es ihm nichts bringt, er möchte sich doch lieber in der Welt umsehen. Der Wunschmantel scheint das Leben zu erleichtern, doch er findet dafür keinen Nutzen. Die beiden Hexen, die alte Böse und die junge Schöne, die – wie sich später herausstellt – von der Mutter unterdrückt wird, stellen zwei Aspekte des Weiblichen dar: den herrschsüchtigen, machtgierigen und den schwachen, unreifen. Der Jäger merkt in seiner Verliebtheit nicht, wie er ausgenutzt wird. Selbst als ihm das (Vogel-) Herz und damit sein Reichtum genommen wird, bleibt er unbeirrt bei seiner Liebe, bzw. Vernarrtheit. Das Mädchen verführt ihn ein weiteres Mal, ihr den Wunschmantel, sein bestes Stück, zu geben, ohne ihm irgendeinen Ausgleich zu bieten. Betrogen bleibt er zurück, der Himmel hat ein Erbarmen und rettet ihn in Gestalt der Wolken. Er landet mitten in der Erkenntnis, ein Esel zu sein. Der Höhepunkt seiner Entwicklung ist erreicht, indem er sich in den Esel und zurückverwandelt. Jetzt kehrt er reifer und erwachsener zum Schloss zurück und sucht den Ausgleich. Für einige Zeit werden die »Karten« neu gemischt, er gewinnt die Oberhand. Die Frauen werden zu Eselinnen. Innerhalb dieses Racheprozesses stirbt die alte Hexe und die Tochter wird frei – frei zu ihrer wahren Natur und zur Liebe zu finden. Auch bei ihm siegt die Liebe über den Zorn, die Rachegefühle und das Machtgebaren. Erst jetzt kann auch sie ihr Unrecht erkennen, sie fällt vor ihm auf die Knie. Geben und Nehmen, Schuld und Unschuld sind jetzt ausgeglichen: Und da ward Hochzeit gehalten, und sie lebten vergnügt miteinander bis an ihren Tod.

Neptun-Transite über die Wassermann-Venus

Der treue Johannes

Es war einmal ein alter König, der war krank und dachte: »Es wird wohl das Totenbett sein, auf dem ich liege.« Da sprach er: »Lasst mir den getreuen Johannes kommen.« Der getreue Johannes war sein liebster Diener und hieß so, weil er ihm sein Lebelang so treu gewesen war. Als er nun vor das Bett kam, sprach der König zu ihm: »Getreuester Johannes, ich fühle, dass mein Ende herannaht, und da habe ich keine andere Sorge als um meinen Sohn: er ist noch in jungen Jahren, wo er sich nicht immer zu raten weiß, und wenn du mir nicht versprichst, ihn zu unterrichten, in allem, was er wissen muss, und sein Pflegevater zu sein, so kann ich meine Augen nicht in Ruhe schließen.« Da antwortete der getreue Johannes: »Ich will ihn nicht verlassen und will ihm mit Treue dienen, wenn's auch mein Leben kostet.« Da sagte der alte König: »So sterb ich getrost und in Frieden.« Und sprach dann weiter: »Nach meinem Tode sollst du ihm das ganze Schloss zeigen, alle Kammern, Säle und Gewölbe, und alle Schätze, die darin liegen: aber die letzte Kammer mit dem langen Gange sollst du ihm nicht zeigen, worin das Bild der Königstochter vom goldenen Dache verborgen steht. Wenn er das Bild erblickt, wird er eine heftige Liebe zu ihr empfinden und wird in Ohnmacht niederfallen und wird ihretwegen in große Gefahren geraten; davor sollst du ihn hüten.«

Und als der treue Johannes nochmals dem alten König die Hand darauf gegeben hatte, ward dieser still, legte sein Haupt auf das Kissen und starb. Als der alte König zu Grabe getragen war, da erzählte der treue Johannes dem jungen König, was er seinem Vater auf dem Sterbelager versprochen hatte, ... führte ihn überall herum, auf und ab, und ließ ihn alle Reichtümer und prächtigen Kammern sehen: nur die eine Kammer öffnete er nicht, worin das gefährliche Bild stand ... Der junge König aber merkte wohl, dass der getreue Johannes immer an einer Tür vorüberging, und sprach: »Warum schließest du mir diese niemals auf?« »Es ist etwas darin«, antwortete er, »vor dem du erschrickst.« Aber der König antwortete: »Ich habe das ganze Schloss gesehen, so will ich auch wissen, was darin ist«, ging und wollte die Türe mit Gewalt öffnen. Da hielt ihn der getreue Johannes zurück. »Ach nein«, antwortete der junge König, »wenn ich nicht hineinkomme, so ist es mein sicheres Verderben: ich würde Tag und Nacht keine Ruhe haben, bis ich's mit meinen Augen gesehen hätte. Nun gehe ich nicht von der Stelle, bis du aufgeschlossen hast.« Da sah der getreue Johannes, dass es nicht mehr zu ändern war, und suchte mit schwerem Herzen und vielem Seufzen aus dem großen Bund den Schlüssel heraus ... Der König stellte sich auf die Fußspitzen und sah ihm über die Schulter. Und als er das Bildnis der Jungfrau erblickte, das so herrlich war und von Gold und Edelsteinen glänzte, da fiel er ohnmächtig zur Erde nieder … Das erste Wort, das er [wieder] sprach, war: »Ach! Wer ist das schöne Bild?« »Das ist die Königstochter vom goldenen Dache«, antwortete der treue Johannes. Da sprach der König weiter: »Meine Liebe zu ihr ist so groß, wenn alle Blätter an den Bäumen Zungen wären, sie könnten's nicht aussagen; mein Leben setze ich daran, dass ich sie erlange. Du bist mein getreuster Johannes, du musst mir beistehen.«

Der treue Diener besann sich lange, wie die Sache anzufangen wäre. Endlich hatte er ein Mittel ausgedacht und sprach zu dem König: »… In deinem Schatze liegen fünf Tonnen Goldes, lass eine von den Goldschmieden des Reichs verarbeiten zu allerhand Gefäßen und Gerätschaften, zu allerhand Vögeln, Gewild und wunderbaren Tieren, das wird ihr gefallen, wir wollen damit hinfahren und unser Glück versuchen.« Der König hieß alle Goldschmiede herbeiholen, die mussten Tag und Nacht arbeiten, bis endlich die herrlichsten Dinge fertig waren. Als alles auf ein Schiff geladen war, zog der getreue Johannes Kaufmannskleider an, und der König musste ein Gleiches tun, um sich ganz unkenntlich zu machen.

Dann fuhren sie über das Meer und fuhren so lange, bis sie zu der Stadt kamen, worin die Königstochter vom goldenen Dache wohnte. Der treue Johannes hieß den König auf dem Schiffe zurückbleiben und auf ihn warten.

»Vielleicht«, sprach er, »bring ich die Königstochter mit, darum sorgt, dass alles in Ordnung ist, lasst die Goldgefäße aufstellen und das ganze Schiff ausschmücken.« Darauf suchte er sich in sein Schürzchen allerlei von den Goldsachen zusammen, stieg ans Land und ging gerade nach dem königlichen Schloss. Als er in den Schlosshof kam, stand da beim Brunnen ein schönes Mädchen, … [es] sah den fremden Mann und fragte, wer er wäre. Da antwortete er: »Ich bin ein Kaufmann«, und öffnete sein Schürzchen und ließ sie hineinschauen. Da rief sie: »Ei, was für schönes Goldzeug!« und betrachtete eins nach dem andern.

Da sprach das Mädchen. »Das muss die Königstochter sehen …« Es nahm ihn bei der Hand und führte ihn hinauf, denn es war die Kammerjungfer. Als die Königstochter die Ware sah, war sie ganz vergnügt und sprach: »Es ist so schön gearbeitet, dass ich dir alles abkaufen will.« Aber der getreue Johannes sprach: »Ich bin nur der Diener von einem reichen Kaufmann: Was ich hier habe, ist nichts gegen das, was mein Herr auf seinem Schiff stehen hat, und das ist das Künstlichste und Köstlichste, was je in Gold gearbeitet worden ist.« ... Da ward ihre Neugierde und Lust immer mehr angeregt, so dass sie endlich sagte: »Führe mich hin zu dem Schiff, ich will selbst hingehen und deines Herrn Schätze betrachten.«

Da führte sie der getreue Johannes zu dem Schiffe hin und war ganz freudig, und der König, als er sie erblickte, sah, dass ihre Schönheit noch größer war, als das Bild sie dargestellt hatte, und meinte nicht anders, als das Herz wollte ihm zerspringen. Nun stieg sie in das Schiff, und der König führte sie hinein; der getreue Johannes aber blieb zurück bei dem Steuermann und hieß das Schiff abstoßen: »Spannt alle Segel auf, dass es fliegt wie ein Vogel in der Luft.« Der König aber zeigte ihr drinnen das goldne Geschirr, jedes einzeln, die Schüsseln, Becher, Näpfe, die Vögel, das Gewild und die wunderbaren Tiere. Viele Stunden gingen herum, während sie alles besah, und in ihrer Freude merkte sie nicht, dass das Schiff dahinfuhr. Nachdem sie das Letzte betrachtet hatte, dankte sie dem Kaufmann und wollte heim, als sie aber an des Schiffes Rand kam, sah sie, dass es fern vom Land auf hohem Meere ging und mit vollen Segeln forteilte. »Ach«, rief sie erschrocken, »ich bin betrogen, ich bin entführt und in die Gewalt eines Kaufmanns geraten; lieber wollt ich sterben!« Der König aber fasste sie bei der Hand und sprach: »Ein Kaufmann bin ich nicht, ich bin ein König und nicht geringer an Geburt, als du bist; aber dass ich dich mit List entführt habe, das ist aus übergroßer Liebe geschehen. Das erste Mal, als ich dein Bildnis gesehen habe, bin ich ohnmächtig zur Erde gefallen.« Als die Königstochter vom goldenen Dache das hörte, ward sie getröstet und ihr Herz ward ihm geneigt, so dass sie gerne einwilligte, seine Gemahlin zu werden.

Es trug sich aber zu, während sie auf dem hohen Meere dahinfuhren, dass der getreue Johannes, als er vorn auf dem

Schiffe saß und Musik machte, in der Luft drei Raben erblickte, die dahergeflogen kamen … Der eine rief: »Ei, da führt er die Königstochter vom goldenen Dache heim.« »Ja«, antwortete der Zweite, »er hat sie noch nicht.« Sprach der Dritte: »Er hat sie doch, sie sitzt bei ihm im Schiffe.« Da fing der Erste wieder an und rief: »Was hilft ihm das! Wenn sie ans Land kommen, wird ihm ein fuchsrotes Pferd entgegenspringen; da wird er sich aufschwingen wollen, und tut er das, so sprengt es mit ihm fort und in die Luft hinein, dass er nimmermehr seine Jungfrau wieder sieht.« Sprach der Zweite: »Ist gar keine Rettung?« »O ja, wenn ein anderer schnell aufsitzt, das Feuergewehr, das in den Halftern stecken muss, herausnimmt und das Pferd damit totschießt, so ist der junge König gerettet. Aber wer weiß das! Und wer's weiß und sagt's ihm, der wird zu Stein von den Fußzehen bis zum Knie.« Da sprach der Zweite: »Ich weiß noch mehr, wenn das Pferd auch getötet wird, so behält der junge König doch nicht seine Braut; wenn sie zusammen ins Schloss kommen, so liegt dort ein gemachtes Brauthemd in einer Schüssel und sieht aus, als wär's von Gold und Silber gewebt, ist aber nichts als Schwefel und Pech: Wenn er's antut, verbrennt es ihn bis aufs Mark und Knochen.« Sprach der Dritte: »Ich weiß noch mehr, wird das Brauthemd auch verbrannt, so hat der junge König seine Braut doch noch nicht; wenn nach der Hochzeit der Tanz anhebt und die junge Königin tanzt, wird sie plötzlich erbleichen und wie tot hinfallen: und hebt sie nicht einer auf und zieht aus ihrer rechten Brust drei Tropfen Blut und speit sie wieder aus, so stirbt sie. Aber verrät das einer, der es weiß, so wird er ganzes Leibes zu Stein vom Wirbel bis zur Fußzehe.«

Als die Raben das miteinander gesprochen hatten, flogen sie weiter, und der getreue Johannes hatte alles wohl verstanden, aber von der Zeit an war er still und traurig; denn verschwieg er seinem Herrn, was er gehört hatte, so war dieser unglücklich. Entdeckte er es ihm, so musste er selbst sein Leben hingeben. Endlich aber sprach er bei sich: »Meinen Herrn will ich retten, und sollt ich selbst darüber zugrunde gehen.«

Als sie nun ans Land kamen, da geschah es, wie die Raben es vorher gesagt hatten, und es sprengte ein prächtiger fuchsroter Gaul daher. »Wohlan«, sprach der König, »der soll mich in mein Schloss tragen«, und wollte sich aufsetzen, doch der treue Johannes kam ihm zuvor, schwang sich schnell darauf, zog das Gewehr aus den Halftern und schoss den Gaul nieder. Da riefen die andern Diener des Königs, die dem treuen Johannes doch nicht gut waren: »Wie schändlich, das schöne Tier zu töten, das den König in sein Schloss tragen sollte!« Aber der König sprach: »Schweigt und lasst ihn gehen, es ist mein getreuester Johannes, wer weiß, wozu das gut ist!« Nun gingen sie ins Schloss, und da stand im Saal eine Schüssel, und das gemachte Brauthemd lag darin und sah aus nicht anders, als wäre es von Gold und Silber. Der junge König ging darauf zu und wollte es ergreifen, aber der treue Johannes schob ihn weg, packte es mit Handschuhen an, trug es schnell ins Feuer und ließ es verbrennen. Die anderen Diener fingen wieder an zu murren und sagten: »Seht, nun verbrennt er gar des Königs Brauthemd.« Aber der junge König sprach: »Wer weiß, wozu es gut ist, lasst ihn gehen, es ist mein getreuester Johannes.«

Nun ward die Hochzeit gefeiert: Der Tanz hub an und die Braut trat auch hinein, da hatte der treue Johannes Acht und schaute ihr ins Antlitz; auf einmal erbleichte sie und fiel wie tot zur Erde. Da sprang er eilends hinzu, hob sie auf und trug sie in eine Kammer, da legte er sie nieder, kniete und sog die drei Blutstropfen aus ihrer rechten Brust und speite sie aus. Alsbald atmete sie wieder und erholte sich, aber der junge König hatte es mit angesehen und wusste nicht, warum es der getreue Johannes getan hatte, ward zornig und rief: »Werft ihn ins Gefängnis.«

Am anderen Morgen ward der getreue Johannes verurteilt und zum Galgen geführt, und als er oben stand und gerichtet werden sollte, sprach er: »Jeder, der sterben soll, darf vor seinem Ende noch einmal reden, soll ich das Recht auch haben?« »Ja«, antwortete der König, »es soll dir vergönnt sein.« Da sprach der treue Johannes: »Ich bin mit Unrecht verurteilt und bin dir immer treu gewesen«, und erzählte, wie er auf dem Meer das Ge-

spräch der Raben gehört und wie er, um seinen Herrn zu retten, das alles hätte tun müssen. Da rief der König: »O mein treuester Johannes, Gnade! Gnade! Führt ihn herunter.« Aber der treue Johannes war bei dem letzten Wort, das er geredet hatte, leblos herabgefallen und war ein Stein. Darüber trug nun der König und die Königin großes Leid und der König sprach: »Ach, was hab ich große Treue so übel belohnt!« Und ließ das steinerne Bild aufheben und in seine Schlafkammer neben sein Bett stellen. Sooft er es ansah, weinte er und sprach: »Ach, könnt ich dich wieder lebendig machen, mein getreuester Johannes.« Da fing der Stein an zu reden und sprach: »Ja, du kannst mich wieder lebendig machen, wenn du dein Liebstes daran wenden willst.« Da rief der König: »Alles, was ich auf der Welt habe, will ich für dich hingeben.« Sprach der Stein weiter: »Wenn du mit deiner eigenen Hand deinen beiden Kindern den Kopf abhaust und mich mit ihrem Blute bestreichst, so erhalte ich das Leben wieder.« Der Könige erschrak, als er hörte, dass er seine liebsten Kinder selbst töten sollte, doch dachte er an die große Treue und dass der getreue Johannes für ihn gestorben war, zog sein Schwert und hieb mit eigener Hand den Kindern den Kopf ab. Und als er mit ihrem Blute den Stein bestrichen hatte, so kehrte das Leben zurück und der getreue Johannes stand wieder frisch und gesund vor ihm. Er sprach zum König: »Deine Treue soll nicht unbelohnt bleiben«, und nahm die Häupter der Kinder, setzte sie auf und bestrich die Wunde mit ihrem Blut, davon wurden sie im Augenblick wieder heil, sprangen herum und spielten fort, als wär ihnen nichts geschehen. Nun war der König voll Freude, und als er die Königin kommen sah, versteckte er den getreuen Johannes und die beiden Kinder in einem großen Schrank. Wie sie hereintrat, sprach er zu ihr: »Hast du gebetet in der Kirche?« »Ja«, antwortete sie, »aber ich habe beständig an den treuen Johannes gedacht, dass er so unglücklich durch uns geworden ist.« Da sprach er: »Liebe Frau, wir können ihm das Leben wiedergeben, aber es kostet uns unsere beiden Söhnlein, die müssen wir opfern.« Die Königin ward bleich und erschrak im Herzen, doch sprach sie: »Wir sind's ihm schuldig wegen sei-

ner großen Treue.« Da freute er sich, dass sie dachte, wie er gedacht hatte, ging hin und schloss den Schrank auf, holte die Kinder und den treuen Johannes heraus und sprach: »Gott sei gelobt, er ist erlöst, und unsere Söhnlein haben wir auch wieder«, und erzählte ihr, wie sich alles zugetragen hatte. Da lebten sie zusammen in Glückseligkeit bis an ihr Ende.

Was ist Treue? Was Verrat? Das sind die Themen dieses Märchens. Besonders erschreckend wirkt auf uns der Schluss. Kann ein Mensch seine Kinder opfern, um jemandem damit die Treue zu erweisen? Wir können diese »Grausamkeit« nur verstehen, wenn wir jede an der Geschichte beteiligte Person als einen Aspekt unserer Seele verstehen. Jedes Märchen beinhaltet eine verschlüsselte Botschaft, die in Archetypen verpackt direkt auf unsere Seele wirkt. Der getreue Johannes symbolisiert die überkommenen, aus der Familiengeschichte (des Königs) übernommenen Werte. Er soll den Sohn, der nach dem Tod des Vaters sein Erbe anzutreten hat, vor seinem Schicksal bewahren. Nur durch den erzwungenen Verrat ist der Fortgang der Geschichte gewährleistet. Die Prinzessin vom goldenen Dache ist die Seelenpartnerin des Königssohnes, die als Bild schon lange ihren Platz im Schloss eingenommen hat. Als der Prinz ihr Antlitz das erste Mal sieht, fällt er in Ohnmacht. Das möchte der Vater, als Träger des Machtaspektes des Männlichen, dem Sohn ersparen. Doch Liebe macht immer ohnmächtig, da, wo sich das Herz öffnet, versagt die Kontrolle. Der treue Johannes ist Vermittler zwischen Alt und Neu. Er ist dem Vater ebenso verpflichtet wie später dem Sohn. Die Prinzessin soll mit den gleichen Werten (im Märchen war es das Gold) erobert werden, die zu ihr gehören. Schon immer ist Gold ein Symbol für das Herz und die Liebe und damit nicht nur Symbol für äußeren, sondern auch für inneren Reichtum. Der König bedient sich mit Hilfe seines treuen Johannes einer List, um sich der Liebsten zu nähern. Wieder ist es der Verrat, der den Fortlauf der Entwicklung in Gang bringt. Viele Liebesgeschichten nähmen schnell ihr Ende, würden alle Beteiligten innerhalb der alten übernommenen Grenzen verharren. Als die Prinzessin erfährt, wer ihr Entführer ist, erkennt sie ihn sofort und willigt ein, seine Frau zu werden. Doch das Schicksal hält, um wirklich Neues zu gebären, noch eine schwere Aufgabe bereit. Der treue Johannes kommt in den Konflikt, in den jede Seele einmal kommt. Wenn ich mich öffentlich zur Treue zum »Alten« bekenne, versteinere ich. Wenn ich die notwendigen Schritte zur Entwicklung und damit zur Heilung tue, werde ich als Verräter von anderen ausgegrenzt. Und so geschieht es. Der enttäuschte junge König misstraut seinem Diener und wirf ihn ins Gefängnis. Und als dieser sein Schweigen bricht, wird er zu Stein. Die scheinbare Aussichtslosigkeit und Unlösbarkeit der Situation hat drei Gründe: Erstens, das feuerrote Pferd darf nicht bestiegen werden, es würde ihn von seiner Braut entfernen. In der Symbolsprache der Seele bedeutet dies, er würde seinen ungezügelten Leidenschaften freien Lauf lassen und damit die Beziehung gefährden. Zweitens, er darf das Brauthemd aus Gold und Silber nicht anziehen. Das heißt, er darf den äußeren Werten nicht allzu viel Beachtung schenken, das würde seiner Liebe die Tiefe nehmen. Drittens, die junge Königin fällt im Tanze tot danieder und kann nur gerettet werden, wenn man ihr drei Tropfen Blut aus der Brust saugt. Die Brust, als Symbol des Weiblichen schlechthin, steht für die Hingabe und die Mutterschaft. Nur mit diesem, das Ego in den Hintergrund drängenden Prinzip, kann von ihrer Seite her die Liebe gelingen.

Der treue Johannes, der in diesem Märchen so etwas wie einen vom Steinbock in den Wassermann hinübergleitenden Retter darstellt, wird am Ende seinerseits durch ein großes Opfer befreit. Die Kinder sind Symbolträger für die von den Eltern übernommene Geschichte, besonders der Kopf steht für die moralischen Werte, die an die nächste Generation weitergegeben werden. So ist es stimmig, die Kinder zu köpfen, um die eingefrorene, zu Stein gewordene Geschichte zu erlösen: Dann lebten sie zusammen in Glückseligkeit bis an ihr Ende.

Neptun-Transite über die Fische-Venus

Aschenputtel

Einem reichen Manne, dem wurde seine Frau krank, und als sie fühlte, dass ihr Ende herankam, rief sie ihr einziges Töchterlein zu sich ans Bett und sprach: »Liebes Kind, bleib fromm und gut, so wird dir der liebe Gott immer beistehen, und ich will vom Himmel auf dich herabblicken und will um dich sein.« Darauf tat sie die Augen zu und verschied.

Das Mädchen ging jeden Tag hinaus zu dem Grabe der Mutter und weinte und blieb fromm und gut. Als der Winter kam … nahm sich der Mann eine andere Frau.

Die Frau hatte zwei Töchter mit ins Haus gebracht, die schön und weiß von Angesicht waren, aber garstig und schwarz vom Herzen. Da ging eine schlimme Zeit für das arme Stiefkind an … Sie nahmen ihm seine schönen Kleider weg, zogen ihm einen grauen alten Kittel an und … führten es in die Küche. Da musste es von Morgen bis Abend schwere Arbeit tun … Obendrein taten ihm die Schwestern alles ersinnliche Herzeleid an, verspotteten es und schütteten ihm die Erbsen und Linsen in die Asche, so dass es sitzen und sie wieder auslesen musste … Und weil es darum immer staubig und schmutzig aussah, nannten sie es Aschenputtel.

Es trug sich zu, dass der Vater einmal in die Messe ziehen wollte, da fragte er die beiden Stieftöchter, was er ihnen mitbringen sollte. »Schöne Kleider«, sagte die eine, »Perlen und Edelsteine« die Zweite. »Aber du, Aschenputtel«, sprach er, »was willst du haben?« »Vater, das erste Reis, das Euch auf Eurem Heimweg an den Hut stößt, das brecht für mich ab.« Er kaufte nun für die beiden Stiefschwestern schöne Kleider, Perlen und Edelsteine, und auf dem Rückweg, als er durch einen grünen Busch ritt, streifte ihn ein Haselreis und stieß ihm den Hut ab. Da brach er das Reis ab und nahm es mit … Aschenputtel dankte ihm, ging zu seiner Mutter Grab und pflanzte das Reis darauf und weinte so sehr, dass die Tränen darauf nieder-

fielen und es begossen. Es wuchs aber und ward ein schöner Baum. Aschenputtel ging alle Tage dreimal darunter, weinte und betete, und allemal kam ein weißes Vöglein auf den Baum, und wenn es einen Wunsch aussprach, so warf ihm das Vöglein herab, was es sich gewünscht hatte.

Es begab sich aber, dass der König ein Fest anstellte, das drei Tage dauern sollte und wozu alle schönen Jungfrauen im Lande eingeladen wurden, damit sich sein Sohn eine Braut aussuchen möchte. Die zwei Stiefschwestern, als sie hörten, dass sie auch dabei erscheinen sollten, waren guter Dinge … Aschenputtel weinte aber, weil es auch gern zum Tanz mitgegangen wäre, und bat die Stiefmutter, sie möchte es ihm erlauben. »Du, Aschenputtel«, sprach sie, »bist voll Staub und Schmutz und willst zur Hochzeit? Du hast keine Kleider und Schuhe und willst tanzen!« Als es aber mit Bitten anhielt, sprach sie endlich: »Da habe ich dir eine Schüssel Linsen in die Asche geschüttet, wenn du die Linsen in zwei Stunden wieder ausgelesen hast, so sollst du mitgehen.«

Das Mädchen ging durch die Hintertüre nach dem Garten und rief: »Ihr zahmen Täubchen, ihr Turteltäubchen, all ihr Vöglein unter dem Himmel, kommt und helft mir lesen.« Da kamen zum Küchenfenster zwei weiße Täubchen herein und danach die Turteltäubchen, und endlich schwirrten und schwärmten alle Vöglein unter dem Himmel herein und ließen sich um die Asche nieder. Und die Täubchen nickten mit den Köpfchen und fingen an pik, pik, pik, pik, und da fingen die übrigen auch an pik, pik, pik, pik, und lasen alle guten Körnlein in die Schüssel. Kaum war eine Stunde herum, so waren sie schon fertig und flogen alle wieder heraus. Da brachte das Mädchen die Schüssel der Stiefmutter, freute sich und glaubte, es dürfte nun mit auf die Hochzeit gehen. Aber sie sprach: »Nein, Aschenputtel, du hast keine Kleider und kannst nicht tanzen: du wirst nur ausgelacht.« Als es nun weinte, sprach sie: »Wenn du mir zwei Schüsseln voll Linsen in einer Stunde aus der Asche rein lesen kannst, so sollst du mitgehen«, und dachte: »Das kann es ja nimmermehr.«

Als sie die zwei Schüsseln Linsen in die Asche geschüttet hatte, ging das Mädchen durch die Hintertüre nach dem Garten und rief: »Ihr zahmen Täubchen, ihr Turteltäubchen, all ihr Vöglein unter dem Himmel, kommt und helft mir lesen.« Da kamen zum Küchenfenster zwei weiße Täubchen herein und danach die Turteltäubchen, und endlich schwirrten und schwärmten alle Vöglein unter dem Himmel herein und ließen sich um die Asche nieder ... Und eh eine halbe Stunde herum war, waren sie schon fertig und flogen alle wieder hinaus. Da trug das Mädchen die Schüsseln zu der Stiefmutter ... aber sie sprach: »Es hilft dir alles nichts: du kommst nicht mit, denn du hast keine Kleider und kannst nicht tanzen; wir müssten uns deiner schämen.« Darauf kehrte sie ihm den Rücken zu und eilte mit ihren zwei stolzen Töchtern fort.

Als nun niemand mehr daheim war, ging Aschenputtel zu seiner Mutter Grab unter den Haselbaum und rief: »Bäumchen, rüttel dich und schüttel dich, wirf Gold und Silber über mich.« Da warf ihm der Vogel ein golden und silbern Kleid herunter und mit Seide und Silber ausgestickte Pantoffeln. In aller Eile zog es das Kleid an und ging zur Hochzeit. Seine Schwestern aber und die Stiefmutter kannten es nicht und meinten, es müsste eine fremde Königstochter sein, so schön sah es in dem goldenen Kleid aus ... Der Königssohn kam ihm entgegen, nahm es bei der Hand und tanzte mit ihm. Er wollte auch mit sonst niemand tanzen, also dass er ihm die Hand nicht losließ, und wenn ein anderer kam, es aufzufordern, sprach er: »Das ist meine Tänzerin.« Es tanzte, bis es Abend war, da wollte es nach Hause gehen. Der Königssohn aber sprach: »Ich gehe mit und begleite dich«, denn er wollte sehen, wem das schöne Mädchen angehörte. Sie entwischte ihm aber und sprang in das Taubenhaus. Nun wartete der Königssohn, bis der Vater kam, und sagte ihm, das fremde Mädchen wär' in das Taubenhaus gesprungen. Der Alte dachte: »Sollte es Aschenputtel sein«, und sie mussten ihm Axt und Hacken bringen, damit er das Taubenhaus entzweischlagen konnte; aber es war niemand darin. Und als sie ins Haus kamen, lag Aschenputtel in seinen schmutzigen Kleidern in der Asche, und ein trübes Öllämpchen brannte im Schornstein; denn Aschenputtel war geschwind aus dem Taubenhaus hinten herabgesprungen und war zu dem Haselbäumchen gelaufen: da hatte es die schönen Kleider abgezogen und aufs Grab gelegt, und der Vogel hatte sie wieder weggenommen, und dann hatte es sich in seinem grauen Kittelchen in die Küche zur Asche gesetzt.

Am anderen Tag, als das Fest von neuem anhub und die Eltern und Stiefschwestern wieder fort waren, ging Aschenputtel zu dem Haselbaum ... Da warf der Vogel ein noch viel stolzeres Kleid herab als am vorigen Tag. Und als es mit diesem Kleide auf der Hochzeit erschien, erstaunte jedermann über seine Schönheit. Der Königssohn hatte aber gewartet, bis es kam, nahm es gleich bei der Hand und tanzte nur allein mit ihm. Wenn die andern kamen und es aufforderten, sprach er: »Das ist meine Tänzerin.« Als es nun Abend war, wollte es fort, und der Königssohn ging ihm nach und wollte sehen, in welches Haus es ging: aber es sprang ihm fort und in den Garten hinter dem Haus ...

Und als sie in die Küche kamen, lag Aschenputtel da in der Asche, wie sonst auch, denn es war auf der andern Seite vom Baum herabgesprungen, hatte dem Vogel auf dem Haselbäumchen die schönen Kleider wiedergebracht und sein graues Kittelchen angezogen.

Am dritten Tag, als die Eltern und Schwestern fort waren, ging Aschenputtel wieder zu seiner Mutter Grab ... Nun warf ihm der Vogel ein Kleid herab, das war so prächtig und glänzend, wie es noch keins gehabt hatte, und die Pantoffeln waren ganz golden. Als es in dem Kleid zu der Hochzeit kam, wussten sie alle nicht, was sie vor Verwunderung sagen sollten. Der Königssohn tanzte ganz allein mit ihm, und wenn es einer aufforderte, sprach er: »Das ist meine Tänzerin.« Als es nun Abend war, wollte Aschenputtel fort, und der Königssohn wollte es begleiten, aber es entsprang ihm so geschwind, dass er nicht folgen konnte. Der Königssohn hatte aber eine List gebraucht und hatte die ganze Treppe mit Pech bestreichen lassen: da war, als es hinabsprang, der linke Pantoffel des Mädchens hängen ge-

blieben. Der Königssohn hob ihn auf, und er war klein und zierlich und ganz golden.

Am nächsten Morgen ging er damit zu dem Mann und sagte zu ihm: »Keine andere soll meine Gemahlin werden als die, an deren Fuß dieser goldene Schuh passt.« Da freuten sich die beiden Schwestern, denn sie hatten schöne Füße. Die Älteste ging mit dem Schuh in die Kammer und wollte ihn anprobieren, und die Mutter stand dabei. Aber sie konnte mit der großen Zehe nicht hineinkommen, und der Schuh war ihr zu klein, da reichte ihr die Mutter ein Messer und sprach: »Hau die Zehe ab: wann du Königin bist, so brauchst du nicht mehr zu Fuß zu gehen.« Das Mädchen hieb die Zehe ab, zwängte den Fuß in den Schuh, verbiss den Schmerz und ging heraus zum Königssohn. Da nahm er sie als seine Braut aufs Pferd und ritt mit ihr fort. Sie mussten aber an dem Grabe vorbei, da saßen die zwei Täubchen auf dem Haselbäumchen und riefen: »Rucke di guck, rucke di guck, Blut ist im Schuck (Schuh): Der Schuck ist zu klein, die rechte Braut sitzt noch daheim.« Da blickte er auf ihren Fuß und sah, wie das Blut herausquoll. Er wendete sein Pferd um, brachte die falsche Braut wieder nach Haus und sagte, das wäre nicht die rechte, die andere Schwester sollte den Schuh anziehen. Da ging diese in die Kammer und kam mit den Zehen glücklich in den Schuh, aber die Ferse war zu groß. Da reichte ihr die Mutter ein Messer und sprach: »Hau ein Stück von der Ferse ab: wann du Königin bist, brauchst du nicht mehr zu Fuß zu gehen.« Das Mädchen hieb ein Stück von der Ferse ab, zwängte den Fuß in den Schuh, verbiss den Schmerz und ging heraus zum Königssohn. Da nahm er sie als seine Braut aufs Pferd und ritt mit ihr fort. Als sie an dem Haselbäumchen vorbeikamen, saßen die zwei Täubchen darauf und riefen: »Rucke di guck, rucke di guck, Blut ist im Schuck: Der Schuck ist zu klein, die rechte Braut sitzt noch daheim.« Er blickte nieder auf ihren Fuß und sah, wie das Blut aus dem Schuh quoll und an den weißen Strümpfen ganz rot heraufgestiegen war. Da wendete er sein Pferd und brachte die falsche Braut wieder nach Haus. »Das ist auch nicht die rechte,« sprach er, »habt Ihr keine andere Tochter?« »Nein«, sagte der Mann, »nur von meiner verstorbenen Frau ist noch ein kleines verbuttetes Aschenputtel da: das kann unmöglich die Braut sein.« Der Königssohn sprach, er sollte es heraufschicken, die Mutter aber antwortete: »Ach nein, das ist viel zu schmutzig, das darf sich nicht sehen lassen.« Er wollte es aber durchaus haben, und Aschenputtel musste gerufen werden. Da wusch es sich erst Hände und Angesicht rein, ging dann hin und neigte sich vor dem Königssohn, der ihm den goldenen Schuh reichte. Dann setzte es sich auf einen Schemel, zog den Fuß aus dem schweren Holzschuh und steckte ihn in den Pantoffel, der war wie angegossen. Und als es sich in die Höhe richtete und der König ihm ins Gesicht sah, so erkannte er das schöne Mädchen, das mit ihm getanzt hatte, und rief: »Das ist die rechte Braut!« Die Stiefmutter und die beiden Schwestern erschraken und wurden bleich vor Ärger: er aber nahm Aschenputtel aufs Pferd und ritt mit ihm fort. Als sie an dem Haselbäumchen vorbeikamen … kamen die beiden Täubchen herabgeflogen und setzten sich dem Aschenputtel auf die Schultern, eine rechts, die andere links, und blieben da sitzen. Als die Hochzeit mit dem Königssohn sollte gehalten werden, kamen die falschen Schwestern, wollten sich einschmeicheln und teil an seinem Glück nehmen.

Als die Brautleute nun zur Kirche gingen, war die Älteste zur rechten, die Jüngste zur linken Seite: da pickten die Tauben einer jeden das eine Auge aus. Hernach, als sie herausgingen, war die Älteste zur linken und die Jüngste zur rechten: da pickten die Tauben einer jeden das andere Auge aus. Und waren sie also für ihre Bosheit und Falschheit mit Blindheit auf ihr Lebtag gestraft.

In jedem Menschen steckt irgendwo verborgen ein Aschenputtel, ein ausgegrenztes Wesen. Doch für das leidvolle, sehnsuchtsvolle Lieben einer Fische-Venus passt dieses Märchen besonders gut. Drei verschiedene Aspekte des Weiblichen führen hier ihren Kampf: Die Mutter, als der Geborgenheit schenkende Seelenanteil, stirbt. Sie kann ihre Tochter nicht mehr beschützen. Diese steht jetzt, fast noch ein Kind, ohne Hilfe da und muss den Prozess des Erwachsenwerdens alleine vollbringen. Ihre erste Tat ist die Würdigung ihrer Herkunft. Sie ehrt die Mutter, indem sie ein Bäumchen auf deren Grab pflanzt. Die Stiefmutter und die Stiefschwestern vertreten die kaltherzige, machtgierige Seite des Weiblichen. Der Vater, als schwacher Mann, bzw. zu schwacher männlicher Anteil, kann sich gegen diese Übermacht nicht durchsetzen. Aschenputtel gibt, egal wie schlecht es ihr geht, die Hoffnung und die Freude am Leben nicht auf. Ihr Bezug zu den Vögeln und der Natur sind die Kraftfelder ihrer Seele. Doch solange sie dem »Bösen« nicht mehr Eigenständigkeit entgegenzusetzen hat, nutzt ihr dies nicht viel. Sie wartet auf die Erlaubnis, zum Tanze zu gehen. Niemals im Leben bekommt ein Mensch die Entscheidungskraft von außen. Er muss sie sich schon selbst erarbeiten. Zuerst ist alles nur ein Traum, der jeden Tag aufs Neue verfällt. Sie kann den Reichtum, das Glück, die Aufmerksamkeit des Prinzen nicht nehmen. Immer wieder kehrt sie zur Rolle des Aschenputtel zurück, als hätte sie es nicht verdient, geachtet zu werden. Das Geschenk zu leben und zu lieben stammt aus der Kraft der Herkunft und wird ihr am Grab der Mutter von den Vögeln, die von der Symbolik her die Freiheit und die Lösung von der Schwere der Geschichte darstellen, überbracht. Doch erst, wenn der männliche Seelenanteil, dargestellt durch den Prinzen, sie in die Verbindlichkeit zwingt (das Pech auf der Treppe), muss sie sich der realen Beziehung stellen. Aber selbst dann wagt sie es noch nicht, für ihr eigenes Wesen geliebt zu werden. Sie – in der Gestalt der Schwestern – versucht sich in eine Form zu zwingen, glaubt so ihr Glück zu finden. Alle »Aschenputtel« dieser Welt vergessen, dass auch die »bösen Schwestern« nur einen weiteren eigenen Seelenanteil darstellen. Es ist derjenige, von dem der Schmerz und das Leid ausgehen. Das Aschenputtel selbst stellt die Lösung dar: Niemals die Hoffnung zu verlieren, dass das Schicksal immer die Menschen zusammenführt, die zusammenpassen (der Schuh!) und darüber hinaus, dass dem nichts hinzuzufügen, bzw. wegzuschneiden ist. Die Schwestern, die an der Hochzeit ihr Augenlicht lassen müssen, stellen den blinden Aspekt des Weiblichen dar, mit dessen Augen gesehen die Liebe niemals gelingen kann. Ihnen ist der Machtaspekt, ihr Wollen und ihr Wille lieber als die Hingabe an das Schicksal.

Pluto-Transite

Jeder Mensch ist abhängig von anderen, von deren Wertschätzung und Wohlwollen. Niemals wird uns diese Abhängigkeit so deutlich vor Augen geführt wie in Zeiten eines Pluto-Transits. Pluto als Herrscher des Zeichens Skorpion gilt als Herr der Unterwelt, der Triebe und als magischer Verführer zu Bildern und Vorstellungen. In Zeiten eines Pluto-Transits über die Venus – und bedenken wir dabei, dass es sich bei ihm um den langsamsten Planeten unseres Sonnensystems handelt – fühlen wir uns unfrei, an irgendetwas, bzw. jemanden extrem gebunden. Diese Bindung, beispielsweise an eine Idee, kann den Menschen so gefangen nehmen, dass er alles um sich herum vergisst. Andere lebendige Seelenanteile fallen dieser Fixierung zum Opfer. Pluto suggeriert zum Beispiel, wie meine Beziehung zu sein hätte, und entwirft ganz konkrete Vorstellungen, wie mein Partner auf mich und meine Wünsche eingehen sollte. Oft will es das Schicksal, dass mir in dieser Zeit *der* ideale Partner begegnet. An ihm sehe ich alles, was ich mir wünsche. Aber wie lange? Nun, so lange, bis Pluto meine Venus wieder verlässt. Tatsächlich habe ich viele intensive, leidenschaftliche Beziehungen verfolgen dürfen, die exakt mit dem Pluto-Transit über die Venus begannen und ebenso »pünktlich« mit dem letzten Transit beendet waren. Der Schmerz, sich so getäuscht zu haben, ist bei den beteiligten Personen sehr groß. Sätze wie »Ich bin auf seine Verführungskünste hereingefallen« oder »Ich habe mich in ein Bild verliebt« sind dabei die Regel. Oft entstehen diese Beziehungen aus der Not des Alleinseins. Wenn jemand nicht mehr warten möchte, bis ihm das Schicksal eine neue Liebe zuteilt, dann »macht« er sich eben eine. Er stellt sich nicht nur ein Bild vor den realen Partner, sondern stülpt darüber hinaus eine Vorstellungsschicht über die eigenen Gefühle. Er produziert Verliebtheit, zumeist natürlich ohne dies zu wissen. Die Bindung, die dabei entsteht, setzt sich vor allem aus der Angst zusammen, es könnte ans Licht kommen, wie wenig Tiefe und Echtheit diese Liebe in sich trägt. Das Schlimmste ist, die ganze Welt sieht, was sich da abspielt. Jeder, gefragt oder ungefragt, sagt: »Ich glaube, du machst dir etwas vor.« Nur der Betroffene selbst glaubt ganz fest an sich, an die Echtheit seiner Gefühle und natürlich an sein baldiges Glück. Für Außenstehende ist es letztlich besser, nicht einzugreifen und für einige Zeit »wegzuschauen«. Auch diese Phase der Einbildung, des Sich-etwas-Vormachen trägt einen tieferen Sinn in sich. Wie könnte der Mensch jemals spüren, was ihn wirklich aus tiefster Seele heraus bewegt, wenn er sich nicht auch mal gewaltig irren würde? Nur über den magischen Akt, einer Vorstellung (scheinbar) Leben zu verleihen, kann er irgendwann die Weisheit des Herzens erfahren – der Verlust ist dabei der Lehrmeister.

Es gibt eine weitere, vielleicht noch bedrohlichere Variante eines Pluto-Transits über die Venus. Sie ist am besten mit dem Wort »Hörigkeit« zu beschreiben. Es gibt eine Form der Beziehungsabhängigkeit, die keine Liebe und kein Glücksgefühl hervorbringt. Der Mensch fühlt sich dabei durch negative Energien ebenso vom Partner angezogen, wie durch die positiven Kräfte der Verliebtheit. Hass und Abneigung können ebenso bindend sein wie die Liebe. Diese Bindungen gleichen allerdings eher einer eisernen Kette. Jeder vernünftige Mensch würde beim Anblick dieser Höllenqualen zur Trennung raten. Doch solange der Pluto-Transit andauert, klebt so viel »Pech« auf dem Beziehungsboden, dass alle Befreiungsversuche zunichte gemacht werden. Der Gang durch die Unterwelt bleibt letztlich niemandem erspart. Über der Beziehung – sowohl der real vorhandenen, wie der eingebildeten – liegt ein Bann, der sich erst mit dem Ende des Pluto-Transits lösen wird.

Was will dieser Dämon, der der Partnerschaftsseele brutal das Herz herausreißt, damit bezwecken? Was ist die Aufgabe einer solch dunklen Zeit? Was können wir tun, um heil(er) aus dem Höllenschlund der Gefühle herauszukommen?

Zuerst einmal müssen wir uns klar machen, dass nicht alle unsere Handlungen unserem freien Willen unterliegen. Jeder Mensch besteht zumindest zu 50 Prozent aus übernommenen Gefühlen. Er wiederholt das Verhältnis seiner Eltern, seine Beziehungen folgen einem unbewussten Muster. Kurzum, er ist verstrickt. Diese Verstrickung kommt in Zeiten eines Pluto-Transits ans Licht. Es ist keine Zeit der Lösungen. Jetzt stellt der Mensch erst einmal fest, wie unfrei, wie gebunden er ist. Die Vernunft und der Wille können hier wenig ausrichten. Wenn es den Menschen möglich wäre, sich frei für ihr Glück, für Leichtigkeit und Liebe zu entscheiden, wäre alles ganz einfach.

In der Sippe eines jeden Menschen gibt es schwere Beziehungsschicksale: beispielsweise einen Verlust, eine unerfüllte Liebe, den Schmerz einer Ablehnung, einen frühen Tod, Streit, Hass, Verrat, Betrug und nicht zuletzt Missbrauch. In all diese Gefühle, Enttäuschungen und Schmerzen sind wir als Nachkommen verstrickt. Der eine mehr, der andere weniger. Pluto-Zeiten geben oft Zeugnis von unlogischen, unglücklichen Verbindungen, die, wenn wir frei wählen könnten, nie zustande kämen oder sofort wieder beendet würden. Sobald eine Verbindung, egal ob Liebes-, Eltern/Kind- oder Freundschaftsbeziehung, ungute Zeichen setzt, tun wir gut daran zu denken, dass sie nicht nur unserem Willen entspringt. Ein Teil der Lösung, um dies zu verstehen, mag der zu Beginn des Kapitels beschriebene Aspekt der Vorstellungen sein. Einen weitaus tieferen und wirksameren Ansatzpunkt, das Geschehen verstehen zu wollen, bieten die Verstrickungen, die aus der Herkunft stammen. Es gibt sonst keinen ersichtlichen Grund, das Leid einer unguten, unerfüllten Liebe auf sich zu nehmen. Der allseits bekannte und in esoterischen Kreisen immer wiederkehrende Hinweis: »Du kannst eben nicht loslassen«, scheint hier zu einfach. Was ist, wenn wir gebunden an die unsichtbaren

Fäden einer langen, langen Geschichte wie Marionetten auf einen bestimmten Platz geführt werden und diesem blindlings ausgeliefert sind? Wir wissen um die Erfahrungen, die wir mit unseren Eltern und Geschwistern gemacht haben und haben vielleicht irgendwann ein gutes Auge für die Wiederholungen, in denen wir gefangen sind. Dass es darüber hinaus noch tiefere (unsichtbare) Bindungen gibt, spüren wir erst, wenn wir uns in unseren Partnerschaften fremd vorkommen, wenn wir nicht mehr verstehen, warum es uns dahin oder dorthin hinzieht oder uns, fast gegen unseren Willen, abstößt. Mit dem Pluto-Transit über die Radix-Venus kann unser Wissen über unser Beziehungsschicksal eine größere Dimension erreichen. Es ist eine gute Zeit, den Verstrickungen auf die Spur zu kommen. Wie schon beschrieben ist dann nicht der richtige Zeitpunkt, in die Zukunft Hineinreichendes zu tun. Die Energien führen in die Tiefe der eigenen Geschichte.

Folgende Fragen können zu einem Leitfaden werden und letztlich zu einer Lösung führen: Kenne ich jemanden in meiner Sippe (auch Onkel, Tante, Großeltern), der ein ähnliches Beziehungsschicksal hatte? Gibt es jemanden (Eltern, Großeltern usw.), der die gleichen Gefühle hatte wie ich jetzt (Enttäuschung, Eifersucht, Zorn, Einsamkeit etc.)? Übernehme ich vielleicht dessen Gefühle und projiziere sie (unbewusst) auf meine jetzige Situation? Ist jemand in meiner Herkunftsfamilie früh verstorben, und ist es möglich, dass ich mich diesem Menschen irgendwie verbunden fühle? Darf ich überhaupt glücklich sein? Wer könnte es mir verbieten? Wer hatte ein so unglückliches Leben, dass ich es nicht wage, im Angesicht seines schweren Schicksals glücklich zu sein? Gibt es in meiner Sippe jemanden, der zu Unrecht ausgegrenzt wurde? Vertrete ich diese Person eventuell? (Vertreten heißt: Ich ahme ihr Schicksal nach, um die Erinnerung an sie wachzuhalten.)

Wenn du herausgefunden hast, dass tatsächlich ein fremdes Schicksal in dir wirkt, brauchst du Hilfe für die Lösung. Manches kann man alleine bewerkstelligen, manches nicht. Generationsübergreifende Verstrickungen können am besten mit einer

Familienaufstellung (nach Bert Hellinger) gelöst werden. Auch einige wenige Einzelsitzungen bei einem Therapeuten, der mit dem familiensystemischen Ansatz vertraut ist, können helfen. Es geschieht gottlob oft, dass schon alleine dadurch, dass der Mensch etwas ans Licht bringt, eine Entspannung eintritt. Sobald man den roten Faden in der Hand hat, darf man ihn nicht wieder loslassen. So kann sich Leid wandeln und Liebe gelingen.

Ich werde die Pluto-Transite zu den unterschiedlichen Venus-Themen nicht einzeln aufführen, da die wirksamen Fragen für alle die gleichen sind. Jeder ist verstrickt, jeder hat seine Vorstellungen, da sind wir alle – auch in allen Konstellationen zur Venus – gleich.

II

Die Bausteine eines Composits

Wenn sich zwei (oder mehrere) Menschen begegnen, entsteht *ein* gemeinsamer Beziehungsraum, es entsteht etwas Neues, sozusagen ein gemeinsames »Drittes«. Alleine dadurch, dass unterschiedliche Energien aufeinander prallen, formt sich daraus ein um die doppelte beziehungsweise vielfache Erfahrung erweiterter Raum, der notwendigerweise größer sein muss als der jeweilige Bewusstseinsraum der beiden »Erzeuger«. Entwicklung heißt, dass beide in diesen Rahmen hineinwachsen, lernen, ihn auszufüllen, um ihn dann (verstanden) irgendwann hinter sich zu lassen. Dieses Horoskop, das das gemeinsame Dritte darstellt, nennt man Composit. Es ist ein Halbsummen-Horoskop, was nichts anderes heißt, als dass man immer die (kürzere) Mitte zwischen den gleichen Planeten der beiden Beteiligten bildet (also zum Beispiel zwischen der Sonne des einen und der Sonne des anderen). So, als hätten beide Planeten Schwingungsfelder, deren Energien an einem Punkt zusammenfallen und dort etwas Neues zeugen. Mit niemand anderem (auf der ganzen Welt) hat der Mensch die Möglichkeit, *dieses* Dritte zu erzeugen (es sei denn, dieser jemand hätte genau dasselbe Horoskop und sie würden sich am selben Ort kennen lernen). Die Zeitrechnung eines Composits beginnt mit dem Datum der ersten Begegnung.*

Für zwei Personen beginnt im Moment des Zusammentreffens der gemeinsame Weg. Somit haben wir also immer einen »Geburtsort« für ein Composit. Der Ort der Begegnung bin-

* Auf das Ausrechnen eines Composit-Horoskopes möchte ich an dieser Stelle nicht eingehen. Ich habe den Vorgang in meinem Buch *Das Composit-Horoskop. Aufgabe, Weg und Ziel einer Beziehung*, München 1998, ausführlich beschrieben. Dasselbe gilt für die einzelnen Aspekte und Bausteine: Ich werde sie nur so weit beschreiben, als sie für das Verständnis der Zeitqualität notwendig sind.

det die bis dahin voneinander getrennten Einzelwesen in einen Erfahrungsraum hinein, den sie nun, solange sie zusammenbleiben, gemeinsam bewohnen.

Wie jedes Horoskop besteht das Composit in der Grundstruktur aus den drei wichtigen Eckpfeilern: dem Aszendenten, der Sonne und dem Medium Coeli. Die Ausgangssituation und damit die Aufgabe wird vom Aszendenten symbolisiert. Die Sonne beschreibt, *wie* mit welchen Fähigkeiten, Talenten, Schwierigkeiten und Verstrickungen die Entwicklung vorangetrieben wird. Sie beschreibt die Art und Weise des Umgangs der Partner miteinander. Die *Schwarze Sonne*, sie befindet sich in der genauen Opposition zur Composit-Sonne, entsteht, indem wir die weiter entfernte Mitte der beiden Radix-Sonnen bilden. Sie steht symbolisch für die Weigerung, sich mit der Partnerschaft auseinander zu setzen. Das Ziel, das im Medium Coeli zu finden ist, ist die Ernte, bei der den Wanderern das gemeinsam Erarbeitete zugeteilt ist, eine Art Belohnung, die am Ende des Weges winkt. Mit dem Ende ist nicht eine bestimmte Zeit gemeint, so als könnte erst geerntet werden, wenn die Beziehung aufgelöst ist, sondern auch die vielen fruchtbaren, Glück bringenden Momente, die einer Partnerschaft die tragfähige Kraft geben.

Die Planeten im Composit beinhalten folgende Themen:

Mond	*Das seelische Zuhause und der Gefühlshaushalt*
Merkur	*Austausch und Alltagsbewältigung*
Venus	*Der Eros der Beziehung*
Mars	*Spannungsfeld und Aggressionen*
Jupiter	*Wachstum und Entwicklung*
Saturn	*Gesetz und Schicksal*
Uranus	*Der Freiraum*
Neptun	*Der Schutzengel einer Beziehung*
Pluto	*Sackgasse und Verstrickungen*

In erster Linie beschreiben die Planeten in den Tierkreiszeichen, in welcher Art und Weise ein Beziehungsthema ausgestattet ist. Ein zusätzlicher Faktor zur Deutung sind die Häuser, die das Umfeld der Planeten beschreiben. Eine weitere gute Hilfestellung im gemeinsamen Leben ist die Aussage des Mondknotens. Er beschreibt, was man tun kann, um nicht in alte Verhaltensmuster abzurutschen.

All diese Faktoren und Inhalte sind vom ersten Moment der Begegnung an vorhanden, doch sie müssen sich erst entfalten. Jedes Paar hat einen anderen Entwicklungsrhythmus. Manche Aufgaben und Probleme entstehen in der Partnerschaft, manche werden von außen, vom Schicksal an sie herangetragen. Der Siebener-Rhythmus ist ein genauer Spiegel, der diese Zeitqualität einzufangen vermag. Er ist ein gutes Hilfsmittel und Messinstrument, mit dessen Hilfe es gelingt, eine Beziehung in Einklang mit der Zeit und ihren Anforderungen zu bringen.

Die Zeit, die in der Liebe wirkt
Der Siebener-Rhythmus

Alle unsere Entwicklungsstufen sind eingebettet in einen Siebener-Zyklus. Die Schulpflicht, die Konfirmation und früher auch die juristische Volljährigkeit erreichen wir in Sieben-Jahres-Schritten. Alle menschlichen Körperzellen brauchen maximal sieben Jahre, bis sie sich erneuert haben. Der Mond umrundet in 28 Tagen – also 4 x 7 – die Erde. In unseren Lebens- und Erlebnissystemen tickt also eine Uhr, die unsere Seelenzeit in Abschnitte von sieben Jahren unterteilt. Schon in den dreißiger Jahren fand diese Feststellung Eingang in die Astrologie. Wolfgang Döbereiner vermittelte eine Technik, Zeit ins Horoskop zu tragen: die Münchner Rhythmenlehre. Jeder Mensch, der sich einmal die Mühe macht, sein eigenes Schicksalsgeschehen aufzulisten, wird auch ohne die Astrologie zu demselben Ergebnis kommen. Ereignisse wiederholen sich, zumeist inhaltlich, manchmal jedoch auch in exakt gleichen Umständen, im immer gleichen Rhythmus. Dabei können sieben, vierzehn oder mehr Jahre dazwischen liegen. Wurde ich zum Beispiel mit drei Jahren von meiner Mutter getrennt, kann es sein, dass die Wiederholung dieser schmerzhaften Erfahrung mich nicht mit 10 Jahren, sondern erst mit siebzehn oder gar mit vierundzwanzig ereilt (ich ziehe um, mein Freund verlässt mich, meine Katze stirbt). Schon an dieser Aufzählung können wir erkennen, dass es sich auch um Erfahrungsinhalte, nicht nur um äußere Geschehnisse handelt. Der meiner Meinung nach größte Fehler der gängigen Astrologie besteht darin, konkrete Vorhersagen machen zu wollen. Selbst wenn diese eintreffen (was sie manchmal tun), was bringt mir das Wissen, zum Beispiel, dass ich mich nach fünfzehn Jahren Ehe trennen werde? Erstens: Solange ich verliebt bin, glaube ich es nicht. Zweitens: Wenn ich böse auf meinen Partner bin, denke ich: »Lass den mal, es sind ja nur noch acht, neun oder wie viele Jahre auch immer.« Oder noch schlimmer: »Es lohnt sich nicht, diese Beziehung zu beginnen, sie wird ja sowieso in zwei, drei oder fünfundzwanzig Jahren zu Ende sein.« In jedem Falle versuche ich, mir etwas zu ersparen. Ich lerne nichts dazu.

Im Spiegel der Rhythmenlehre ist es selbstverständlich möglich, Trennungen nachzuvollziehen (oder Ähnliches). Um das System besser kennen zu lernen, dürfen wir auch gerne darauf schauen – aber erst danach, dann kann damit kein Schaden mehr angerichtet werden. Jede Auslösung, jedes Beziehungsthema kann auf so vielen verschiedenen Ebenen erlebt und erfahren werden, dass es sinnvoll ist, sich bei den Beschreibungen »nur« auf Inhalte zu beschränken. Doch bevor wir zu den Inhalten kommen, beschäftigen wir uns zuerst einmal mit der Technik des Siebener-Rhythmus.

Die Technik

An dieser Stelle sei erwähnt, dass der Siebener-Rhythmus nur dann stimmt, wenn die Basis des Composits der Ort und der Zeitpunkt der ersten Begegnung ist.

1. Der Weg der Beziehung und des Siebener-Rhythmus beginnt am Aszendenten und verläuft im Uhrzeigersinn durch die Häuser (12, 11, 10, … usw.). Wir benutzen dabei das Häusersystem von Placidus.
2. Jedes Haus zählt – egal wie groß es ist – 7 Jahre. Das Thema des Hauses, bzw. der Phase wird bestimmt durch das Tierkreiszeichen, von dem es angeschnitten wird. Schneiden zwei Häuserspitzen von verschiedenen Häusern das gleiche Tierkreiszeichen an, so erstreckt sich die Zeitperiode, in der dieses Tierkreiszeichen herrscht, nicht über 7, sondern über 14 Jahre.
3. Als Herrscher der Phase bezeichnen wir den Planeten, der dieses Tierkreiszeichen beherrscht (so beispielsweise der

Mars den Widder). Wird ein Tierkreiszeichen von einem Haus vollständig eingeschlossen, so hat dieses Haus zwei Herrscher, die in dieser Periode wirksam werden. Ein Hauptthema, das von dem Tierkreiszeichen bestimmt wird, welches von den Häuserspitzen dieses Hauses angeschnitten wird, und ein Nebenthema, das von dem Tierkreiszeichen bestimmt wird, das in dem betreffenden Haus eingeschlossen ist.

4. Als eine direkte Auslösung bezeichnen wir einen Planeten, den wir direkt – auf unserem Weg durch die Häuser – antreffen. Steht dieser zum Beispiel im 12. Haus, wird er in den ersten 7 Jahren angetroffen. (Siehe auch Abbildung A, S. 196)
5. Jeder Planet hat seinen eigenen Zeitschlüssel. Dieser errechnet sich aus seiner Entfernung von der Häuserspitze (im Uhrzeigersinn). In vielen Computer-Ausdrucken ist dieser Zeitschlüssel für die einzelnen Planeten auf Jahre und Monate angegeben. Das sieht etwa so aus:

Rhythmus: 7.00				
☉	18:16:41	♌		4.27
☽	28:13:04	♑		6.77
☿	08:08:31	♌		5.53
♀	29:19:33	♌		2.90
♂	03:03:00	♎		5.18
♃	02:55:43	♏		6.98
♄	29:53:10	♋		6.56
♅	19:57:45	♊		5.69
♆	07:04:12	♎		4.48
♇	11:34:53	♌		5.11
☊	17:42:23	♊	R	6.58

»Siebener-Rhythmus«

6. Als eine indirekte Auslösung bezeichnen wir das *Herüberholen* eines Planeten in den Zeitraum unserer Aufmerksamkeit. Wir zählen den Zeitschlüssel des Planeten (beispielsweise 2 Jahre, 3 Monate) zu dem Alter dazu, das wir zu Beginn einer Siebener-Phase (zum Beispiel beim MC 21 Jahre) hatten. Das macht in diesem Fall 23 Jahre, 3 Monate. (Siehe auch Abbildung B, S. 197)
7. Für dieses Herüberholen eines Planeten gibt es drei Regeln:
   a) Die wichtigste und bedeutsamste Auslösung ist immer der Herrscher der Tierkreiszeichen-Phase.
   b) Dieser Planet zieht alle Planeten, mit denen er einen Aspekt bildet, mit in die Zeitqualität hinein (diese behalten ihren ganz individuellen Zeitschlüssel).
   c) Alle anderen Planeten, mit denen er keinen Aspekt bildet, werden immer mitausgelöst. Das heißt, alle 7 Jahre erlebt ein Paar einen Rundumlauf aller Themen. Was sich ändert und von früheren Zeiten unterscheidet, ist die Themengrundlage (= Phase), auf der die einzelnen Inhalte eine unterschiedliche Wirkung und Bedeutung zeigen.

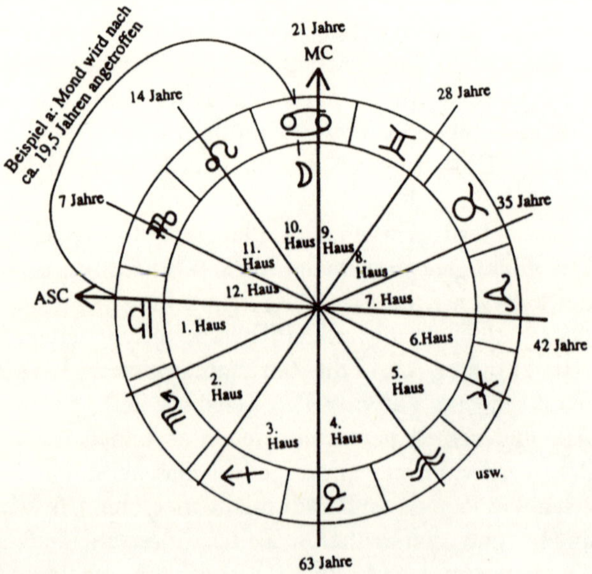

Abbildung A

Ausgehend vom Composit-Aszendenten, werden die einzelnen Häuser im *Uhrzeigersinn* durchlaufen und geben jene Zeit-Orte an, in denen die Planeten direkt angetroffen werden (diese Zeitbestimmung erfordert in jedem Falle ein Placidus-Häusersystem!).
Beispiel: In unserem Bild wird der Mond, der im 10. Haus steht (im Zeichen Krebs), in der Periode zwischen 14 und 21 Jahren angetroffen. Bei genauem Nachrechnen (ein Haus gleich sieben Jahre) stellt sich heraus, dass er nach 19 Jahren und 6 Monaten angetroffen wird.
Dabei gelten folgende Regeln:
a) Der Mond kann nur so wirksam werden, wie das Zeichen (in dem er sich befindet) es zulässt (in unserem Fall Krebs).
b) Der Mond kann nur so wirksam werden, wie das Tierkreiszeichen, das die Periode beherrscht, es zulässt. In diesem Fall wird die Periode zwischen 14 Jahren und 21 Jahren vom Tierkreiszeichen Löwe beherrscht. (Häuserspitze des 11. Hauses steht im Löwen!)
c) Dieser Mond will also als Krebs-Löwe-Mond wirksam werden; das entsprechende Thema taucht in dieser Form auf.

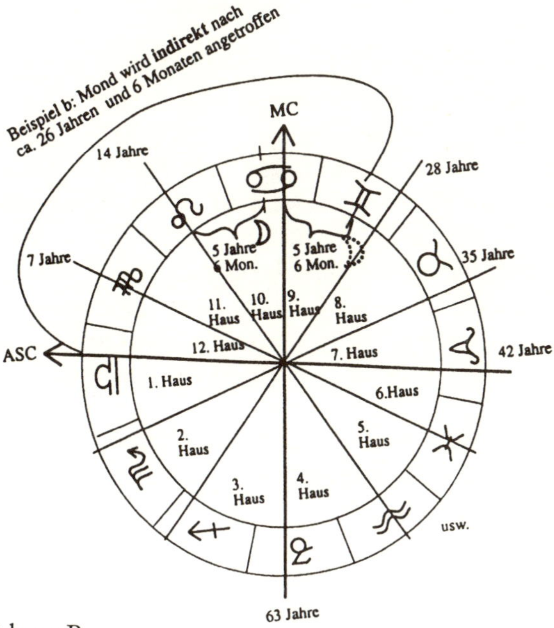

Abbildung B

Die Grundregel der indirekten rhythmischen Auslösung lautet: Der Mond wird indirekt in jene Phase hineingezogen, die vom Tierkreiszeichen Krebs beherrscht wird (der Uranus beispielsweise also in jene Phase, die vom Zeichen Wassermann beherrscht wird). Die Krebsphase ist (für dieses Horoskop) die Phase vom 21. bis zum 28. Lebensjahr (beginnend am MC). Also wird der Mond 5 Jahre und 6 Monate nach Beginn der Phase (21 Jahre) »ausgelöst«. Das ist mit 26 Jahren und 6 Monaten. Er trägt jetzt immer noch das Thema Mond in sich und ebenfalls die Themen Krebs und Löwe (denn in ihnen steht der Originalmond), aber jetzt wird er zusätzlich in das Zwillinge-Thema hineingezogen. Außerdem werden auch alle harten Aspekte zum Mond in diese Phase mit hineingeholt.

Inhalt

Kommen wir zu den Inhalten des Siebener-Rhythmus. Die Phasen, die 7 bzw. 14 Jahre andauern können, beschreiben Seelenlandschaften, die von einem Paar durchlaufen werden müssen. Stellen wir uns vor, ein Paar säße in einem Zug, der 7 Jahre lang durch die Wüste unterwegs ist. Wann immer die beiden nach draußen schauen, werden sie nur Einöde und nichts anderes, nichts Abwechslungsreiches zu sehen bekommen. Die Aufgabe dieser Zeit besteht genau darin, mehr nach innen und weniger nach außen zu schauen. Sobald die beiden Reisenden in tiefe Gespräche versinken, werden sie die Leere im Außen kaum noch bemerken. Dies ist ein – zugegeben etwas unzulängliches – Bild einer 7-jährigen Fische-Phase. Plötzlich stoppt der Zug, sie halten in einer Oase. Eine, sagen wir Uranus-Auslösung, reißt sie aus dem Schlaf. Auf einmal belebt sich ihr Umfeld. Am liebsten möchten sie den Zug verlassen, aus der Beziehung aussteigen, in der Oase verweilen. Doch der Bahnhofsvorsteher (der Saturn) drängt sie in ihr Abteil zurück, der gemeinsame Weg ist längst nicht zu Ende. Weiter geht die »langweilige« Fahrt. Eine Neptun-Auslösung lässt es Nacht werden, die beiden können einander nicht mehr sehen. Sie tasten im Dunkel der Beziehung herum und fühlen sich alleine gelassen. Gott sei Dank, es wird Morgen, der Zug fährt langsamer. Eine Oase (des Glücks?) erscheint am Horizont. Doch: Die Neptun-Auslösung hält an: eine Fata Morgana! Nach dieser herben Enttäuschung verzichtet das Paar (endlich!) darauf, die Lösung und das Leben im Außen zu suchen. Es besinnt sich auf die gemeinsame Beziehungsseele und befasst sich mit den Verzauberungen seiner Liebe. Am Ende der sieben Jahre, im Übergang zum Wassermann, lockt die Freiheit. Bleiben wir in unserem Bild: Der Zug trifft in einer belebten Großstadt ein. Das Paar geht für eine Weile getrennte Wege, um sich dann, bereichert durch die Erlebnisse, wiederzufinden. Auch in dieser Stadt (dieser Phase) kann man sich verlieren: Es gibt Verkehrschaos, Sackgassen und natürlich (Wassermann!) Irrgärten.

Die zwölf Phasen

Auch wenn für jedes Paar der Weg individuell mit dem Prinzip des Composit-Aszendenten beginnt, gibt es doch eine sinnvolle Abfolge, die durch den Tierkreis, den archetypischen Wachstums- und Entwicklungsrhythmus bestimmt wird. Da der Sieben-Jahres-Rhythmus im Uhrzeigersinn verläuft, bewegt er sich rückwärts durch den Tierkreis. Eine Beziehung erlebt zum Beispiel zuerst die Fische-, dann die Widder- und dann die Stierzeit. Obwohl wir es nicht gewohnt sind, den Tierkreis in dieser Reihenfolge zu beschreiben, werde ich diesem Umstand Rechnung tragen und bei der Beschreibung der Phasen mit den Fischen beginnen.

Wir alle, die wir zahlreiche Beziehungen durchwandert haben, wissen, dass nichts, keine Aufgabe, kein Gefühl, keine Stimmung sieben Jahre (oder gar 14) anhält. Wie also ist das Thema eines Siebener-Zyklus' zu begreifen?

Stellen wir uns das Thema einer zu durchquerenden Landschaft (z. B. Widder) vor wie die unterste Schicht des Bodens einer Insel. Der Boden ist angereichert mit Nährstoffen, die nur ein ganz bestimmtes Wachstum fördern. Nehmen wir darüber hinaus einmal an, die sich im Boden befindenden Substanzen hätten eine Farbe (hier beispielsweise die Farbe Rot, Symbol für den Widder). Dieses Rot dringt in alle Pflanzen der Insel ein und drückt ihnen damit einen Stempel auf. Alles, was hier wächst, bekommt eine mehr oder weniger starke Rot-Färbung. Blau wird zu Violett, Grün zu Braungrün, Schwarz zu Ochsenblut. Übersetzen wir nun dieses Bild in die Sprache der Seele, dann heißt dies, 7 Jahre lang dringt aus der Tiefe das Thema des Kampfes, z. B. in Form von Trotz, in Form von Wut usw. in das Bewusstsein der Partner ein und vermischt sich mit anderen Themen und mit den sichtbaren Ereignissen.

Wenn der Boden, auf dem das Paar durch sein Beziehungsleben wandert, um ein anderes Beispiel zu nennen, in der tiefsten, untersten Schicht eine Steinbock-Einfärbung hat (Steinbock = Einsamkeit und Kälte), wird, bei aller Liebe, jede Umarmung kühl sein und wieder auseinander fallen. Tief im Inneren wissen beide um die Aussichtslosigkeit, Nähe und Geborgenheit auf die Dauer halten zu können. Was auch immer »oben« auf der Insel, auf dem Beziehungsweg geschieht, es wird durchtränkt von einer gewissen Schwere. Ob Party, ob Alltag, ob gute oder schlechte Zeiten, der Grundton, der mitschwingt, tönt auf die immer gleiche Weise: »Letztlich hat jeder sein *Päckchen* alleine zu tragen.« Nach 7 Jahren darf das Paar die Insel verlassen. Jetzt kennen sie jeden Vulkan (die Widder-Insel), bzw. jede Wüste und jede Einöde (die Steinbock-Insel). Auf der nächsten Insel »wachsen« andere Themen und sie werden von einem anderen Grundton begleitet. Die äußeren Lebensumstände bekommen eine neue seelische Färbung.

Die Fische-Phase – *Die Enttäuschung*

Es gibt keine Beziehungszeit, in der der Mensch so einsam ist wie in dieser. Er kann direkt neben seinem Partner stehen und sieht ihn doch nicht, beziehungsweise er sieht ihn nicht so, wie er wirklich ist. Es dauert lange, bis sich der Nebel, der die Liebenden und die Liebe umhüllt, zurückzieht und die Sicht auf die Wirklichkeit freigibt. Am Ende der Phase stellt sich dann heraus, dass es nicht der Partner ist, von dem man ein neues Bild bekommt, sondern sich das eigene Herz, die eigene Liebesfähigkeit gewandelt hat.

Aus der Tiefe einer Fische-Zeit steigen Fragen wie Luftblasen an die Oberfläche der Seele und zerspringen, noch bevor sie beantwortet sind. »Kann ich überhaupt lieben? Sind meine Gefühle nicht einzig vom Bestreben, etwas zu bekommen, genährt? Wohin ist die Selbstlosigkeit verschwunden, die als Ideal in meiner Beziehung herumspukt? Ist die einzig wahre Liebe die gebende Liebe zwischen Eltern und ihrem Kind? Müsste mein Herz nicht offener, unsere Liebe nicht grenzenloser sein?« Das Geheimnis einer Fische-Periode besteht darin, dass es nur Fragen und keine Antworten gibt. Haben wir vorher davon gesprochen, dass eine bestimmte Phase eine Färbung in das Beziehungsgeschehen bringt, so müssen wir in der vom Neptun regierten Zeit feststellen, dass er ihr die Farbe entzieht. Das Bild des Partners verblasst, Gefühle werden schwächer, das Herz schlägt leiser, kaum noch hörbar. Nur wenn es ganz still wird und wir sehr aufmerksam nach Innen schauen, können wir begreifen, um was es überhaupt geht.

Alle Beziehungen dieser Welt werden im Himmel beschlossen. Ob Mann/Frau-, Eltern/Kind- und auch Täter/Opfer-Beziehungen, sie alle werden von den Göttern geknüpft. Über das Du, über den anderen sollen die Ich-Grenzen aufgehoben werden. Unsere Sehnsucht treibt uns voran, die Verliebtheit beflügelt uns, wir wachsen über unsere Ego- und Vorstellunggrenzen hinaus. Diese Bewegung ist göttlich und bringt uns nicht nur mit einem anderen Menschen in Kontakt, sondern mit unserem innersten Wesenskern, durch den wir mit allem verbunden sind. Diese Öffnung geschieht ganz unwillkürlich und kann einem deshalb Angst machen. Die Fische-Phase im Composit erzählt von der spirituellen und mystischen Seite einer Beziehung. Doch bis es so weit ist, kämpft der Mensch um das Überleben seines Egos. Lieber opfert er die Liebe und zieht sich enttäuscht vom Partner zurück. Er versucht, weiter auf einem festen Boden zu stehen, die Existenz seiner Beziehungswelt und seiner Werte zu sichern. Aus der Angst heraus, sich zu verlieren, bleibt er fest in sich verankert, und das macht ihn einsam. Er betrügt sich selbst und ignoriert dabei die innere Stimme der Weisheit, die ihn überzeugen möchte, die Illusionen einer irdischen Zugehörigkeit wenigstens in Frage zu stellen. Solange der Mensch nur eine Seite der Welt für sein Glück in Betracht zieht, bleibt dieses leer und unvollkommen. Neptun als Herrscher über diese Zeit hält seinen Finger auf die größte Wunde der Liebe: Sie ist, vom diesseitigen Standpunkt aus betrachtet, sterblich. Spätestens wenn einer der beiden Partner stirbt, bleibt einer alleine zurück. Wir alle versuchen, diese Tatsache zu ignorieren (ebenso wie wir den Tod leugnen). Nur, es will uns nicht ganz gelingen, am wenigsten in einer Fische-Periode. Alle Illusionen, Lügen, Täuschungen haben hier ihre Wurzeln. Es soll sein, was nicht ist – die Lüge. Es soll bleiben, was sterblich ist – die Täuschung. Es soll werden, was niemals sein wird – die Illusion. Während auf der »Oberfläche« des Beziehungsweges die Dinge ihren normalen Lauf nehmen, sich der Alltag uns aufzwingt, die Verantwortlichkeiten ihr Recht fordern usw., übernimmt Neptun heimlich in uns die Führung. Er überflutet die Seele mit Fragen nach dem Sinn und überschwemmt die Ufer der Beziehungsinsel. Sie wird immer kleiner und droht allmählich unterzugehen. Mit dem letzten Stückchen festen Boden ist das Entwicklungsziel dieser Phase erreicht. Erst nachdem alle »Lügen« untergegangen sind, zeigt sich der Schatz am Ende des Regenbogens. Aus den geweinten Tränen entsteht ein Fluss, der die Liebenden davonträgt – zurück ins Paradies.

Die Wassermann-Phase – *Freiraum schaffen*

Der Lebensboden einer Wassermann-Phase weist eine große Zahl an Löchern auf. Je heftiger der Mensch, bzw. ein Paar an seiner Sicherheit festhält, desto lockerer wird das Beziehungsgewebe. In dieser Periode scheint es unmöglich, sich fest zu verwurzeln, die Liebe fest zu verankern. In der Tiefe der Geschichte sitzt eine Art Maulwurf, der die Heimaterde durchpflügt und jede Bepflanzung unmöglich macht. Auch wenn es schon oft gesagt wurde, sei an dieser Stelle noch einmal darauf hingewiesen: Eine Wassermann-Auslösung kann, muss aber nicht zu einer Trennung führen! Es geht vielmehr darum, ein inneres Eingesperrtsein zu beenden. Jeder Mensch wird von Ängsten und Zweifeln geplagt. Um einigermaßen ruhig durchs Leben zu gehen, werden diese in die letzte Ecke des Unbewussten gezwungen. Dort »lauern« sie auf den richtigen Zeitpunkt und setzen dann, wenn wir einen Moment lang nicht gut aufpassen, zum Sprung an. In einer Wassermann-Phase »springen« eine Menge solcher eingelagerten Gespenster aus ihrem Versteck. Ähnlich einer Wanderung über ein vermintes Feld, ist man jetzt besonders aufmerksam. Diese Vorsicht ist der Grund, wieso eine Wassermann-Periode zuerst verlangsamend und nicht beschleunigend wirkt. Aus Angst vor möglichen Konsequenzen hält sich der Mensch nun erst recht fest. Er bleibt stehen und vermeidet jede Bewegung, um zu verhindern, dass etwas ins Rollen kommt, das dann nicht mehr zu stoppen ist. Allerdings reichen auch die Kräfte zweier Menschen nicht aus, um 7 (manchmal 14) Jahre lang gegen den Strom zu schwimmen. Die – erst einmal fremde – Kraft dieser Periode rüttelt so sehr am alten Gefüge, bis alles ins Wanken und Rutschen gerät. Spätestens mit der Uranus-Auslösung, die den Höhepunkt der Eruption darstellt, kommt ans Licht, wie unsicher das Beziehungsleben ist. Alles, was ein Paar für sich als unverzichtbar definiert hatte, zerbröckelt. Gemachte Versprechen werden zurückgenommen, beide werden das Gefühl nicht mehr los, der gemeinsame Weg könnte jederzeit zu Ende sein. Eine plötzliche, scheinbar grundlose Entfremdung führt dazu, dass man aneinander vorbei redet. Auf einmal wird sichtbar, wie unterschiedlich die Weltanschauung des Partners ist, wie weit sich seine Entwicklung von der gemeinsamen Basis entfernt hat. Verantwortungsabsprachen werden verraten, das frühere Vertrauen schwindet. Eine Explosion folgt auf die andere, das Beziehungsfeld ist durchlöchert, der Boden bietet keinerlei Sicherheit mehr. Dann ist der Zeitpunkt gekommen, der von Uranus gestellten Aufgabe ins Antlitz zu schauen und die dringend notwendigen Freiräume zu schaffen. Das Band der Partnerschaft ist gelockert, endlich ist Platz für Neues. Die Vorstellung, immer Hand in Hand durchs Leben zu gehen, alles miteinander zu teilen, ist nicht aufgegangen. Jedes Beziehungsgebäude braucht leere Räume, in die sich die Partner voreinander zurückziehen können. Jetzt, da die Angst geringer geworden ist – was kann jetzt noch geschehen! –, dürfen sie bezogen werden. In Gedanken ist der Partner schon mehrfach verabschiedet worden. Das macht frei, frei innerhalb einer Gemeinschaft seine Individualität, sein ganz spezielles Wesen zu spüren und leben zu dürfen. Die einengenden Werte, die begrenzende Moral und die schwer machenden Verpflichtungen sind in den »Löchern« des Beziehungsbodens verschwunden. Über dem Paar fliegen am blauen Himmel die Zugvögel in den Süden und hinterlassen in den Herzen der Beobachter das sichere Gefühl, dass sie zur rechten Zeit zurückkehren werden.

Die Steinbock-Phase
Ordnung und Schicksal

Jeder Mensch kennt die glücklichen Zeiten, da er offensichtlich tun und lassen kann, was er will. Seine Handlungen ziehen keine Konsequenzen nach sich, er wird weder beim Falschparken noch bei den kleinen Steuerbetrügereien erwischt. Das Gleiche gilt für eine Partnerschaft. Auch hier gibt es Zeiten, in denen die kleinen und großen Lügen unbemerkt bleiben und die Partner recht locker mit Moral, Verantwortung und Ordnung umgehen. Eine Steinbock-Phase beendet dieses kindliche Spiel. Sieben Jahre stehen zur Verfügung, um die beiden in eine erwachsenere, reifere Gemeinschaft zu überführen. Niemand meldet sich freiwillig zu diesem anstehenden Programm. So greift das Schicksal zu hilfreich ordnenden Gesetzen, denen sich niemand entziehen kann. So wie ein Kind, und sei es noch so gerne im Kindergarten, keine Chance hat, um die Schulpflicht herumzukommen, hat ein Paar, sobald es seine Füße auf den Boden der Steinbock-Phase setzt, keine Möglichkeit mehr, sich zu drücken. Die Landschaft ist steinern und karg, der Beziehungsweg führt über steile Berge hinweg. Diese können nur mit größter Anstrengung gemeistert werden. Manchmal sind es schicksalhafte Umstände, die sich zu Bergen auftürmen, um dem Paar den Ernst des Lebens beizubringen. Manchmal kommt die Schwere aus der Tiefe der Beziehungsseele. Dort hat sich über die Zeit viel angesammelt, was jetzt geordnet und entsorgt werden muss. Saturn liefert die Ergänzung zu unserem subjektiven Wollen, er schleust Ausgegrenztes in die Beziehung zurück. Er fordert von den Beteiligten, die Verantwortung für das entstandene »Dritte« zu übernehmen. Er entlässt niemanden aus der Pflicht. Es geht hierbei nicht um die von uns Menschen gelegten Maßstäbe, sondern um eine höhere Moral, die besser mit dem Begriff »Ordnung« umschrieben wäre. Zur Unordnung gehört alles, was die Beteiligten in ein Ungleichgewicht bringt. Der eine trägt eventuell mehr Verantwortung (beispielsweise für die Kinder), der andere nimmt sich etwas vom »Kuchen des Lebens«, ohne dem Partner das gleiche Recht zuzugestehen (zum Beispiel außereheliche Beziehungen). Solch ein Ungleichgewicht bringt irgendwann die Beziehung zum Kippen. Spätestens mit der Saturn-Auslösung stehen die Partner vor der höchsten Hürde ihres gemeinsamen Weges. Diese muss jetzt von beiden abgetragen werden. Geduldig muss Stein für Stein betrachtet und zugeordnet werden. Der Täter muss sich der Verantwortung für seine Tat stellen, das Opfer muss die Verantwortung für das Opfer-Sein ebenfalls zu 100 Prozent tragen. Jetzt lassen sich keine Geschäfte wie 50/50 mehr machen. Die Zutaten des Schicksals, die der Partnerschaft für einige Zeit den »Brei« verderben, können unterschiedlicher Zusammensetzung sein. Krankheit, Kündigung, finanzielle Engpässe gehören zu den Schwierigkeiten, die Saturn als Hüter des Schicksals zu seinen Helfern gemacht hat. Oft sind es die gemeinsamen Kinder, die mit ihren Schwierigkeiten auf die Unordnung hinweisen. Die Aufgabe besteht darin, diesen Fingerzeigen nachzugehen und sich zu fügen. Vergessen wir nicht, dass die Beziehungsgrundlage einer Steinbock-Periode die Arbeit ist. Gott sei Dank gibt es auch in dieser Phase Sonntage, an denen geruht werden darf. Doch das Hauptaugenmerk liegt nun mal auf den ordnenden, ausgleichenden Prozessen. Am Ende dieses Weges, wenn das Klassenziel erreicht ist, wird es wieder leichter. Das Glück, das in der darauf folgenden Schütze-Phase auf eine Beziehung wartet, ist und kann nur durch diese Prozesse erreicht werden. Wie es so schön heißt: Liebe kann nur gelingen, wenn sie von der Ordnung getragen wird.

Die Schütze-Phase – *Die Sinnfindung*

Wir Menschen glauben entweder, das Glück wird vom Himmel über uns ausgeschüttet und wir müssten nur unser »Hemdchen« aufhalten, oder aber wir schauen erwartungsvoll auf den Partner, als sei dieser dafür zuständig. Im Laufe einer Beziehungszeit werden diese Ansprüche enttäuscht, die Partner werden vom Schicksal eines Besseren gelehrt. Darüber verlieren sie zeitweise das Vertrauen und den Glauben an die Liebe. Der Segen, der in einer Schütze-Periode auf sie wartet, ist die Erkenntnis, dass Glück eine Leistung der Seele ist und jeder, der sich auf den Weg macht, selbst die Verantwortung zu übernehmen, die Zufriedenheit des Herzens erreichen kann. So wünscht Jupiter, der Herrscher des Tierkreiszeichens Schütze, dass man ein geistig Suchender und natürlich ein Finder wird.

Auch in diesem Wegabschnitt findet ein Paar keine Ruhe, denn jedes erreichte Ziel ist ein Ansporn weiterzugehen. Doch die antreibende Kraft wird im Großen und Ganzen als positiv und nicht als schwer und behindernd erlebt. Die Suche nach dem Sinn einer Beziehung beginnt allerdings oft durch gegenteilige Empfindungen. Die Zeit der Anpassung ist vorbei, der Alltag ist geregelt, die Verantwortlichkeiten sind verteilt und die anfängliche Spannung der Verliebtheit hat längst nachgelassen. Was jetzt? Mit einer Jupiterauslösung als Höhepunkt der Schütze-Periode bekommt die Beziehung einen entscheidenden Impuls. Der Wunsch entsteht, der Gemeinsamkeit ein neues, ein geistiges Dach zu bauen. Es gibt die Ehe als Zweckgemeinschaft und es gibt das »heilige Sakrament« der Ehe. Das gilt auch für Eltern/Kind- und ebenfalls für freundschaftliche

Beziehungen. Sie alle können sich mit der Erfüllung von oberflächlichen Wünschen zufrieden geben oder ihren Sinn auf eine andere Ebene verlegen. Die Erkenntnis, dass jeder Mensch, dem ich begegne, ein Teil von mir selbst ist, ist der Ausgangspunkt auf diesem Weg. Der wahre Entwicklungsprozess beginnt, wenn ich mich mit meinen ausgelagerten Seelenanteilen anfreunde, sie liebe und mit ihnen glücklich werde. Sobald ich meinem Gegenüber »zur Vermählung« die Hand reiche, trägt die Verbindung das heilige Sakrament der Ehe in sich (das Wort Ehe ist hier nicht wörtlich zu nehmen). Dazu brauche ich keine Ringe und keine Kirche. Es muss sich nicht einmal um einen gegengeschlechtlichen Partner handeln. Jeder, wirklich jeder Mensch auf dieser Erde kann mich heilig = holy = whole = ganz und damit ein bisschen glücklicher machen. Dabei handelt es sich um ein Glück, das den Menschen findet, nicht um jenes, das *er* sich einmal erhofft hat. Nur aus diesem heraus erwächst das wirkliche Vertrauen, dass jeder unserer Weggefährten von den Göttern »geschickt« wurde, um uns zu heilen.

In der Schütze-Phase sollen zwei Menschen ihrer Partnerschaft dienen und sie einem Sinn zuführen. Vor ihnen liegen sieben Stufen (die sieben Jahre, die zum Tempel führen). Um hinaufsteigen zu können, müssen sie sich zuerst ihrer Ebenbürtigkeit bewusst werden. Keiner von beiden sollte sich besser fühlen als der andere, niemand klüger und auch keiner unschuldiger als der Partner. Auf den sieben Stufen müssen all diese Unterschiede zurückgegeben werden, auf der letzten bleibt sogar ein bisschen vom Unterschied zwischen Mann und Frau zurück. Im Tempel angekommen herrscht Friede und Dankbarkeit. Nur leider kommt nicht jeder dort an. Wie schon gesagt: Glück ist eine Leistung. Und es gehört zur Freiheit des menschlichen Willens, diese Leistung zu erbringen oder zu verwehren. Jede Stufe darf irgendwann mit einem neuen Partner wiederholt werden. Nur für dieses Mal mag es zu spät sein. Der Schmerz, den ein Mensch empfindet, wenn er seine Hand zurückzieht, ist größer, als er im ersten Moment fühlt, und wird ihn lange begleiten.

Die Skorpion-Phase
Der Weg durch die Dunkelheit

Selbst in einer Skorpion-Phase sind nicht die gesamten sieben Jahre dunkel und düster. Und doch besteht die Aufgabe darin, zusammen mit dem Partner die Schattenseiten der Beziehung zu durchwandern. Damit diese schwere Aufgabe erfüllt werden kann, »bestreicht« das Schicksal den Beziehungsweg mit »Klebstoff«, von Freiheit ist hier nicht allzu viel zu spüren.

Unsichtbar unter dem Beziehungsweg befindet sich ein Sumpf, und während das Paar auf der Oberfläche des Lebens zuerst noch recht sicher voranschreitet, wird der Boden immer weicher, immer nachgiebiger. Irgendwann werden beide einsinken, und der Gott der Unterwelt wird nach ihnen greifen. Mit der Pluto-Auslösung als Tiefpunkt dieser Phase (hier können wir wirklich nicht von einem Höhepunkt sprechen) erfasst die dunkle Macht die beiden Herzen und erfüllt den Beziehungsraum mit Kälte. Die Liebe droht in der Dunkelheit unterzugehen. Bevor es wieder Licht werden darf, muss zuerst eine Aufgabe erfüllt, ein Zauber gelöst werden. Die Partnerschaft befindet sich in einer Sackgasse, die lebendigen Energien stagnieren. Was ist geschehen? Wie kommt ein Paar, dessen Liebe ursprünglich so viel Kraft in sich trug, an diesen toten Punkt? Schauen wir zurück: Jeder Mensch bringt viele Vorstellungen in seine Beziehung ein. Bilder, die entweder versuchen, ihn selbst oder den Partner oder das Zusammensein in ein Ideal hineinzuführen. Er projiziert einen vorbildlichen Weg in die Zukunft, der ihn direkt ins Glück bringen soll. Der Partner stellt einen Teil dieses Bildes dar und wird zum Überbringer des Glücks, der Liebe, des Erfolgs usw., zu welchem Zweck die Beziehung auch immer dienen mag. Je schöner und heller das Ideal, desto mehr »Abfall« wird produziert. Alles, was nicht in den erwünschten, vorgegebenen Rahmen hineinpasst, muss verdrängt, ignoriert, kurzum, geopfert werden. Genährt werden nur die Vorstellungen, dem anderen Pol wird keine Beachtung geschenkt. Doch wohin damit? Wohin verschwindet die Wirklichkeit, die Wahrheit darüber, dass die eigene Liebe vergänglich, der Partner unvollkommen und dauerhaftes Glück eine Illusion ist?

Jede Beziehung hat ebenso wie ein einzelner Mensch eine Seele und damit auch einen bewussten und einen unbewussten Anteil. Im »Keller« des gemeinsamen Familienhauses liegen ebenso viele Leichen wie in dem eines Einzelappartements. Das Leben »oben« weiß lange nicht um die Geheimnisse, die in der Tiefe begraben liegen. In der Skorpion-Phase dringt der »Leichengeruch« durch die verschlossenen Türen. Das Paar ahnt, dass irgendetwas nicht stimmt. Mit dem Begriff des toten, des verdrängten Anteils ist letztlich nichts anderes gemeint, als dass sich lebendige Seelenanteile zurückziehen müssen, um eine Idee aufrecht halten zu können. Jetzt warten sie darauf, wieder empor ins Bewusstsein geholt zu werden. Eines dieser geopferten Wesen heißt z.B. Freiheit, ein anderes Hingabe. Beides sind die erklärten Feinde von Pluto. Sie würden seine Macht außer Kraft setzen. Fixierungen, Versprechen, Treueschwüre und Abhängigkeiten, das ist die Magie, derer er sich bedient. Mit ihrer Hilfe versucht der Mensch, das Schicksalsrad anzuhalten und seine Liebe zu konservieren. In der Skorpion-Phase erlebt ein Paar zumeist beide Seiten des Themas. Zuerst werden Bande geknüpft, Verstrickungen entstehen, die erwünschte Gemeinsamkeit und das ersehnte Ideal werden wahr. Das führt zu einem gigantischen Höhenflug. Und dann kommt nicht etwa der Sturz – es kommt das Nichts. Es wird still in den Herzen, der Dämon, den sie einst riefen, kehrt sich um und wird zum Schatten. Es fehlen Freiheit, Spannung, Austausch mit der Welt und zum Schluss auch die Gefühle. Macht- und Egokonflikte, Eifersucht und Besitzdenken halten Einzug ins düstere Haus. Damit hätte der Herr der Unterwelt gesiegt, wäre er nicht auch Luzifer, der Lichtbringer, der gefallene Engel. Am dunkelsten Punkt einer Beziehung entzündet er sein Licht. Wenn alle Bilder zu Asche verbrannt sind, ist er auch Phönix, der aufsteigt und die Herzen auf seinen Flügeln dem Himmel näher bringt.

Eine Partnerschaft, die diese Unterwelt durchwandert hat, die die »Hölle« der Enttäuschungen und der Leblosigkeit überdauert hat, weiß letztendlich, was Liebe ist: das Gegenteil von dem, was beide Partner am Anfang des Weges glaubten.

An dieser Stelle sei noch einmal gesagt, dass auch diese Dunkelheit nicht die gesamten sieben Jahre andauert. Das Thema schwingt zwar immer mit, wird aber nicht in jedem Moment wahrgenommen. Mit der Pluto-Auslösung allerdings verdunkelt sich der Beziehungshimmel. Die Sonne kann aber danach umso heller und strahlender wahrgenommen werden.

Die Waage-Phase – *Die Beziehung*

Wenn wir innerhalb eines Partnerschafts-Horoskops auf das Tierkreiszeichen Waage stoßen, so hat dieses eine besondere Bedeutung. Oberflächlich betrachtet erwarten wir nichts anderes als Harmonie und Gleichklang. Von einer tieferen Warte aus gesehen ist diese Wegstrecke jedoch folgenden Themen gewidmet: Was heißt überhaupt Partnerschaft? Was bedeutet es, die andere Hälfte zu suchen, bzw. zu sein? Was ist Beziehungsfähigkeit? Was ist gemeint mit dem Partner als Spiegel, bzw. als Schatten? Schaffe ich es als Mensch überhaupt, das seit dem Paradies zerbrochene Symbolon wieder zu vereinen?

Viele Fragen und (nur!) sieben Jahre für die Antworten. (Nur wenige Paare dürfen 14 Jahre dafür in Anspruch nehmen.) Nur über die gelebte gemeinsame Zeit bekommt der Mensch eine Ahnung, was ihn zum Du hingezogen hat und welche Entwicklung das Schicksal ihm damit auf den Weg gab. Der Wunsch nach Gleichheit, nach Ähnlichkeit und Übereinstimmung mit dem Partner ist nie so groß wie in der Waage-Periode. Diesem Bedürfnis nach Frieden und Zugehörigkeit stehen zwei Egos gegenüber, die sich wieder und wieder in der gleichen Situation vorfinden. Entweder Ich oder Wir, das ist hier die Frage, die auf dem Waage-Boden wuchert wie Unkraut. Jede Auslösung, die auf diesem Grund »wächst«, wird als störend empfunden. Die Sonne will das Ich durchsetzen, der Mars seinen Willen, der Uranus die Freiheit usw. Selbst die Venus ist, wenn sie in einem Feuerzeichen steht, ein Störenfried. Das Paar hat auf seinen Beziehungsgrund eine grüne, weiche, saftige Wiese gesät und erfährt doch wieder und wieder, dass die (menschliche) Natur ihren eigenen Willen hat. Jeder Ärger, jede Auseinandersetzung zählt auf diesem heiligen Beziehungsboden doppelt so schwer, da der Anspruch an die Gemeinsamkeit immer mitschwingt. Es gibt Paare, die diese Periode tatsächlich ohne Streit durchstehen. Die Andersartigkeit des Gegenübers wird einfach ignoriert, das Wir ist die dominierende Größe.

Ich kenne den Einwurf des Lesers, der an dieser Stelle heißt: Ja, aber es gibt doch *echte,* wirkliche Harmonie. Natürlich gibt es die, am Ende des Weges, wenn wir uns im anderen wieder gefunden haben. Doch meist besteht diese Phase erst einmal aus einem Ringen, das Suchbild, das wir vom Partner in uns tragen, in Deckung mit dem zu bringen, was wir in der Welt vorfinden. Nicht nur Liebes- und Ehepaare begleitet dieser Anspruch, sondern auch Eltern/Kind-Beziehungen und Freundschaften werden von diesem Wunsch beseelt. Das Verlangen selbst kommt aus der Tiefe der Menschheitsgeschichte und gehört zu uns seit der Vertreibung aus dem Paradies. Nur, es gehört etwas mehr dazu, »den Menschen« da draußen als einen Teil von mir selbst zu sehen. Am Anfang des gemeinsamen Weges, wenn die Verliebtheit noch groß ist, sprechen wir gerne von unserer besseren Hälfte, von der Dualseele oder auch vom Deckel, der seinen Topf wieder gefunden hat. Gott »Eros« hält so lange seine schützende Hand vor die Andersartigkeit unseres Gegenübers, bis wir dank der Anziehung nahe genug herangezogen wurden, um nicht einfach so mir nichts dir nichts davonzulaufen. Wann nimmt diese Kraft eigentlich ab? Wodurch beginnt der Abstoßungsprozess, der uns immer wieder alleine und verwundet zurücklässt? Ganz einfach, er beginnt mit dem Satz: Du bist nicht Ich, ich kann mich mit Dir nicht mehr identifizieren. Dieses Tal muss in der Waage-Phase durchwandert werden, sonst schafft es der Mensch nie, sich dem zu stellen, was er nicht *in* sich trägt und was doch zu ihm gehört. Mit jeder Ablehnung verscheuchen wir Eros, den Gott der Liebenden und mit jeder Zuwendung holen wir ihn zurück in die Beziehung. Das tun wir so lange, bis wir – vielleicht mit der Venus-Auslösung – verstanden haben, dass auch er ein Teil von uns ist.

Die Jungfrau-Phase – *Täter-Opfer-Ausgleich*

Diese Phase könnte man auch mit den Worten »Projektionen und Schuldzuweisungen zurücknehmen« umschreiben. Das Lieblingsspiel aller Menschen ist das »Du-bist-schuld«- und das »Ich-bin-besser-als-du«-Spiel. Der eine hat den besseren Charakter, der andere das größere Herz. Alle Paare dieser Welt vergleichen irgendwann, wer wem mehr Gutes getan hat und wer dem anderen schadet, bzw. nützt. Das und nichts anderes ist mit dem Täter/Opfer-Geschehen gemeint. Wir sprechen hier nicht, beziehungsweise nur in sehr seltenen Fällen von Aggressivität, Betrug und ähnlich schweren Vergehen. Jeder Mensch fühlt sich irgendwann von einem anderen geschädigt. Am Arbeitsplatz werden ihm die schwierigsten Arbeiten zugemutet, in der Eltern/Kind-Beziehung fühlt er sich überfordert (das kann sowohl für das Kind wie auch für die Eltern gelten), in seiner Partnerschaft wird er ausgenutzt. Dieses »normale« Alltagsgeschehen hinterlässt dennoch große Wunden. Es schmerzt sehr, wenn die Anerkennung fehlt und kein Ausgleich stattfindet.

Die Jungfrau-Periode einer Partnerschaft ist in diesem Sinne eine mühsame Zeit, in der die gesamte Kraft einer Beziehung darauf zielt, Soll und Haben auszugleichen – eine gute Zeit für Nacharbeit. »Schulden« sammeln sich an und müssen abgetragen werden. Niemandem macht dies ausgesprochen Freude, und es gibt dafür keinen Lohn. Mit dem Ausgleich fällt für den einen der »Ruhm« des Besser-Seins weg und der andere, der mit seiner »Rückzahlung« seine Schulden begleicht, erfüllt damit eine Notwendigkeit, die weder Dank noch Anerkennung findet. Die wenigsten Menschen nehmen früh genug das Ungleichgewicht wahr, das schnell zum Kippen oder gar zur Beendigung einer Partnerschaft führen kann. Zuerst einmal ist es wichtig, sich vor Augen zu führen, dass immer beide, Geber und Nehmer, an dem Konflikt beteiligt sind. Das Beispiel eines Paares: Eine Frau erzählt verbittert ihre Geschichte: Sie habe ihren Partner über zehn Jahre lang versorgt, ihm sein Studium finanziert, seine Arbeiten getippt und auch ansonsten ihm ihre gesamte Zeit geopfert. Drei Stunden (!) nachdem er seine Abschlussprüfung bestanden habe, hätte er sich in eine andere Frau verliebt und sie sofort ohne weitere Erklärungen sitzen gelassen. Im ersten Moment ist jeder, der davon hört, empört und stellt sich auf die Seite der Frau. Wie kann der Mann nur so undankbar sein! Es ist auf Anhieb schwer zu begreifen, dass die Frau damit, dass sie *zu viel* gegeben hat und dass dadurch der Ausgleich so gut wie unmöglich wurde, eine Mitschuld trifft. Auch ein Partner, der studiert, kann für die Gemeinsamkeit seinen Einsatz bringen. Nicht nur, dass zehn Jahre des Studiums darauf schließen lassen, dass der Mann solange wie möglich Kind bleiben wollte, hätte er mit der verbleibenden Zeit genügend Möglichkeiten gehabt, etwas in die Beziehung einzubringen. Das allerdings hätte die Frau verlangen müssen. Die Schuld, und sei sie noch so unbewusst, die der Nehmer über die Zeit angehäuft hat, machen ihn aggressiv und ungerecht. Statt sich seinem »schlechten Gewissen« zu stellen und einen Ausgleich zu suchen (es findet sich immer einer), bricht er lieber die Verbindung ab. Allerdings gelingt dies nur äußerlich, denn zwei Menschen bleiben über unsichtbare Fäden solange miteinander verbunden, bis der Ausgleich stattgefunden hat. Und zwar von beiden Seiten! Der Geber hat die Aufgabe, etwas zu verlangen, und das können die wenigsten. Lieber ziehen sie sich – mit einem besseren Charakter – zurück und bleiben bei den Schuldzuweisungen. Der Nehmer verdrängt im Allgemeinen das Ungleichgewicht, weil er die Mühe der Zurückzahlung scheut. Lieber lässt er sich von seinem Gewissen um die seelische Ruhe bringen. Oft weiß er nicht, warum er so schlecht schläft und warum ihm vieles – zum Bespiel eine neue Beziehung – nicht gelingen will. Beziehungen sind wie Äpfel in einer (Beziehungs-)Kiste. Wenn nur einer faul ist, steckt er schnell die anderen an.

Ich kenne ein anderes Paar, das – vielleicht sogar ohne zu wissen *wie* richtig – eine ähnliche Situation gut gelöst hat. Zuerst studierte der Mann, die Frau ging arbeiten und dann, das war von Anfang an fest abgesprochen, finanzierte er ihr Studium. Heute haben beide eine gut gehende Praxis.

Mit der Merkur-Auslösung einer Jungfrau-Phase geht es darum, etwas wieder gutzumachen. Jeder der Partner hat den Auftrag, nicht nur zu überprüfen, ob er vom Guten zu viel oder zu wenig bekommen hat, sondern auch, ob einer von beiden der Beziehung vom »Schlimmen« zu viel Schlimmes zugemutet hat. Denn auch das »Böse« muss ausgeglichen werden. Wenn beispielsweise einer den anderen betrogen und ihm damit sehr wehgetan hat, dann ist er entweder seinem Partner einen Ausgleich im Guten schuldig (dieser darf sich etwas wünschen) oder derjenige, dem übel mitgespielt wurde, gibt dem anderen dies durch eine ähnliche Tat zurück. Hierbei ist es dringend notwendig, darauf zu achten, dass er niemals zu viel Rache ausübt, denn das würde das »Böse« hochschaukeln und es gäbe dann kein Ende mehr. Gibt er aber etwas weniger davon zurück, darf wieder Frieden einkehren. Der Gedanke eines Ausgleichs für das »Böse« ist den meisten Menschen unbekannt. Doch wer bereit ist, tiefer (unter die allgemeine Moral) zu schauen, kann spüren, wie richtig dieser Grundsatz ist. Frei und damit frei von Schuld *und* Schuldzuweisungen, fühlt sich der Mensch erst, wenn alles, Gut und Böse, zum Ausgleich kommt. Ob im Kleinen oder im Großen, im Alltagsgeschehen oder verstrickt in schwere Schicksalsumstände, jede Seele fühlt sich immer zur Lösung hingezogen und sehnt sich nach dem Glück, der Leichtigkeit und Freiheit.

Die Löwe-Phase – *Macht oder Liebe*

Bevor ich die Löwe-Phase beschreibe, muss ich zuerst auf die von mir im Composit-Buch beschriebene »Schwarze Sonne« hinweisen. Kurz zur Erinnerung: Ein Composit ist ein Halbsummen-Horoskop, das aus der kürzeren Mitte zweier Planeten besteht. So tragen wir zum Beispiel die Mitte der beiden Radix-Sonnen als gemeinsame Sonne in das Composit ein. Die Erfahrung hat gezeigt, dass der Punkt gegenüber, die Gradzahl der weiter entfernten Mitte, auch einen markanten Punkt für die Partnerschaft darstellt. Die Sonne symbolisiert den Weg einer Beziehung, der, wenn er lebendig und freudvoll gegangen wird, zum Glück führen kann. Verschließen sich die beiden Weggefährten in Krisensituationen der gemeinsamen Aufgabe und weigern sich, sich dem Partner zuzuwenden, »rutschen« sie in den Gegenpol, in den der »Schwarzen Sonne« ab. Somit stellt diese so etwas wie einen Fluchtpunkt, eine Sackgasse dar, in der die Partner im Widerstand gegen die gemeinsame Aufgabe verharren können. Beide – oder einer von beiden – wirft seine Bürde ab und flüchtet (innerlich) vor der seelischen Anstrengung. Dort hat er seine Ruhe, doch die Lebendigkeit versiegt. Viele Paare leben von da an entweder für immer oder für einige Zeit in Gleichgültigkeit nebeneinander her. So hat die Löwe-Phase, besonders mit ihrem Höhepunkt der Sonnen-Auslösung, zwei Seiten, die von jedem frei gewählt werden können. Entweder der Mensch entscheidet sich für den Weg der Liebe und der Lebendigkeit und bleibt auf dem hellen Weg oder er zieht sich vom Partner zurück und verbringt seine Zeit auf der Nachtseite, im toten Punkt der Partnerschaft.

Zuerst einmal ist die Löwe-Phase eine Zeit der Fülle, eine Chance, miteinander das Leben zu genießen und die Gemeinsamkeit lustbringend und kreativ zu gestalten. Jede Composit-Sonne, in welchem Tierkreiszeichen sie auch stehen mag, ist der kreative Ausdruck zweier Menschen, die ihre einzigartigen Anlagen und Fähigkeiten miteinander verschmelzen, um Neues zu zeugen. Mit der Zeit kann sich das Vertrauen entwickeln, dass das Gemeinsame für beide keinen Verlust bedeutet, sondern einen Gewinn. Wenn sie sich unterstützen statt sich zu bekriegen, wenn sie sich treu sind und dem Herzen folgen, können alle Schwierigkeiten überwunden werden. Die Probleme tauchen auf, wenn der Mensch als Einzelwesen seine Grenzen zu eng hält und seiner Individualität immer den Vorrang gibt. Um die gute Mitte zwischen den beiden Polen »Ich« und »Wir« zu finden, braucht es Zeit – mindestens die sieben Jahre der Löwe-Zeit. Das gemeinsame Ich kann hier seinen Höhepunkt erreichen – Liebe sprengt Grenzen –, ebenso ist es allerdings möglich, dass der gemeinsame Weg auf der anderen Seite der Welt, im Schatten, weitergeführt wird. Die Entscheidung liegt bei jedem selbst. Jeder Mensch wird nicht nur einmal vor die Wahl gestellt, sich für die Liebe und das gemeinsame Wachstum oder für das eigene Ich und dessen Belange zu entscheiden. Wie immer das Ergebnis ausfällt, beide Seiten haben ihre Berechtigung und dienen der Menschwerdung. Der einzige Fehler, der hier gemacht werden kann und damit unweigerlich in die »Schwarze Sonne« führt, besteht darin, dass der Mensch beides gleichzeitig für sich beansprucht. Er möchte sich auf keinen Fall der Welt alleine aussetzen und gleichzeitig will er sich, innerhalb der Beziehung, ohne Rücksicht auf den anderen und die Gemeinsamkeit verwirklichen. Natürlich benötigt eine Beziehung Freiräume, und natürlich widersprechen sich Selbstverwirklichung und Partnerschaft nicht. Gemeint ist hier der rücksichtslose, willkürliche Akt der Abtrennung von der Gemeinsamkeit, der den Partner alleine im Beziehungsraum zurücklässt, ohne ihn ebenfalls freizugeben. Derjenige, der den gemeinsamen Raum »warm hält«, bis der andere von seinem »Egotrip« zurückkehrt, ist zumeist derjenige, der zu sehr »liebt«. Er könnte von seinem Gegenüber etwas mehr gesunden Egoismus annehmen, während sein Partner die Zumutung, die darin liegt, alleine und doch zu zweit zu sein, erst einmal als eine solche erkennen muss. Der Rückzug in das eigene Ich bedeutet: »Ich verlasse den gemeinsamen Weg und nehme mir das Recht, – wann immer ich will – (wenn ich dich dann wieder brauche) zurückzukehren.« Irgendwann wird es dem Zurückgelassenen bewusst, dass er alleine ist, und auch er verschließt sich der liebevollen Zuwendung. Der Beziehungsraum verwaist, aus der Partnerschaft wird eine Zweckgemeinschaft, ein lebloses Nebeneinander. Mit einer Sonnen-Auslösung kann der Weg zurück zum Herzen gefunden werden. Beide spüren die Schatten, die auf ihren Seelen lasten und wünschen sich die Wärme des Sonnenlichtes zurück. Auch wenn der dunkle Winter noch so lange andauert und die Gefühle zu Eis gefrieren lässt, es gibt immer eine Chance für das Tauwetter.

Die Krebs-Phase
Sich ein seelisches Zuhause schaffen

Die Krebs-Phase verspricht Geborgenheit und Zugehörigkeit und gleichzeitig verlangt sie von den Partnern eine grundsätzliche Auseinandersetzung mit ihren Emotionen und kindlichen Ansprüchen. Die große Enttäuschung, die hier auf ein Paar wartet, ist die Erkenntnis, dass der Partner niemals die Eltern ersetzen kann.

All das, was man in der Kindheit nicht bekommen hat, ist für immer verloren. Somit ist diese Zeit einerseits eine Zeit des Abschieds von Hoffnungen und Erwartungen und gleichzeitig herrscht ein gutes Klima, mit einem anderen Menschen so etwas wie eine Familie zu gründen. Auch Freunde können sich eine seelische Umarmung schenken, die an die Geborgenheit und den Schutz unserer Kindheit erinnert. Jedem Menschen, und sei er noch so eigenständig, ist es wichtig, eine Gemeinschaft zu bilden, in der er sich aufgehoben und zuhause fühlt. Gleichzeitig haben wir alle ein Problem mit dauerhafter Nähe. So wird diese Phase für ein Paar zu einer Berg- und Talfahrt von Nähe und Distanz. Jede Beziehung hat ihren eigenen Energiefluss und ihre eigenen Mechanismen, Gemeinsamkeit und Ausgrenzung zu leben. Je nach Mondstellung im Composit wird bei der Auslösung dieser Phase geklärt werden, auf welche Art und Weise die Partner aufeinander reagieren und ob sie sich in einer stabilen Seelengemeinschaft befinden, ob ihr Nest zu eng oder zu locker geflochten ist. Mit der Composit-Mond-Auslösung befinden sich die Partner – egal wie alt sie sind – plötzlich auf der Stufe kleiner Kinder und wollen »gerettet« werden. Der eine klagt seine Ansprüche vehement ein, der andere schwächt sich (natürlich unbewusst), um bedürftiger zu erscheinen. Jetzt zeigen sich die »inneren Kinder«, die Emotionen schlagen hohe Wellen. Zwei Geschichten treffen aufeinander, deren Grundenergie wie ein Gewässer, das einen Keller überflutet, allmählich nach »oben« dringt. Alte Geschichten von Zurückweisungen, Ängsten und Ablehnungen prallen aufeinander. Der Anspruch auf Heilung dieser alten Kindheitswunden, ob angesprochen oder nicht, steht den beiden Bewohnern bis zum Hals.

Die beiden Herkunftsmuster ergießen sich in den Beziehungsraum, zwei ängstliche, weinende, anhängliche Kinder klammern sich aneinander und können einander doch nicht helfen. Und das ist auch gut so! Die Aufgabe – dieser sieben Jahre – verbietet, die Abhängigkeiten aufrecht zu halten. Das Geschenk, das beiden in dieser Phase gemacht wird, ist die Möglichkeit, miteinander alte Verstrickungen zu lösen. Mit Hilfe des Partners schaut man leichter in die Augen des Urschmerzes. In den Wurzeln dieser Mondstellung ruht der alte mitgebrachte Schmerz, der im Prozess der Begegnung neu erfahren wird. Er wird von der Alchemie der Bindung belebt. Er gleicht einem Samenkorn, das so lange im Boden der Wüste ruht, bis es der Regen zu neuem Leben erweckt. Zu Beginn der Phase weiß niemand, welche »Pflanze« sich den Weg aus der Tiefe emporbahnt. Doch wenn die erinnerte Wunde beginnt sich zu reinigen, wird alles leichter. Jeder Mensch kann wählen zwischen Opfer (ich bin so arm und klein, du liebst mich nicht) und Täter (du bist böse und nicht wert, dass ich dir meine Liebe schenke). Die Wahl ist niemals eine endgültige. Die Emotionen schwappen ganz besonders in dieser Phase hin und her, überspülen allzu oft den Beziehungsweg mit den trüben Wassern der noch ungereinigten Quelle des eigenen Ursprungs. Ohne die Hoffnung, eines Tages irgendwo anzukommen, würde sich wohl niemals jemand auf diesen dornigen Weg begeben.

Wenn beide gelernt haben, ihr innerstes Wesen besser wahrzunehmen und sich dem ewig wechselnden Seelenwetter nicht mehr so auszuliefern, scheint dem Paar endlich der Mond der Liebenden. Die warme, die weibliche Seite der Beziehung darf mit ihrer aufnehmenden Kraft dem Paar eine neue Heimat schenken. Und wenn sie nicht gestorben – bzw. auseinander gegangen – sind, dann erreichen sie die nächste Phase und verlassen erwachsener und seelisch gestärkt ihr neues Heim.

Die Zwillinge-Phase – *Sich der Welt stellen*

Man könnte diese Phase auch mit »Austausch und Alltagsbewältigung« überschreiben. Damit würden wir allerdings nur auf das Innenverhältnis der Partner schauen und nicht, wie es für diese Periode richtig ist, auch auf das Umfeld des Paares. Mit dem Wort »Welt« ist alles gemeint, was Menschen auf ihrem gemeinsamen Weg zu bewältigen haben.

Jede Partnerschaft hat auch die Aufgabe, Beziehungen zur Welt zu unterhalten. Die Begegnungen spiegeln die Verbindung, die Kontakte bereichern das gemeinsame Leben. Es gibt eine Menge Konflikte, die diesen Bereich begleiten. So beispielsweise unterschiedliche, nicht von beiden akzeptierte Freundeskreise und Interessengebiete. Kein Mensch möchte sich immer alleine auf die Welt beziehen. Er wünscht sich die Begleitung des Partners nach dem Motto: geteilte Freude ist doppelte Freude. Je nach Merkur-Stellung im Composit gelingt dies mehr oder weniger zufrieden stellend. Es gilt auch hier: Eine Sieben-Jahres-Phase wird als schwerer oder leichter empfunden, je nachdem in welchem Prinzip, beziehungsweise mit welchen Aspekten der Herrscher dieser Phase ausgestattet ist. So ist eine Zwillinge-Phase durchaus nicht so angenehm und leichtlebig, wie es dem Tierkreiszeichen entsprechen würde. Ein Merkur mit Spannungsaspekten kann ebenso viele Enttäuschungen mit sich bringen wie z. B. ein Neptun. Menschen, die sich erhofft hatten, mit dem Partner einen guten Weggefährten mit auf die Lebensreise bekommen zu haben, sind oft schwerstens enttäuscht, wenn dieser ganz anderen Interessen nachgeht als sie selbst. Ein anderer wiederum möchte lieber seine Hobbys und seinen Freundeskreis für sich alleine haben und fühlt sich vom Partner bedrängt, ihn mit einzubeziehen. In Anbetracht großer, schwer wiegender Schicksalsumstände mögen diese Alltagsgeschichten nichtig erscheinen. Doch für die Betroffenen bricht oft eine Welt zusammen, wenn sich die Interessen des Partners so offensichtlich nicht auf die gleichen Gebiete beziehen wie die eigenen. Sind wir doch einmal ehrlich: Die meiste Zeit unserer Beziehungen wird vom Alltagsgeschehen eingenommen. Und wenn sich dort immer wieder Schwierigkeiten zeigen, so bleibt wenig Energie für wichtigere, tiefere Prozesse übrig. In den sieben Jahren der Zwillinge-Phase sollen Probleme dieser Art bewältigt und aus dem Weg geräumt werden, damit der Blick frei wird für Wesentlicheres.

Ein anderer und doch ähnlicher Themenbereich dieser Periode ist die Kommunikation. Alle Menschen, zu welchem Zweck, in welcher Konstellation und Absicht auch immer sie zusammentreffen, müssen sich der Mühe unterziehen, sich irgendwie verständlich zu machen. Sie nutzen die Sprache und Gesten, um sich einem anderen mitzuteilen, um ihrem Wesen derart Ausdruck zu verleihen, dass sich der andere ein Bild ihrer Gedanken und ihrer subjektiven Welt zu machen vermag. Das Gegenüber hat die Aufgabe zuzuhören und dem eigenen Selbst ebenfalls in irgendeiner Weise Form zu verleihen. Nicht immer gelingt dies. Die Kommunikation wird entweder dadurch erschwert, dass die geistigen Welten der Gesprächspartner endlos weit voneinander entfernt liegen oder dass Gefühlszustände (sehr oft unbewusst) die Einstimmung auf eine gemeinsame Welt blockieren oder ganz verhindern.

Der Composit-Merkur, der Herrscher dieser Phase, sagt etwas darüber aus, wie verständnisvoll die Partner kommunizieren oder ob diese Kommunikation nur mühevoll und arbeitsintensiv gestaltet werden kann. Mit der Merkur-Auslösung werden die Partner mit diesem oft schmerzlichen Thema konfrontiert. Jeder Mensch möchte verstanden werden, und nimmt es dem anderen übel, wenn dies nicht gelingt. Manchmal ist es notwendig, erst einmal zu lernen, wie man sich verständlich macht und wie man zuhört. Eine große Hürde besteht in diesem Bereich zwischen Mann und Frau. Er argumentiert mehr aus dem Verstand heraus und gibt allzu gerne logische Ratschläge, während die Frau mehr »aus dem Bauch« heraus erzählen möchte, was sie bewegt. Sie wünscht sich Verständnis, ohne mit Ratschlägen überschüttet zu werden. Diese Missverständnisse werden wir nie ganz aus der Welt räumen können. Mehr als eine allmähliche Annäherung gibt es hier nicht. Es geht darum, dem Partner seine fremde, andersartige Gedanken- und Erlebniswelt zu lassen und sich dennoch auf einen gemeinsamen Weg zu beziehen.

Weitere Themen dieser Phase sind die Organisation des Zusammenlebens und die Alltagsbewältigung. Ein reibungsloses Zusammenleben lässt viel Raum, um andere Themen zu bearbeiten. Solange es Streitereien um Belanglosigkeiten gibt und solange wir wie hypnotisiert auf die berühmte »Zahnpasta-Tube« starren, steht das Entwicklungsrad der Partnerschaft still. Die höchste Fähigkeit, die ein Merkur zum Gelingen einer Beziehung in dieser Phase beizutragen vermag, ist die neutrale Sichtweise einer Problemstellung. Denn sobald eine Lernaufgabe bewältigt ist, wird sie nebensächlich. Das Paar kann dann so leicht und so spielerisch seines Weges gehen, wie es Merkur für sie in dieser Phase von Anfang an vorgesehen hatte.

Die Stier-Phase – *Sesshaft werden*

Der richtige Ort für eine Beziehung, an dem sie wurzeln und gedeihen kann, ist immer derjenige, an dem sich beide Partner gleichermaßen wohl fühlen. Da zumeist zwei ganz unterschiedliche Wertesysteme aufeinander treffen, fühlt sich der eine oder der andere zeitweise benachteiligt. Die Hauptaufgabe in dieser Periode besteht darin, eine Gemeinschaft zu bilden, die beiden gerecht wird. Die Venus als Herrscherin des Tierkreiszeichens Stier ist von hier aus betrachtet – denn sie ist ja zusätzlich auch der Waage zugeordnet – gruppen- und gemeinschaftsbildend. Man ist manchmal erstaunt, wie schnell ein Paar, das lange gezögert hat zusammenzuziehen, diesen Schritt wagt, wenn es die Stierlandschaft betritt. Der Boden dieses Wegabschnitts ist fruchtbar und verspricht einen guten Ertrag, wenn man ihn nur gut genug bearbeitet. Da jeder Mensch in seinen Beziehungen gerne von Wachstum, von Reichtum und von Wertzuwachs spricht, taucht sicherlich die Frage auf, was man tun muss, um wirklich irgendwann einmal »ernten« zu können.

Zuerst einmal ist Treue und Vertrauen eine gute Basis für das gemeinsame Gelingen. Mit Treue ist hier keine moralische Forderung an den Partner, sondern ein Sich-Einlassen auf die Gemeinschaft und deren Möglichkeiten gemeint. Das Wissen, dass man im Team mehr erreichen kann als alleine, reicht aus, um aus dem Treueversprechen kein Gefängnis und keine Anstrengung zu machen, sondern diesem von Herzen zuzustimmen. Auch geht es nicht darum, den Partner besitzen und festhalten zu wollen (dies gelingt nicht einmal in einer Stier-Phase), sondern sich selbst und der Beziehung einen Zeitrahmen zu setzen, in dem die »Arbeit« gelingen und die Partnerschaft Früchte tragen kann. Niemand kann von einer Pflanze schon in der ersten Saison einen Ertrag erwarten. Alles braucht Zeit, der Boden muss bearbeitet, das Feld gegossen, die Gewächse gepflegt werden. Ebenso ist es mit der Partnerschaft, sie braucht ihre Zeit, bis sie sich verwurzelt hat und gedeihen kann. Die sieben Jahre (oder auch die vierzehn) der Stier-Phase sind so ein

Rahmen, in dem zwei Menschen gut zusammenwachsen können. Die Steine, die aus dem Weg geräumt werden müssen, damit der Boden locker und tragfähig wird, sind die verschiedenen Wertesysteme, die aufeinander stoßen. Jeder Mensch wünscht sich die Bestätigung seines Wesens mit all seinen Ausprägungen. Bis zum Tag der Begegnung mit dem neuen Partner hat er schon vieles erlebt, was ihn geprägt hat. Außerdem trägt er die Werte seines Herkunftssystems. Dasselbe gilt für den anderen, auch er bringt eine Menge Geschichte mit in die Beziehung ein. Der eine möchte eine Art Schlosspark anlegen, der andere bevorzugt ein Bauerngärtchen. Wie kommt man zu einem gemeinsamen Werk, zu einer gemeinsamen Freude? Die Antwort ist einfach: Jeder muss für das gemeinsame Stückchen »Land« einen Teil seiner Individualität opfern, sonst bleibt der Boden unbearbeitet und die Ernte fällt aus. Aber nur wenn die »Opfer« frohen Herzens auf den »Altar« der Partnerschaft gelegt werden (es geht hier nicht um Kompromisse!), kann sich etwas daraus ergeben, was beiden danach mehr wert ist als die ursprüngliche Vorstellung.

Die verbindliche Zugehörigkeit, die in dieser Phase hergestellt werden kann, lebt von der Anerkennung beider Beteiligten. Erst wenn sich jeder vom anderen gewürdigt fühlt, wenn er spüren kann, dass er in Ordnung ist, so wie er ist, hat diese Phase ihren Höhepunkt erreicht. Mit der Venus-Auslösung reichen sich zwei Menschen die Hände und schauen dankbar auf ein gemeinsames Stückchen Leben.

Die Widder-Phase – *Sich zusammenraufen*

Nehmen wir einmal an, ein Paar käme erst nach vierzehn oder mehr Jahren ihrer Beziehung in die Widder-Phase. Beide hätten das sichere Gefühl, dass die Zeit des Sich-Zusammenraufens längst vorbei ist. Nun, gemeint sind hiermit nicht – oder nicht immer – die anfänglichen Schwierigkeiten einer Partnerschaft, sondern die Aufgabe, die eine Beziehung jederzeit auch nach Jahren noch treffen kann. So haben beispielsweise zwei Menschen ihre Reviere abgesteckt, das Kräfteverhältnis geklärt. Dann auf einmal möchte einer der beiden etwas verändern. Zum Beispiel möchte die Ehefrau, nachdem die Kinder aus dem Haus sind, etwas Neues lernen oder in ihren Beruf zurückkehren. Diese Umstellung erfordert eine neue Rollenverteilung und bringt zumeist große Auseinandersetzungen mit sich. Obwohl die Widder-Phase eine Art Kriegsschauplatz darstellt, bedeutet dies nicht, dass ein Paar sieben Jahre lang immerfort streitet. Es heißt, ebenso wie in anderen Entwicklungsperioden, dass der Boden, auf dem die unterschiedlichsten Themen »wachsen«, mit einer Art »Dünger« behandelt wurde, in diesem Fall mit einem »Aggressionsdünger«, so dass Spannungsfelder schneller entstehen als beispielsweise in dem sanften Klima einer Fische-Zeit.

Grundsätzlich geht es um die Eroberung neuer Positionen. Einer der Partner (oder auch beide) hat das Gefühl, nicht genügend Raum für sich in Anspruch nehmen zu können. Er muss zum »Täter« werden, um sich den von ihm gewünschten Platz zu erobern. Es kann sein, dass er dabei beim Partner »offene Türen« einrennt und dass sein Konflikt mehr in seinem Inneren stattfindet. Es ist aber auch möglich, dass der Beziehungsraum zeitweise zum Boxring wird und es tatsächlich um Sieg oder Niederlage geht.

Wenn Streit in einer Beziehung konstruktiv sein soll, gibt es Verschiedenes zu beachten. Es ist nicht sinnvoll, blindlings *gegen* den anderen vorzugehen. Es lohnt sich mehr, *für* etwas zu kämpfen und dabei das Gleichgewicht zwischen dem Wunsch, eigene Ziele zu verwirklichen, und dem Verlangen nach Harmonie in der Beziehung zu finden. In der Widder-Phase ist es durchaus möglich, je nach Stellung des Mars, dass eine Beziehung auseinander geht. Beide vertreten so fest und so überzeugt die eigene Position, dass eine Übereinkunft nicht mehr möglich ist. Dieses Ende eines gemeinsamen Weges ist allerdings kein wirkliches Ende, denn die unsichtbaren Bande bleiben unausgesöhnt vorhanden. Sie zeigen sich irgendwann aufs

Neue und das so lange, bis eine (innere oder äußere) Lösung gefunden wird. Der wirkliche Sinn dieser Phase besteht natürlich nicht aus Streiterei und Kampf, sondern eher darin zu lernen, wie ein Mensch *innerhalb* seiner Beziehungen sein Ich zu wahren lernt. Der Composit-Mars stellt zwar das Aggressionspotenzial einer Partnerschaft dar, dieses ist aber nicht beziehungsschädigend, sondern fördernd. Es gibt eine Art der zupackenden Aggression, ohne die Liebe nicht denkbar ist (und schon gar nicht die Sexualität). Dieses Grundprinzip steht für die Antriebskraft des Menschen, mit der er seine Entscheidungen treffen kann. Auch die Mars-Auslösung im Composit trägt dieses Feuer in sich und kann damit einer Beziehung neuen Mut, neue Kräfte und neue Impulse vermitteln. Besonders dann, wenn ein Bereich der Gemeinsamkeit in der Schwebe gehalten wurde, setzt die Mars-Auslösung dem ein Ende. Die spannungsgeladene Vorbereitungszeit der Widder-Periode trug dazu bei, dass Dinge wieder ins Rollen kamen. Die Menschen sollten weniger Angst vor diesen Energien haben, denn sie bewirken auch, dass sich die Reibungswärme in zugewandte Liebe verwandeln kann.

Die Auslösungen

In jeder Beziehung sind alle Inhalte, alle Wesensmerkmale und alle Aufgaben von Anfang an vorhanden. Doch erst mit der Zeit finden sie Einlass ins Bewusstsein der Partnerschaft. Im Gegensatz zu den Sieben-Jahres-Phasen, die mit ihrem Grundthema eine längere Entwicklungsperiode begleiten, können die Auslösungen ein sehr kurzfristiges, plötzliches Aufflackern eines Themas darstellen. Ähnlich einer Auslösung im Radix-Horoskop können sie den ersten Schritt eines neuen Entwicklungswegs oder einen plötzlich auftretenden Funken darstellen, der dann wieder verglüht. Er war dann einzig dazu da, das Paar an etwas Vergessenes zu erinnern. Das Thema tritt in den Hintergrund, wenn diese Aufgabe erfüllt ist.

Wie lange eine Beziehung an einer Auslösung »zu kauen« hat, kann man dem Planeten nicht ansehen. Es gibt somit keine schweren und leichten Auslösungen. Auch hier hängt wieder einmal alles von den Menschen selbst ab. Sie haben die Freiheit, sich für Abwehr und Verdrängung oder für lebendige Integration zu entscheiden. Jede Auslösung, ob direkt oder indirekt, beschreibt das Auftauchen eines Themas, das quasi aus dem Unterbewussten der Beziehungsseele auf den sichtbaren Weg gehoben wird. Manchmal sehr vehement, wie beispielsweise mit einem Satz wie: »Schatz, ich liebe dich nicht mehr!« Und manchmal eher schleichend und mehr als Trübung des Beziehungshimmels wahrnehmbar.

Es ist wichtig, hier noch einmal zu erwähnen, dass *alle* Planeten alle sieben Jahre in ihrem individuellen Rhythmus ausgelöst werden. Aus dieser Abfolge ergibt sich eine Art Erlebnismuster für ein Paar. Da kommt zum Beispiel immer zuerst der Uranus, dann der Mars und zum Schluss der Mond usw. Nach einiger Zeit kennt das Paar den immer gleichen Energiefluss. Erst droht einer der beiden mit Trennung, dann gibt es einen großen Streit, in dem die Angst vor dem Alleinsein ans Licht kommt, und dann finden sie in neuer Nähe und Geborgenheit in die Beziehung zurück. Der Leser kann an diesem einfachen Beispiel erkennen, wie er selbst vorzugehen hat, um den Rhythmus seines eigenen Beziehungssystems zu verfolgen. Listen Sie sich am besten alle Planeten in der Reihenfolge ihrer Auslösungen – innerhalb der sieben Jahre – auf und stellen Sie die Themen in ihren archetypischen Inhalten hintereinander. Sehr schnell fällt das individuelle Energiemuster ins Auge.

Doch dieses System ist nur ein Nebenschauplatz im Siebener-Rhythmus. Alle Auslösungen einer Periode sind gefärbt von dem Basisthema der Phase, aber sie stehen auch alle alleine für sich als abgegrenzte Aufgaben, die zwar schlussendlich zur Erkenntnis des Hauptthemas führen sollen, aber doch für sich alleine erlebt werden. Ein Beispiel:

Mein Partner zieht aus, er will für einige Zeit seine Freiheit erproben – also eine Uranus-Auslösung. Findet diese in der Krebsphase statt, werden mehr die »inneren Kinder« angesprochen, die ihren Urängsten des Alleinseins begegnen. Löst sich der gleiche Uranus in einer Löwe-Periode aus, bezieht er sich eher auf den Macht- und Kontrollaspekt der Partnerschaft.

Wie wir wissen, ist die wichtigste, bedeutsamste Auslösung immer die des Herrschers einer Phase. In unserem Beispiel wäre dies die Wassermann-Phase. Hier hätte Uranus die größte Sprengkraft, und das Fortbestehen der Partnerschaft wäre in dieser Phase besonders gefährdet.

Nun ist der Uranus darüber hinaus noch Träger zweier Themen. Er steht in einem Tierkreiszeichen und in einem Haus. Das Tierkreiszeichen bestimmt seine Aufgabe ebenso wie die Häuserebene. Somit muss der Leser in den folgenden Beschreibungen sowohl den Text für das Tierkreiszeichen als auch für die Häuserebene heraussuchen, um den gesamten Inhalt seiner Auslösungen verstehen zu können. Das Tierkreiszeichen hat dabei Vorrang und damit mehr Gewicht als die Häuserebene.

Diese beschreibt eine Art Umfeld, das dem Hauptthema eine zusätzliche Färbung gibt. Wir dürfen dies nicht außer Acht lassen, sollten es aber auch nicht überbewerten.

Sonnen-Auslösungen

Die Sonne
Der Weg der Beziehung

Genau in dem Augenblick, in dem sich zwei oder mehrere Menschen treffen, entsteht der Beziehungsweg. Mit einem »Ja« tritt die Beziehung in die Zeit. Die Sonne im Composit beschreibt die Art und Weise, wie Menschen miteinander umgehen. Sie zeigt auf, welche Weite und Größe sich zwischen ihnen entwickeln kann und an welcher Stelle sie durch Engpässe hindurchgepresst werden müssen, um ihr Ziel zu erreichen. Jede Sonne, in welchem Tierkreiszeichen sie auch stehen mag, ist der kreative Ausdruck zweier Menschen, die ihre einzigartigen Anlagen und Fähigkeiten miteinander verschmelzen, um Neues zu erzeugen. Die Problematik besteht darin, dass der Mensch als Einzelwesen seine Grenzen wahren möchte, gleichzeitig aber Angst hat, alleine zu sein. Die Sonne im Composit beschreibt, wohin ein Paar tendiert. Kämpfen sie eher um den Erhalt ihrer Individualität oder sind sie bereit, ein Stück Ego der Nähe, der Geborgenheit und der Liebe zu opfern.

Die Schwarze Sonne
Der Fluchtpunkt der Beziehung

Jeder Faktor im Composit-Horoskop errechnet sich, indem man von den jeweils gleichen Planeten die Halbsumme als neuen Ausgangspunkt wählt. Man nimmt den Halbsummenpunkt der kürzeren Mitte, auch wenn es sich dabei nur um wenige

Bogenminuten bzw. -sekunden handelt. Dieser Gradzahl gegenüber liegt der Punkt der weiter entfernten Mitte. Anhand von vielen Beispielen hat sich gezeigt, dass dieser Punkt, hier als »Schwarze Sonne« bezeichnet, einen wichtigen Faktor im Composit darstellt. Ein Paar, das sich weigert, den gemeinsamen Weg fortzusetzen (aus Enttäuschung usw.), kippt von der hellen Seite der Sonne hinüber in die Opposition, in eine Sackgasse hinein. Jede Beziehung hat es sich (unbewusst) zur Aufgabe gemacht, gemeinsam etwas lösen, beziehungsweise entwickeln zu wollen. Jedem Paar wird dies von Zeit zu Zeit zu anstrengend. Der Mensch wirft seine Bürde ab und flüchtet vor der seelischen Mühe. Die Nacht scheint ihn gnädig aufzunehmen und verspricht ihm Stille und Ruhe. Irgendwann aber stellt er fest, dass sich das Schicksalsrad nicht weiterdreht, dass der Stillstand zur Beklemmung wird. Er hat zwar hier in der Schwarzen Sonne seine Ruhe, doch die Lebendigkeit versiegt. Kehrt er zurück in die Mühsal, kehrt mit ihr auch der Schmerz zurück. Viele Paare trennen sich an dieser Stelle oder leben in Gleichgültigkeit nebeneinander her. Zwei Menschen, die sich bewusst mit dem toten Punkt ihrer Beziehung beschäftigen, die bereit sind zu sehen, wo sie sich entziehen, haben immer eine Chance zurückzukehren.

In den Beschreibungen der Sonnen-Auslösungen darf dieser Aspekt der Weigerung nicht fehlen. Da die helle und dunkle Seite der Sonne immer gleichzeitig ausgelöst werden (gleiche Gradzahl), gehören sie aufs Engste zusammen und müssen von daher auch innerhalb eines Textes beschrieben werden. Vergessen wir nicht, ein Paar hat die Wahl zu entscheiden, welchen der beiden Wege es gehen möchte: den schmerz-, aber glückvolleren lebendigen oder den gleichgültigeren, der jedoch weniger Verwundungen mit sich bringt. Das gilt auch, wenn die Schwarze Sonne direkt angetroffen wird.

Sonne im Widder oder im 1. Haus

Die Auslösung der gemeinsamen Sonne kann sich auf zwei Menschen auswirken wie eine belebende Energiespritze. Durch entstehende Reibungswärme entzünden sie sich gegenseitig und spornen sich an. Die Aufgabe besteht vor allem darin, Neues zu wagen, mehr aus dem gemeinsamen Leben zu machen. Es ist jetzt an der Zeit, all das in die Wege zu leiten, was lange in der Schwebe gehalten wurde. So manches wird endlich gesagt, (zum Beispiel »Ja« oder »Nein«) und anderes wartet schon lange auf die Tat und will umgesetzt werden. Am beglückendsten wird ein gemeinsames Ziel empfunden. Mit der sich verdoppelnden Energie kann jedes Hindernis aus dem Weg geräumt werden. Mit einem gemeinsamen Blick auf eine nahe Zukunft kann die Problematik, die mit dieser Auslösung auftreten kann, umgangen werden. Diese besteht darin, dass Energien gegeneinander und nicht für ein gemeinsames Ziel eingesetzt werden. Wenn jeder der beiden sein »Ich« aggressiv gegen das des anderen stellt, kommt es zum Kampf und zum Schluss der Auslösung verlassen beide das Schlachtfeld als Opfer und Täter, als Sieger und Verlierer. Und dann kann es lange dauern, bis sich die Beziehung erholt (denn der Schwächere sinnt ja nun auf Rache).

Schwarze Sonne in der Waage oder im 7. Haus

Sobald die Auseinandersetzungen dem einen oder auch beiden Partnern zu anstrengend werden, kann es schnell geschehen, dass sie den anstrengenden Weg verlassen. Oberflächliche Übereinkünfte sollen die Wogen glätten. Doch damit wird der Boden der Beziehung nicht bearbeitet, sondern eher eine Art Scheinharmonie hergestellt. So genannte »faule« Kompromisse« bedeuten – zumindest für eine Zeit – das Ende der Beziehung. Man lebt ohne wirklichen Kontakt nebeneinanderher. Die Energielosigkeit lässt die Partnerschaft auseinander fallen, es sei denn, einer besinnt sich wieder auf sein Schwert und beginnt erneut, für sich, seinen Platz und für die Lebendigkeit der Beziehung zu kämpfen.

Sonne im Stier oder im 2. Haus

Die Gemeinsamkeit eines Paares ist mit der Auslösung einer Stier-Sonne auf dem Höhepunkt angelangt. Das »Wir« hat sich zu einer starken Persönlichkeit entwickelt und eine große Tragfähigkeit erhalten. Man ist einer Meinung und verfolgt eine Linie. Die Partner sind aufeinander eingestimmt und haben sich treu dem gemeinsamen Weg und den gemeinsamen Zielen verpflichtet. Der Wert des Einzelnen steigt und stabilisiert sich in diesen Zeiten durch die Zugehörigkeit. Die gegensätzliche Befruchtung bringt viel ein.

Wichtig ist – bei aller Geborgenheit, die ein Mensch in dieser Zeit finden kann –, die Grenzen nicht zu eng zu ziehen. Es besteht die Gefahr, weil es so schön ist, den Partner besitzen zu wollen. Und selbst wenn dieser zustimmt, lässt es sich auf Dauer nicht halten. Es ist nie gut, einen Zaun ohne Türen um das Beziehungshaus zu spannen. Sehr schnell kann es einem der beiden zu eng werden und er *muss* das Sicherheitsareal wieder verlassen. Schön ist es, wenn man diesen wärmenden Zustand dankbar genießt, ohne ihn halten zu wollen. Wenn ein Paar allzu festhält, kippen die Energien hinüber auf die andere Seite.

Schwarze Sonne im Skorpion oder im 8. Haus

Dem lebendigen, sinnlichen Weg einer Stier-Sonne steht die dunkle Kehrseite dieses Prinzips gegenüber. Eine Beziehung, die sich zu enge Grenzen gezogen hat, um die desillusionierende Welt draußen zu lassen, baut sich, ohne es zu merken, ein Gefängnis. Aus Angst, die Sicherheit der Zugehörigkeit zu gefährden, folgte sie einem Bild und einer Vorstellung und die beiden Partner bewohnten eng umschlungen eine Art Geisterhaus. Das Schicksal, das ja Veränderungen bringen könnte, soll draußen bleiben. Der tatsächliche Weg wird verlassen, das (echte) Leben wird geleugnet. Jetzt, wo sich gar nichts mehr bewegt, kann auch nichts Böses mehr geschehen.

Es kostet viel Kraft, sich aus diesem Stillstand wieder herauszuarbeiten und zurückzukehren auf die Lebensstraße. Nur mit dem Mut, der Wahrheit ins Auge zu blicken, dass Lebendigkeit und Wandel zusammengehören, kann dieser tote Punkt wieder verlassen werden.

Sonne in den Zwillingen oder im 3. Haus

Die Auslösung einer Sonne in den Zwillingen bringt viel Bewegung in eine Beziehung. Für einige Zeit dürfen die Probleme beiseite gestellt werden und das Miteinander darf leichter und unkomplizierter sein – und doch ist dieser Auftrag nicht so einfach zu bewerkstelligen. Viele Paare vertrauen ihrer Liebe weniger, wenn sie sich nicht durch verstrickende Komplikationen gebunden fühlen. Die Angst vor Gleichgültigkeit schwingt in dieser Zeit immer mit. Tatsächlich soll gelernt werden, sich nicht zu sehr aneinander zu ketten und sich lieber miteinander auf eine Welt zu beziehen, die Freude und Unterhaltung bietet. Gute Gespräche und problemlose Alltagsbewältigung entschädigen für die im Moment vielleicht fehlende Romantik.

Wenn das einfache Leben einem Paar zu einfach erscheint und es den Alltag als zu grau und öde empfindet, dann »verheißt« der Gegenpol mehr Spannung.

Schwarze Sonne im Schützen oder im 9. Haus

Das Paar verlässt seine nähere Umgebung und macht sich, fast ein bisschen zwanghaft, auf die Suche nach einem tieferen Sinn. Kein Land, keine Selbsterfahrung kann exotisch genug sein, um die Beziehung aufzuwerten. Die Fülle scheint überall zu sein, nur nicht zu Hause. Man läuft vor der vermeintlichen Langeweile davon und rennt dabei so schnell, dass man oft den Weg vergisst. Die Tiefe, die Wahrheit und die Weisheit liegen im Großen *und* im Kleinen. Mit dieser Erkenntnis kann das Paar wieder zurückfinden zum hellen, sonnigen Weg.

Sonne im Krebs oder im 4. Haus

Die Auslösung einer Krebs-Sonne ist eine Zeit, in der sich zwei Seelen zutiefst berühren. Sie werden eins und tauchen ein in ein Meer der Gefühle. Ein liebevolles, spielerisches Miteinander, ein gemeinsames Nest, ein Aufeinander-Eingehen, das sind die Vorzüge dieser Auslösung. Doch auch der Trotz, das chaotisch Emotionale und der überzogene seelische Besitzanspruch treiben jetzt Blüten. Der Schmerz ist alt, stammt aus den Verletzungen der Kinderseelen und wird jetzt durch den Partner erinnert. Es ist so, als reiße man ein Pflaster von einer noch nicht ganz verheilten Wunde. Diese Sonnen-Auslösung vereint Menschen in dem Sinne, dass sie sich wie »Familienmitglieder« fühlen. Seien es Geschäftspartner, Freunde oder zwei liebende Seelen, diese Zeitqualität bringt eine Seelenverwandtschaft zutage. Die Betreffenden haben das Gefühl, als seien sie jemandem begegnet, der sie im Innersten kennt und versteht. Dieses Verschmelzen, das zeitweilige Aufheben der »Ich-Grenzen« im gemeinsamen »Gefühlspool«, kann vorübergehend die Ego-Anteile der beiden Persönlichkeiten schwächen. Im anderen aufzugehen gewährt zwar Nähe und ein Gefühl des Beheimatetseins, doch das Ego empfindet dabei einen Verlust. Es ist notwendig und richtig in Zeiten einer Krebs-Sonnen-Auslösung, mit einem Menschen ganz auf der Gefühlsseite zu verweilen, da im übrigen Dasein wahrscheinlich eher der männliche Pol bevorzugt wird. Vor dieser »Schwäche« kann aber so viel Angst aufkommen, dass sich die Partner voreinander zurückziehen und sich in Panik im Gegenpol, im Steinbock, verstecken.

Schwarze Sonne im Steinbock oder im 10. Haus

Auf einmal fließt nichts mehr. Eine Eisschicht umhüllt die beiden Herzen. Die Betroffenen fühlen sich in ihrer Offenheit so verletzt, dass der gefühlvolle Krebsweg verlassen wird. Jeder zieht jetzt sein Alleinsein der Gemeinschaft vor, verharrt lieber dort – ohne Wärme –, als dass er den ersten Schritt zu tun bereit wäre. Je länger die Blockade andauert, desto schwieriger wird die Rückkehr. Der lange Weg zurück zum Herzen des Partners kann nur gelingen, wenn die Bereitschaft, Schmerz zu erleiden, zurückkehrt. Nähe macht verletzlich, dennoch wünschen sich die meisten Menschen nichts sehnlicher.

Sonne im Löwen oder im 5. Haus

Mit der Auslösung einer Sonne im Löwen erstrahlt der Beziehungsweg in hellem Glanze. Die Partner sind stolz aufeinander, jeder sieht in seinem Gegenüber nur das Beste. Beide fühlen sich durch den anderen bestätigt und gestärkt. Eine wahre *Hoch*-zeit. Die Bewältigung des Alltags und seiner kleinen Probleme gehen gut von der Hand, es bleibt Zeit, die Partnerschaft kreativ und ausdrucksstark zu gestalten. Die Partner haben das Empfinden, miteinander mehr bewerkstelligen zu können, als es der Einzelne vermag. Die Löwe-Sonne verstärkt das Gefühl, etwas ganz Besonderes zu sein, und so sieht es auch die Umwelt: »Ihr seid wirklich ein tolles Paar!«

Doch bekanntermaßen ist, wo viel Licht ist, auch viel Schatten. Die gleiche Auslösung trägt ein anderes Thema mit sich, das Thema des Wettbewerbs und des Konkurrenzkampfes. Bis zu einem bestimmten Punkt ist auch dieser Aspekt fördernd und anspornend, doch nur, wenn beide die Grenzen wahren und nicht um der eigenen Größe willen den anderen »vernichten« müssen. Wenn der Machtkampf überhand nimmt, ist es nicht weit zum Verrat.

Schwarze Sonne im Wassermann oder im 11. Haus

Der Ego-Kampf kann den Beziehungsweg der Löwe-Sonne so heftig erhitzen, dass die Partner glauben zu verbrennen. Keiner will davon ablassen, als Sieger daraus hervorzugehen. Sobald sich die Herzen gegeneinander kehren, wird es kalt im Beziehungsraum. Dadurch, dass sich die Partner die Anerkennung entziehen, katapultieren sie sich in eine große Distanz. Sie können den Verlust der ehemals so blühenden Liebe kaum verkraften. Es gibt keine Gemeinsamkeit mehr, das starke Kraftfeld hat sich entladen. Jetzt geht es darum, sich gegenseitig zu motivieren, zurückzukehren zum gemeinsamen Entwicklungsfluss. Denn dieser ist nun mal stärker, wenn er aus beiden Energien besteht.

Sonne in der Jungfrau oder im 6. Haus

Die Auslösung einer Composit-Sonne in der Jungfrau erfordert große Aufmerksamkeit für den Beziehungsweg. Zwei Menschen sollen sich darüber klar werden, auf welche Art und Weise sie am besten, am gerechtesten miteinander umgehen und welche nächsten Schritte ihnen gut tun würden. Im Moment braucht die Partnerschaft Ruhe und Vernunft, es gibt keinen Grund, irgendwohin zu eilen und Entscheidungen zu forcieren. Erst wenn alle vorhandenen Probleme analysiert und durchleuchtet wurden, darf der Weg fortgesetzt werden. Es ist wichtig, darauf zu achten, dass beide mit dem Ergebnis einverstanden sind. Geben und Nehmen müssen im Gleichgewicht sein, niemand darf sich über- oder unterfordert fühlen. Es gibt Zeiten wie diese, da muss ein Paar akzeptieren, dass es einen Alltag gibt und dass die Romantik und die Leidenschaft etwas zurückweichen müssen. So bringt diese Sonnen-Auslösung nur dann Glück und Frieden mit sich, wenn Anpassung und Ausgleich zwischen den Partnern nicht mehr als liebesfeindlich angesehen werden.

Vorsicht ist nur geboten, wenn dieser Lernprozess übertrieben wird und die Angst vor einer allzu kopfgesteuerten Gemeinschaft ins Gegenteil umkippt.

Schwarze Sonne in den Fischen oder im 12. Haus

Es ist verständlich, dass dem Menschen das Alltagsleben oft allzu grau und öde erscheint und ihm der Weg der kleinen Schritte zäh und mühsam vorkommt. Da lockt der Oppositionspunkt in den Fischen schon eher mit seinem leichten Gewinn. Hier darf der Mensch ausruhen und träumen. Er träumt vom leicht erreichbaren Glück, von einer Gemeinschaft ohne Opfer. Die Beziehung treibt dahin wie ein Floß auf dem Wasser. Niemand ist bereit zu rudern und zu navigieren. Beide warten, dass der andere etwas unternimmt. Umsonst, die Beziehung schläft den Dornröschenschlaf. Wer oder was könnte sie wieder erwecken, sie überreden, den Kurs wieder aufzunehmen? Der fordernde Alltag? Erst wenn beide sich bereit erklären, ihrer Beziehung wieder zu dienen und das »Schiff« aufmerksam und behutsam um die Klippen des Lebens herumzusteuern, dreht sich das Entwicklungsrad weiter.

Sonne in der Waage oder im 7. Haus

Eine Composit-Sonne in der Waage wird als großes Glück für eine Partnerschaft empfunden. Sie bedeutet – auf das Du bezogen –, den Weg in Harmonie zu gehen. So bringt diese Auslösung erst einmal nur Gutes mit sich. Die Partner sind aufeinander eingestimmt, treffen gemeinschaftlich ihre Entscheidungen und fühlen sich in ihrer Beziehung zu Hause und akzeptiert. Der Gleichklang der Seelen, die jetzt im selben Takt schwingen, ist kostbar und muss gehütet werden. Jeder Misston wird mit Aufmerksamkeit verfolgt, die Partner haben Angst, ihr Glück wieder zu verlieren. Der am meisten gefürchtete Feind dieser

»Wir«-betonten Zeit ist der Gegenpol, das »Ich«. Sobald einer feststellt, dass sich seine wahren Bedürfnisse von denen des Partners unterscheiden, fürchtet er, die guten Schwingungen aus dem Takt zu bringen.

So schön es auch ist (und schließlich selten genug), dass uns Menschen dieses harmonische Miteinander gelingt, der Friede darf niemals durch Verdrängung und Unterdrückung der »eigenen Melodie« erhalten werden. Es ist für eine gute Zukunft förderlicher, wenn zwei unterschiedliche Wesen das Fremde im anderen wahrnehmen und zu integrieren versuchen, als wenn sie der Gemeinsamkeit allzu viel opfern. Es könnte sich sonst irgendwann einmal rächen, wenn die Individualität ihre Rechte wieder einfordert.

Schwarze Sonne im Widder oder im 1. Haus

Ein allzu großer Anspruch an die Beziehungsfähigkeit und eine zu hohe Moral können schnell das Gegenteil bewirken. Das »Wir« scheint das »Ich« zu verschlingen. Der Mensch »läuft«, so schnell er kann, in den Gegenpol, in sein Wollen und sein selbstbezogenes Ich zurück. Er fühlt sich im Recht dabei, den Partner beiseite zu schieben. Er verfolgt nur noch seine eigenen Ziele, das Beziehungsziel wird von seiner Ego-Landkarte gestrichen. Fast ein bisschen trotzig beharrt er auf seiner Eigenständigkeit. Schnell geschieht es, dass ihm der »verlassene« Partner in dieses Gebiet hineinfolgt. Wer will schon alleine den Beziehungsraum hüten! Dieser Mechanismus ist die Antwort darauf, warum ausgerechnet bei Auslösungen einer Waage-Sonne so viel gestritten wird.

Die Rückkehr auf den gemeinsamen Weg kann nur gelingen, wenn beide lernen, ihre Eigenständigkeit und Andersartigkeit in Harmonie mit der Partnerschaft zu bringen.

Sonne im Skorpion oder im 8. Haus

Mit der Auslösung einer Skorpion-Sonne im Composit entsteht eine sehr enge Zugehörigkeit. Partner, die schon lange auf dem gemeinsamen Weg sind, rücken noch näher zusammen. Menschen, die sich eben erst gefunden haben, spüren schnell eine große Verbundenheit. Wie Magnete ziehen sich die Pole an, um dann fest aneinander zu kleben. Die Aufgabe dieser Zeit besteht darin, sich diesem Sog ganz zu überlassen. Der Beziehungsweg kann jetzt nicht beliebig verlassen werden, denn es gibt etwas so Wichtiges zu lernen, dass den Menschen für einige Zeit die Entscheidungsfreiheit entzogen wird.

Es gibt zwei mögliche Varianten dieser Auslösung. In der einen steht ein Paar am Beginn des gemeinsamen Weges. Dieser wird glorifiziert, er entspricht einem lang gesuchten Ideal. Diese Vorstellung darf (bis zu einer nächsten Auslösung) aufrecht erhalten werden. Erst wenn das Beziehungsbild, das jetzt noch sehr lebendig erscheint, seinen wahren Charakter zeigt, wird sich die Aufgabe erfüllen. Die zweite Variante betrifft ein Paar, das sich inmitten der Auflösung eines Ideals befindet. Die Beziehung wird als tot empfunden, die Partner stehen vor einer Realität, einer Wirklichkeit, die nur schwer zu verkraften ist. Sie hatten sich einmal in ein helles, strahlendes Bild verliebt, jetzt wirft dieses lange Schatten. Der Schritt zurück zur Lebendigkeit ist nur über ein inneres Ringen möglich. Die Sicherheit, die im Alten liegt, muss geopfert werden. Die Partner müssen einem Wandel ihrer Liebe zustimmen, sonst bleibt es dunkel im Beziehungsraum.

Schwarze Sonne im Stier oder im 2. Haus

Auf der Flucht vor Veränderung kann es einer Partnerschaft »gelingen«, sich dem Rhythmus und dem Fluss des Lebens zu entziehen. Ein Tag gleicht dem anderen. Man bleibt bei seinen alten Ansichten und nährt die festgefahrenen Rollen und Muster. Niemanden stört es, dass es von hier aus gesehen keine Zukunft gibt. Ohne Zukunft keine Erneuerung, ohne Erneuerung keine Angst und keinen Schmerz. Gott sei Dank sucht sich jede Seele ihren Weg in die Entwicklung. Hält man sie zu lange davon fern, wird sie krank und setzt die Krankheit als Druckmittel ein. Sobald die Beziehung keine Luft mehr bekommt und zu ersticken droht, setzt der Impuls zum Überleben ein und Fenster und Türen müssen wieder geöffnet werden. Sobald die Sonne wieder in den Beziehungsraum hineinscheint, hinterlässt sie ihre Botschaft: Tag und Nacht, alles ist im ewigen Wandel, so wie die Liebe. Sie kommt und geht, wie es ihr beliebt.

Sonne im Schützen oder im 9. Haus

In Zeiten einer Sonnen-Auslösung im Schützen erschließen sich für ein Paar neue Ziele. Im Tempel der Partnerschaft wird der Einzelne von dem gemeinsam erschlossenen Horizont in die Höhe getragen. Die gegenseitige geistige Befruchtung steht im Vordergrund, ein geistiges Feuer soll entflammt werden, um alten Ballast zu verbrennen. Es ist an der Zeit, der Gemeinschaft einen neuen Sinn zu geben, etwas zu entwickeln, das größer ist als die Zweisamkeit. Auf jeden Fall liegt das Neue außerhalb der alten bestehenden Glaubenssätze. Die einzige Schwierigkeit könnte darin bestehen, dass einer dabei die treibende Kraft ist und dem anderen seine eigenen Werte und Ziele aufdrückt. Auch wenn die Motivation grundlegend positiv und optimistisch ist, darf dabei kein Gefälle entstehen. Keiner darf sich zum Lehrer seines Weggefährten machen (zumindest nicht für immer). Ein zu lang andauerndes Ungleichgewicht der geistigen Kräfte schädigt das Liebesverhältnis. Wenn nach einiger Zeit die Positionen wieder getauscht werden und der andere die Führung übernimmt, kann dies für das Wachstum der Partnerschaft förderlich sein. Bleibt jedoch einer in der überlegeneren Position, ruft er damit den Widerspruch seines

Gegenübers hervor. Wer hat schon Lust darauf, immer nur den Sinn des Lebens und der Liebe zu suchen. Die leichte, oft banale Welt des Alltags bietet viele Unterschlupfmöglichkeiten, um sich vor dem permanenten Anspruch zu verbergen.

Schwarze Sonne in den Zwillingen oder im 3. Haus

Da der Anspruch einer Schütze-Sonne an die Partnerschaft sehr groß ist, ist es verständlich, dass die Partner sich nicht immer wieder gegenseitig konfrontieren wollen, dass sie es als zu anstrengend und lästig empfinden, sich immer wieder mit den Inhalten ihrer Beziehung auseinander setzen zu müssen. Wenn sich der gemeinsame Weg als zu steil herausstellt, bleibt man lieber am Fuße des Berges und »flaniert« dort herum, als gäbe es nichts zu tun. Der Ausspruch »die Zeit totschlagen« passt gut zur Schwarzen Sonne in den Zwillingen. Man tut viel, wenn der Tag lang ist, und hat doch am Abend nichts erledigt. In dieser Zeit kann es sein, dass die Beziehung auf den »Marktplatz« der Welt verlegt wird, um sich der anstehenden Arbeit zu entziehen. Mit den Fragen: »Was tun wir hier eigentlich? Gibt es nichts Sinnvolleres zu tun?«, fließt die Energie zurück zum Schütze-Weg und der führt nun einmal über die höchsten Berge.

Sonne im Steinbock oder im 10. Haus

Eine Steinbock-Sonne spannt um zwei Menschen einen Rahmen, der sie zwingt, Verantwortung für die Beziehung zu übernehmen. Ganz egal, wie leicht und eventuell unverbindlich sich die Partnerschaft bis dahin zeigte, mit der Auslösung der Steinbock-Sonne wird es ernst. Umstände beschweren für einige Zeit die gemeinsame Wanderschaft, das Schicksal stellt Hürden in den Weg, die die Partner dazu anregen sollen, erwachsen zu werden. Und zwar erwachsen in Bezug auf die Partnerschaft.

Das gemeinsame »Dritte«, die Beziehung, möchte gleichwertige Eltern, die sich umeinander kümmern, damit das »Kind« gedeihen kann. Ob es sich bei dem »Kind« um ein Geschäft, eine Idee oder eine Familie handelt, alle Beteiligten sollen gleichermaßen die volle Verantwortung übernehmen. Niemand darf sich im Kindsein verstecken und dem anderen das Tragen überlassen. Das Gefühl, einer Schicksalsgemeinschaft anzugehören und verbunden mit anderen einem tiefen Sinn zu folgen, ist der Lohn, der hier auf ein Paar wartet. Als wirklich schön wird diese Situation empfunden, wenn keiner mehr im anderen eine Belastung bzw. eine Behinderung sieht, die er mit eigener Kraft auszugleichen hat. Nur dann, wenn dies nicht gelingen sollte, wenn sich nur einer der Aufgabe stellt, gibt es ein Problem.

Schwarze Sonne im Krebs oder im 4. Haus

Nichts ist verständlicher, als dass sich ein Mensch im Angesicht seiner problematischen Beziehung in seine Kindheit zurückwünscht. Da der Steinbock-Weg einer Partnerschaft oft steil und steinig ist und den Wanderern viel abverlangt, kann es geschehen, dass einer (manchmal auch beide Partner) vor der Aufgabe zurückscheut und ins Kind hinein ausweicht. Er überlässt dem anderen die gesamte Verantwortung, zieht die Decke über den Kopf und wartet, bis der »Papi« die Probleme beseitigt hat. Mit diesem kindlichen Anspruch ist eine Beziehung überfordert. Denn auch der erwachsene Partner möchte gerne geborgen sein und getragen werden. Zum Schluss stehen beide hilflos vor dem hohen Berg und beschimpfen diesen, ihnen im Weg zu stehen. Nur wer sich aufrichtet und mit gestärktem Rückgrat den Aufstieg wagt, bringt genügend Kraft ein, um dieser ganz speziellen Partnerschaft gewachsen zu sein.

Sonne im Wassermann oder im 11. Haus

Eine Beziehung mit einer Wassermann-Sonne gedeiht am besten, wenn sie von Luft und Leichtigkeit durchsetzt ist. Mit der Sonnen-Auslösung bringt sich dieses Thema, ob die Partner wollen oder nicht, ins Bewusstsein. Suchen die Beteiligten aufgrund ihrer jeweiligen Anlage Sicherheit und verbindliche Tiefe, werden sie jetzt feststellen, dass sie statt näher zusammen eher voneinander abgetrieben werden. Dies bedeutet nicht, dass ihr gemeinsamer Weg hier zu Ende ist, es heißt nur, dass die gegenseitige Absicherung und die feste Verwurzelung fehlen. Der Partnerschaft sollen Flügel wachsen, sie soll aus konventionellen Bahnen ausbrechen. Sämtliche Vorstellungen, Muster und Vorbilder, die vielleicht zu Anfang an ihnen klebten, sollen fallen gelassen werden wie eine zu eng gewordene Haut. So werden die Partner zwar in ihren alten Erwartungen enttäuscht, doch die zunehmende Experimentierfähigkeit lässt sie neuen Idealen und Zielen entgegenfliegen. So bleibt der Austausch lebendig. Ist erst einmal die Angst vor der Einsturzgefahr des Beziehungsbodens überwunden, breiten sich die weiten Schwingen ganz von alleine in spielerischer Leichtigkeit aus, um die Partner neuen Horizonten entgegenzutragen. Es gibt nichts, was diesen glücklichen Aufstieg verhindern könnte, außer wenn einer der Partner allzu sehr an der Macht festhält, die er aufgrund der alten Werte und seiner alten Position innehatte.

Schwarze Sonne im Löwen oder im 5. Haus

Alles Neue ist wie ein Sprung ins Ungewisse, die Rollen werden neu verteilt, verbindliche Absprachen fallen diesem Prozess zum Opfer. Das bringt auf jeden Fall Schwierigkeiten mit sich. Sehr schnell fühlt sich da einer vom Partner verraten und in seinem Wesen nicht mehr genügend geachtet. Er verrennt sich in die Sackgasse seines Stolzes, in die Enge seiner Unantastbarkeit. Schade, denn der gemeinsame Weg bricht hier ab. Das Selbstbild bleibt subjektiv, das eigentliche Ziel für die Beziehung wird für den Moment verfehlt. Erst wenn sich die einsame Seele langweilt, drängt es sie zurückzukehren und einen neuen Versuch zu wagen, sich vom Hauptthema einer Composit-Wassermann-Sonne beflügeln zu lassen, nämlich dem der Freiheit.

Sonne in den Fischen oder im 12. Haus

Die Auslösung einer Fische-Sonne im Composit eröffnet der Partnerschaft neue Horizonte. Die Sehnsuchtsbewegung zum Du hin wird stärker, die Ich-Grenzen verschwinden, das Vertrauen in die Liebe und den gemeinsamen Weg wächst. Der Fluss der Gefühle ist wie ein schillernder Strom, der die Vision einer schöneren Zukunft in sich trägt. Die Wasser der Seelen vermischen sich zu einem Wasser, die Träume beider verbinden sich zu einem Traum. Diese Zeiten des Schwärmens, des Sich-Sehnens und der Visionen sind wichtig in einer Welt, in der meist der nüchterne Alltag den größten Raum einnimmt. Nur hier ist es möglich, den Liebesdurst zu stillen.

Leider verdunsten die Wasser der Liebe schnell oder sie versickern im weiten Land der irdischen Begrenzungen. Auch dies bringt die Auslösung einer Fische-Sonne mit sich. Neben dem totalen Verstehen und Eins-Werden trägt diese Zeitqualität auch eine absolute Leere in sich. Wenn sich der Nebel der Träume lichtet, bleibt ein Niemandsland zurück. Die gemeinsamen Illusionen und Ideale können dem Alltag nicht standhalten. Schade, denn die wahre Qualität der Composit-Fische-Sonne liegt auf der Nachtseite des Lebens. Der gemeinsame Weg verliert an Kraft und Tiefe, wenn ihn die Partner ins Licht der Vernunft zerren, wenn sie glauben, ihn durch Sicherheit eingrenzen zu müssen.

Schwarze Sonne in der Jungfrau oder im 6. Haus

Hält die Beziehung dem Ungewissen der Fische nicht stand, so entwickeln die Partner Konzepte, um den Träumen und der Nacht zu entfliehen. Sie rennen in ihren Alltag hinein und richten ihre gesamte Aufmerksamkeit auf die sichtbaren Dinge des Lebens. Dort glauben sie, das Unfassbare vergessen zu können. Wie hypnotisiert erfüllen sie die täglichen Pflichten. Müde und traumlos fallen sie abends in Bett. Die Beziehung wird zu einer Sackgasse, aus der beide nur dann herauskommen können, wenn sie lernen, sich wieder treiben zu lassen auf dem Fluss ihres gemeinsamen Lebens – ohne ein bestimmtes Ziel und ohne die Beziehung definieren zu wollen. Dabei geht es eigentlich um etwas sehr Einfaches: Wanderer zu sein auf dem kurzen Weg durchs Leben, solange es den Göttern gefällt.

Mond-Auslösungen

Mond
Das seelische Zuhause der Beziehungen

Der Mond im Composit-Horoskop zeigt an, wie Familien bildend und Geborgenheit schenkend sich diese Beziehung gestaltet. Er ist quasi das seelische Zuhause zweier oder mehrerer Menschen. An ihm kann man ablesen, wie sehr sich die Partner aneinander anlehnen können, wie viel Nähe sie zulassen und über welchen Energiefluss diese Nähe entsteht. So paradox das erscheinen mag, manche Menschen fühlen sich einander nur zugetan, wenn sie streiten, sich aneinander reiben. Andere brauchen Worte, um den gemeinsamen Raum zu füllen. Andere wiederum verstehen sich aufgrund der gemeinsamen Aufgabe oder der Suche nach einem Sinn. In jedem Fall ist das Seelengebäude, das entsteht, beeinflusst von Kindheitserlebnissen.

Das unbewusste Aufeinander-Reagieren im Seelenraum der Beziehung hängt vor allem von den Erfahrungen ab, die ein Mensch seit frühester Kindheit in sich trägt. Mit einer Mond-Auslösung im Composit wird einem Paar bewusst, wie sich die Emotionalebene zusammensetzt und gestaltet. Sie können deutlich spüren, welches Gefühlspotenzial in der Substanz ihrer Beziehung ruht und welcher mitgebrachte Schmerz in den Wurzeln der Gemeinsamkeit steckt.

Mond im Widder oder im 1. Haus

Mit der Mond-Auslösung im Widder erhitzen sich die Gemüter, die Flammen der Emotionen lodern auf. Es entsteht eine Nähe, die sich aus den starken Gefühlen, aus der Wärme der Auseinandersetzung aufbaut. Die Anziehungskraft beruht auf der Unvereinbarkeit der Stimmungen und Gegensätzlichkeiten der Seelenlage. Es bringt einem Paar nichts, in diesen Zeiten auf Ruhe und Harmonie zu drängen. Es wäre schade, die vorhandene Energie zu unterdrücken, statt sie zu nutzen. Das seelische Engagement füreinander ist frisch und lebendig wie am ersten Tag, – als sei die Beziehung eben erst geboren worden. Der momentane Weg führt auf und ab durch Täler der Betroffenheit und über Berge des Zornes hinweg. Er ist spannungsgeladen und fordert die Partner auf, sich mit den eigenen Gefühlen auseinander zu setzen und sich so zu zeigen, wie sie sind, beziehungsweise wie das jeweilige innere Kind beschaffen ist. Denn in Wahrheit, wenn wir genau hinschauen, sehen wir zwei Kinder im Sandkasten spielen und mit Freude die Sandburg des anderen kaputt schlagen. Nun dürfen sie sich austoben, das Innerste nach außen kehren und werden dennoch geliebt – hoffentlich. Denn darum geht es bei dieser Auslösung. Die Aufgabe besteht darin, den anderen und sich selbst zu akzeptieren. Es geht um die Bereitschaft, den zum Teil schwierigen und unverständlichen Seelenanteilen die Türe zu öffnen und ihnen Einlass in die Beziehung zu gewähren.

Mond im Stier oder im 2. Haus

Die Zeiten einer Mond-Auslösung im Stier sind Zeiten der Wärme, der Nähe und der Zugehörigkeit. Die Menschen rücken seelisch aneinander und bilden eine Gefühlsgemeinschaft, die ihnen Geborgenheit schenkt. Man hat sich gefunden, kann sich einkuscheln und fühlt sich vom Partner gut versorgt. Jeder gibt dem anderen Rückendeckung und Sicherheit. Die emotionale Treue ist eine gute Basis, Schwierigkeiten in anderen Lebensbereichen zu meistern. Der Zusammenhalt und die Verlässlichkeit des Partners geben den Mut, den man alleine nicht hätte. In seinen Armen verschwinden (zumindest für diese Zeit) Ängste und Minderwertigkeitsgefühle. Beide Partner tragen im Herzen eine Kindheitsgeschichte, die dies möglich macht. Sie haben erfahren, dass es einfacher ist, Hand in Hand durchs Leben zu gehen als alleine. Schwierig wird es erst, wenn eine neue Zeit, eine neue Auslösung diesen Zustand beendet. Jede Beziehung hat viele verschiedene Themen zu bearbeiten und die verschiedensten Landschaften zu durchqueren. Die Ruhepause der Mond-Auslösung ist irgendwann vorüber und der Weg muss fortgesetzt werden. Die tragende Kraft des Stier-Mondes aber bleibt. Er umhüllt die Partner auch in kälteren Perioden mit seinen wärmenden Energien.

Mond in den Zwillingen oder im 3. Haus

In jeder Partnerschaft gibt es Momente, in denen zwei Menschen offen und frei miteinander kommunizieren und in denen sie glücklich über die Nähe sind, die dabei entsteht. Eine Mond-Auslösung in den Zwillingen fügt diesem Umstand noch etwas hinzu. Die Partner fühlen sich geborgen und über den Kommunikationsfluss einander sehr verbunden. Das Zugehörigkeitsgefühl entsteht vor allem durch Reden, Sich-Aussprechen, und dem Mitteilen der eigenen Innenwelt. Da jeder Partner sehr viel Aufmerksamkeit in Anspruch nimmt, liegt die

Aufgabe dieser Auslösung darin, auf Ausgewogenheit zwischen Erzählen und Zuhören zu achten. Beide erzählen von sich, beide hören zu. Probleme können sich lösen, allein dadurch, dass man sie besprochen und von allen Seiten beleuchtet hat. Das Positive dieser Mondstellung ist die Objektivität und Neutralität, mit der die Partner zuhören, ohne zu urteilen. Der gemeinsame Blick richtet sich schnell auf eine neue Situation und dann steht diese im Brennpunkt der Aufmerksamkeit und löst die alte ab. Die Leichtigkeit, die dieser Gefühlsweg mit sich bringt, ist ein Geschenk, das die Beziehung gut unterstützt. Die Partner tauschen sich aus über das, was sie sehen und wie sie es empfinden. Das Glück kann nur dadurch getrübt werden, dass einer der Partner auf mehr Tiefe und Dichte drängt. Keine Sorge, auch diese Zeiten kehren zurück, nicht immer scheint der Zwillinge-Mond am Himmel. Doch solange er dies tut, sollte man ihn nutzen und viel miteinander erleben: Das Glück verdoppelt sich, wenn man es teilt.

Mond im Krebs oder im 4. Haus

Zwei Menschen, die einander ein Stück Kindheit ersetzen können, haben sich gefunden. Mit der Mond-Auslösung im Krebs bekommen sie ein tiefes Gespür dafür. Sie verstehen sich ohne Worte und fühlen sich beim anderen geborgen wie ein Kind im Schoß der Mutter. Dieser Seelenraum steht der Beziehung immer zur Verfügung, doch erst mit der Mond-Auslösung *muss* er auch genutzt werden. Im Rahmen des entstehenden Vertrauens und im Beisein eines verständigen Partners ist es leichter, auf die eigenen Kindheitswunden zu schauen. Es ist beruhigend, einen Begleiter neben sich zu wissen, wenn jene wieder zu schmerzen beginnen. Er darf die Tränen trocknen, doch er darf sie nicht verhindern. Alles, was die Seele jetzt an Emotionen freigibt, was sie hochspült, soll fließen. Für kurze Zeit mag »das Kind« aufgefangen werden, doch es muss wieder zurückkehren zu seiner Stärke, zu seinem erwachsenen Ich.

Die Rückkehr in die Vergangenheit ist nur sinnvoll, wenn man dort etwas holt, was vergessen wurde. Dann dürfen (und müssen) die Wunden sich schließen. Diese Zeitqualität ist wie eine kleine Insel, auf der zwei Menschen einander ihr Herz übergeben im Vertrauen darauf, dass der Partner es wohl behütet. Hier kann die Kinderseele ihr Versteck verlassen und sich für das (Beziehungs-)Leben öffnen.

Mond im Löwen oder im 5. Haus

Eine Mond-im-Löwen-Auslösung gleicht einer Geburt zu neuem Leben. Die Partner können sich zu einer dynamischen, befruchtenden Einheit entwickeln, wenn sie ihre Energien zusammen fließen lassen. Die Eigenschaften des Flusses entspringen der Urkraft ihrer Väter und Mütter. Der Strom, der aus diesem Prozess heraus entsteht, bewegt sich dem Leben entgegen. Mit dem Composit-Mond im Löwen sollen Spannungsfelder, die zwischen dem weiblichen und männlichen Pol bestehen, in der Partnerschaft verbunden werden. Der Mond, der sein Zuhause ursprünglich im Krebs hat, befindet sich hier im Löwen, im Prinzip der Sonne. Dort steht er symbolisch für eine Bewegung des weiblichen Prinzips, mit dem er Unbewusstes und Vergessenes ans Licht bringen will. Die Partner nutzen diese Auslösung am besten, wenn sie sich bewusst an die Arbeit machen, die typischen Unterschiede zwischen Mann und Frau auszugleichen. Die Frau übernimmt teilweise die Aufgaben des Mannes (innerhalb der Beziehung) und der Mann stellt sich für die weibliche Rolle zur Verfügung. So entwickelt sich eine kraftvolle, kreative Einheit. Das Einzige, was diesen Entwicklungsschritt verhindern könnte, ist der allzu starre Blick zurück in die Kindheit. All das, was die Eltern nicht zusammenführen konnten, muss der Mensch selbst in sich vereinen. Aus dieser Quelle entspringt sein Glück.

Mond in der Jungfrau oder im 6. Haus

Für Freiheitswünsche, Sehnsüchte und emotionale »Hochs« gibt es keinen Platz in dieser Zeit. Mit der Mond-in-der-Jungfrau-Auslösung muss alles weichen, was nicht der gemeinschaftlichen Seelenordnung entspricht. Die Partner brauchen jetzt vernünftige Absprachen, die der erwachsenen Seite ihrer Beziehung Rechnung tragen. Sind die jugendlich kindlichen Emotionsschwankungen erst einmal »geopfert«, tritt die positive Seite dieser Auslösung ans Licht. Aus Fürsorglichkeit und Treue ist das Nest gemacht, in dem Ängste und Sorgen einen guten Unterschlupf finden. Die Partner müssen Regeln aufstellen, die diese Ordnung noch unterstützen. So zum Beispiel Absprachen über Arbeitsteilung und Regeln, die Geben und Nehmen in einen Gleichklang und Ausgleich bringen. Keiner soll dem anderen dienen, aber beide dürfen einen großen Einsatz für ihre Gemeinschaft bringen. In dieser Zeit kann ein Paar lernen, dass sich Glück nicht nur aus der großen Leidenschaft und aus den großen emotionalen Bewegungen zusammensetzt, sondern auch in den ganz einfachen Liebesgeschichten zu Hause ist. Es ist nicht ganz leicht, ohne Drama und ohne Liebesschwüre auszukommen. Der Mensch kommt nur schwer zurecht mit dem »kleinen Glück«, das ein Mond in der Jungfrau nun mal zu bieten hat. Doch wer hier die Hände nicht ausstreckt, schaut noch lange sehnsüchtig auf den davonfliegenden Amor.

Mond in der Waage oder im 7. Haus

Das Glück liegt sichtbar auf dem Beziehungsweg, die Partner müssen nur noch zugreifen. Diese Auslösung eines Mondes in der Waage macht aus zwei Hälften ein Ganzes. Zwei Menschen, die zuerst unvereinbar schienen, finden sich in einem tiefen Zusammengehörigkeitsgefühl wieder. So wie zwei Seiten einer Medaille oder wie Tag und Nacht bedingen und ergänzen sie einander. Der fremdeste Mensch auf der Erde – der Partner

– erscheint auf einmal nah und sehr vertraut. Zwei Seelengeschichten, wie sie unterschiedlicher nicht sein können, verbinden sich zu einer. In der Kindheit waren die Partner zumeist das Bindeglied ihrer Eltern. Sie versuchten mit ihren eigenen Kräften, diese zusammenzuhalten. Und jetzt wiederholen sie die damalige Zusammenführung in ihrer Verbindung. (Es ist dabei nicht wichtig, ob es ihnen damals gelungen ist.) Es entstehen Zufriedenheit und Glück, wenn das Gleichgewicht zweier Pole zumindest jetzt für einige Zeit gehalten werden kann. Die einzige Gefahr dieser Auslösung besteht darin, der Gemeinsamkeit allzu viel Eigenständigkeit zu opfern. Die *echte* Gemeinsamkeit, der wirkliche Zusammenschluss eines Symbolons besteht immer darin, dass das Ausgelagerte und nicht das Ähnliche miteinander in Schwingung kommt. So begegnet der Sanfte dem Aggressiven und der Treue dem Untreuen usw. Nur so kann eine wahre Hochzeit stattfinden.

Mond im Skorpion oder im 8. Haus

Die Qualität einer Mond-im-Skorpion-Auslösung ähnelt einem alles verschlingenden schwarzen Loch. Die Partner haben das Gefühl, noch nie so tief und so intensiv miteinander zusammen gewesen zu sein. Ein Sog zieht ihre Gefühle zueinander hin, so dass sich jeder ganz und gar auf den Partner ausrichtet. Endlich haben die »inneren Kinder« jemanden gefunden, an den sie sich klammern können. Mit dem Anspruch, sich mit Haut und Haaren der Beziehung zu verschreiben, fließen ihre Seelenkräfte zusammen und verbinden sich zu einem starken Strom. Dieser führt sie direkt ins Innere ihrer Geschichte. Die mitgebrachten Erfahrungen werden diesem Strom ebenso anvertraut, wie alle Wünsche, alle Sehnsüchte und Hoffnungen. Der schwermütige Teil dieser Auslösung bringt Verlustängste und Eifersucht ans Licht. Jeder unverarbeitete Schmerz ihrer Kindheitsgeschichte wird nun gelockert und tritt ungehindert ins Bewusstsein. Das kann für einige Zeit die Beziehung überfordern. Jeder wirft dem Partner in dieser Zeit unverarbeitete Enttäuschungen und Verletzungen vor die Füße. Wenn jetzt nicht sofort mit der Entsorgung begonnen wird, versinkt die Partnerschaft in einem Morast aus Liebesentzug, Vorwürfen und Erpressungen. Erst wenn beide das Heute vom Gestern zu trennen vermögen, darf der Wandlungsprozess beginnen. Es ist ein tiefer, weiter Weg, auf dem viel Verlorenes nach Hause gebracht werden kann. Es lohnt sich, diese Zeitqualität zu nutzen und mit den Bergungsarbeiten zu beginnen.

Mond im Schützen oder im 9. Haus

Diese Auslösung fordert von den Beteiligten eine tief gehende Seelenarbeit. Sie sollen mit Hilfe des Partners eine geistige Brücke zwischen Heute und Gestern bauen. Sie sind quasi – für einige Zeit – Therapeuten füreinander. Sie sollen an alte Beziehungsgeschichten erinnert werden und miteinander einen Weg gehen, der diese zu heilen vermag. Der Glaube an die Liebe ist die Basis für die Arbeit. Mit dem Schütze-Mond im Composit hat das Paar einen grundlegenden Optimismus und eine positive Lebenseinstellung mit auf den Weg bekommen. So entsteht der Seelenraum, in dem die gemeinsame Arbeit gelingen kann. Es geht darum, die Sinnhaftigkeit ihrer Beziehung zu erspüren und sie einer reiferen Emotionalität zuzuführen. Kann sein, dass sie schon einmal das Vertrauen in die Liebe verloren hatten und jetzt Kraft für einen neuen Herzensweg sammeln. Liebe in einem tief religiösen Sinn verknüpft die beiden Seelen zu einem segensreichen Bund. Eine Verführung, die die Partnerschaft vom lichten Weg weg in den Schatten locken könnte, ist die Anmaßung, zu Höherem berufen zu sein.

Nicht die Zukunft soll im hellen Glanz erstrahlen, sondern die Vergangenheit, beziehungsweise die früheren Beziehungswege sollen geschaut werden. Wie dunkel es auch werden mag, mit dem Licht eines Schütze-Mondes findet das Paar immer wieder zurück auf den vorgegebenen Weg.

Mond im Steinbock oder im 10. Haus

Die Zeit der Auslösung eines Steinbock-Mondes im Composit ist keine leichte Zeit. Sie bietet kein kuschliges Zuhause, keine Geborgenheit. Die Beziehung steht vor einem Berg an Arbeit, der Beziehungsboden muss von Steinen und Unkraut befreit werden, damit es irgendwann wieder grün und fruchtbar werden kann. Jeder weiß, dass es Mühe und Anstrengung kostet, eine Pflanze vom Samenkorn bis zur Ernte zu begleiten. Auch auf andere Bereiche des Lebens bezieht der Mensch diese Weisheit. Nur was seine Beziehungen angeht, glaubt er an einen leichten, schnellen Gewinn. Mit einem gemeinsamen Steinbock-Mond wird ein Paar eines Besseren belehrt. Er verlangt Verantwortung, Treue und Klarheit von den Partnern. Sie haben einander nicht gefunden, um zu träumen und zu spielen, sondern um gemeinsam die Gesetzmäßigkeit von Schicksal und Liebe zu erfahren. Ihre Aufgabe besteht darin, die »inneren Kinder« zu erziehen und erwachsen aufeinander zu reagieren. Ansprüche, die aus unerfüllten Kindheitswünschen in diese Beziehung hineingetragen wurden, finden hier keine Antwort. Jeder hat für sich selbst und sein Wohlbefinden zu sorgen. Der Partner ist kein Ersatz für einen Elternteil. Das mag hart klingen, hat aber auch sein Gutes. Jeder Mensch fühlt sich wohl, wenn er ernst genommen wird und wenn man ihm etwas zutraut. Genau das ist es, was diese Mond-Auslösung einem Paar zu bieten hat. Jeder geht umsichtig und verantwortungsbewusst mit der Partnerschaft um und erweist sich treu einem höheren Ziel verpflichtet. Einem Ziel, das weit über dem des Einzelnen steht.

Mond im Wassermann oder im 11. Haus

Es ist an der Zeit, über Kindheitserfahrungen hinauszuwachsen. Die Auslösung eines Wassermann-Mondes im Composit will die Partnerschaft von altem Ballast befreien. Die Rollen und Positionen innerhalb der Beziehung müssen überdacht und gegebenenfalls getauscht werden. Allzu viel Enge und ein zu dichtes Aneinanderkleben würden diese Aufgabe verhindern. Nur zwei Einzelwesen, die sich ständig herausfordern und sich nicht allzu sehr miteinander verbinden, haben die Kraft, die notwendig ist, um vieles hinter sich zu lassen. Das Opfer, das dieses Ziel mit sich bringt, ist die Sicherheit, die ein Paar verliert, wenn es im Beziehungsraum die Türen öffnet. So kann jeder jederzeit durch sie hinaus in die Freiheit treten. Es ist nur natürlich, dass dadurch die Angst entsteht, dass die Gemeinschaft auseinander brechen könnte. Und dies ist wirklich möglich. Jedoch nur, wenn einer der beiden – oder gar beide – versuchen, in die gegensätzliche Richtung »zu ziehen«. Wenn beide mit dem neuen Lehrplan auf die Wanderschaft gehen, so kann das Ziel, die emotionale Freiheit, gemeinsam erreicht werden. Wirft einer aus Angst vor diesem Entwicklungsschritt den Plan beiseite, so kann er sich hoffnungslos verirren. Einer gesetzmäßig verordneten Aufgabe kann sich niemand wirklich entziehen. Die Beziehungschemie verlangt Unabhängigkeit und diese wird sich gegen jeden »Klebstoff« durchsetzen. Die Partner sollen einen entbindenden Einfluss aufeinander haben. Jeder ist des anderen Geburtshelfer hinein in eine neue Zeit.

Mond in den Fischen oder im 12. Haus

Das seelische Zuhause eines Fische-Mondes umhüllt die Partner wie ein warmes Gewässer. Beide schwimmen in ihm wie in einem lebensspendenden Fluss. Das Schicksal meint es gut mit dieser Auslösung. Das Vertrauen zueinander ist groß, die Wunden der Einsamkeit dürfen heilen. Auch wenn das Eintreten in eine gemeinsame Fische-Gefühlswelt manchmal etwas wirklichkeitsfremd erscheint, so ist sie doch ein Jungbrunnen für die Seele. Die Partner können sich aneinander anlehnen, sie machen Erfahrungen, die sie in der Zeit weit zurückführen. Sie fühlen sich getragen von einer höheren Macht, fühlen sich zurückversetzt in eine Welt vor ihrer Geburt. Für eine Weile dorthin zurückkehren zu können, ist das große Geschenk dieser Mondstellung.

Die andere Seite dieses Aspektes, die in den Tag hineinragt, ist nicht so angenehm. Bei Tageslicht besehen sind die Partner oft enttäuscht voneinander. Ihre Sprache ist kein guter Vermittler. Auf dieser Ebene verstehen sie einander oft weniger als andere Paare. Das hohe Ideal des Eins-Seins hält dem Licht des Morgens nicht stand. Der Sinn dieser Auslösung ist erfüllt, wenn die Partner die Tiefe ihrer mystischen Erfahrungen hüten wie einen kostbaren Schatz, mit dem man sehr vorsichtig umgehen muss. Dann bleibt ihnen die höhere Schwingung ihrer Seele erhalten.

Merkur-Auslösungen

Merkur
Austausch und Alltagsbewältigung der Beziehung

Der Merkur im Composit sagt etwas darüber aus, wie verständnisvoll die Partner kommunizieren oder ob diese Kommunikation nur mühevoll und arbeitsintensiv gestaltet werden kann. Der vom Merkur bestimmte Inhalt einer Beziehung beschreibt die Art und Weise, *wie* das Paar eine geistige Linie vom Ich zum Du lebt. Darüber hinaus sagt seine Stellung, wie der Alltag bewältigt wird, wie das gemeinsame Leben zum Funktionieren gebracht werden kann und wie bereit die Partner sind, sich einander im täglichen Leben anzupassen. Dieser Planet hat die unspektakuläre, aber für das tägliche Leben ungeheuer wichtige Rolle, der Beziehung den Boden unter die Füße zu geben, auf dem die Partner bequem und sicher durchs Leben schreiten können. Eine Merkur-Auslösung wird also in den seltensten Fällen schwierig und problembehaftet ausfallen. Sie betrifft vor allem Organisation und Rollenverteilung. Wir müssen beim Merkur, wie schon im Kapitel über die Phasen beschrieben, bedenken, dass er der Herrscher der beiden Prinzipien Zwillinge und Jungfrau ist. Aus der Zwillinge-Phase heraus betrachtet betrifft die Auslösung mehr das Thema der Kommunikation und von der Jungfrau-Seite aus gesehen mehr die Themen Ausgleich und Anpassung. Über beiden Lebensbereichen steht die Fähigkeit, mit der Merkur zum Gelingen einer Beziehung beizutragen vermag. Es ist die neutrale Sichtweise einer Problemstellung, die enorm dazu beitragen kann, Verstrickungen zu lösen.

Merkur im Widder oder im 1. Haus

Mit einer Auslösung eines Widder-Merkurs fliegen schon mal die Fetzen! Unstimmigkeiten liegen auf dem Beziehungsweg und müssen ausdiskutiert werden. Jeder sollte sich mit aller Kraft einbringen und seiner Individualität Ausdruck verleihen. Diese Zeitqualität fordert von den Partnern, offen und direkt miteinander umzugehen und zu akzeptieren, dass ein gemeinsamer Weg nicht bedeuten muss, einer Meinung zu sein. Es ist durchaus möglich, mit unterschiedlichen Ansichten auf derselben Straße zu wandern. Das wirkliche Problem sind nicht die Unstimmigkeiten, sondern die Tatsache, dass keiner dem anderen zuhören mag. Der Widder-Merkur stellt damit auch ein Manko dar. Jeder weiß zwar allzu genau, was er selbst denkt und tun muss, hat aber wenig Ahnung von der geistigen Welt des Partners. Die Auseinandersetzungen haben eine belebende, anregende Qualität, doch es ist kaum möglich, auf einen gemeinsamen Nenner zu kommen. Das erschwert besonders die Organisation des Alltags. Am besten kommen die Partner miteinander zurecht, wenn jeder seinen eigenen Aufgaben nachgeht, im guten Glauben, dass er damit für die Gemeinsamkeit das Richtige tut. Jeder sollte sich nachdrücklich in das Ganze einbringen und dem anderen das Gleiche zugestehen. Dann kann nichts mehr schief gehen.

Merkur im Stier oder im 2. Haus

Wenn zwei das Gleiche denken, hat dies eben mehr Gewicht als die Meinung eines Einzelnen. Mit der Auslösung eines Stier-Merkurs im Composit ist man froh, einen Gleichgesinnten gefunden zu haben. Ein gutes, harmonisches Verständnis für die Dinge des Lebens und der Welt ist ein wertvolles Gut innerhalb einer Beziehung. Diese Gemeinsamkeit gibt Halt und Sicherheit. Der Gruppengeist regiert auch den Alltag und seine Aufgabenstellung. Der Beziehungsraum wird von beiden gleichermaßen gepflegt, das Kräfteverhältnis ist ausgeglichen. Aus den Partnern kann jetzt ein wirkliches Team werden. Fragestellungen von außen könnten allerdings eine Krise hervorrufen und die möchte man vermeiden. Die Gefahr dieser Auslösung besteht darin, dass man einen Teil der Welt ausgrenzt, damit im Innenverhältnis alles bleiben kann, wie es ist. Die Beziehung schützt ihren gut geordneten Garten vor dem »Unkraut« und dem Chaos der Umwelt. Jedes Paar braucht Anregungen von außen, um sich weiterzuentwickeln. Doch diese bringen auch eine Gefahr mit sich. Sie stören die Chemie des bequemen Stier-Merkurs und bringen ihn damit aus der Ruhe. Spätestens wenn diese Auslösung durch eine neue abgelöst wird, kommt wieder Wind auf. Und dieser bringt neuen Samen (und natürlich auch Unkraut) mit sich.

Merkur in den Zwillingen oder im 3. Haus

Diese Auslösung schenkt einer Beziehung eine Zeit der Leichtigkeit und der geistigen Anregung. Der Austausch zwischen den Partnern ist angenehm und fließend. Hier können sie sich von anderen, schwereren Zeiten erholen. Jede Beziehungslandschaft ist voller Tücken, Hürden und Abgründen. Die Merkur-Auslösung verhilft den Partnern, einen neutralen Blick auf den gesamten Weg zu richten und Zusammenhänge nüchtern zu betrachten. Diese durchaus kopfbetonte Zeit ist eine gute Möglichkeit, alte Beziehungsknoten zu entwirren. Zwar befindet sich ein Paar hier auf einem nüchternen Abschnitt seines Weges, doch eben daraus entsteht die Leichtigkeit. Es tut gut, sich einmal ohne verstrickende Gefühlsausbrüche, ohne schmerzhafte Emotionen zu begegnen. Für eine gewisse Zeit bietet das Nebeneinanderher eine Art Erholung. Der Blick auf die einfachen Dinge des Lebens kann sehr beruhigend sein, besonders wenn er eine anstrengende Phase ablöst. Natürlich darf dies nicht zum Dauerzustand werden. Denn immer und überall gibt es – wie auch hier – eine Falle. Zwei Menschen flüchten in diese Bequemlichkeit und benutzten die Mühelosigkeit, um sich mehr und mehr auf der »Oberfläche« aufzuhalten. Sie konzentrieren ihre Aufmerksamkeit auf diese und holen viel »äußere Welt« in ihre Gemeinsamkeit hinein (z.B. Fernsehen oder Treffen mit Freunden). Dann verliert die Beziehung mit der Zeit an Kraft, und das Schicksal, das zur Entwicklung aufrufen möchte, hat wieder Arbeit bekommen. Es drückt die Partner von der Oberfläche zurück in die Tiefe und Merkur nimmt seinen ursprünglichen Platz wieder ein. Er wird zu dem, was er schon immer war: Ein geistiger Vermittler zwischen den Partnern, er legt ihnen unermüdlich Linien in den Tag und in die Welt hinein.

Merkur im Krebs oder im 4. Haus

Der gedankliche Austausch eines Merkur im Krebs hat viel Tiefe und berührt die geheimsten Seiten der Partner. Mit dieser Auslösung ist der Auftrag verbunden, diese Qualität zu nutzen. Es geht darum, den anderen in seinem Wesen kennen zu lernen und sich ihm auf ähnliche Weise mitzuteilen. Die Gespräche werden weitgehend von Gefühlen beherrscht. Auch Planungen, wie zum Beispiel die des Alltags, werden eher von Emotionen beeinflusst als von rationalen Gründen. Bis zu einem gewissen Grad ist das gut so. Es kommt dabei zu einem Austausch, der in das Innerste der Partnerschaft führen kann.

Dem oberflächlichen, organisatorischen Teil der Beziehung wird nicht so viel Aufmerksamkeit beigemessen. Wenn sich jeder mehr in sich und die Gemeinschaft einzufühlen versteht, erledigen sich manche Dinge wie von selbst. Jeder ist zuständig für die Bereiche, die ihm am besten liegen. Problematisch kann sich diese Auslösung nur dann auswirken, wenn allzu viele Kindheitserinnerungen und Wünsche die Sicht auf den Partner versperren. Sobald Gespräche Gefühlsknoten bilden, sollten die Beteiligten sich erst einmal zurückziehen. Denn je länger sie aufeinander einreden, desto mehr verwirrt sich der »rote Faden«. Hier heißt es: erst warten, dann nachspüren und dann weiterdiskutieren. Mit Hilfe dieser Verhaltensweise kann der Faden wieder aufgenommen und weitergesponnen werden.

Merkur im Löwen oder im 5. Haus

Ein gemeinschaftlicher Merkur im Löwen stellt ein großes Kraftfeld dar. Die Partner geben ihrem Sein spontan und kreativ Ausdruck. Eine Auslösung bringt diese Beziehungsqualität ans Licht und fordert von ihnen, ihre Kreativität in einen Topf zu werfen und gemeinsam produktiv zu werden. Jeder sollte seine Fähigkeiten miteinbringen und mit den Talenten des anderen verbinden. Nur so kann das Potenzial, das in der Merkur-im-Löwen-Auslösung steckt, genutzt werden. Würden die Partner im Machtkampf (ich bin besser als du) ihre Energien gegeneinander richten, könnten sich ihre Kräfte schnell vernichtend auswirken. Im Machtkampf verlieren letztlich beide. Der praktische Teil des Zusammenlebens bräche zusammen, denn Einigung und Anpassung würden fehlen. Für eine Beziehung sind zwei starke Pole durchaus tragbar. Jedoch nur, wenn sie nicht auf die Vernichtung des anderen aus sind. Der Sinn dieser starken Merkur-Stellung ist erfüllt, wenn beide Partner ihre Einzigartigkeit bewahren und sie der Gemeinschaft zur Verfügung stellen. Die Zeit der Auslösung kann somit eine Hochzeit sein, in der ein starkes »Wir« geboren wird, oder eine

Zeit der Niederlagen zweier Menschen. Nur wenn die Achtung vor dem Partner an erster Stelle steht, erhöhen sich die Energien, mit der Missachtung verbrennt der Beziehungsboden und hinterlässt eine Wüste.

Merkur in der Jungfrau oder im 6. Haus

Die Fähigkeit eines Jungfrau-Merkurs, sich zu organisieren und den Notwendigkeiten des Alltags Rechnung zu tragen, erleichtert das Beziehungsleben aufs Angenehmste. Mit seiner Auslösung im Composit soll eine Basis erarbeitet werden, die den Partnern gleiche Rechte einräumt. Aufgaben und Probleme werden gemeinsam ausgeführt und gelöst. Sämtliche Möglichkeiten sollen so lange analysiert und untersucht werden, bis die beste für die Gemeinschaft gefunden wird. Die Zeitqualität fordert viel Vernunft und Einsicht in die Grenzen des Zusammenlebens. Jeder der Beteiligten spürt, dass es etwas zum Wohle der Gemeinschaft zu opfern gibt. Zu viel eigener Wille hat hier keinen Platz. Es geht dabei weniger um die Anpassung an den anderen, als um die Bereitschaft, dem »Wir« zu dienen. Dabei kann es beiden helfen, ihre Beziehung wie ein lebendiges Wesen zu betrachten, das nur gedeihen kann, wenn es mit Liebe und Verstand versorgt wird. Dann darf es wachsen. In dieser Zeit müssen Absprachen gefunden werden, die ein Gleichgewicht innerhalb der Partnerschaft gewährleisten. Auch nach dieser Auslösung sollen diese »Verträge« weiterhin eingehalten werden. Sie bieten einen guten Rahmen, die Beziehung auf einen festen Boden zu stellen. Niemand mag solche Verträge, sie wirken auf den ersten Blick »liebesfeindlich«. Doch es hat sich gezeigt, dass sie viele Diskussionen und Auseinandersetzungen überflüssig machen. Die so gesparte Energie steht dem Paar irgendwann für schönere Dinge zur Verfügung.

Merkur in der Waage oder im 7. Haus

Die Partner sollen mit dieser Auslösung lernen, gleichberechtigt und ebenbürtig miteinander umzugehen. Jeder soll in Gesprächen und Diskussionen gleichermaßen zuhören und sich äußern können. Es geht um ein ausgewogenes Verhältnis von aktiv und passiv und um die gerechte Verteilung der Rollen. Egal wie verschieden zwei Menschen auch sein mögen, aus welcher anders gearteten Sichtweise sie auch zueinander sprechen mögen, die Regel, die der Waage-Merkur für die Kommunikation aufstellt, besagt: Niemand darf zu kurz kommen. Beide Partner haben die Aufgabe, mit ihrem Gegenüber im Einklang zu schwingen und nicht fremde Melodien ins Lied der Beziehung einzuschleusen. Ein harmonischer Akkord setzt sich immer aus ganz unterschiedlichen Tönen zusammen. Es geht nicht darum, Misstöne zu unterdrücken, sondern sie in der Tonfolge zusammen mit dem Partner aufzulösen. So entsteht aus Spannung Harmonie. Die Zeitqualität der Merkur-Auslösung bringt eine Gratwanderung mit sich, die nur schwer bewerkstelligt werden kann. Drei Dinge sollen zusammengeführt werden: Erstens, *jeder* darf seine Meinung haben und behalten. Zweitens, *jeder* gestattet dies auch dem Partner. Drittens, daraus sollen sich Einklang und Übereinstimmung ergeben. Das hört sich schwer an und ist auch schwer. Das hilfreiche Geheimnis besteht darin zu erkennen, dass jeder Mensch jederzeit jeden Gegenpol – zum Beispiel den des Partners – einnehmen könnte. Mit dieser Wahrheit im Herzen wird die eigene Position federleicht. Und die des Partners ebenso.

Merkur im Skorpion oder im 8. Haus

Die Auslösung eines Skorpion-Merkurs im Composit deckt ein Spiel auf, das bis dahin meist sehr unbewusst abgelaufen ist. Einer der Partner hat die Führung übernommen und besetzt mit seinen Ideen, seinen Bildern und Meinungen den gesamten Beziehungsraum. Er beeinflusst (eventuell tatsächlich unbewusst) seinen Weggefährten und zieht ihn ganz auf seine Seite der Welt. Diese stillschweigende Übereinkunft soll mit der Merkur-Auslösung aufgedeckt und gelöst werden. Dafür stehen zwei Wege zur Verfügung. Der eine geht vom »Täter« aus, der andere vom »Opfer«. Der Stärkere hat sich so weit über den anderen ausgedehnt, dass er ihn nicht mehr sehen kann. Er verliert die Beziehung zu ihm und sucht sie jetzt zurückzugewinnen. Die andere Möglichkeit, dem »Spiel« ein Ende zu setzen, besteht darin, dass sich das »Opfer« zu wehren beginnt und eigene Vorstellungen in die Beziehung einbringt. Damit prallen zwei Welten aufeinander, die unter dem enormen Druck zerspringen. Die Aufräumarbeiten dauern lange, bringen aber viel Gutes mit sich. Ist der Weg erst einmal gesäubert, beginnt die Partnerschaft auf einer neuen Ebene noch einmal von vorne. Wie Phönix aus der Asche darf sie zum Himmel der (Wieder-)Verliebten aufsteigen.

Merkur im Schützen oder im 9. Haus

Die Auslösung eines Schütze-Merkurs im Composit gibt einer Beziehung Auftrieb und entbindet sie für einige Zeit vom Alltäglichen. Die Partner öffnen sich neuen Horizonten und setzen zum bewusstseinserweiternden Höhenflug an. Die Aufgabe besteht darin, miteinander den Horizont zu vergrößern. Ob sich die gemeinsamen Interessen auf ein Reiseland beziehen oder die philosophische Suche an erster Stelle steht, ist unwichtig. Wichtig dabei ist, nicht in dem banalen Kleinkram des Lebens stecken zu bleiben. Stattdessen soll an die Gemeinschaft der Anspruch des Wachstums gestellt werden. Nur wer Ideale hat, nur wer seine Augen auf »Höheres« richtet, ist zu »Höherem« berufen. Jede Beziehung hat Zeiten, in der sie der Schwerkraft des Alltäglichen unterliegt. Es ist wichtig, sich nicht ganz von dieser verschlingen zu lassen. In diesem Sinne gilt es, die Kraft der Merkur-Auslösung und damit die Gunst der Stunde zu nutzen und das bequeme Zuhause der Gewohnheiten zu verlassen. Gemeinsame Erlebnisse können in der Partnerschaft das eventuell schon erloschene Feuer wieder entfachen. Jede Beziehung braucht ab und zu eine Verjüngungskur und diese findet selten zu Hause vor dem Fernseher statt.

Merkur im Steinbock oder im 10. Haus

Alle Steinbock-Zeiten sind gewissermaßen arbeitsreiche Zeiten. So auch die Auslösung des Composit-Merkur, der mit seiner Steinbock-Qualität Hindernisse und Hürden mit sich bringt. Er bringt Verständigungsschwierigkeiten in eine Beziehung ein, die nur mühevoll aus dem Weg gearbeitet werden können. Zwischen den Partnern will der Gedankenfluss nicht so recht fließen. Jeder beharrt auf seinem festgefahrenen Standpunkt und gibt seinem Gegenüber das Gefühl, auf Granit zu stoßen. Dieser bohrt und bohrt und vergisst nur allzu leicht, dass ja auch er nachgeben könnte. Glaubenssätze stoßen aufeinander und bleiben hinter geschlossenen Grenzen voneinander getrennt. Nur mittels großer Aufmerksamkeit und klarer Logik weichen die Muster im Laufe der Zeit – nach endlosen Diskussionen – ein wenig von der alten Bahn ab. Gut wäre es, wenn sich das Paar jetzt ein gemeinsames Ziel setzen würde. Dort hätte der Merkur im Steinbock viel größere Entfaltungsmöglichkeiten. Dort könnten beide gemeinsam mit ihrer Geradlinigkeit und Disziplin etwas Sinnvolles erreichen. Jede Aufgabe lenkt von den verhärteten Fronten ab. Nur ein gemeinsames Arbeitsfeld kann die beiden so sehr in Anspruch nehmen, dass es ihre blockierten Energien auf sich zieht und damit wieder in Fluss bringt. Gemeinsam für eine Idee Feuer zu fangen, kann die eingefrorenen Standpunkte zum Schmelzen bringen.

Merkur im Wassermann oder im 11. Haus

Die Aufgabe, die ein Wassermann-Merkur in eine Beziehung einbringt, ist die, beide Partner anzuregen, sich herauszufordern, damit immer wieder neue Sichtweisen von der Welt entstehen. Die Auslösung bringt ein Spiel in Gang, das die Gedanken der beiden Mitspieler wie einen Ball hin- und herwirft. Es geht nicht darum, alles aufzufangen, was vom Gegenüber kommt, sondern leichtfüßig mitzuspielen. Ein Begriff, der das Ganze gut beschreibt, ist das »Brainstorming«.

Worte und Gedanken werden in den Raum hineingeworfen, niemand hält sich allzu lange bei einer Aussage auf. Die Energien fließen so lange chaotisch hin und her, bis etwas Neues entstanden ist. Niemand weiß dann, wer der Urheber ist. Das Ergebnis ist aus beiden entstanden. Noch besser gesagt, es konnte entstehen, weil keiner sich an seinem Part festgehalten hat, um sein Ego damit zu schmücken. Die Befruchtung findet nach einer Art Zufallsprinzip statt und ist losgelöst von den üblichen Machtspielchen einer Beziehung. Mit dieser unkonventionellen Art kann das Paar der Welt viel Neues zeigen. Nicht nur sie selbst werden dazu bewegt, alte Denkmuster abzulegen, sondern sie sind auch Vermittler für andere. Der einzige Bereich, der ein bisschen leidet, ist der Alltag. Dieser scheint sich unter der Hand immer wieder in ein Chaos zu verwandeln. Aber was soll's, man kann eben nicht alles haben.

Merkur in den Fischen oder im 12. Haus

Der Fische-Merkur ist für eine Beziehung ebenso ein Geschenk wie eine große Behinderung. Entweder das Paar versteht sich ohne Worte, jeder weiß, was der andere denkt bzw. fühlt, oder sie haben große Mühe, einander ihre unterschiedlichen geistigen Welten zu vermitteln. Mit der Merkur-Auslösung lernen sie beide Aspekte kennen. Einerseits herrschen Chaos und Unklarheiten, die sich bei aller Mühe nur schwer beseitigen lassen.

Andererseits ergeben sich Momente der Berührung, in denen die Sprache überflüssig wird. Jeder empfindet sein Gegenüber erst einmal als fremd, unlogisch und vernunftwidrig. Beide haben das Gefühl, nicht verstanden zu werden, und entwickeln daraus den Vorwurf, nicht genügend Beachtung und Interesse zu finden. Tatsächlich entzieht sich der Partner zeitweise der Gemeinsamkeit und verschwindet in seinen eigenen Gedanken. Nur wenn er darin ungestört von Fragen wie: »An was denkst du gerade?« verweilen darf, wird er gerne in die Beziehungswelt zurückkehren. Die schwierige Aufgabe dieser Merkur-in-den-Fischen-Auslösung besteht gerade darin, dem Partner seine Welt, seine Geheimnisse, seine Träume zu lassen. Erst dann kann sich die schöne Seite des Fische-Aspekts zeigen: das Miteinander-Schweigen, damit sich die Seelen in einer anderen Welt in fast mystischem Einverständnis begegnen können.

Venus-Auslösungen

Venus
Der Eros der Beziehung

Trotz aller Schmerzen und aller Enttäuschungen, die Beziehungen mit sich bringen, machen wir uns wieder und wieder erneut auf die Suche nach unserer anderen Hälfte. Und damit wir es immer wieder versuchen und nicht aufgeben, brauchen wir die Hilfe von Eros. Er legt (ohne unser Wissen) Liebeslinien zwischen uns und dem passenden »Objekt«. Wenn er uns berührt, fühlen wir uns so hingezogen zu unserer fehlenden Hälfte, dass wir spüren können, dass sie uns fehlt. Eine Bindung entsteht. Dabei gilt die Formel: Gegensätze ziehen sich an. Der Bindungsprozess entsteht unbewusst, die Verliebtheit, mit der dieser meist beginnt, entwickelt sich auch ohne unseren ausdrücklichen Wunsch. Es muss sich dabei nicht immer um sexuelles Begehren handeln, es gibt auch andere Formen des

Eros, die ebenfalls eine Ergänzung herstellen möchten. Die Kräfte, die die Partner zueinander hinziehen, werden im Composit-Horoskop von der Venus dargestellt, die abstoßenden vom Mars. Beide zusammen machen die Lebendigkeit einer Beziehung aus. Die Venus arbeitet daran (mit Hilfe des Eros), das »Wir« herzustellen. Der Mars versucht zu trennen (damit wir erneut angezogen werden). Die Venus beschreibt, wie und warum wir uns vom Partner angezogen fühlen. Sie liefert eine Beschreibung der ergänzenden Seelenanteile, die sich in dem Thema verbinden, das von ihr beherrscht wird. Über eine Venus-Auslösung wird ein Paar in eine positive Spannung versetzt und muss sich bereit erklären, in den Spiegel zu sehen, den der Partner ihm vorhält. Die bindende Energie hält so lange an, bis sich die Partner im anderen wiedererkannt haben.

Venus im Widder oder im 1. Haus

Über die Auslösung einer Composit-Venus im Widder erfahren die Partner, dass sie sich dann besonders anziehend finden, wenn sie sich inmitten eines großen Spannungsfeldes befinden. Ihr Eros lebt von der Tatsache, dass sie sehr unterschiedliche Bedürfnisse haben und sich in ihre eigene Welt zurückziehen. Erst über die Distanz kommen sie zusammen. Wie zwei Magnete stoßen sie einander ab, um sich daraufhin sehr leidenschaftlich wieder zu begegnen. Ihr Alltag braucht ein gewisses Maß an Streit, Langeweile kennen sie nicht. Jeder macht auch innerhalb der Partnerschaft seine eigenen Erfahrungen und erhält sich so seine Eigenständigkeit. Nur wenn der Partner immer mal wieder erobert werden muss, bleibt die Lebendigkeit erhalten. Mit dieser Auslösung ist die Aufgabe verbunden, aktiv zu werden, etwas zu unternehmen und das Beziehungsleben mit ein wenig Abenteuer zu würzen. Über diesen ganz speziellen Eros lernen die Partner, dass Zusammengehörigkeit und Selbständigkeit durchaus im gleichen »Spiel« vorhanden sein können – allerdings immer abwechselnd.

Venus im Stier oder im 2. Haus

Mit dieser Venus-Auslösung wird es gemütlich. Gemeinsame Essen, kulturelle Begegnungen und ein großer Freundeskreis, das sind die Werte, in denen die Partner zu Hause sind. Die Stier-Venus wirkt sich sehr gruppen- und zugehörigkeitsbildend auf eine Beziehung aus. Die Partner sollen einander unterstützen, wo sie nur können. Ihr Eros ist sinnlich, erotisch und liebevoll. Die Körperlichkeit steht sehr weit oben auf ihrer Wertskala. Es ist einfach, mit einem Menschen zusammen zu sein, wenn diese Basis übereinstimmt. Man kann sagen, mit einer Stier-Venus hat ein Paar – welche anderen schwierigen Themen auch immer auf ihrem Weg liegen mögen – einen Bereich, in dem es sich ausruhen und der ihm viel Kraft schenken kann. Ihr Eros möchte, dass sie es »schön« miteinander haben. Die Voraussetzungen dafür sind gegeben und wenn beide ihren Anteil dazu beitragen, wird es warm und geborgen im Beziehungsnest. Dieser sichere Platz bleibt ihnen erhalten, wenn sie sich gegenseitig achten und schätzen. Eine noch so zaghafte Ablehnung kann das Wohlgefühl sehr schnell ins Wanken bringen. Das ist die Kehrseite der Stier-Venus. Beide brauchen das Geliebt- und Begehrtwerden und die ausschließliche Liebe des Partners. Nur die bietet ihnen den gewünschten sicheren Rahmen. Wenn es durch Besitzansprüche und Eifersucht so eng im Nest wird, dass es einer zum Luftholen verlassen muss, gibt der andere sofort Alarm. Unsicherheiten zu ertragen, ist nicht gerade die Stärke der Stier-Venus.

Venus in den Zwillingen oder im 3. Haus

Der Eros, der zwei Menschen mit einer Zwillinge-Venus beflügelt, ist wahrlich ein »Götterbote«. Auf seinen Schwingen bereisen die Partner die Welt und verbinden ihre Interessen aufs Beste miteinander. Ihre Art der Anziehung beruht auf gemeinsamen Unternehmungen und Erlebnissen. Es ist nicht so sehr die gegengeschlechtliche Anziehung, die von der Venus in den Zwillingen beschrieben wird, sondern eher eine unkomplizierte Zusammengehörigkeit, in der die Ähnlichkeit eine größere Rolle spielt als die Gegensätzlichkeit. Ein Liebespaar mit dieser Composit-Venus merkt spätestens mit der Auslösung, dass die Sexualität keinen sehr großen Raum in der Partnerschaft einnimmt. Der Vorteil besteht darin, dass man nicht zu sehr aneinander hängt, dass das Verhältnis – aus dieser Perspektive gesehen – recht unproblematisch ist. Zwei Menschen, die so locker miteinander verbunden sind, haben oft Angst, ihrer Beziehung würde etwas fehlen oder sie könnte leicht auseinander gehen. Diese Angst ist unberechtigt. Eros macht keine Fehler! Er führt auch diese beiden Menschen sinnvoll zueinander, weil es etwas zu lernen gibt. Offensichtlich brauchen sie dafür keine so hohe Spannung. Sie dürfen nebeneinanderher spazieren, schließlich sind sie gerne zusammen.

Venus im Krebs oder im 4. Haus

Mit der Auslösung einer Composit-Venus im Krebs schlagen die Emotionen hohe Wellen. Die Partner brauchen einander und kuscheln sich in die Beziehung ein wie in ein Nest. Sie können sich ein Leben ohne den anderen nicht mehr vorstellen. Falls sie noch nicht verheiratet sind, sollten sie es tun. Die Krebs-Venus sucht ein Zuhause! Die Ehe bietet den sicheren Rahmen, dem Anspruch auf Nähe und Geborgenheit freien Lauf zu lassen. Die Beziehung wird zum Schutz vor der »bösen, kalten« Welt. Die »inneren Kinder« der beiden Partner fühlen sich am stärksten voneinander angezogen. Sexualität ergibt sich aus dem großen Wunsch nach Nähe. Der Eros dieser Beziehung ist ein schwärmerisches, niedliches Wesen, dessen Lieblingsspiel die Liebe ist. Die Gefühle füreinander sind naiv und vertrauensselig. Da sind Enttäuschungen schon vorprogrammiert. Mit der Venus-Auslösung wird sowohl das Nest gebaut wie auch zerstört. Es gibt kein Nest ohne Löcher und da jeder noch so winzige Lufthauch die sensiblen Gefühle der Partner frösteln lässt, bleibt es nicht aus, dass die »Kinder« ab und zu weinen. Natürlich um ganz schnell in den Armen des Partners getröstet zu werden.

Venus im Löwen oder im 5. Haus

Die Venus im Löwen wirkt ungeheuer belebend auf eine Beziehung. Mit der Auslösung wird das Spannungsfeld noch höher aufgeladen. Auch Paare, die schon länger zusammen sind, fühlen sich wie frisch verliebt. Das Geheimnis dieser Erhöhung der Energien besteht darin, dass beide auf das Gute im anderen schauen und dass sie das Beste aus ihm »herauslieben«. Der Löwe-Eros besitzt eine hohe sexuelle Anziehungskraft, die zwei Menschen zum Erblühen bringt. Weil der Partner (im Moment!) alle nur wünschenswerten Kriterien erfüllt, fühlt sich jeder wie ein König, eine Königin. Angesprochen mit den Worten: »Ich habe dich erwählt«, fühlt er sich wahrgenommen und gewürdigt. Das spornt ihn an, aus sich herauszugehen und Seiten in sich zu entwickeln, die er zuvor noch nicht kannte. Wenn beide diese neu gewonnenen Energien den gemeinsamen Zielen zur Verfügung stellen, können sie viel erreichen. Ihr Eros lässt sie nicht ruhen. Er möchte, dass sie die erzeugte Spannung sinnvoll anwenden und dass daraus Großes entsteht. Damit die Anziehungskraft lange anhält, dürfen nicht allzu viele Niederlagen auf ihrem Weg liegen. Die Beziehung lebt vom Hochgefühl, nicht vom Alltag. Ihr Eros lebt vom Abenteuer des Lebens, nicht von gleichförmiger Pflichterfüllung. Die Aufgabe dieser Auslösung ist erfüllt, wenn sich die Herzen beider so aufgeladen haben, dass sie auch in »Notzeiten« davon zehren können. Lebendigkeit entsteht immer da, wo sich jemand ganz und gar einzusetzen versteht, egal um welchen Weg und um welches Ziel es sich handelt.

Venus in der Jungfrau oder im 6. Haus

Mit der Venus in der Jungfrau-Auslösung wird Geduld und Ausdauer von zwei Menschen gefordert. Ihre Gefühle zueinander sind gleich bleibend und beständig. Der Jungfrau-Eros kennt die allzu romantischen Schwankungen und himmelhoch jauchzenden Ausbrüche anderer Paare nicht. Menschen mit einer Composit-Jungfrau-Venus müssen also geduldig sein, *weil* sie sich so gut verstehen. Sie folgen ähnlichen Idealen und tragen ähnliche Wertesysteme mit sich. Sie sind ein gutes Team und ihre Liebe kann gut gelingen, wenn ihr keine Bilder von größerer Sehnsucht und keine Vorstellungen von leidenschaftlicheren Dramen entgegengestellt werden. Der Eros ist hier kein pausbäckiger kleiner Amor, sondern reif und vernünftig. Er braucht keine Spannung und keine Gegensätzlichkeit, um das Paar zusammenzubringen. Verständnis für die Gefühle des Partners und ein Eingehen auf dessen Bedürfnisse bieten eine ausreichend gute Basis für eine Beziehung. Da Ausgleich und Gerechtigkeit feststehende Wesensmerkmale dieser Gemeinschaft sind, bleiben am Ende des Weges niemals Rechnungen offen.

Venus in der Waage oder im 7. Haus

Die Venus gilt als wichtigster Faktor einer Liebesbeziehung. Die Platzierung der Venus im Tierkreiszeichen Waage, in ihrem eigenen, für Partnerschaft stehenden Symbol, hat daher großes Gewicht. Mit ihrer Auslösung kommt es zu dem Wunsch zweier Menschen, eins zu werden. Sie empfinden einander deutlich als zwei Hälften eines Ganzen. Das Gefühl der Zugehörigkeit und der Sehnsucht nach Gemeinsamkeit hat jetzt Vorrang. Andere Themen werden beiseite geschoben, der Partner ist im Moment absolut der/die wichtigste. Den Mann zieht es zur Frau, die Frau zum Mann. Der Eros der Waage-Venus bringt Frieden und Harmonie. Er braucht keine Gegensätzlichkeiten, um die beiden Menschen zu verbinden. Sie dürfen einander gleichen *und* ergänzen. Das Weibliche im Manne sieht sich gespiegelt in der Frau. Das Männliche in der Frau findet sich im Partner wieder. Anima und Animus halten Hochzeit. Die von diesem Eros bevorzugte Beziehungsform ist – soweit es sich um gegengeschlechtliche Partner handelt – die Ehe. Dies ist das gemäße Ziel, das es anzustreben gilt. Mit Ehe ist weder die kirchliche noch die standesamtliche Version gemeint, sondern die seelische. Jede Liebe braucht ein Gefäß, um zu gedeihen. Mit der Venus in der Waage-Auslösung soll das Paar seiner Zuneigung ein Haus bauen, sie definieren und zu einem Bund führen. Damit entsteht eine gute Basis, von der aus andere, schwierigere Themen, die auf dem Beziehungsweg liegen, einfacher zu bearbeiten sind. Der Waage-Eros führt das Paar immer wieder zurück in ein Verständnis füreinander und natürlich in die Liebe.

Venus im Skorpion oder im 8. Haus

Die Liebesenergie zweier Menschen wird mit dieser Auslösung sehr intensiv. Die Skorpion-Venus zieht sie so dringend zueinander, als würde Eros sie mit dem Lasso einfangen. Sie möchten den anderen mit Haut und Haaren besitzen. Die Sexualität ist eine leidenschaftliche Möglichkeit, dies zum Ausdruck zu bringen. Beide gehen mit Eifer daran, den Partner möglichst bis in die kleinste Ecke seines Wesens zu erkennen. Jeder möchte sich in den anderen hineinversenken und ganz in ihm aufgenommen werden. Eine Beziehung braucht solche Zeiten, in denen der Mensch alles um sich herum vergisst und sich ganz auf sein Gegenüber konzentriert. Damit bildet die Partnerschaft eine Basis der Zugehörigkeit, die auch in späteren Zeiten noch wirkt, wenn sich trennende Themen dazwischenstellen. Doch selbst die starke Anziehungskraft einer Skorpion-Venus lässt irgendwann einmal nach. Aber die Erinnerung soll bleiben und kann jederzeit wieder abgerufen werden. Mit dieser Venus-

Auslösung erleben selbst Paare, die sich schon lange auf dem gemeinsamen Weg befinden, eine neue Faszination und Spannung in der Partnerschaft, die ihre Herzen höher schlagen lässt. Das Leben wird intensiver und bunter. Die beiden Seelen werden in eine immer enger werdende Beziehung hineingezogen, die sie tief berührt. Ihre Liebesenergien verschmelzen in einem Topf zu einer einzigen Substanz. Es besteht allerdings die Gefahr, dass sie zu sehr zusammenkleben und darüber für einige Zeit ihre Eigenständigkeit verlieren. Der notwendige Rückzug aus dem »Wir« kann dann sehr schmerzhaft werden. Beide empfinden ihn als Liebesentzug. Es ist für niemanden einfach, den Wechsel von Nähe und Distanz zu akzeptieren. Besonders nicht für dieses Paar, dessen Venus »ewige Liebe« verspricht und doch auch nicht halten kann.

Venus im Schützen oder im 9. Haus

Wird die Venus zweier Menschen von einem Schütze-Eros beflügelt, so sind sie sehr bereit, miteinander zu wachsen und zu lernen. Sie machen sich gemeinsam auf die Suche nach neuen geistig-seelischen Gebieten, die ihrer Partnerschaft mehr Tiefe und mehr Sinn geben können. Mit der Auslösung der Venus ist die Aufgabe verbunden, alte Beziehungsmuster zu verlassen und neue Wege zu beschreiten. Die Liebe beflügelt die Partner, der Suchbewegung zuzustimmen. Der Anspruch, die Grenzen des Alltags und des Alltäglichen hinter sich zu lassen, soll in ihre Herzen einziehen und der Partnerschaft neuen Sinn geben. Die Gemeinschaft braucht hin und wieder eine Befruchtung, damit der ausgelaugte Boden wieder neuen Ertrag hervorbringen kann. Es gibt eben Menschen, deren Liebe von Wachstum und Entwicklung abhängt. Eine Schütze-Venus verbindet ein Paar über einen geistigen Eros. Nicht, dass Sexualität hier keinen Platz hätte, doch die Flammen der Leidenschaft werden von Energien entfacht, die aus der Tiefe der Seele nach oben drängen. Ihr Eros treibt sie immer wieder voran, sich auf emotionale Geheimnisse einzulassen und sich intensiv auf die Suche nach Beziehungszusammenhängen zu machen. Als Glück wird von ihnen tatsächlich empfunden, wenn einer vom anderen lernt und wenn von Zeit zu Zeit die Rollen getauscht werden.

Venus im Steinbock oder im 10. Haus

Mit der Auslösung einer Steinbock-Venus wird deutlich, welchen Einfluss die Beziehung auf das Leben der einzelnen Partner hat. Der Partner ist nicht nur Wegbegleiter, sondern auch Schicksalsüberbringer. Es kommt beiden so vor, als seien sie einander zugeordnet worden und als hätten sie kaum Möglichkeiten gehabt, sich der Gemeinsamkeit zu entziehen. Äußere Umstände haben sie zusammengeführt und jetzt wird verlangt, dieser Tatsache mit Ernsthaftigkeit zu begegnen. Der Eros, der hier die Liebeslinien zwischen den Partnern zieht, hat es sich zur Aufgabe gemacht, von Beginn an klare Verhältnisse zu schaffen. Hier gibt es keine »Läufer/Fänger-«, keine »Wer-hat-wen-lieber-Spiele«, sondern klare Aussagen über Absichten, über die Zukunft und über die Art der Beziehung. Ein Paar, das bis zu diesem Zeitpunkt noch keine deutliche Entscheidung für den gemeinsamen Weg getroffen hat, kann sich jetzt vor dieser Schicksalsforderung nicht mehr drücken. Es lohnt sich, einander die Hände zu reichen, Eros hat etwas Bestimmtes mit den beiden vor. Was, das allerdings müssen sie selbst herausfinden. Die gemeinsame Aufgabe verlangt von ihnen, sich ihr verantwortlich zu stellen. Der Weg ist vorgegeben, das Ziel – auch wenn es im Moment noch weit entfernt ist – ebenfalls. Mag sein, dass die Partner ernüchtert vor den Anforderungen stehen. Doch Eros hat ihnen niemals eine leichte, spielerische Beziehung versprochen. Jetzt wird deutlich, was beide von Anfang an tief in ihrem Inneren ahnten. Sie haben sich in einer Arbeitsgemeinschaft zusammengefunden, in der Romantik wenig Platz hat. Dennoch, sie dürfen darauf vertrauen und sich sicher sein, dass ihr gemeinsamer Weg stets ansteigen wird und dass die Entwicklung und die seelische Arbeit, die sie leisten, gute Ergebnisse bringen werden.

Venus im Wassermann oder im 11. Haus

Diese Beziehung lebt von Trennungen, oder besser gesagt von vielen Beinahe-Trennungen, die sich aneinander reihen wie bunte Perlen. Mit der Auslösung der Wassermann-Venus tritt eine erneute Chance ins Beziehungsleben, dieses Thema besser verstehen und begreifen zu lernen. Jeder Mensch kennt das Nähe/Distanz-Spiel, das innerhalb einer Beziehung stattfindet. In vielen Partnerschaften läuft es unbewusst ab; der mögliche Abstand zum Partner wird fest definiert. Keiner darf sich so weit entfernen, dass der Zurückgelassene Angst bekommt, ihn zu verlieren. In einer Gemeinschaft mit einer Wassermann-Venus entsteht das erotische Spannungsfeld dadurch, dass abwechselnd einer den Beziehungsraum verlässt und er dabei für den anderen unsichtbar wird. Das ist natürlich nicht körperlich, sondern seelisch gemeint. Er verlässt das »Wir« und wird zeitweise wieder ganz zu seinem »Ich«. Er findet zu seinen eigenen Wünschen und individuellen Lebensabläufen zurück. Von dort aus kehrt er irgendwann, wenn er lange genug »unterwegs« war, in den Beziehungsraum zurück. Dort kommt es zu intensiven Begegnungen (Zeit spielt dabei keine Rolle) und später erneut zu Freiheitsbekundungen. Wer von beiden dabei aktiv und wer passiv ist, tut nichts zur Sache. Vergessen wir nicht, die Composit-Venus beinhaltet die Energien *beider,* das heißt Unruhe und Wechselhaftigkeit sind im gemeinsamen »Topf« entstanden. Der Sinn und die damit verbundene Aufgabe dieser Auslösung besteht darin, jeglichen Beziehungsanspruch an den Partner fallen zu lassen und einem Lernprogramm zu folgen, das von Freiheit, Losgelöstsein und Leichtigkeit getragen wird. Eros hat hier besonders breite Schwingen. Auf ihnen darf die Liebe in die höchsten Höhen aufsteigen.

Venus in den Fischen oder im 12. Haus

Ein Paar hat mit der Auslösung einer Fische-Venus eine gute Chance, eine Zeit des tiefen Glücks zu erfahren. Sie dürfen erleben, was es heißt, eins zu werden. Ihr Eros beruht auf dem großen Wunschtraum der gesamten Menschheit: endlich nach Hause zu kommen und mit der anderen, der verlorenen Hälfte, wieder eins zu werden. Wenn beide Partner bereit sind, bedingungslos zu lieben und Opfer für den gemeinsamen Weg zu bringen, wird ihnen dies eine Zeit lang gelingen. Ein göttlicher Funke hat sie zusammengeführt, nur sie selbst können diesen »Traum« wieder zerstören. Die Gefahr, dass der Anspruch an die Liebe so groß wird, dass die Partner es nicht schaffen, sich diesen inneren Raum zu erhalten, ist ebenso groß wie die Enttäuschung, die der reale Alltag mit sich bringt. Was beide mit der Auslösung ihrer gemeinsamen Fische-Venus zu lernen haben, ist nicht immer ganz einfach zu verstehen. Ein Teil ihrer Beziehung findet in einer anderen Dimension statt, die mit dem realen Tagesgeschehen wenig zu tun hat. Dieser Begegnungsraum ist weltabgewandt und hat viel Platz für Fantasien und Träume. Sobald die Partner ihrer Beziehung mehr sichtbare Form, mehr Definition und mehr Sicherheit geben wollen, ziehen sich ihre Gefühle zurück. Das tut weh und ist erst einmal enttäuschend. Diese Bindung braucht keine feste Form, die Energien sollen frei fließen, der göttliche Funke darf zeitweise die Herzen erhellen, doch die zarten Gefühle füreinander scheuen das Tageslicht. Diese Beziehung zeigt den beiden Menschen, dass wahre Liebe wenig mit Besitzanspruch und Egoabsprachen zu tun hat. Es ist ein schweigsamer Eros, der die beiden zusammenführte. Mit allzu lauten Tönen würden sie ihn vertreiben.

Mars-Auslösungen

Mars
Das Spannungsfeld der Beziehung

Der Mars stellt das Aggressionspotenzial einer Beziehung dar. Zu Unrecht werden Aggressionen als beziehungsschädigend aus der Partnerschaft ausgeklammert. Jeder Mars hat zwei Seiten, eine auf den Partner *zugehende* Aggression, ohne die Liebe nicht denkbar ist (zum Beispiel in der Sexualität), und die trennende, destruktive Seite, die in Macht/Ohnmacht-Spielen zu finden ist. Im Composit-Horoskop bezeichnet der Mars den Zusammenschluss der Energieströme *beider* Partner, aus dem sich ein mehr oder weniger großes Feuer entwickelt oder (im schlimmsten Fall) eine Lähmung. Je stärker das Feuer ist, das zwischen den Partnern lodert, desto heftiger und leidenschaftlicher wird auch die Sexualität gelebt. Darüber hinaus beschreibt der Mars das Thema, in dem die Partner *keine* Übereinkunft erzielen können. Kampf und Krieg gehören zu jeder Beziehung. Je höher die Reibungswärme, die dabei erzeugt wird, desto »geladener« stehen sich die beiden Partner gegenüber und desto lebendiger ist die Beziehung. Mit einer Mars-Auslösung ist die Botschaft verbunden, Aggressionen nicht zurückzuhalten, sondern zu lernen, die Kräfte, die sich aus dem Spannungsfeld heraus entwickeln, gezielt und sinnvoll einzusetzen: Streit ist das Salz in der Suppe einer Beziehung.

Mars im Widder oder im 1. Haus

Jetzt geht es darum, Dampf abzulassen. Selbst zwei »harmlose« Menschen müssen bei der Mars-Auslösung zu »ihren Waffen« greifen. Es entsteht ein Streitreflex, der die Gemüter entzündet und sie teilweise allzu hitzig werden lässt. Die »Messer« eines Mars im Widder sind scharf und deshalb ist Vorsicht geboten.

Es gibt Verletzungen, die man nie wieder rückgängig machen kann. Es geht nicht darum, die Aggressionen aus der Beziehung auszugrenzen (wo sollten sie auch hin?), sondern sie so gut es geht zu lenken. In diesem Sinn steht mit der Mars-Auslösung eine Belebung des Beziehungslebens an. Spontaneität und direkter Einsatz sind bessere, erträglichere Schauplätze für diesen Mars. Die Energie muss unbedingt zu Handlungen führen. Jede Unterdrückung lässt das Aggressionsniveau steigen, während jede Entscheidung, jede Aktivität, und sei sie im ersten Moment vom Partner noch so schwer zu verkraften, die Energie wieder in Fluss bringt und damit Zerstörung verhindert. Der beste Aspekt dieser Auslösung – sofern es sich um ein Liebespaar handelt – ist das Ausleben der Sexualität. Dort kann sich der »Mars« gefahrlos entladen. Allerdings wird der »Akt« männlich heftig und nicht lieb und kuschelig ausfallen. Obwohl ein Paar viel dazu beitragen kann, die Mars-Energien in »gute« Bahnen zu lenken, wird der Kampf doch nicht ganz zu vermeiden sein. Sportsgeist und Fairness können verhindern, dass dabei allzu viel zu Bruch geht.

Mars im Stier oder im 2. Haus

Mit einer Mars-Auslösung im Stier wird der Beziehung die Aufgabe gestellt, gemeinsame Projekte in Angriff zu nehmen und sich einen stabilen Boden zu erarbeiten. Für dieses Ziel sollen beide ihre Energien in den gemeinsamen Topf geben. Es ist besser, den Mars füreinander zu nutzen als gegeneinander. Schafft es ein Paar nicht, gemeinsame Ziele aus der Taufe zu heben, so kann es schnell zu Streit um Geld und Finanzen kommen. Der Mars, der ursprünglich das Beziehungsgebäude verteidigen sollte, wirkt dann trennend und verletzend. Besser ist es, Einigkeit in der Verwaltung des Bestandes und Übereinkunft in den unterschiedlichen Werten zu erzielen, als den fruchtbaren Boden der Beziehung zu verwüsten. Auch im sexuellen Energiemuster wirkt sich die Mars-Auslösung aus.

Die zu Beginn des Beziehungsweges sehr sinnliche Erotik weicht jetzt dem aggressiven Besitzdenken und der Eifersucht. Die zuvor verlangenden und erobernden Energien machen eine Kehrtwende und wirken sich jetzt Grenzen setzend und festhaltend aus. Die Partner müssen verhindern, ihre Kräfte zur Bewachung der Beziehung einzusetzen. Sonst erstarren sie hinter den Begrenzungen und es wird zu eng im Beziehungsraum. Hier kann ein konstruktiver Streit, der beiden ein bisschen Bewegungsraum zurückgibt, von Nutzen sein. Denn erst aus der Distanz heraus kann der Partner wieder zum »Objekt« der Begierde werden und Mars kann seine positiven Energien neu entfalten.

Mars in den Zwillingen oder im 3. Haus

Mit dieser Mars-Auslösung fliegen in einer Beziehung die Fetzen. Die spitzen Zungen dienen als Waffe, Vorwürfe und Nörgeleien fliegen wie Tennisbälle durch die Luft. Es gibt Zeiten wie diese, da finden die fruchtlosen Auseinandersetzungen kein Ende. Dabei hätte die Mars-Auslösung so viel mehr zu bieten. Beide Partner sollten sich lieber aktiv und leidenschaftlich an Gesprächen beteiligen, um dann energiegeladen daraus hervorzugehen. Darüber hinaus steht der Mars in den Zwillingen einem Paar als »Reisebegleiter« zur Verfügung. Sie verstehen es, sich gegenseitig anzuspornen und zu Aktivitäten zu motivieren, zu denen einer alleine nicht im Stande wäre. Die spielerischen Kräfte, die hier erzeugt werden, sind sehr lebensbezogen und verlangen von den Partnern, aktiv zu werden. Auch die Sexualität folgt diesem Energiemuster. Sie soll leicht und konfliktfrei ausgelebt werden. Auch wenn der leidenschaftliche Aspekt dabei etwas zu kurz kommt, hat es doch einen Vorteil. Da, wo weniger Leidenschaft herrscht, gibt es auch weniger zu leiden.

Die wichtigste Aufgabe dieser Auslösung besteht jedoch darin, dem Kreislauf von Nörgeleien und Vorwürfen zu entrinnen. Die Partner müssen sich mit aller Kraft dafür entscheiden, der fast zwanghaften Art und Weise, wie sie einander »sezieren«, ein Ende zu setzen. Die Zeitqualität fordert von ihnen diesen Entwicklungsschritt, der Partner wird es ihnen danken.

Mars im Krebs oder im 4. Haus

Die Mars-im-Krebs-Auslösung hat zwei Gesichter. Einerseits binden die heftigen Gefühlswallungen die Partner aneinander, auf der anderen Seite können sich die gleichen Energien ebenso trennend auswirken. Auf jeden Fall toben die Gefühle im Zuhause der Beziehung herum. Streiten, Trotz und gleichzeitig der Drang, dem anderen nahe zu sein, stellen alles auf den Kopf. Das alles beherrschende Chaos bringt gleichzeitig eine große Intensität des Zusammenseins. Launenhaftigkeit und Gefühlschwankungen sind an der Tagesordnung. Die Partner verhalten sich zueinander wie kleine Kinder. Mal stoßen sie sich ab, mal ziehen sie sich an. Für die Sexualität bringt dies genügend Spannung und viele schöne Stunden. Leider sinkt das Stimmungsbarometer sehr schnell wieder auf Null und neu entstandene Gefühle müssen geklärt werden. Die Mars-in-Krebs-Auslösung macht eine Beziehung sehr anstrengend, doch auch ehrlich im Ausdruck. Wenn die Partner den Blick auf ihre Entwicklung nicht verlieren, kann diese Zeit auch sehr viel Gutes mit sich bringen. Sie lernen ihr tiefstes Wesen kennen und fassen Vertrauen, mit ihren kindlich-emotionalen Ausbrüchen die Liebe des Partners dennoch nicht zu verlieren. Wenn er sich nicht abschrecken lässt und seine Zuneigung diese Phase übersteht, ist der andere eventuell bereit, »sein inneres Kind« doch noch erwachsen werden zu lassen.

Mars im Löwen oder im 5. Haus

Die Parole, die mit einer Mars-Auslösung ausgerufen wird, lautet: Ich bin ich und ich bleibe ich! Jeder der beiden Partner ist immer in Bereitschaft, sein Ego vehement zu verteidigen. Seine Einzigartigkeit und Individualität steht über dem Gemeinschaftsgedanken und wird nicht aufgegeben. Es geht hier um Siegen oder Verlieren. Wer ist hier der Stärkere? Die Beziehung wird zum Kampfschauplatz und zwar so lange, bis beide ermattet am Boden liegen.

Doch auch hier hat Mars eine positive Seite. Leider kann sie erst viel später erfahren werden. Erst wenn das Kräfteverhältnis (für dieses Mal) geklärt ist und sich die Partner einander wieder zuwenden, entsteht ein kreatives Spannungsfeld, in dem gemeinsam für ein Ziel, eine Vision gekämpft werden kann. Es ist sehr lohnend, wenn sich die Partner zusammentun und so aktiv wie möglich etwas Neues in Gang setzen (etwas planen, bauen, gestalten usw.). Das bindet und kanalisiert die aggressive Mars-Energie, so dass sie nicht mehr gegeneinander gerichtet wird. Auf diese Weise werden Konflikte zwar nicht für immer gelöst, aber zumindest für einige Zeit umgangen. Auch später wird das Machtverhältnis weiter umkämpft werden, doch solange der gemeinsame Geist mitschwingt, bleiben zumindest die härtesten Vernichtungsschläge aus.

Für die Sexualität eines Paares ist die Mars-Auslösung ein Gewinn. Sie bedeutet Leidenschaft und Überschwang. Sie wirkt sich sehr belebend und erneuernd auf die Beziehung aus.

Mars in der Jungfrau oder im 6. Haus

Das Hauptthema dieser Mars-Stellung ist die Schuldzuweisung. Der Mars in der Jungfrau greift ein Thema auf, das einen Konflikt des Menschen darstellt, an den er seit dem Auszug aus dem Paradies gefesselt ist: die Erkenntnis von Gut und Böse, Richtig und Falsch, von Unschuld und Schuld. Es ist unmöglich, jemals einem Menschen alles recht zu machen, und je mehr die Partner dies versuchen, desto schwieriger wird das Beziehungsleben. Die ins Unbewusste verdrängten Aggressionen versuchen, über einen unsichtbaren Weg dennoch ans »Ziel« zu gelangen. Mit der Mars-Auslösung gelingt ihnen dies, sie werden wieder in die Beziehung eingefädelt. Am liebsten bedienen sich die Partner der Kritik (die ja nur gut gemeint ist). Über dieses System geraten zwei Menschen in einen endlosen, unerfreulichen Kreislauf. *Jeder* ist unschuldig, nur der andere sieht etwas falsch, versteht nichts, übertreibt etc. Keiner will die Verantwortung für die ungute Beziehungssituation übernehmen.

Die hilfreiche Seite dieser Mars-Auslösung besteht in der Vernunft. Haben zwei Menschen erst einmal gelernt, dass jeder *Konflikt* aus beiden Energien besteht, können sie in Zukunft besser mit ihren Aggressionen umgehen. Erst wenn das Thema von Schuld und Unschuld ganz vom Tisch ist, können sie ihre Energien wieder auf wichtigere Dinge lenken, zum Beispiel darauf, Problemlösungen kraftvoll und überlegt zu begegnen.

Die sexuelle Energie eines Paares ist mit der Mars-in-der-Jungfrau-Auslösung nicht auf dem Höhepunkt. Sie brauchen viel Zeit, müssen einander gut kennen lernen, bevor sie sich einlassen. In keinem Fall wird die sexuelle Energie in dieser Zeit allzu triebhaft ihr Ziel suchen. Der Vorteil dieser geringeren Leidenschaft besteht darin, die gleich bleibenden, dauerhaften Energien länger zur Verfügung zu haben.

Mars in der Waage oder im 7. Haus

Ein Mars in der Waage ist grundsätzlich sehr versöhnlich. Falls es einmal Streit gibt, versuchen die Partner sofort zu »heilen«, was kaputt gegangen ist. Diese Grundenergie wird mit der Mars-Auslösung auf eine harte Probe gestellt. Beide möchten die Harmonie um jeden Preis und doch verlangt die Zeitqualität eine Auseinandersetzung mit dem eigenen Willen und den eigenen Bedürfnissen. Das Schicksal »serviert« Umstände, die ein ganzheitliches »Wir« nicht möglich machen. Einer der Partner (unbewusst auch im Auftrag des anderen) *muss* das Schwert der Entscheidung ziehen und damit einer momentanen Unvereinbarkeit zustimmen. Zumeist ist es der stärkere, der egoistischere Partner, dem diese Aufgabe obliegt. Er soll das ursprüngliche Harmonie-Muster sprengen und dabei die »Schuld« auf sich nehmen. Ohne es zu wissen, tut er dies auch im Namen seines Gegenübers. Auch dieser hat zu lernen, sich mehr um sich selbst zu kümmern. Das Ziel ist ein lebendiger Austausch ohne festgelegte Rollen. Wenn Streit und Aggressionen vermieden werden, beziehungsweise immer wieder sofort als störend ausgegrenzt werden, verliert eine Beziehung an Spannung und vermindert sich damit auch die sexuelle Anziehung. Diese kann erst wieder gelingen, wenn beide so weit voneinander entfernt sind, dass wieder eine Anziehung entstehen kann. Einer muss die Initiative ergreifen, aus der gleichmachenden Gemeinschaft auszuscheren, auch wenn er dann erst einmal als »Täter« die Schuld alleine tragen muss.

Mars im Skorpion oder im 8. Haus

Alle Aggressionen, die sich im Laufe einer Beziehungszeit angesammelt haben, werden mit der Mars-Auslösung wie ein Pfeil auf den Partner abgeschossen. Dort treffen sie ins Schwarze. Jeder kennt den anderen sehr gut und weiß um dessen Achillesferse. Die Spitzen haben kleine Widerhaken und es braucht oft lange, bis die Wunden geheilt sind. Die Pfeile sind seelischer Natur und überbringen alte, längst vergessen geglaubte Vorwürfe. Vergangene schmerzvolle Ereignisse greifen mit Fangarmen nach den Herzen der Partner und ziehen sie in einen Teufelskreis. Solange die Kräfte nicht nach außen gelenkt werden und in Handlungen übergehen, hält der Sog in die Tiefe an. Durch endlose Wiederholungen wird sehr viel Energie gebunden. Beide warten auf Erlösung, keiner aber kann von sich aus das System verlassen. Jeder schaut erwartungsvoll auf sein Gegenüber. Doch dieses dreht sich im immer gleichen Kreis der gleichen Vorwürfe. Irgendetwas im Inneren der Beziehungsseele vermag nicht loszulassen. Eine wirkliche Lösung kann erst gefunden werden, wenn beide für sich alleine und auch miteinander die Vergangenheit klären. Die beiden Geschichten haben sich miteinander verbunden und müssen jetzt wieder getrennt werden. Es gibt Vorwürfe, die betreffen so weit zurückliegende Ereignisse, dass sie nur noch »tote« Energie mit sich tragen. Diese muss entsorgt werden, damit sie nicht weiter den Beziehungsraum vergiftet.

Interessant ist, dass die Sexualität in dieser Phase nicht ab-, sondern eher zunimmt. Jede Täter/Opfer-Bindung ist sehr eng und faszinierend. Auf eine geheimnisvolle Weise wird über diesen Zusammenfluss der Energien ein Teil der Geschichte geheilt.

Mars im Schützen oder im 9. Haus

Auch diese Mars-Auslösung hat zwei Seiten, eine helle und eine dunkle. Sie kann sowohl Sternstunden für die Partnerschaft bedeuten als auch Spannungen und Glaubenskämpfe hervorbringen. Jeder verteidigt dann vehement die Richtigkeit seines Tuns, seine Meinungen und Ansichten. Würden diese »Diskussionen« nicht von so vielen Aggressionen begleitet, könnten sie als belebend und fruchtbar gelten. Doch die beiden »Kreuzritter« lassen dem anderen und seiner geistigen Welt keine Chance zu überleben. Jeder trägt ein flammendes Schwert bei sich, mit dem er vor der Nase des Partners herumfuchtelt. Ganz besonders schwer wiegt dabei, dass dabei unbewusste Aggressionen als Meinungen getarnt werden. Das befruchtende, innovative Moment wird dadurch zerstört und der positive Aspekt der Auslösung unterliegt. Ein Paar kann sich selbst helfen, die Energien zurückzubringen in die Gemeinsamkeit, indem es Regeln aufstellt. Die erste und wichtigste lautet: Keiner darf sich zum Lehrer des anderen aufspielen, nur ein »Kampf« unter

Ebenbürtigen ist lohnend. Zweitens geht es darum, voneinander zu lernen, und dafür *muss* zugehört werden. Drittens: Der Energiestrom sollte besser auf ein Ziel gelenkt werden, das beiden am Herzen liegt. Sofort wird der Beziehungsweg zu einer Herausforderung, an der sich die Partnerschaft messen kann. Damit zieht die Kraft wieder ein in das »Wir«, und Neues kann geboren werden. Die Begeisterung für eine gemeinsame Idee kann die Beziehung nicht nur »retten«, sondern ihr einen solchen Aufschwung geben, dass sie sich dem »Himmel« näher fühlt.

Auch in der Sexualität dürfen die beiden nach den Sternen greifen. Mit Abenteuerlust und neuen Herausforderungen auf diesem Gebiet zeigt der Schütze-Mars endlich seine positiven Qualitäten.

Mars im Steinbock oder im 10. Haus

Mit der Mars-im-Steinbock-Auslösung begegnet ein Paar einem schwierigen Beziehungsaspekt. Sie behindern sich in bestimmten Bereichen ihres Lebens gegenseitig. Jetzt wird deutlich, wer sich wem mit erhobenem Zeigefinger in den Weg stellt. Jedwede Spontaneität wird dadurch unterbunden. Die Mars-Energien verlieren etwas von ihrer ursprünglichen Bedeutung. Der Einzelne hat wenig Chancen, sein Eigenes durchzusetzen. Er wird vom Partner zur Gemeinsamkeit und zur Verantwortung gezwungen. Ob mit stummen Vorwürfen oder mit »Abrechnungen«, alles wird ausgehandelt, nichts darf ungeklärt bleiben. Eine anstrengende Zeit, in der die Beziehungsseele auf Eis gelegt wird, da sie keinen Raum vorfindet, in dem sie sich wohl fühlt. Beide Partner spüren ihre Unvereinbarkeit und ihre Unterschiedlichkeit als Last und nicht als befruchtende Kraftfelder. In dieser Zeit kann es geschehen, dass sich die Partner nicht nur innerlich trennen, sondern auch tatsächlich auseinander gehen. Da sich jeder vom anderen begrenzt und eingeengt oder verlassen fühlt, sucht er in der Entfernung die Lösung. Besser wäre es, zuerst einmal zu klären, um was es hier überhaupt geht. Es besteht mit viel Arbeit die Möglichkeit, diese Zeitqualität für einen wichtigen Entwicklungsschritt zu nutzen, der der Beziehung in späteren Zeiten sehr zugute kommt. Wenn jeder es schaffen kann, seiner eigenen Zielsetzung zu folgen und seinem Partner ebenfalls zuzugestehen, dass dieser mit eigenen Anliegen auf die Welt gekommen ist, ist die Aufgabe schon fast gelöst. Letztlich fällt es nur deshalb so schwer, diesem nachzukommen, weil jedem dabei bewusst wird, dass er alleine vor seinem großen Schicksal steht und dass es für immer so bleiben wird. Mit der Mars-im-Steinbock-Auslösung müssen die Grenzen einer Partnerschaft anerkannt werden und es muss der Wahrheit Rechnung getragen werden, dass der Mensch *immer* alleine vor seinem Gesetz steht. Es hilft nichts, eine Schicksalsgemeinschaft zu gründen und zu verteidigen, die diese Wirklichkeit leugnet. Die behindernde negative Wirkung auf ein Paar wiegt sonst zu schwer. Besser alleine den Aufstieg wagen, als zusammen am Fuße des Berges bewegungslos ausharren. Es kommen *immer* bessere Zeiten – doch leider nie dann, wenn man sie ganz dringend herbeisehnt.

Mars im Wassermann oder im 11. Haus

Mit dieser Mars-Auslösung beginnt eine anstrengende Zeit. Die Beziehungsumstände sind nervenaufreibend und chaotisch. Zwei Menschen schaffen es nicht, ihre Energien auf einen Nenner zu bringen. Jeder schert beliebig aus und verlässt ganz plötzlich und überraschend den gemeinsamen Raum. Harmonische Stimmungen kippen plötzlich um, Gespräche werden mit Spott und Ironie der Ernsthaftigkeit beraubt. Den Partnern bleibt nichts anderes übrig, als sich im Laufe der Zeit an diese spezielle Mars-Mischung zu gewöhnen. Die Frage, welchen Sinn es macht, mit einem solch unruhigen Energiepotenzial umgehen zu müssen, ist nicht leicht zu beantworten. Dieser

Mars »trifft« zumeist Menschen, die versuchen, in ihrem Leben Ordnung zu halten und »brav« zu sein. Nur die Unberechenbarkeit, die auf geheimnisvolle Weise mit diesem »eigenen« Partner entsteht, kann dazu führen, dass Freiräume geschaffen werden. Jede Entwicklung braucht einen Gegenpol, der befruchtend wirkt. So ist dieser Mars im Wassermann letztlich ein »Verräter« am subjektiven Wollen der Partner. Die Partner müssen sich immer wieder neu aufeinander einstellen, da die Reaktionen so unterschiedlich ausfallen. Schauen beide mit einem Augenzwinkern und mit etwas mehr Liebe auf dieses »Spiel«, gelingt es, sie aus dem Alltagstrott herauszureißen. Es tut auch der Sexualität gut, wenn sie nicht geplant vollzogen, sondern spontan und offen gelebt wird. Ein Wassermann-Mars stirbt (und damit seine Potenz), wenn man ihn in ein Gefängnis steckt.

Mars in den Fischen oder im 12. Haus

Ein Mars in den Fischen wird in einer Partnerschaft kaum bemerkt. Keine großen Auseinandersetzungen und Spannungen weisen auf seine Auslösung hin. Die Energien beider fließen zusammen wie zwei Flüsse, man kann sie kaum voneinander unterscheiden. Ohne großes Wollen und ohne definierte Absicht bewegen sie sich als *ein* Strom im Flussbett des Lebens dahin. Der gemeinsame Seelenraum scheint Energien zu schlucken und nicht hervorzubringen. Es ist durchaus denkbar, dass die Betroffenen außerhalb ihrer Beziehung (zumindest zu dieser Zeit) dynamischer und aktiver sind. Eine Krise wird dadurch hervorgerufen, dass ein Partner dem anderen diese lähmenden Umstände vorwirft. Sobald er sein Gegenüber für die Situation verantwortlich macht, verliert er den Schutz der stillschweigend getroffenen Vereinbarung: Endlich dürfen sich zwei Seelen von alten, hektischen Beziehungsgeschichten ausruhen. Sie dürfen Hoffnung schöpfen, dass ein Miteinander möglich ist, und dürfen Vertrauen darin entwickeln, dass im zwischenmenschlichen Bereich nicht nur Feindschaft und Krieg herrschen.

Auch die Sexualität der beiden ist wie ein geheimnisvolles Land, in dem die Liebesenergie nicht auf einem großen Spannungsfeld beruht, sondern auf dem Traum des Menschen, sich in den Armen des Partners zu vergessen.

Jupiter-Auslösungen

Jupiter
Wachstum und Entwicklung der Beziehung

Jupiter steht im Composit-Horoskop für die Zuversicht, den Optimismus und das Wachstum einer Partnerschaft. Seine Aufgabe besteht darin, die beiden Geschichten der Betroffen zu einer neuen zusammenzufassen und sie damit in die Weiterentwicklung einzufädeln. Da jeder Mensch eine Vergangenheit hat, bringt er diese in die Gemeinschaft mit ein. Das alchemistische Verfahren der Seelenverschmelzung verbindet beide in einem »Topf« zu einem »Gericht«. Das Ganze setzt einen Läuterungsprozess in Gang, der die Geschichten mit der Zeit wandelt. Nur der »chemische« Prozess dieser einen speziellen Verbindung vermag eine ganz bestimmte Form von Wachstum und Grenzerweiterung hervorzubringen. Mit einer Jupiter-Auslösung im Composit eröffnet sich einem Paar ein reiferer, weiserer Weg. Dieser führt hin zum Tempel, zum Heiligtum, das sie im Herzen tragen. Der große Schatz ist das Verständnis füreinander und die Sinnhaftigkeit ihrer Beziehung. Das Glück, das wir alle in unseren Beziehungen suchen, können wir hier finden. Es braucht die Verwurzelung zweier Seelen in einer Gemeinschaft, aus der heraus etwas wachsen kann, was einem Einzelnen nicht gegönnt ist. Mit einer Jupiter-Auslösung ist der Auftrag verbunden, die eigene Beziehungsgeschichte besser zu verstehen und in einen größeren Zusammenhang zu stellen. Das damit verbundene Glück kommt dann von ganz alleine.

Jupiter im Widder oder im 1. Haus

Die Jupiter-Position im Widder soll für ein Paar zum Wegweiser werden, einander zu unterstützen, seine Individualität besser und vollkommener zu realisieren. Mit der Auslösung entsteht ein positives Kraftfeld, aus dem Optimismus und Glück hervorgehen können. Diese Jupiter-Stellung verlangt eine aktive, praktische Auseinandersetzung mit dem Leben, kein abstraktes philosophisches Denken und Diskutieren. Die Partner fühlen sich am wohlsten und befinden sich miteinander auf der Erfolgsstraße des Lebens, wenn sie einen Grundsatz befolgen: Sie dürfen einander niemals behindern und aus Konkurrenzgründen vom Weg abdrängen. Mit der Jagd nach einem besseren Ergebnis verliert sich die Kraft Jupiters und damit auch der Optimismus. Diese Jupiter-Stellung trägt den Glauben und das Vertrauen in einen Neubeginn in sich. Egal wie schwer es einmal war und wie weit sich zeitweise die Partner voneinander entfernt haben, mit der Widder-Energie des Jupiter kann die Beziehung wieder und wieder geboren werden und mit ihr das Glück. Mit dieser Auslösung wächst die Erkenntnis, dass es lohnend ist, am gleichen Strang zu ziehen. Das (Glücks-)Geheimnis besteht darin, dass sich die Energie dabei nicht nur verdoppelt, sondern vervielfacht. Wieso? – Das muss schon jeder selbst herausfinden.

Jupiter im Stier oder im 2. Haus

Mit dieser Auslösung fällt es nicht schwer, glücklich zu sein. Die Partner erleben einen Zuwachs an Selbstvertrauen in die eigenen Fähigkeiten. Solange sie einander wohlwollend und mit Achtung begegnen, steht dem nichts im Weg. Jupiter im Stier verlangt kaum große Veränderungen von den Betroffenen. Eher sollen sie lernen, das, was sie haben, zu genießen und so zu nehmen, wie es ist. Er will ihnen Beständigkeit vermitteln und spricht von Werten wie Treue und Ergebenheit. Ein einfaches Leben bringt mitunter mehr Glück und Zufriedenheit, als das ständige Streben nach Neuem. Nun bedeutet dies nicht etwa, auf Wachstum zu verzichten und sich für immer mit dem zufrieden zu geben, was man hat. Doch es heißt: Seid *erst* einmal zufrieden mit dem, was ihr habt, und macht euch dann auf die Suche nach neuen Ufern. Die Bejahung des Ist-Zustandes gibt viel mehr Kraft als die meisten denken. Wenn ein Mensch weiß, dass das Glück genau dort ist, wo er gerade steht, dann vermag er sich zu finden und fühlt sich reich beschenkt. Dann muss das Schicksal keinen weiteren äußeren Reichtum hinzufügen. (Viele hoffen mit einer Jupiter-im-Stier-Auslösung auf einen Geldsegen.) Jupiter tritt mit folgender Botschaft vor ein Paar: Euer Glück liegt euch zu Füßen, ihr müsst es nur noch aufheben. Dort wo ihr gerade steht, da ist euer Platz. Genießt die Fülle, solange sie andauert, das Einzige, was euer Glück trüben könnte, ist der Wunsch, es auf ewig zu halten. Auch Partnerschaften folgen Zyklen, ebenso wie die Natur. Es kann eben nicht immer Zeit sein zu ernten.

Jupiter in den Zwillingen oder im 3. Haus

Mit dieser Auslösung bewegen wir uns ausnahmsweise einmal auf der Oberfläche des Lebens. Jupiter in den Zwillingen möchte die Partner zu einer weiten Reise überreden. Sie sollen ihrer Beziehung neue Erfahrungen hinzufügen, die sich von außerhalb kommend befruchtend auf sie auswirken. Allerdings handelte es sich nicht um Jupiter, wenn es dabei nur um eine äußere Weltreise ginge. Alle gemeinsamen Erfahrungen führen der Beziehung neue Nahrung zu, und diese wird immer *innen* verdaut. Gemeinsames Lernen eröffnet der Partnerschaft neue Räume. Viel Anregung von außen motiviert dazu, auch im Innenverhältnis einiges zu ändern. Mit der Jupiter-Auslösung kommt die Aufgabe auf ein Paar zu, alte Denkmuster über Bord zu werfen. Der geistige Fluss zwischen ihnen muss bereinigt und bereichert werden. Eine gute Möglichkeit, dieser Zeitqualität zu begegnen, besteht im Besuch von Seminaren und Vorträgen. Zu beachten ist dabei, den Partner nicht unter Druck zu setzen, Ansprüche daraus abzuleiten. Zusammen mit dem Jupiter kommt die Gemeinsamkeit (fast) wie von selbst. Nur mit allzu ziel- und ergebnisorientierten Forderungen verliert das Glück seine Leichtfüßigkeit. Letztlich können die geistigen Welten immer nur durchflogen und nicht durchwandert werden.

Jupiter im Krebs oder im 4. Haus

Der Auftrag einer Jupiter-im-Krebs-Auslösung betrifft vor allem die Gefühlswelt zweier Menschen. Sie sollen miteinander ins Reine kommen, ihre Innenwelten klären, kurzum miteinander so etwas Ähnliches wie Therapie machen. Jupiter ist dabei der Therapeut. Sein Hauptanliegen an die Beziehung ist seelischer Natur. Er verlangt von den Partnern gegenseitiges Verständnis und Unterstützung, den Weg in die Tiefe und in die Vergangenheit zu wagen. All das, was einer Seelengemeinschaft im Wege steht (Angst, Misstrauen usw.), darf jetzt weichen. Die Basis der Jupiter-Auslösung ist Vertrauen in die Liebe. Jetzt können alte Kindheitswunden ausbluten, sich reinigen und heilen. In der Geborgenheit der gegenseitigen Unterstützung dürfen Brücken gebaut werden, die weit zurückführen in der Zeit. Die Partner sollen einander helfen, Vergangenes zu bergen. Jupiter im Krebs ist ein seelisches Füllhorn, aus dem der Partnerschaft Heilmittel zufließen, sobald sie sich zur Empfängnis bereit erklärt. Nur die Partner, die auf ein Glück ohne Erinnerungsarbeit hoffen, werden enttäuscht. Das Heilmittel steht nur denjenigen zur Verfügung, die sich auf den Weg machen, es abzuholen. Es befindet sich immer am gleichen Ort in der Vergangenheit. Nämlich an jenem Ort (weit entfernt von dieser Beziehung), an dem die Wunde geschlagen wurde.

Jupiter im Löwen oder im 5. Haus

Mit der Jupiter-Auslösung im Löwen ist das Schicksal bereit, über einem Paar sein Füllhorn auszuschütten, wenn dieses seinerseits bereit ist zu empfangen. Dazu bedarf es des Vertrauens in die Gemeinschaft, da sich die Fülle *nur* über beide gemeinsam ergießt und nicht über den Einzelnen. Ein Paar mit dieser Jupiter-Platzierung soll einander Muse und Förderer der Kreativität sein. Die Partner sollen sich gegenseitig unterstützen und zu mehr Selbstbewusstsein verhelfen. Solange sie einander wohlgesonnen sind, und jeder dem anderen seine Ausdrucksmöglichkeit lässt, dürfen beide aus dem Beziehungspool schöpfen, und er wird sich niemals leeren. Solange sie sich geehrt fühlen, mit dem Partner Hand in Hand den Weg gehen zu dürfen, füllt sich das Kraftfeld immer wieder auf. Konkurrenzverhalten jedoch leert die Batterien und lässt die Partner kraftlos nebeneinanderher laufen. Das Glück versiegt dann. Dieser Jupiter trägt mit seinen Löwe-Energien den Griff nach den Sternen und nach dem ganz Großen in sich. Der feste Glaube an eine glückliche Fügung und ein ehrlicher Dank an den Himmel, mit diesem Partner den Weg gehen zu dürfen, sind ein unschätzbarer Reichtum, der mit dem »großen Glück« belohnt wird.

Jupiter in der Jungfrau oder im 6. Haus

Mit dieser Jupiter-Stellung in der Jungfrau wissen zwei Menschen, dass sie für den Erfolg ihrer Beziehung und für ihr Glück selbst verantwortlich sind. Sie wissen, dass sie dafür etwas tun können. Diese Auslösung verspricht kein großes, sondern eher ein kleines, ruhiges Glück. Der Alltag gilt hier als Quelle der Kraft und die Gleichförmigkeit der Tage als Meditation. Auf dem Lebensplan der Beziehung steht vor allem die Achtung vor dem gemeinsamen Weg. So ist Vorsicht geboten, wenn die Partner bei dieser Auslösung unzufrieden »nach den

Sternen greifen«. Jeder Wunsch nach der großen Erfüllung, den großen Gefühlen und spannenden Erlebnissen lässt die Kraft des Jungfrau-Jupiters in die Leere gehen. Er entfaltet seine Möglichkeiten zu wachsen und zu gedeihen in einem sicheren, gut gefestigten Rahmen einer gesunden Bescheidenheit. Wohl bemerkt einer gesunden, nicht einer übertriebenen oder gar scheinheiligen Demut. Er will nicht, dass sich die Partner jetzt überhaupt nicht mehr bewegen und alles so belassen, wie es ist, sondern dass sie sich mit kleinen Schritten vorwärts bewegen und kontinuierlich die Entwicklung der Partnerschaft pflegen und hegen. Das heißt, auf den anderen einzugehen, seine Gewohnheiten zu akzeptieren und zu tolerieren. Die Zufriedenheit, die sich mit dieser Jupiter-Auslösung einstellen kann, führt über ein großes Verständnis und eine ehrliche Anerkennung der gemeinsamen Situation. Solange die Partner gelassen und geduldig die vielen kleinen Schritte auf dem Beziehungsweg gehen, bleibt der Lohn nicht aus: eine optimistische, lebensfrohe Grundhaltung.

Jupiter in der Waage oder im 7. Haus

Sehr oft sprechen wir davon, dass der Partner in Beziehungen als Überbringer des Schattens und der abgespaltenen Seelenanteile fungiert. Dies ist wohl richtig und dennoch einseitig. Denn ebenso wie der Partner mir die dunklen Seiten meiner Persönlichkeit widerspiegelt, hält er mir auch meine positiven und starken Wesenszüge vor. Mit der Jupiter-Auslösung in der Waage ist der Auftrag verbunden, das Beste aus dem Partner herauszulieben. Es ist manchmal nicht so einfach, beim anderen auf das Gute zu schauen und seine Qualitäten anzuerkennen. Es geht hier nicht um Illusionen und Idealisierungen, sondern darum, den Wesenskern des Partners zu lieben und zu achten. Das Geheimnis des Glücks, das diese Jupiter-Auslösung in sich trägt, ist einfach: Je bereiter ich bin, die Qualitäten meines Gegenübers anzuerkennen, desto eher werde ich zu meinen eigenen hingeführt. Darüber hinaus beschreibt er in der Waage eine positive Grundhaltung, die Mut machen soll, dem Partner mit einem Anspruch auf Glück zu begegnen. Nur, es handelt sich hierbei nicht um ein passives Glück. Die dafür zu erbringende Leistung besteht – wie schon beschrieben – darin, den Blick von den negativen Seiten abzuwenden und auf das Gute zu schauen. Oft haben Vorstellungen und Bilder die Sicht auf den Partner verstellt, so dass wir ihn kaum noch so sehen können, wie er ist. Erst wenn sich der Vorhang der Ablehnungen lichtet, kann deutlich werden, unter welch gutem Stern eine Beziehung mit einem Waage-Jupiter steht. Ihr wurde ein großes Geschenk mit auf den Weg gegeben. Die »Götter« wünschen, dass sich das Paar als etwas ganz Besonderes sieht. Sie möchten, dass sie sich der Fügung ihrer Zusammenführung bewusst werden. Die einzige »Arbeit«, die das Schicksal von den beiden Menschen verlangt, ist, das Glück zu nehmen und nicht, einfach aus der Gewohnheit heraus, unglücklich zu sein, es abzulehnen.

Jupiter im Skorpion oder im 8. Haus

Der Jupiter im Skorpion verhilft einer Partnerschaft, ihrem Dämon ins Auge zu blicken, ohne schreiend davonzulaufen. Die Auslösung vermittelt, um was es dabei eigentlich geht. Jede Beziehung erlebt dunkle Zeiten der Leere, der Leb- und Lieblosigkeit. Desillusioniert stehen sich die Partner irgendwann mit leeren Herzen gegenüber. Inmitten dieser Schwere kann die Jupiter-Auslösung ein erstes Licht in diesen Schattenbereich hineinbringen. Da gibt es etwas, was die Partner trennt und doch zusammenhält. In einer Situation, in der Vertrauen und Glaube verschwunden sind, führt Jupiter sie zurück auf den Beziehungsweg. Der Gang durch die Unterwelt scheint auf einmal sinnvoll und vermittelt eine tiefe Einsicht in die Geheimnisse des Lebens und der Liebe. So hat diese Auslösung die Kraft, die Partner in Krisensituationen zu führen. Ganz tief im Inneren spüren sie eine Bereitschaft, der Gemeinsamkeit etwas zu opfern: ihre Vorstellung von Liebe, um der Liebe selbst willen.

Jupiter im Schützen oder im 9. Haus

Die Platzierung eines Jupiter im Schützen ist sehr stark und wirkt sich günstig auf eine Verbindung aus. Die Partner scheinen gefunden zu haben, wonach sie lange suchten. Mit der Auslösung erfahren sie neue Perspektiven und geben einander die Kraft, neue Wege einzuschlagen. Beide geben sich Mühe, die Seelengeschichte des Partners zu verstehen und mit der eigenen in Einklang zu bringen. Sobald zwei Menschen eine Beziehung als eine Chance empfinden, ist das Glück nicht fern. Beide Seelen glauben an eine höhere Macht und Fügung und folgen einer tief religiösen Grundlage. Gemeint sind nicht vordergründig religiöse Gemeinschaften, sondern ein fest verwurzelter Glaube an den Sinn des Lebens und der Liebe. Der große Gewinn dieser Auslösung besteht letztlich darin, den anderen zu ehren und zu achten. Dieser hohe ethische Wert ist es auch, der mit der Zeit die beiden Seelen in Einklang zu bringen vermag. Die einzige Schattenseite dieser Jupiter-Stellung, die von den Partnern beachtet werden muss, damit sich ihre positive Kraft nicht verliert, ist die Intoleranz gegenüber der Weltanschauung des anderen. Wenn beide ihre Zugehörigkeit zueinander außerhalb von Weltanschauungen, in übergeordneten Räumen zu finden suchen, ist diese Gefahr gebannt.

Jupiter im Steinbock oder im 10. Haus

Mit dieser Auslösung müssen Wahrhaftigkeit und Gerechtigkeit in die Beziehung Einzug halten, sonst verspielen die Partner ihr Glück. Jupiter im Steinbock verlangt, dass sie sich mit moralischen Fragen, mit der Sinnhaftigkeit ihrer Beziehung auseinander setzen. Beide müssen ernsthaft die Beweggründe ihres Zusammenseins überprüfen und einem höheren Ziel zuführen als nur der Erfüllung subjektiver Wünsche. Manchmal ist – wie in diesem Fall – Glück mit Arbeit verbunden. Das Schicksal verlangt viel von den beiden Weggefährten. Die Kraft Jupiters kann sich nicht entfalten, wenn sich beide nicht ehrlich und aufrichtig der Gemeinschaft stellen. Nichts darf in dieser Zeit unverbindlich bleiben. Zweifel müssen ausgesprochen werden, damit ehrlicheres Vertrauen entstehen kann. Es besteht die Gefahr, etwas zurückzuhalten, weil einer dem anderen etwas ganz Bestimmtes nicht zumuten möchte. Mit diesem Fehler gerät der Lebens- und Liebesfluss ins Stocken und die Beziehung ins Ungleichgewicht. Die Liebe findet viel besser ihren Weg zum Herzens des Partners, wenn sie von Vertrauen getragen wird. Es macht nie Sinn, jemanden zu »verschonen«, da dies weder ihn noch die Beziehung zum Wachstum anregt. So liegt die Kraft der Jupiter-Auslösung im Steinbock in der geteilten Verantwortung und im gemeinsamen Tragen von Schwierigkeiten.

Jupiter im Wassermann oder im 11. Haus

Mit einem Jupiter im Wassermann dreht sich das Schicksalsrad schneller, als man laufen kann. Deshalb muss jeder bei dieser Auslösung »springen« lernen. Die Partner haben einander gefunden, um viel Altes über Bord zu werfen. Diese Zeitqualität will ihnen ein neues Lebensgefühl vermitteln. Der Wind des Wassermann-Jupiters trägt sie davon, hin zum höchsten Gut dieser Beziehung, der Freiheit. Die Freiheit zu denken, was man will, die Freiheit, sich auf den Flügeln hoher Ideale abzuheben von anderen Gruppierungen und philosophischen Meinungen. Die Partner sollen einander auf diesem außergewöhnlichen Weg unterstützen. Mit der Auslösung ist der richtige Zeitpunkt gekommen, sich gegenseitig zu mehr geistigem Wachstum herauszufordern und gemeinsam das Glück durch einen Sprung aus der »Normalität« zu finden. Sie dürfen sich nicht auf alten Erkenntnissen ausruhen. Jupiter drängt sie in die Weite ihrer Gedankenwelten und verlangt von ihnen Leichtigkeit und Beweglichkeit. Jede große Bewegung hat ihre Wurzeln im Chaos und in der Orientierungslosigkeit. So kann es sein, dass ein Paar erst einmal nicht so genau weiß, wo es »langgeht«, welchem Lebenssinn es zu folgen hat und wohin die Energien gerichtet werden sollen. Immer wieder winken neue Ziele, neue Bereiche, in die man hineinwachsen kann. Diese Unruhe ist vorübergehend und kann als »heilige« Unruhe umschrieben werden. Erst wenn die Flügel von altem Staub befreit wurden, kann die Beziehung zum Flug zu neuen Ufern ansetzen. Erst mit dem Blick zurück auf diese »verrückte« Zeit wird den Partnern eines Tages klar werden, »wie glücklich wir doch damals waren«.

Jupiter in den Fischen oder im 12. Haus

Seine große Kraft bekommt ein Paar mit einem Jupiter in den Fischen über stille und wortlose Übereinkünfte. Das Glück liegt im Verborgenen, es liegt im Sein, nicht im Tun. Mit der Auslösung wird das Vertrauen in das gemeinsame Schicksal geprüft, sie sollen lernen, sich ohne Absicherung aufeinander zu verlassen. Wenn sie sich offen dafür aussprechen, die Beziehung auch in »undurchsichtigen« Zeiten nicht in Frage zu stellen, wird ihre Verbindung stärker und die spirituelle Seite tritt zutage. Der Fische-Jupiter garantiert einen Zugang zum Unbewussten ihrer Beziehungsseele. Sie verstehen einander ohne Worte und wissen auch ohne Erklärungen, wie es dem anderen geht. Die Angst ist der größte Feind dieser schönen, besinnlichen Zeit. Es wäre schade, die Chance zu verpassen, eine Ahnung von dem zu bekommen, was Liebe (auch) sein könnte. Allzu besitzergreifende, feste Umarmungen verschrecken Jupiter, der mit seiner Fische-Energie den gemeinsamen Weg in Nebel hüllt, um der sichtbaren Welt für einige Zeit die Dominanz zu nehmen. Hier entsteht ein Raum, in dem die Partner auf der geistig-spirituellen Ebene voneinander lernen können, dass in der Liebe nur grenzenloses Vertrauen zählt, alles andere wäre zu wenig.

Saturn-Auslösungen

Saturn
Gesetz und Schicksal der Beziehung

Jeder Saturn, ob im Radix-Horoskop oder im Composit, ist Überbringer des Schicksals. Er liefert die Ergänzung zum Subjektiven und schleust Ausgegrenztes in die Beziehung ein. Er fordert im Composit von den Beteiligten, die Verantwortung für das entstandene »Dritte« zu übernehmen. Er entlässt niemanden aus der Pflicht, die Beziehung auf etwas Größeres, Übergeordnetes hin zu leben. In dem Zeichen, in dem sich Saturn im Composit-Horoskop befindet, liegt das Thema, das diese Pflicht ruft. Auch Partnerschaften haben sich einer vorgegebenen Ordnung zu fügen. Sie werden geführt und geleitet, Ernst und Beständigkeit zu entwickeln, auch eventuell Verzicht zu üben, um ihrem Ziel entgegenzugehen. So kann eine Saturn-Auslösung als schwer erlebt werden, da sie teilweise sehr bedrückende Grenzen aufzeigt, die von einem Paar als unangenehm und schwierig empfunden werden. Doch letztlich hat diese vorgegebene Ordnung, wenn man sie erst einmal verstanden hat, auch ihr Gutes. Sie ist wie ein Geländer, wie eine Markierung auf der Straße des Lebens. Wenn sich ein Paar mit dieser »leitenden Hand des Himmels« aussöhnt, so wird sie als leicht empfunden und bringt viel Gutes mit sich. Auch wenn zu Beginn der Saturn-Auslösung die Schicksalswegweiser (scheinbar) in die falsche Richtung deuten, so wird am Ende des Weges geklärt sein, dass alles so seine Ordnung hatte, wie es geschah. Der von einem Menschen selbst gewählte Weg und die vorgegebene Straße »der Götter« verlaufen immer nur eine Zeit lang in unterschiedliche Richtungen. Mit blockierenden Fragen wie: »Warum sind uns keine Kinder vergönnt? Warum ausgerechnet ist uns dieses oder jenes schon so oft geschehen und anderen nie?« beschweren die Menschen ihren gemeinsamen Weg. Die allgemein gültige Antwort lautet: Für euer Vorwärtskommen, für eure Entwicklung und letztlich auch für euer Glück braucht ihr es so und nicht anders!

Saturn im Widder oder im 1. Haus

In dieser Zeit kann nicht jeder machen, was er will. Dem subjektiven Wollen des Einzelnen werden zugunsten der Gemeinschaft Grenzen gesetzt. Mit der Saturn-Auslösung steht ein Paar vor der Entscheidung, Verantwortung für die Gemeinsamkeit zu übernehmen oder seinen eigenen Bedürfnissen den Vorrang zu geben. Saturn, der so etwas darstellt wie das Beziehungsgewissen, erhebt mahnend seinen Finger und deutet auf Themen wie Verpflichtung und Absprachen hin. Ein Paar ist zum Zeitpunkt der Auslösung an einer Stelle seines Weges angekommen, den man durchaus als Engpass bezeichnen kann. Nicht nur ein Prüfstein liegt vor ihm, sondern eine Reihe von Hürden und Aufgaben machen das Gehen beschwerlich. Dem Einzelnen kommen die Ansprüche der Beziehung in die Quere, er fühlt sich von der gemeinsamen Zielsetzung, von der Erfüllung seiner Bedürfnisse abgehalten und eingeengt. Dieser Druck hinterlässt eine negative Stimmung, eine Schwere, die nur mit viel Geduld aufgearbeitet werden kann. Im Alleingang glaubt jeder stärker und beweglicher zu sein, und doch lassen es die Anforderungen des Schicksals nicht zu, das »Wir« zu verlassen. Das Beste ist, den Widerstand aufzugeben, damit der Druck nachlassen kann. Es ist nicht möglich, aus dieser schweren Zeit eine leichte zu machen. Aber es ist möglich, kraftvoll auf ihr Ende zuzugehen. Und das kommt – den Göttern sei gedankt – bestimmt.

Saturn im Stier oder im 2. Haus

Es gibt viele Ebenen, die einer Beziehung für ihre Entwicklung zur Verfügung stehen. Mit der Auslösung eines Saturn im Stier »nutzt« das Schicksal als Überbringer von Lernzielen die Bereiche des Menschen, die ihnen zum Glück notwendig erscheinen: Sicherheit, Geld und Besitz. Alle Gemeinschaften dieser Welt definieren sich zumindest zu einem geringen Teil über diese Themen. Wenn die Zeitqualität Saturn auf dieser Bühne auftreten lässt, so steht auf dem Lehrplan der Partnerschaft Verzicht und Mühe. Sind Menschen arm, so strengen sie sich an, diesen Zustand zu verändern. Sind sie reich, müssen sie ihr Vermögen verwalten und haben ständig Angst, es wieder zu verlieren. Beides bindet ihre Energien und verpflichtet sie *einem* Besitz. Eventuell müssen sie dem Gemeinsamen zuliebe zusammenbleiben. Sie müssen beständig miteinander abtragen, was dieser Umstand ihnen aufbürdet, mitunter Verzicht auf Genuss und Leichtigkeit. Jeder weiß, dass solche Zeiten schwer auf der Beziehungsseele lasten. Beide müssen (aus welchen Bedingungen auch immer) genügsamer werden und einverstanden sein, etwas ganz Bestimmtes nicht zu bekommen. Mit dieser Auslösung sollen sie lernen zu teilen und immer wieder aufs Neue ein Gleichgewicht untereinander herzustellen. Saturn erhebt warnend den Zeigefinger, sobald dieser Weg nicht aufrichtig und in Freundschaft beschritten wird. So lernt man, auch in kargen Zeiten zusammenzubleiben, und hat die Chance, auch in nüchternen, nicht so romantischen Umständen der Liebe zu vertrauen.

Saturn in den Zwillingen oder im 3. Haus

Zwei Menschen mit einem Saturn in den Zwillingen kommen aus unterschiedlichen Welten, wie sie fremder nicht sein könnten. Das Schicksal hat sie zusammengeführt, sie einander begegnen lassen im sicheren Wissen darum, dass es aus dem Gewesenen heraus wenig Übereinstimmung der Gedankenwelten gibt. Mit der Auslösung warten die Götter darauf, dass sich dies ändert, dass Mauern eingerissen und Brücken neu gebaut werden. Beide Partner sind sehr verwurzelt in ihrer eigenen Sprache, fixiert auf ihre vertraute Lebensform. Es erfordert ungeheure Disziplin auf dem gemeinsamen Weg, die jeweilige Fremdheit zu überwinden. Es ist so, als müssten beide eine neue Sprache erlernen und auf eine vollkommen neue Art und Weise kommunizieren. Die Hindernisse für ein gegenseitiges Verständnis sollen überwunden werden, jeder muss sich einen neuen Standpunkt erarbeiten. Mitunter verzweifeln die Partner, weil sie sich bei aller Mühe und Anstrengung auch weiterhin unverstanden fühlen. Die Zeitqualität fordert von ihnen, wieder und wieder zu versuchen, das Gedankengebäude des Partners kennen zu lernen und anzunehmen. Dies gelingt nur, wenn beide zu objektiven und neutralen Beobachtern werden und sich jeglicher Bewertung enthalten. Eine Brücke vermag nicht nur zwei Städte, bzw. Länder zu verbinden, sondern auch zwei fremde Kontinente.

Saturn im Krebs oder im 4. Haus

Mit der Saturn-Auslösung tritt eine plötzliche emotionale Entfremdung ein, die die Partner ihre warme Vertrautheit verlieren lässt. Jeder steht alleine in seiner Welt, verlassen, zurückgeworfen in die Ängste und in die Einsamkeit der Kindheit. Es ist sehr schwierig, der Aufgabe gerecht zu werden und die entstandene Kälte nicht dem Partner zuzuschreiben. Der Weg, der jetzt gegangen werden muss, hat – auf einer tieferen Ebene – seinen Ausgangspunkt im Schmerz der Kindheit. Von dort aus muss die Seele wieder und wieder neu beginnen, den ersten und ältesten Verlust der Geborgenheit zu wiederholen und zu überwinden. Die momentane Entfernung vom Partner ist letztlich die Distanz der *eigenen* Gefühle zu Liebe und Geborgenheit. Über den anderen wird der Mensch an diese Urgefühle erinnert. Nur mit viel Ernsthaftigkeit und Arbeit (so will es der Saturn) können diese überwunden werden. Beide haben die Aufgabe, kindliche Forderungen (Restbestände unerfüllter Wünsche) zurückzunehmen und mit Verantwortung eine dauerhafte und stabile Zuneigung herzustellen. In dieser Zeit darf mit Gefühlen nicht gespielt werden. Das Ziel ist, eine Basis zu schaffen, auf der sich Emotionen zeigen dürfen, ohne sich jedoch in alten Verhaltensmustern im Kreise zu drehen. Die schweren Zeiten zeigen sich im Nachhinein als Zeiten eines Reifeprozesses und als Chance, Kindheitswunden zu schließen.

Saturn im Löwen oder im 5. Haus

Mit einem Saturn im Löwen treffen zumeist zwei sehr unterschiedliche Menschen mit unterschiedlichen Temperamenten aufeinander. Ohne dass sie es wollen (oder bemerken), engen sie sich gegenseitig ein, nehmen einander den Raum. Mit der Auslösung müssen sie notgedrungen lernen, selbst die Grenzen ihrer Persönlichkeit wahrzunehmen und zu behaupten. Jeder soll Klarheit über sich selbst gewinnen, indem er spürt, wer er ist und wer er *nicht* ist. Diese Selbstbeobachtungs- und Selbstfindungsprozesse nehmen für einige Zeit der Beziehung die Leichtigkeit. Sie verpflichten zu ernsthaften Auseinandersetzungen mit der Frage: »Wer bin ich in einer Beziehung, wer ohne Gegenüber?« So es sich um ein Liebespaar handelt, schlagen die Herzen in diesen Zeiten nicht leicht und beschwingt (wie in den Zeiten der Verliebtheit), sondern eher dumpf und schwer. Die Partnerschaft liegt auf dem Prüfstein und steht vor Aufgaben, die die Strahlen der gemeinsamen Sonne verdunkeln. Es sind im Moment eher die Umstände, die ihre Gemeinschaft formen, und nicht so sehr die eigenen Konzepte und Vorstellungen. Das »Ego« der Beziehung wird vom Schicksal nicht hofiert, es wird in seine Schranken verwiesen, um im engeren Rahmen, im kleineren Raum zu lernen, was es zu lernen gibt: Jeder Beziehungsweg folgt einem eigenen Gesetz, er führt über Berge und Täler, durch sonnige und schattige Landschaften. Es liegt an den Partnern selbst, ob sie sich, wo immer sie sich befinden, von ihren Herzen leiten lassen.

Saturn in der Jungfrau oder im 6. Haus

Mit der Auslösung eines Saturn in der Jungfrau hat ein Paar die Aufgabe, sich seinem Schicksal zu beugen, sich nicht zu wehren, auch wenn der Weg jetzt grau und trostlos erscheint. Pflichterfüllung wird ganz groß geschrieben. Jeder hat für das gemeinsame Dritte seinen Anteil abzuliefern, ohne dass er gefragt wird, ob ihm dies passt oder nicht. Ein gemeinsames Geschäft zum Beispiel verlangt von den Partnern Arbeitsteilung und Pünktlichkeit. Es kann nur gut laufen, wenn beide ihre Energien gleichermaßen zur Verfügung stellen. Die Saturn-Auslösung liefert die äußere Form, den Inhalt bestimmen sie selbst. Gibt es Unstimmigkeiten und Ungerechtigkeiten, übernimmt er als Gesetzgeber die Funktion eines Spiegels. Über Schicksalsumstände weist er auf Fehler hin, so dass die Vorhaben nicht zum gewünschten Ergebnis führen. Eventuelle Misserfolge können dazu führen, dass sich die Partner einander mit Schuldzuweisungen überhäufen. Statt einander in diesen schwierigen Zeiten beizustehen, entkräften sie sich im Kampf gegeneinander. Sie fühlen sich von Pflichten erdrückt und vergessen darüber, dass jede Bürde leichter wird, wenn man sie teilt. Auch wenn die Situation noch so aussichtslos erscheint, niemandem wird mehr zugemutet, als er zu leisten vermag. Auch wenn das Schicksal ihn oft bis zum Äußersten belastet. Es ist eine Zeit der kleinen Schritte, doch auch diese führen bekanntlich zum Ziel. Eine Partnerschaft, die diese Zeit übersteht, ist von da an gesegnet mit mehr Vertrauen und wird von mehr Kraft und Stärke getragen.

Saturn in der Waage oder im 7. Haus

Diese Auslösung könnte man mit den Worten »Das Nein in der Liebe« umschreiben. Gemeint ist sowohl das abgrenzende Nein des Partners gegen den anderen als auch das Nein des Schicksals, das der Beziehung ihre Leichtigkeit nimmt und sie vor ernstere Themen stellt. Die Hoffnung, vieles ergäbe sich von selbst, wenn man nur genügend Liebe füreinander hat, wird mit dieser Saturn-Auslösung zunichte gemacht. Im Tierkreiszeichen Waage zwingt Saturn die Partner durch Umstände, Pflichten und Verantwortlichkeiten, an ihrer Gemeinsamkeit zu arbeiten. Probleme müssen gelöst, Schwierigkeiten überwunden werden. Sie sollen sich gemeinsam dem stellen, was gefordert wird. Sie sollen lernen, auch in leidenschaftslosen Zeiten für den anderen da zu sein. Die eigenen Wünsche müssen zurückgestellt werden. Den Ansprüchen des Schwächeren muss der andere in diesen Zeiten mit einem klaren Nein begegnen. Die Saturn-Auslösung verlangt ein Gleichgewicht der Kräfte und von beiden ein erwachsenes Verhalten. Der Begriff Partnerschaftlichkeit soll neu definiert werden. Jeder hat die Aufgabe, den anderen zu stärken, nicht, ihn in seiner Schwäche oder Abhängigkeit zu bestätigen. Wenn vier Arme gleichzeitig nach dem Problem greifen, ist Saturn zufrieden und dreht das Schicksalsrad ein wenig weiter.

Saturn im Skorpion oder im 8. Haus

Die Auslösung eines Saturn im Skorpion ist ein dunkles Kapitel einer Partnerschaft. Große Herausforderungen legen die Beziehung in Ketten und überprüfen das Durchhaltevermögen der Partner. Sie haben schwer zu kämpfen, alles scheint sich gegen sie verschworen zu haben. Wo einmal ein üppiger Garten wuchs, herrschen jetzt Wüste und Einöde. Die Partner haben das Gefühl der Sinnlosigkeit, ihre ursprünglichen Bilder und Vorstellungen von Liebe mussten der Wirklichkeit weichen.

Leblos starren sie auf den kargen Boden, in dem ihre Ideale und Wünsche begraben liegen. Die Beziehungsseele fällt in eine Depression, aus der sie nur schwer wieder erwacht. Alles scheint zu Ende, in der Dunkelheit sieht niemand den neuen Weg. Es ist schwer, aus dieser Sackgasse herauszukommen und die Knoten zu lösen. Das Gesetz, das sie hierher führte, ist das Gesetz des Wandels. Mit der Saturn-Auslösung geht nicht nur ein Weg zu Ende, ein neuer soll beginnen. Die alten Bilder sind vergilbt und es ist noch nicht an der Zeit, neue zu »malen«. Vielmehr geht es jetzt darum, die Bilder und Vorstellungen durch das wahre Leben zu ersetzen. Zwei Seelen, die sich entschieden haben, dass dieser Entwicklungsschritt vonnöten ist, wissen, dass dafür ein Opfer verlangt wird. Tief in ihrem Inneren spüren sie, dass es erst ganz, ganz still werden muss, dass die sonst tobenden Gefühle erst ganz schweigen müssen, bis sie in der Stille das zaghafte Klopfen ihrer Herzen wieder zu hören vermögen.

Saturn im Schützen oder im 9. Haus

Von dieser Auslösung verlangt Saturn die große Bereitschaft, sich zu entwickeln. Er duldet keinen Stillstand. Das Schicksal fordert und (fördert) die Frage nach dem Sinn der Partnerschaft. Ursprünglich dachten die Partner einmal, leichtfüßig mit Riesenschritten ins Glück hineinzulaufen. Dieser Anspruch ist längst enttäuscht worden. Der Weg ist oft steil und mühsam, so dass Zweifel auftauchen. Ist dies überhaupt der richtige, der tatsächliche Weg in unsere Zukunft? Immer wieder möchte sich jeder die Mühe ersparen, lieber über Beziehung philosophieren, als seiner Seele den nächsten Schritt abzuringen. Zweifel am Partner, Zweifel an der Gemeinsamkeit tauchen auf. Kann denn richtig sein, was so schwer, so schleppend vorangeht? »Glück ist eine Leistung« lehrt hier der Meister. Es reicht nicht aus, miteinander zu reden und den Beziehungsweg abstrakt und geistig zu verfolgen, sondern er verlangt einen tatsächlichen Einsatz. Er verlangt die *ganze* Kraft und das *ganze* Herz. Die Liebe, die dann entsteht, trägt viel weiter, als die beiden es je zu hoffen gewagt hatten.

Saturn im Steinbock oder im 10. Haus

Ein Paar mit einem Saturn im Steinbock soll Vorbild für andere sein. Es gibt einen Lebensbereich, in dem die Partner aufgefordert werden, für andere über sich hinaus zu wachsen. Mit der Saturn-Auslösung gibt ihnen das Schicksal ein Zeichen, aus dem sie ersehen, um welchen Bereich es sich dabei handelt. Es muss dabei nicht um große, öffentlich sichtbare Aufgaben gehen, auch für die kleineren Zeichen, die der Welt gesetzt werden müssen, braucht es Überbringer. Die Verpflichtungen, die die »Götter« ihnen auferlegen, verlangen von ihnen viel Geradlinigkeit und viel Ehrlichkeit. Sie müssen lernen, geduldig und aufrecht ihr Schicksal zu tragen. Die persönlichen Belange müssen für einige Zeit zurückstehen. Sie sind, vielleicht auch ohne dass sie es wissen, Helfer einer höheren Ordnung. Nehmen wir ein Elternpaar als Beispiel: Sie streiten, beide sind verletzt, sie würden am liebsten auseinander gehen. Um ihrer Kinder willen nehmen sie ihre Gefühle zurück und bleiben für diese ein starkes, stabiles Elternpaar. Viele andere Situationen sind denkbar, in denen die subjektiven Interessen eines Paares mit der objektiven Welt kollidieren würden. Es erfordert Verantwortung und Größe, aus den »kleinen« Partnerschaftsspielchen auszusteigen und am richtigen Ort das Richtige zu tun. Für diesen Dienst am Großen gibt es zwar keine Belohnung, aber der stolze Blick auf die getane Arbeit gibt Kraft und Würde.

Saturn im Wassermann oder im 11. Haus

Mit der Saturn-im-Wassermann-Auslösung kommt eine Wende in die Lebensgeschichte einer Beziehung. Der Beziehungsraum, der bis dahin vom Schicksal zur Verfügung gestellt wurde, wird »gekündigt«. Das Paar steht »heimatlos« auf der Straße und muss sich nach einer neuen Bleibe umsehen. Die alten Beziehungsmuster und Rollenverteilungen müssen zurückbleiben. Sie hatten sich bewährt, sie boten Sicherheit und doch passen sie nicht zum heutigen Anspruch. Mehr Beweglichkeit und Flexibilität sind gefordert. Im Wassermann wird Saturn zum Schicksalsbeschleuniger zweier Menschen. Er verlangt von ihnen, ein Gleichgewicht herzustellen zwischen Gestern und Heute, den Ausgleich zwischen Alt und Neu und eine Mitte zwischen Freiheit und Pflicht. Erst wenn das gelungen ist, wird die Beziehung ein neues Zuhause finden. Solange die Saturn-Auslösung andauert, befinden sich die Wanderer auf dem Weg. Tritt die Beziehung in alte Fußstapfen und geht sie in schon ausgetretenen Wegen, greift er ein und beschwert und lähmt sie. Erst mit dem Ende der Auslösung wird der »schwebende Zustand« beendet sein. Bis dahin gibt es viel zu lernen. Es ist nicht leicht, einer neuer Beziehungsform ihren Platz zu geben. Eine Partnerschaft droht daran zu zerbrechen, wenn nur einer der beiden die Erneuerung wünscht. Wenn sich einer in alten Sicherheiten versteckt, verschließt sich das Tor zur Zukunft. Das Jetzt gleicht dann einem Gefängnis, das die Herzen einengt und schwer macht. Erst wenn beide den gewünschten Ballast abwerfen, beflügeln die Götter ihre Seelen und heben sie zu sich empor.

Saturn in den Fischen oder im 12. Haus

Mit der Saturn-Auslösung in den Fischen betreten die Partner einen Raum voller Misstrauen und Ängste. Zwei Geschichten, angefüllt mit Enttäuschungen, treffen aufeinander. Beide sind jetzt verunsichert, haben wenig Hoffnung und wenig Vertrauen in die Liebe. Diese Unsicherheit kann nur verschwinden, wenn sie sich im Klaren darüber sind, dass sie miteinander, aber auch ohne einander leben können. Jedes Klammern, Biegen und Beugen, jeder Wunsch das zu halten, was vielleicht nicht zu halten ist, raubt ihnen ihre Energien und frisst sich in ihre Gemüter ein wie ein Geschwür. Die Botschaft Saturns kann nur mit dem Herzen gehört werden: »Nichts währt für immer. Jeder Tag könnte der letzte deiner Beziehung sein.« Erst wenn sich beide dem Götterspruch der Zeit und ihren Inhalten beugen und sie lernen, *mit* der Angst zu gehen, kehrt das fehlende Vertrauen zurück. Es gibt wohl eine zeitlose, ewige Liebe, doch die ist weit entfernt von den Möglichkeiten der Menschen. Auf Erden gilt: Niemand gehört dir für immer. Die andere, die selbstlose, die nicht besitzergreifende Liebe liegt bereit an einem anderen Ort, im Himmel, in den sicheren Händen unseres höheren Selbst!

Uranus-Auslösungen

Uranus
Der Freiraum der Beziehung

Die grundsätzliche Aufgabe des Planeten Uranus besteht ebenso wie im Radix-Horoskop darin, Bestehendes aus seiner festgefahrenen Form zu sprengen. Somit ist eine Uranus-Auslösung desto heftiger, je mehr der Mensch an etwas festhält. Jeder Pol braucht einen Gegenpol, jedes Prinzip seine Opposition. Ohne diese wäre Entwicklung nicht möglich. Uranus ist der Feind einer jeden Vorstellung, er entbindet aus jedweden Sicherheiten und er sprengt die engen Grenzen unseres Egos. Er lüftet Geheimnisse und sorgt dafür, dass wir flexibel im Denken und Handeln bleiben. Mit der Uranus-Auslösung wird einer Beziehung die Aufgabe gestellt, den Gegenpol zur Bindung, zur Gemeinsamkeit darzustellen. Ein solcher Gegenpol ist absolut notwendig, da ohne ihn die Anziehungskraft der Partner schnell versiegen würde. Die Uranus-Stellung im Composit beschreibt den Ort der *Nicht*-Beziehung. Dort können und dürfen sich die Betroffenen nicht aufeinander beziehen, sollten nicht aneinander zerren. Gelernt werden soll, dass jedes Beziehungsgebäude auch leere Räume braucht, in die sich die Partner voneinander und von der Gemeinsamkeit zurückziehen können. Die Uranus-Auslösung treibt die Befreiung der Seelen voran und zwingt sie zum Abheben, auch wenn dafür die Federn ihrer Egos gerupft werden müssen. Die Freiheit, die Uranus meint, besteht niemals darin, sich zu trennen. Gelernt und verstanden ist die Aufgabe erst, wenn ein Mensch bleiben *und* gehen kann.

Uranus im Widder oder im 1. Haus

Mit der Uranus-im-Widder-Auslösung platzt eine Bombe. Ein lange zurückgehaltener Energiefluss spült Wünsche und Ansprüche nach oben, die im Laufe der Zeit vergessen wurden. Der freiheitsliebendere Partner sprengt plötzlich mit seinen individuellen Wünschen den gemeinsamen Rahmen. Er kämpft – scheinbar ohne Grund – ganz plötzlich für sich und seine Ideen und übersieht dabei die Ansprüche des Partners. Dieser versucht bewusst oder unbewusst, die Angst machende Bewegung zu behindern. Er macht sich schwerer und abhängiger, als er es in Wahrheit ist. Seine Gegenbewegung ist die Ursache für das immer heftiger werdende Spiel. Erst wenn er sieht, dass auch er Nutzen daraus ziehen kann, sich wieder als Einzelwesen zu erfahren, kehrt die Freude in die Beziehung zurück. Die Auslösung führt erst zu mehr Glück und einer intensiveren Beziehung, wenn beide verstanden haben, dass sie sich durch außenstehende Menschen inspirieren lassen dürfen, um das Innenfeld ihrer Gemeinschaft bunter und interessanter zu gestalten. Die für dieses Erlebnis notwendige Distanz wird die Partnerschaft nicht belasten, wenn beide dem anderen ihre Erfahrungen mitteilen und damit den Weg zurück zum Partner finden. Dann kann ein gesunder Rhythmus von ich- und wirbezogenen Energien entstehen. Der beabsichtigte und gewünschte Wechsel bringt ein neues Spannungsfeld in die Beziehung. Gemeinsamkeit, Individualität und Unabhängigkeit schließen einander nicht aus. Sie leben gerne unter einem Dach. Nur eines darf man nicht: Man darf Fenster und Türen nicht schließen.

Uranus im Stier oder im 2. Haus

Die meisten Menschen haben das Bedürfnis, sich zu verwurzeln, um sich sowohl im seelischen als auch im materiellen Boden zu verankern. Die Uranus-Auslösung im Stier bedeutet, diesem Bedürfnis entgegenzuarbeiten. Mauern sollen gesprengt werden, das Beziehungsgebäude beginnt zu schwanken. Es ist möglich, dass die Uranus-Auslösung mit einer Verunsicherung der äußeren Umstände einhergeht. Tatsächlich geht es aber um eine Infragestellung der inneren Werte. Die Partner befinden sich am Scheideweg. Einer (oder beide) ziehen bewusst oder unbewusst ihre Energien aus der alten, überholten Form und stellen die Gemeinsamkeit in Frage. Sie üben Verrat am Gruppendenken bzw. -verhalten. Jeder hat jetzt die Aufgabe, eigene Wertvorstellungen und Lebensträume zu entwickeln. Das angepasste Verhalten, das dem Erhalt der Sicherheit diente, ist jetzt nicht mehr notwendig. Jeder soll sich im gemeinsamen Heim seinen eigenen Raum einrichten, ganz so, wie es ihm gefällt. Niemand soll sich verletzt fühlen, nur weil sein Partner eine andere Meinung oder ein anderes Urteilsvermögen hat. Die Zeiten des erzwungenen Zusammenrückens (aus Angst) sind vorbei, wenn die Partnerschaft bereit ist, ihre Sicherheit dem Wandel der Lebensumstände zu opfern. Sich wieder und wieder neu zu verwurzeln, hält jung. So wird die Welt wieder farbiger, der Vogel der Freiheit erhält sein buntes Gefieder zurück.

Uranus in den Zwillingen oder im 3. Haus

Menschen fühlen sich geachtet und bestätigt, wenn sie von ihrem Gegenüber verstanden werden und wenn sich ihre Gedanken im gleichen Rhythmus durch die Welt bewegen. Gemeinsame Eindrücke und Ansichten verbinden. Dafür stellt man gerne einmal seine eigene Meinung etwas zurück. Mit der Uranus-Auslösung wird dieser Gleichklang gestört. Plötzlich bleibt jeder mit sich und mit seinen Gedanken alleine. Er erschließt sich selbst neue Lebensbereiche, die er unabhängig vom anderen bereisen möchte. Ob es darum geht, etwas Neues zu lernen und sich eine neue Sichtweise zu erarbeiten oder um neue Freundschaften, in jedem Fall bringt der Zwillinge-Uranus ein Spannungsfeld mit sich, das sich so auswirken kann, dass zwei Menschen völlig aneinander vorbeireden und dass ihr Blick auf die Welt und ihre Wahrnehmung auf einmal so unterschiedlich ist, dass man glauben könnte, sie wären auf einer anderen Straße unterwegs. Diese Zeitqualität verlangt von ihnen, unabhängig voneinander zu »sehen«, und möchte ihnen beibringen, ihre individuellen Gedanken zu bewahren und sich im Umfeld der Partnerschaft frei und ungezwungen zu bewegen. Geistiger Fortschritt besteht immer darin, Unvereinbares in ein kreatives, befruchtendes Spannungsfeld zu bringen, so dass etwas völlig Neues, Überraschendes entstehen kann.

Uranus im Krebs oder im 4. Haus

Die klare Arbeitsanforderung dieser Auslösung an ein Paar lautet: Löst euch aus der Abhängigkeit des Emotionalen, begegnet euch frei und unabhängig, lasst die Kinderspiele sein und lebt ohne gegenseitige Absicherung eurer Gefühle miteinander. In manchen Fällen kann dies (jetzt) bedeuten, nicht zu heiraten, der Beziehung keine offizielle Form zu geben. Tatsächlich jedoch sind seelische Inhalte gemeint, nicht Äußerlichkeiten. Jeder Mensch kennt aus der eigenen Geschichte, was emotionale Verstrickungen bedeuten und wie schwer man aus ihnen herauskommt. Der Uranus in dieser Stellung erlaubt auf Dauer keine solchen Knoten. Wenn sich zwei Menschen allzu viel Schutz und Geborgenheit geben, verhindern sie damit die Entwicklung ihrer »inneren Kinder«. Um den Prozess des Erwachsenwerdens zu fördern, braucht es von Zeit zu Zeit entbindende Energien. Der gemeinsame Seelenraum soll viele Öffnungen haben, durch die man das »Nest« leicht verlassen kann. Mindestens einer von beiden zweifelt von Zeit zu Zeit an der Zugehörigkeit. Er ist ein Nestflüchter, dem es schnell zu eng wird, der Geborgenheit und Wärme oft als erstickend empfindet. Damit stellt er die Gemeinsamkeit in Frage, es wird unruhig und ungemütlich im gemeinsamen Nest. Die Partner können sich nicht gemütlich hinsetzen und aneinander klammern. Sie müssen die Unsicherheit im Auge behalten, nicht die Sicherheit. Mit der Uranus-Auslösung wird deutlich, dass die »Chemie« dieser beiden Menschen auf der emotionalen Ebene eine entbindende Komponente aufweist. Das heißt nicht, dass sie einander weniger lieben würden oder ihr gemeinsamer Weg (zeitlich gesehen) kürzer oder gar in diesem Moment zu Ende wäre. Uranus möchte nur darüber wachen, dass »die Kinder« ihre mitgebrachte Geschichte nicht dem anderen bzw. der Beziehung überstülpen und damit zu einer Last werden. Wenn keiner vom anderen mehr erwartet, ihm ein Stück Kindheit zu ersetzen, hat diese Auslösung ihren Sinn erfüllt. Die für diesen Prozess notwendige Distanz darf dann verlassen werden, um einer neuen Nähe zu weichen. Es wäre allerdings schade, alle Türen wieder zu schließen. Ist es nicht schöner, sich unter freiem Himmel zu lieben, als im dunklen Versteck?

Uranus im Löwen oder im 5. Haus

Mit dieser Uranus-Auslösung werden einem Paar Aufgaben gestellt, mit denen es nicht gerechnet hatte. Die Schicksalsumstände fordern Spontaneität und Flexibilität. Die Partner sollen lernen, sich auf Überraschungen einzustellen. Der vorgegebene Weg muss verlassen werden, damit die erneuernden Energien Einzug halten können. Die Fantasie »der Götter« ist so grenzenlos, dass die Möglichkeiten der »Einbrüche« ebenfalls grenzenlos sind. Erwünschte oder unerwünschte Umzüge, neue Nachbarn, eine Veränderung im Freundeskreis, das sind nur einige wenige Beispiele dafür, wie Uranus auftreten könnte. Seine Botschaft ist immer die gleiche: Er möchte die Menschen aus ihrem gewohnten Rhythmus herausbringen und sie von ihren einschränkenden, vorgegebenen Pfaden weglocken, um ein neues »Spiel« zu beginnen: ein Spiel, in dem sie sich neu erfahren dürfen. Ein Paar, das es sich zur Regel gemacht hat, gegen Traditionen und Konventionen anzugehen, wird in dieser Zeit keinerlei Einbrüche von außen erleben, da es mit den gesetzmäßig vorgegebenen Energien mitschwingt. Die Partner akzeptieren den Wandel und die damit verbundenen Unsicherheiten. Sie wissen, dass es sich dabei auch um ein großes Geschenk handelt. Erst wenn ein Paar dieses Spiel ganz verstanden hat, wird es herausgehoben aus dem Lebensernst. Dann dürfen die Partner ein wenig verrückt und ausgelassen durch ihr Beziehungsleben tanzen. Nur ein lockeres Umgehen mit den eigenen Ansprüchen und mit dem Schicksal vermag diese Leichtigkeit herzustellen. Ihren Problemen wachsen dann Flügel, auf dass sie mit ihnen Federball spielen, anstatt mit ihren Egos brütend darauf sitzen zu bleiben.

Uranus in der Jungfrau oder im 6. Haus

Jeder Beziehungsweg erfordert von den Beteiligten eine gewisse Anpassung an vorgegebene Bedingungen. Die Uranus-Auslösung in der Jungfrau erschwert diesen Vorgang erheblich. Der Alltag ist kaum noch berechenbar, Zukunftspläne scheinen sinnlos, da die Partner jetzt erfahren, dass das Leben voller Überraschungen steckt. Unvorhersehbarkeiten kreuzen ihren Weg, der logische Ablauf des Lebens wird scheinbar willkürlich durchbrochen. Die Partner erfahren, dass es letztlich keine

Sicherheit gibt, dass plötzliche Veränderungen zum Leben gehören und dass sie gut daran tun, ein schnelles Reaktionsvermögen zu erlernen. Der Lebensfluss folgt nicht immer den vorgegebenen Bahnen, sondern eigenen, oft uneinsehbaren Gesetzen. Was können die Menschen tun, wenn sie mit der Uranus-Auslösung spüren, dass auf nichts wirklich Verlass ist? Sie müssen ihre Erwartungshaltung ändern, sonst werden sie unweigerlich daran verzweifeln. Sobald die Partner dies begriffen haben, sobald sie sehen können, dass sie keinen Anspruch auf die Erfüllung ihrer Erwartungen haben, wird das Leben einfacher und leichter. Es wird zu einem Spiel, bei dem der Mensch es versteht mitzuspielen. Ein unüberschaubares Chaos macht kreativ, und das gibt der Beziehung neue Impulse. Es entsteht ein Freiraum, in dem der Alltag und seine Routine keinen Platz haben.

Uranus in der Waage oder im 7. Haus

In Zeiten einer Uranus-im-Wassermann-Auslösung werden Partner einander fremd, zwischen ihnen entsteht eine Angst machende Distanz. Die größten Schwierigkeiten bringt diese Zeitqualität mit sich, wenn einer von beiden wirklich fremdgeht, wenn er den inneren Prozess auf diese Art und Weise nach außen bringt. Eine Beziehung mit einer dritten Person, sei es ein so genannter Seitensprung oder ein außereheliches Verhältnis, bringt immer viel Schmerzen mit sich. Das Kräfteverhältnis wird dadurch sehr unausgewogen. Der eine bekommt viel (allerdings auch viel Schuld), der andere steht erst einmal mit leeren Händen da. Der Partner entzieht ihm die Aufmerksamkeit und dadurch seinen Wert. In diesem spannungsgeladenen Ungleichgewicht bewegen sich die beinahe getrennten Pole oft wieder aufeinander zu. Sobald sich der Partner aus dem Blickfeld entfernt hat, wird er wieder interessant. Es ist die Regel, dass Paare, die vorhaben, auseinander zu gehen, damit noch einmal den Eros ihrer früheren Zeit zurückholen. Ich nenne diesen den Trennungs-Eros. Es gibt bessere Möglichkeiten, die Uranus-Auslösung zu leben und zu erleben. Aber eines ist sicher: Ohne die notwendige Distanz und den Mut, sich zeitweise voneinander zu entfernen, ist die Aufgabe, die Uranus stellt, nicht erfüllt. Die Verbindung erlebt einen Aufschwung und wird als lebendiger erfahren, wenn die Partner sie ungehindert – ohne Vorwürfe – verlassen dürfen. Je mehr Vertrauen vorhanden ist, desto leichter und unkomplizierter wird das Rein und Raus und das Auf und Ab der Energien empfunden. Uranus ist zufrieden, wenn er sieht, dass die Partner verstanden haben, dass Liebe überhaupt nur möglich ist, wenn der andere freiwillig in der Beziehung bleibt.

Jeder weiß, dass ein Vogel im Käfig ein trauriges Dasein fristet. Doch wenige wissen, dass auch Beziehungen, die eingesperrt werden, schnell eingehen.

Uranus im Skorpion oder im 8. Haus

Das Tierkreiszeichen Skorpion beinhaltet die dichteste Bündelung von Energien überhaupt. Pluto als Herrscher dieses Tierkreiszeichens steht für die Beziehungsideale und die Bilder von Liebe und Glück, die weit davon entfernt sind, lebendig und real zu sein. Uranus ist der direkte Gegenspieler dieser »Bindungsmagie«. Er zerstreut die konzentrierten Energien und richtet damit allzu oft großen Schaden und großes Chaos an. Mit seiner Auslösung werden Absprachen hinfällig, bindende Fesseln fallen, Gefühle zerplatzen wie Seifenblasen. Die Beziehung erlebt eine unerwünschte Zerreißprobe zwischen dem Bestehenden und dem Sich-Erneuernden. Je starrer ein Lebensbereich zuvor geworden ist, desto dringlicher verlangt Uranus die Veränderung. Die Partner zwingen einander gegenseitig zur Wandlung, sie möchten sich abtrennen von Manipulationen, Hörigkeiten und Abhängigkeiten. Es verlangt sie nach Wachstum und Entwicklung. Sie wissen, dass dafür ein großes Opfer gebracht werden muss und damit die Beziehung, so wie sie einmal war, verraten wird. Gemeinsame Ideale und Ziele werden plötzlich unbrauchbar, sie vergehen und werden durch keine neuen ersetzt. Der Beziehungsweg verbirgt sich unter der Asche und dem Schutt der verbrannten alten Partnerschaftsmuster und – weit und breit ist Phönix, der das Neue ankündigen würde, noch nicht zu entdecken. Er kann erst dann aufsteigen, wenn die »Götter« es gestatten und damit den Blick auf eine Zukunft wieder freigeben.

Uranus im Schützen oder im 9. Haus

Diese Auslösung könnte man als Glaubensprüfung bezeichnen. Die Partner sollen lernen, sich nicht mehr auf die Erfahrungen, die sie miteinander gemacht haben, zu verlassen. Die Beziehung erlebt eine Verunsicherung, da einer der beiden aus der Gemeinsamkeit ausschert, um einer anderen »Glaubensrichtung« zu folgen. Er stellt alte Absprachen und Übereinkünfte in Frage und entwickelt sich (im Moment) deutlich in eine gegensätzliche Richtung. Es ist nicht einfach, diesem Prozess zuzustimmen, da die frühere geistige Übereinstimmung auch Sicherheit mit sich brachte. Zwei Menschen können sich damit gut gegen andere abgrenzen und ihre Zugehörigkeit festigen. Erst wenn die Verunsicherung auch als eine ungeheure Chance angesehen werden kann, zeigt sich der ganze Sinn dieser Auslösung. Eine philosophische, religiöse und weltanschauliche Auseinandersetzung belebt eine Beziehung wie ein Wachstumshormon. Die Entwicklung beider Partner bekommt einen Schub, der einen großen Sprung möglich macht. Die Beziehung befreit sich von schwer machenden »Sandsäcken«, damit die Partner aus dem »Ballon« heraus, der ganz weit oben über allem schwebt, einen Blick über die Welt entwickeln, der weiter und größer ist als zuvor.

Uranus im Steinbock oder im 10. Haus

Mit einem Uranus im Steinbock weiß ein Paar nur allzu gut, was Unfreiheit bedeutet. Beide kennen ihre ungehörten Bitten, von dieser oder jener Bürde bzw. Verantwortung befreit zu werden. Mit der Auslösung tritt dieses Thema noch deutlicher ans Licht. Strukturen müssen eingehalten und die Pflichten erfüllt werden. Die Aufgabe, die das Schicksal jetzt überbringt, ist groß. Jeder Mensch, der sich einen Ausweg aus einer bedrückenden Enge erkämpft hat, wird irgendwann feststellen, dass (nach einiger Zeit) der alte Zustand wieder hergestellt ist. Probleme kehren zurück wie ein Bumerang und erscheinen dann noch schwerer als zuvor. Die Freiheit, die Uranus hier predigt, ist eine ganz besondere, die nur dadurch erreicht werden kann, dass der Mensch die Bürde, die er trägt, *gerne* trägt. Auch für die Beziehung heißt es, sich freiwillig unter ihr Gesetz zu stellen und das ihr zugeteilte Schicksal anzunehmen. Die Partner haben erst dann eine gute Chance, glücklich zu sein, wenn sie lernen, *innerhalb* der gegebenen Umstände ihre Freiheit zu entdecken. Sie sollen sich unabhängig machen von den Klagen und den Vorwürfen, die bei den Göttern sowieso auf taube Ohren stoßen. Die Betroffenen können sich gegenseitig dabei unterstützen, Frieden mit der Situation zu schließen, solange sie eben andauert. Das Schicksalsrad dreht sich erst dann weiter, wenn beide gemeinsam vertrauensvoll zum Himmel aufblicken. Erst mit der Hingabe und der Verbeugung vor dem Großen kehrt wieder Frieden in ihre Herzen ein.

Uranus im Wassermann oder im 11. Haus

Hier hat Uranus eine besonders starke Stellung. Er befindet sich in seinem eigenen Zeichen und darf mit der Auslösung zur Höchstform auflaufen. Alle Türen des Beziehungsgebäudes sollen geöffnet werden, viele Besucher dürfen Anregungen bringen, Freunde ein- und ausgehen. So erfahren die Partner auf ihrem gemeinsamen Weg viel Spannendes und erleben sich selbst in immer neuen Zusammenhängen. Spaß haben und über sich selbst lachen können sind Themen dieser Auslösung. So entwickeln sie Mut zum Anders-Sein und verstehen es, ihre Individualität zu wahren. Uranus soll sie dabei unterstützen, sich keinem gesellschaftlichen Zwang und auch keiner Gruppenzugehörigkeit zu unterwerfen. Ihr Beziehungsweg soll bunt und abwechslungsreich sein. Wer jedoch hofft, in dieser Zeit viel Nähe und Wärme in der Partnerschaft zu finden, wird enttäuscht werden. Die Zeitqualität verlangt ein so hohes Maß an Beweglichkeit und ungewöhnlichem und unkonventionellem Austausch mit der Welt, dass sich ihre Bindung für einige Zeit lockert. Die gemeinsamen Freunde sind oft wichtiger als die Zweisamkeit, die neuen Möglichkeiten, die das Leben bietet, sind interessanter als der Erhalt des Bestandes. Manchmal verwandelt sich jetzt eine Liebe in eine Kameradschaft. Doch diese Tatsache beeinträchtigt keineswegs die Lebens- und Glücksfähigkeit, wie auch immer sie beschaffen sein mag. Mit der Uranus-Auslösung setzen die Partner zum Fluge an, frei zu sein von alten, überholten Mustern und Beziehungsformen. Eine große Offenheit gegenüber der Vielfalt des Lebens ist das Geschenk an sie, das sie tief in ihrem Herzen bewahren sollen, um es auch in traurigeren, tristeren Zeiten noch schlagen zu hören.

Uranus in den Fischen oder im 12. Haus

Diese Uranus-Auslösung möchte als eine Frage gesehen werden, nicht als Antwort. Es gibt Dinge zwischen Himmel und Erde, denen man ihren Lauf lassen muss. Es geht darum zu lernen, dass die wahre Freiheit darin liegt, nichts zu verhindern, nichts zu kontrollieren und allem und jedem seinen ihm zustehenden Raum zu geben. Es darf den Partnern jetzt nicht um äußere (ich darf machen, was ich will) Freiheiten gehen, sondern um einen inneren Prozess, der sich auf das grenzenlose Spielfeld der Fantasie und der Träume erstreckt. In einer Partnerschaft, in der die Menschen einander ängstlich beobachten aus der Furcht heraus, sich zu verlieren, ist diese Uranus-Auslösung eine sehr große Herausforderung. Denn sie erinnert daran, dass niemand niemandem gehört, dass die Zeit alles hinwegschwemmt, als hätte es uns und unser Leben nie gegeben. Uranus in den Fischen vermittelt dem Paar die Vergänglichkeit der Liebe, noch während sie andauert. Diese schwierige Aufgabe braucht sehr viel Vertrauen und sehr viel Gelassenheit. Sie ist erst beendet, wenn sich die Partner als vom Schicksal Geführte und nicht als Macher ihrer Beziehung verstehen.

Neptun-Auslösungen

Neptun
Der Schutzengel der Beziehung

Zu Beginn einer Partnerschaft scheint alles leicht, Fremdheit und Andersartigkeit sind kein Hindernis. Die äußere Welt, sei sie noch so beschwerlich, wird als Herausforderung betrachtet, die die Liebenden eher anspornt, als hemmt. Die Ich-Grenzen scheinen aufgehoben, die Energien fließen zusammen, eine Geborgenheit außerhalb von Zeit und Raum entsteht. So sehr dieser Zustand als romantisch verklärt oder als unrealistisch belächelt wird, birgt er doch ein großes Geheimnis in sich. Er schenkt den Menschen eine Ahnung davon, wie Liebe aussehen könnte, wie es wäre ohne Ego- und Vorstellungsgrenzen, innerhalb derer wir viel (Lebens-)Zeit absitzen, ähnlich einem Gefängnisaufenthalt. Für kurze Zeit beflügelt die Verliebtheit unser Sein und wir wachsen über diese Grenzen hinaus, hinüber zum Du. Diese Bewegung ist göttlich und bringt uns nicht nur mit einem anderen Menschen in Kontakt, sondern auch mit unserem innersten Wesenskern, durch den wir mit allem verbunden sind. Der Neptun im Composit erzählt von dieser spirituellen und mystischen Seite einer Beziehung. Er ist Vision und Traum zugleich. Er ist der göttliche Funke, der so tief berührt, dass eine Liebe entsteht, die größer ist, als das menschliche Herz zu fassen vermag. Die Hingabe ist der einzige Weg, auf dem der Mensch dieses Ziel erreichen könnte. Aus der Angst heraus, sich zu verlieren, bleibt er lieber fest in sich verankert und versucht (ohne Opfer) zu bekommen, wonach er sich sehnt. Lieber träumt er von der Liebe, lieber idealisiert er den Partner, als sich wirklich auf den Weg zu begeben. Neptun im Composit steht auch für diese Täuschungen und Illusionen.

So hat jede Neptun-Auslösung zwei Seiten: Einerseits legt sie die Beziehung in die Hände eines Schutzengels, um an den göttlichen Wesenskern der Liebe zu erinnern, andererseits wird sie getragen von Ent-täuschungen, die den wahren Kern bis dahin verhüllten. Es ist auffallend, wie viele Beziehungen bei einer Neptun-Auslösung auseinander gehen. Wahrscheinlich, weil sich niemand eine Partnerschaft nach der großen Enttäuschung vorstellen kann. Und wer glaubt heute noch an Engel, die ja nur mit dem Herzen gesehen werden können.

Neptun im Widder oder im 1. Haus

Die große Täuschung, die Neptun im Widder aufzulösen hat, ist der Glaube, in einer Beziehung ginge alles von alleine, keiner müsse sich für den anderen beziehungsweise für den gemeinsamen Weg anstrengen. Jeder wartet: Der Partner soll entscheiden, er soll sich einsetzen, er soll kämpfen und so weiter. Beide Beteiligten warten auf die (Wieder-)Geburt ihrer Beziehung. Sie scheuen jedoch den Schmerz, den diese mit sich bringt. Oft lösen sich Partnerschaften bei dieser Auslösung – zumindest für einige Zeit – auf. Durch die Enttäuschungen auf dem gemeinsamen Weg haben beide das Gefühl, »verloren« zu haben. Jeder versucht, aus dem »bösen Traum« zu erwachen, um dem Partner erneut zu begegnen. Es scheint, dass nur ein entschiedenes Handeln sie auf den gemeinsamen Weg zurückführen könnte. Da die Energie für diese Absichtsbekundung fehlt, scheint die Lösung woanders zu finden zu sein, nämlich im »absichtslosen Handeln«. Es ist für keinen Menschen leicht herauszufinden, was mit dem Begriff des »absichtslosen Handelns« gemeint ist. Und doch wird mit dieser Auslösung einem Paar eben diese Aufgabe gestellt. Es ist durchaus möglich, sich vertrauensvoll führen zu lassen und dabei nicht passiv zu verharren, sondern aktiv die notwendigen Schritte zu begleiten. Die Botschaft des Engels lautet: »Zusammen mit den Göttern, im Einklang mit dem Gesetz sollt ihr eure Entscheidungen treffen – weder alles ihnen noch dem Partner überlassen.«

Neptun im Stier oder im 2. Haus

Manche Beziehungen tun sich schwer, sich zu verwurzeln. Die Partner finden keine gemeinsame Heimat, kein gemeinsames Zuhause. Mit der Neptun-Auslösung kann entweder die Sehnsucht nach mehr Sicherheit ins Bewusstsein gebracht werden oder sie wirkt sich gegenteilig auf schon vorhandene Zugehörigkeiten aus. Diese fühlen sich dann nicht mehr so stabil an, die gemeinsamen Wurzeln ragen frei in die Luft. Keiner kann sich am anderen festhalten und selbst der äußere Rahmen (z.B. Besitz) ist nicht mehr so vertrauenswürdig, wie er vor einiger Zeit noch schien. Egal von welcher Seite ein Mensch in diese Auslösung hineingelangt, auf jeden Fall werden Energien in der Schwebe gehalten. Offene Türen lassen sich nicht schließen, dem Schicksal sind keine Versprechen abzuringen. Es gibt keinen festen Ort, auf den sich die Partner beziehen können, keinen gemeinsamen Standpunkt, von dem aus sie weiterwandern könnten. Die Partner sind voneinander enttäuscht, so dass sie im Angesicht der momentanen Unsicherheit nicht mehr Vertrauen entwickeln. Der Neptun im Stier – ihr Schutzengel – hat eine heilbringende Botschaft für sie, der sie ihr Ohr schenken sollten: »Jede Beziehung ist nur eine Durchgangsstation für zwei Menschen. Wenn ihr den Weg mit euren Herzen geht, wird die Sicherheit der äußeren Umstände unwichtig. Der fruchtbarste und nahrhafteste Boden befindet sich im Inneren der Seele – dort sollt ihr euch verwurzeln.«

Neptun in den Zwillingen oder im 3. Haus

Die Zeit einer Neptun-Auslösung in den Zwillingen kann sehr öde und karg sein. Das Paar durchwandert eine Wüste, wenige Unterbrechungen ziehen ihre Aufmerksamkeit auf sich. Sowohl der Kontakt untereinander als auch die Fäden, die sie normalerweise mit ihrem Umfeld verbinden, verlieren an Kraft. Jeder scheint alleine auf der Welt zu sein. Eine große Enttäuschung macht sich breit. Die ganze Welt erscheint leer und sinnlos, die Partnerschaft fällt in einen tiefen Schlaf. Die Stille scheint teilweise sehr bedrohlich. Beide schrecken vor der Wahrheit zurück, dass sie sich nichts mehr zu sagen haben. Die Beziehung bricht ab, die Herzen ziehen sich zurück. Jeder hat vom anderen mehr Anregung und mehr Lebendigkeit erwartet. Dass auch das Nebeneinanderher einen Auftrag an die Seele in sich trägt, ist erst einmal schwer einsehbar. Der Schutzengel der Beziehung kommt aus der Tiefe des Seins, aus der Intuition und Meditation. Seine Botschaft lautet: »Schaut und lauscht für einige Zeit nach innen. Bindet euch nicht zu sehr an Worte und an Äußerlichkeiten. Ihr müsst lernen, mit dem Herzen zu sehen und mit den Augen zu sprechen. Dann werdet ihr eines Tages wissen, was Liebe wirklich ist.«

Neptun im Krebs oder im 4. Haus

Es gibt einen großen Traum, der seit der Vertreibung aus dem Paradies wieder und wieder enttäuscht wird. Der Mensch glaubt, in den Armen eines anderen sein Alleinsein vergessen zu können. Seine Sehnsucht möchte ihn mit einer anderen Seele verbinden, um die bestehende Trennung aufzuheben. Mit einer

Neptun-Auslösung im Krebs wird dieser Traum wieder einmal zerstört. Zwei Menschen fühlen sich in ihrer Beziehung alleine wie nie zuvor. Die Zeiten der Verschmelzung sind vorbei, das Gefühl der Geborgenheit weicht einer harten, kalten Welt. Die Zweisamkeit löst sich auf wie eine Seifenblase auf dem realen Boden der Partnerschaft. Die Enttäuschung ist groß, die beiden glaubten für ihre »inneren Kinder« ein Heim gefunden zu haben. Jetzt steht – erst einmal – jeder alleine in der Welt mit der großen Sehnsucht im Herzen, irgendwann den paradiesischen Zustand der Einheit wiederzufinden. Die große Weisheit, die Neptun in seiner Eigenschaft als Schutzengel der Beziehung in den Herzen hinterlassen möchte, lautet: »Einsamkeit und Abtrennung begleiten den Menschen auf seinem Weg durch die Zeit. Jeder Verlust soll an das erinnern, was einmal war – die Einheit.« Der Weg zurück führt einzig über den Partner. Erst wenn der Mensch gelernt hat, das Paradies nicht mit dem Schoß der Mutter zu verwechseln, beginnt er zu ahnen, was Liebe ist.

Neptun im Löwen oder im 5. Haus

Die Neptun-Auslösung im Löwen bereitet einer Partnerschaft eine große Enttäuschung. Jeder Mensch versucht, sein Glück über den Partner zu erlangen, und erstrebt damit letztlich die Erfüllung seiner Egowünsche. Er versteht lange nicht, dass diese Suche in die Irre führt, ähnlich der Geschichte mit dem Schatz am Ende des Regenbogens. Man läuft und läuft und sobald man da ist, findet man nur das Nichts. So ähnlich geht es Menschen mit dieser Neptun-Auslösung. Der Partner wird zuerst in romantische Verklärung gehüllt und mit einem Schleier positiver Energien verdeckt. Jeder glaubt, den besten, wundervollsten, idealsten Partner auf der ganzen Welt zu besitzen, denn schließlich gehört zu einem starken Selbst ein anderer Mensch, der dem Wunsch entspricht, herauszuragen aus der großen Masse. Dies ist der lockende »Schatz« am Ende des Regenbogens. Hier, so glaubt man, liegt das Glück. So werden alle möglichen Wunschbilder in diese Liebesverbindung hineinprojiziert. Mit der Auslösung kommt die Ernüchterungsphase. Neptun gefällt es, die rosarote Brille zu entfernen und die Beziehung in grellem Licht erscheinen zu lassen. Die Wahrheit ist die Tatsache, dass sich zwei Durchschnittsmenschen auf einem ganz »normalen« Weg befinden und einander in einer ganz »normalen« Liebe zugetan sind. Der Schutzengel der Beziehung hat es schwer, sich hier Gehör zu verschaffen. Seine Botschaft ist einfach und kann, wenn sie in der Beziehungsseele aufgenommen wird, das Glück zurückbringen. »Man sieht nur mit dem Herzen gut«, lauten die einfachen Worte, aus dieser Sicht ist der andere eben doch das wunderbarste Wesen auf der ganzen Welt.

Neptun in der Jungfrau oder im 6. Haus

Eine Beziehung mit einem Neptun in der Jungfrau folgt einem hohen Ideal. Die Partner geloben, sich absolut treu zu sein, und verpflichten sich, immer die Wahrheit zu sagen. Ihre Verbindung ist ihnen heilig, sie vertrauen fest darauf, dass wer etwas Gutes hineingibt, auch belohnt wird. Ein heller Stern leuchtet so lange über dem Beziehungsweg, bis mit der Neptun-Auslösung Zweifel auftauchen, die dem Licht einiges an Kraft nehmen. Fragen tauchen auf, die alleine dadurch, dass es sie gibt, dem bis dahin »reinen« Idealbild die Unschuld nehmen: Darf ich wirklich blind vertrauen? Welche geheimen Ecken verberge ich vor den Augen des Partners? Was ist mit dem, was ich selbst nicht von mir kenne? Diese und ähnliche Unsicherheiten nehmen der Beziehung das Vertrauen und wandeln es in Misstrauen um. Der ehemals fehlerfreie Partner fällt in Ungnade. Furcht entsteht vor einem Weg, den man jetzt für unvorhersehbar hält, weil er voller Geheimnisse ist. Die Neptun-Auslösung kann sich zum Guten wenden, wenn die Partner auf ihren Schutzengel hören: »Die Fehler und Unsicherheiten sind es, die das Wachstum zweier Menschen fördern. Ein Herz versteht erst zu lieben, wenn es auch das Unvollkommene liebt.«

Neptun in der Waage oder im 7. Haus

Mit einem Neptun in der Waage handelt es sich immer zuerst einmal um eine ganz große Liebe. Über dem Beziehungsweg leuchtet ein romantischer Regenbogen. Der Fluss der sehnsüchtigen Gefühle bringt viel Licht und wenig Schatten mit sich. Besonders verbunden fühlen sich die Partner, wenn sie sich, weil die Umstände dies erfordern, trennen müssen oder wenn große Schwierigkeiten sie daran hindern, überhaupt zusammenzukommen. Der Zustand, der angestrebt wird, ist der Zustand der Verschmelzung. Die Partner lieben einander besonders aus der Ferne. Mit der Neptun-Auslösung dürfen sie einander in die Arme schließen. Endlich darf sich die Liebe erfüllen. Doch was wird aus dem Prinzen, wenn er das ferne Ufer verlässt? Und was aus der Prinzessin, wenn sie aus der Nähe betrachtet wird? Beide sind von der wahren Gestalt ihres Gegenübers enttäuscht. Ohne die rosarote Brille werden die Gefühle blasser und ziehen sich zurück. Ist es doch der falsche Partner? Doch nicht meine andere Hälfte? Doch nicht die große, wahre Liebe? Die Antwort kann nur von innen kommen, vom Engel, der über die Beziehung wacht: »Die Liebe geht immer nur von dir selbst aus, nicht vom anderen. Es liegt jetzt an euch beiden, ob ihr eure Herzen wieder öffnet und dem wahren Wesen eures Partners die Hand reicht. Nur das Ja, das nach der Enttäuschung kommt, ist ein wirkliches Ja.«

Neptun im Skorpion oder im 8. Haus

In Zeiten einer Neptun-Auslösung im Skorpion finden die Partner ebenso viele Gründe zusammenzubleiben, wie auseinander zu gehen. Die Beziehung hat sowohl eine schmerzvolle, dunkle Seite als auch eine helle, liebevolle. Die beiden Seiten haben gleichviel Gewicht, so dass keine wirkliche Entscheidung darüber getroffen werden kann, ob das Paar den gemeinsamen Weg fortsetzt oder nicht. Diese Unentschiedenheit bringt die beiden Seelen in einen unguten Schwebezustand, der an den Herzen beider zehrt. Oft wissen sie nicht, ob sie sich überhaupt noch lieben, doch ohne einander zu sein, scheint ebenso unmöglich. Die Vorstellungen, die der Partnerschaft zu Beginn einen einigermaßen sicheren Rahmen boten, sind sang- und klanglos verschwunden. Die Neptun-Auslösung ist mit Fragen verbunden, nicht mit Antworten. Ganz besonders auf zwei Fragen wird es nie eine Antwort geben: Warum liebst du mich? Warum liebe ich dich? Das, was es hier zu lernen gibt, ist weit entfernt von dem, was die Partner gerne hören möchten. Der Schutzengel ihrer Beziehung versucht, ihnen ein Geheimnis zu vermitteln: »Es muss nicht dieser Partner sein, du könntest auch jemanden anderen lieben. Aber es *darf* auch dieser sein – wenn du ihn liebst.«

Neptun im Schützen oder im 9. Haus

Mit der Neptun-Auslösung im Schützen verliert eine Partnerschaft plötzlich ihren Sinn. Glück und Optimismus gehören der Vergangenheit an und keiner weiß so recht, wo sie geblieben sind. Der gemeinsame Weg wurde zu Beginn mit viel Enthusiasmus und mit kraftvoll schlagenden Herzen beschritten. Mit der Zeit wurden die Wanderer müde und keiner bemerkte, wann (und warum) sie sich hinsetzten und einschliefen. Der ehemals rege geistige Austausch wurde langsamer und die gemeinsamen Interessen unwichtiger. Eine große Enttäuschung hält Einzug. War der Anspruch zu hoch? Wieso ist der Tempel der Beziehung nicht mehr erleuchtet? Die Partner spüren die Aussichtslosigkeit ihrer Liebe auf Erden. Der Alltag zieht ihren Blick nach unten, weg vom hohen Ideal. Alles Streben war umsonst, wieder einmal wäre beinahe eine Liebe gescheitert, wenn sie nicht – wie jede menschliche Liebe – einen Schutzengel hätte. Seine Stimme kommt allerdings nicht von »oben«, sondern aus den Herzen der beiden Wanderer: »Die Götter haben euch zusammen auf diesen Weg geführt. Schon deshalb kann es nur der Richtige sein. Und wenn ihr das im Moment nicht *sehen* könnt, dann müsst ihr lernen, es zu *fühlen.*«

Neptun im Steinbock oder im 10. Haus

Der Schutzengel dieser Beziehung hat nur einen großen Wunsch: Er möchte die Partner mit ihrem Schicksal aussöhnen. Zu Zeiten einer Neptun-Auslösung im Steinbock sind die Partner so verunsichert, dass sie keine höhere Absicht in ihrer Gemeinschaft mehr erkennen können. Sie fühlen sich als »Versager« und der Beziehung nicht gewachsen. Der Aufwand an Arbeit erscheint ihnen zu hoch, sie würden lieber Liebe »spielen«. Sie wünschen sich mehr Leichtigkeit, problemfreie Zeiten und sehnen sich nach einem einfachen gemeinsamen Leben. Das Schicksal schweigt dazu. Im Moment weiß nur der Himmel um den Sinn und das Ziel dieser Geschichte. Die Aufgabe dieser Neptun-Auslösung besteht darin, den Weg »blind« und »taub« fortzusetzen. Wahres Vertrauen kann erst gelernt werden, wenn der Mensch nicht allzu viel weiß. Es gibt Zeiten wie diese, da muss ein Paar lernen, sein Schicksal zu nehmen, ohne es zu verstehen. Allerdings: Selbst wenn sie mühsam Steinchen für Steinchen aus dem Weg räumen, gibt es dafür keine Belohnung. Das Ziel dieser Auslösung – die Aussöhnung – ist erst erreicht, wenn die Partner die Stimme ihres Schutzengels in ihren Herzen hören: »In jeder Schwierigkeit steckt ein Licht, in jeder Bürde ein weiser Kern. Beides enthüllt sich nur demjenigen, der den Weg selbst als das Geschenk ansieht, nicht das Ergebnis.«

Neptun im Wassermann oder im 11. Haus

Die Illusion, die eine Neptun-Auslösung im Wassermann zerspringen lässt, ist die Illusion von der Freiheit. Zwei Menschen glauben, Geborgenheit und Freiheit miteinander verbinden zu können. Der Versuch, beides gleichzeitig zu erlangen, ohne auf einer der Seiten etwas opfern zu müssen, scheitert mit der Neptun-Auslösung. Viele Beziehungen beginnen ihren Weg mit guten Vorsätzen und dem großen Anspruch, den anderen niemals zu sehr zu binden oder zu verpflichten. Die anfängliche Verliebtheit trägt sehr dazu bei, die Seelen zu beflügeln und diesem Ziel ein wenig näher zu bringen. Doch meist stellen sich die Gefühle schnell als zu »schwer« heraus, um leichtfüßig im »Himmel der Liebe« herumtanzen zu können. Kindliche Ängste führen ebenso zur Kontrolle wie Machtansprüche. Jeder noch so kleine Zweifel beschwert die Beziehungsseele und stutzt der Liebe die Flügel. Die große Enttäuschung, die Neptun mit sich bringt, besteht vor allem in der Erkenntnis, nur menschlich »durchschnittlich« lieben zu können. Der Schutzengel, der diesen Beziehungsweg begleitet, kennt ihren Schmerz gut. Er weiß, dass sie in seinen Worten Trost finden können: »Die Freiheit, nach der ihr strebt, ist das Ziel eures Weges. Sie wird euch leiten wie ein heller Stern am Himmel. Doch euer Weg führt zuerst durch die irdischen Täler des Menschseins hindurch.«

Neptun in den Fischen oder im 12. Haus

Ein Neptun in den Fischen lockt die Partner in ein illusionäres Land. Gefühle – wie ein Echo aus anderer Zeit – berühren die Seelen zweier Menschen. Sie finden einander in der Stille, im Rückzug von der Welt. Dort treten sie mit dem Universum in Kontakt und begegnen dem, was man die All-Liebe nennt. Sie verlangen viel von sich und ihrer Beziehung. Das Ego hat hier keinen Platz. Es ist zu dicht und zu schwer, um bestehen zu können. Es würde die Verschmelzung nur verhindern. Das Glück scheint hier und nicht im irdischen Sein zu liegen.

Mit der Neptun-Auslösung wachen die beiden Träumer allmählich auf. Die zurückgelassenen Egos klopfen heftig an die Türe. Sie begehren so nachdrücklich Einlass, dass an »Schlaf«

nicht mehr zu denken ist. Die Bereitschaft, sich ganz hinzugeben, ganz füreinander da zu sein und dem hohen Ideal der Liebe zu dienen, schwindet bei Tageslicht. Die Menschen sind nicht nur von sich selbst und ihrer Beziehung enttäuscht, sondern ganz besonders von ihrer Liebesfähigkeit; denn sobald die »niederen« Belange wieder Einzug halten in den Beziehungsraum, macht sich eine große Enttäuschung in ihren Herzen breit. Ihre Gefühle füreinander, die im »Himmel« so leicht hin- und herflossen, werden jetzt zäh und langsam. Der Pulsschlag ihrer Herzen muss sich dem Takt der Erde anpassen. Das Vertrauen in den Engel ihrer Liebe ist gestört, so dass es lange dauern kann, bis sie seine Worte wieder hören können: »Ja, es gibt sie, die ewige, zeitlose Liebe. Sie kann niemals verloren gehen, habt Geduld. Es kommt der Tag, an dem ihr sie erneut empfangen werdet.«

Pluto-Auslösungen

Pluto

Die Sackgasse der Beziehung

Der Planet Pluto ist in der Astrologie bekannt als Planet des Sterbens und der Wiedergeburt, als Verführer, als Hüter der Unterwelt und als Transformationspunkt im Horoskop. Auch im Composit steht Pluto für die Stagnation der lebendigen Energien und für den toten Punkt einer Partnerschaft. Jede Beziehung projiziert sich einen vorbildlichen Weg in die Zukunft, der sie dann – möglichst ohne weitere Mühe – ins Glück zu bringen hat. Der Partner stellt einen Teil dieses projizierten Bildnisses dar und wird zum Überbringer des Glücks, der Liebe, des Erfolgs. Bei der Pluto-Auslösung wird dem Paar bewusst, wie sehr sie sich einem Bild, einem Ideal verpflichtet haben. Sie erkennen die Magie ihrer Wünsche, sowohl an den anderen als auch an die Gemeinschaft. Sie stellen schmerzlich fest, wie gebannt sie mit der Zeit auf diese Bilder schauen und wie weit sich diese vom Lebendigen entfernt haben. Die begehrtesten Ideale sind seit Urzeiten Zustände der totalen Hingabe, Treueschwüre, Abhängigkeiten, Ohne-einander-nicht-mehr-leben-Können, gemeinsame Macht- und Erfolgs-Fantasien. All diese Themen verschlingen die lebendigen Energien einer Partnerschaft und wollen mit der Pluto-Auslösung gewandelt werden. Es fehlen Freiheit, Spannung, Austausch mit der Welt und letztlich auch die Gefühle. Erst wenn diese erneut Einzug halten ins düstere Beziehungsgebäude, kann die Sonne wieder scheinen und die Sackgasse der Beziehung wieder verlassen werden.

Da der Planet Pluto, seit wir mit ihm arbeiten, nur die Tierkreiszeichen Zwillinge bis Schütze durchlaufen hat, können im Moment für das Composit noch nicht alle Stellungen interpretiert werden (die kürzere Mitte liegt noch auf derselben Seite). Da die Häuserebene eines Composit-Planeten nicht so viel Kraft in sich trägt wie die Ebene des Tierkreiszeichens, werden die Beschreibungen der Pluto-Auslösungen in den Häusern kürzer ausfallen.

Pluto im 1. Haus

Eine Pluto-Auslösung im 1. Haus bringt eine Stagnation der Lebenssituation mit sich. Die Beziehung befindet sich in einer Sackgasse, sie kann nicht leben und nicht sterben. Die Partner halten an ihrer Gemeinsamkeit fest, obwohl sie längst nicht mehr bereit sind, der Beziehung etwas von sich selbst zu opfern. Jeder klagt genau das vom anderen ein, was er selbst nicht zu geben bereit ist. Die Energien drehen sich im Kreis, sie werden immer aggressiver und zu einengenden Fesseln. Der Wandel kann erst stattfinden, wenn die beiden Partner davon ermüdet sind, sich ständig im Kreise zu drehen, und »einfach« damit aufhören, eine Entscheidung erzwingen zu wollen. Die Lösung aus dieser Situation braucht Zeit – sie braucht *nur* Zeit –, sonst nichts.

Pluto im 2. Haus

Sobald zwei Menschen allzu viele Energien auf die Stabilisierung ihrer Sicherheit verwenden, verlieren andere Lebensbereiche ihre Kraft. Vom Punkt der Sicherheit aus betrachtet gibt es keine Zukunft. Sobald ein Partner über den anderen wacht und ihn mit Treueversprechen, Eifersüchteleien und Besitzdenken für immer fest in seinen Armen halten möchte, verliert die Zukunft ihre geheimnisvolle, lebendige Seite. Das natürliche Spannungsfeld, das Menschen für ihre Entwicklung brauchen, verschwindet, die lebendigen Energien versiegen und zurück bleiben zwei verkrampfte Herzen, die kaum noch zu schlagen wagen. Mit der Pluto-Auslösung im 2. Haus wird dem Paar die Enge bewusst, die sich jetzt wie ein Ring um ihre Brust legt. Ohne die Bereitschaft, ein Opfer zu bringen, fehlt die Energie zur Bewegung. Zuerst müssen die Türen zu einer unvorhersehbaren Zukunft wieder geöffnet werden. Beide müssen lernen, sich eine Zeit ohne einander vorzustellen. Ob diese nun kommt oder nicht, allein der (ernst gemeinte) Gedanke trägt schon den Keim zum Wandel in sich.

Pluto in den Zwillingen oder im 3. Haus

Jede Beziehung hat die Aufgabe, auch dem Alltag und der Organisation des gemeinsamen Lebens Rechnung zu tragen. Mit dem Pluto in den Zwillingen oder im 3. Haus zieht dieses Thema fast die gesamte Beziehungsenergie auf sich. Die Umgebung liefert den Partnern eine dankbare Ablenkung und Projektionsfläche für ihre Konflikte. Sie haben viel zu tun, eine Menge zu erledigen, ihre Lebenskraft wird von den Funktionen aufgesogen wie von einem Schwamm. Mit der Pluto-Auslösung merken sie, dass zwischen ihnen selbst kaum noch ein lebendiger Austausch stattfindet. Die Fixierung auf Dinge, die erledigt werden müssen, ist zu einer Art Hypnose geworden, die sie permanent zwingt, auf etwas Drittes zu schauen. Sie arbeiten nicht mehr, um zu leben, sondern leben, um zu arbeiten und zu funktionieren. Es bleibt wenig Zeit nachzuspüren, wofür ihre Herzen jetzt noch schlagen. Der tote Punkt dieses Beziehungsweges ist erreicht, wenn das ewige Gleichmaß, von dem jeder glaubt, es sei nicht zu ändern, so leer erscheint, dass die Frage nach dem Sinn dieser Beziehung zurückkehrt. Erst wenn wenigstens einer der beiden etwas vermisst, gibt es Hoffnung, aus der Sackgasse dieser toten Lebensform herauszukommen. Meist brauchen beide Partner all ihre Energien zur Erhaltung ihres Lebensgebäudes. Für Seelenreisen und Innenschau bleibt wenig übrig. Der Wandel kann erst eintreten, wenn sie bereit sind, ihre Lebensumstände infrage zu stellen. Erst wenn die Sinnlosigkeit bis in die letzte Ecke der Beziehung vorgedrungen ist, finden sie genügend Kraft, etwas zu ändern. Sie müssen alte Mauern einreißen, sich von überholten Formen lösen. Zuerst einmal muss das Nebeneinanderher-Leben schonungslos beim Namen genannt werden. Erst wenn klar ist, dass kaum noch eine Partnerschaft besteht, weil man nichts mehr mit dem anderen teilt (to part = englisch: teilen), kann die Beziehung aus ihrer Hypnose erwachen.

Pluto im Krebs oder im 4. Haus

Pluto im Krebs beschreibt eine emotionale Verstrickung, in der sich die Partner verfangen wie in einem Netz. Ihr kindlich überzogener Anspruch an die Liebe ihres Gegenübers lässt das Netz mit der Zeit immer enger werden. Mit der Pluto-Auslösung wird die Angst immer deutlicher, nicht genug zu bekommen. Sie klammern sich immer fester aneinander und versuchen, aus der Beziehung Gefühle von Geborgenheit und Sicherheit herauszupressen. Irgendwann sind beide so ineinander verschlungen und mit emotionalen Saugnäpfen aneinander geheftet, dass die Beziehungsseele keine Luft mehr bekommt. Jedes lebendige Gefühl wird erstickt, da es keinen Raum zum Atmen bekommt. Mit der Pluto-Auslösung möchte sich zumindest einer von beiden befreien und anderen Bereichen der Welt zuwenden. Die Drohung, mit der er festgehalten werden soll, ist immer die gleiche: Wenn du mich nicht mehr genügend liebst, brauchst, bestätigst etc., dann wirst du schon sehen, dass auch ich dich nicht mehr liebe, bzw. brauche. Und so kommt es dann auch! Genau so wird der Wandel eingeleitet. Wie wir wissen, kann Liebe nur in Freiheit wachsen und gedeihen. Sobald einer den sicheren Seelenraum verlassen möchte, muss er die »Schuld« am Leid des anderen auf sich nehmen. Das ist das Opfer, mit dem diese Abhängigkeiten gelöst werden können. Würde er den Ansprüchen seines Gegenübers nachgeben, blieben die toten Gefühle weiterhin verschlungen in der Gebärmutter der Partnerschaft liegen und Pluto, der Herrscher der Unterwelt, hätte gewonnen. Der Weg aus dieser Starre und Leblosigkeit heraus ist mit viel Schmerz verbunden. Licht kehrt in die Beziehung erst dann wieder ein, wenn der Mensch bereit ist, auf seine Vorstellung von Liebe, Gefühl und Geborgenheit zu verzichten, und sich bereit erklärt, seine emotionale Sicherheit dem lebendigen Fluss zu opfern.

Pluto im Löwen oder im 5. Haus

Mit der Pluto-Auslösung im Löwen gerät eine Beziehung in die Sackgasse von Machtkämpfen und Liebesentzug. Das bevorzugte Kampfmittel ist die Verweigerung der Anerkennung. Jeder Mensch wünscht sich nichts sehnlicher, als vom Partner anerkannt und mit Achtung behandelt zu werden. Wenn stattdessen jeder Fehler, jede Schwäche als Zielscheibe benutzt wird, dann wandelt sich Zuneigung bald in Abneigung, und aus Liebe wird Hass. So sehr hier der Einzelne auch um die Anerkennung des Partners ringt, er selbst vermag ihm keinen Wert mehr zuzuschreiben. Ein Ringen um Macht, Größe und Ansehen entsteht. Der Berg gerupfter Federn wird immer größer, die Partner stehen irgendwann nackt voreinander. Die Pluto-Auslösung kann sie nur aus der Sackgasse ihrer Lieblosigkeit heraustragen, wenn sie den Rückzug ihrer Herzen wahrnehmen und der Liebe wieder den Vorrang geben. Dies ist allerdings mit großen Opfern verbunden – mit dem größten Opfer schlechthin. Nur wenn sie ihre Macht ganz aufgeben und sich bereit erklären, dem Partner das Recht auf seine Individualität wieder zurückzugeben und ihm einen Platz auch *außerhalb* ihrer Vorstellungen zugestehen, ist Bewegung überhaupt möglich. Das Ego ist nicht die beste Instanz, wenn es darum geht zu lieben. Es muss den Kampfschauplatz verlassen, um anderen »inneren Personen« das Feld zu überlassen.

Pluto in der Jungfrau oder im 6. Haus

Die Sackgasse eines Composit-Pluto in der Jungfrau besteht aus dem nimmer enden wollenden Kreislauf von Schuldzuweisungen. Der Partner wird beobachtet, analysiert und seziert, bis in die geheimsten Ecken seiner Seele verfolgt. Dort wird »Material« gesammelt, um in Auseinandersetzungen genügend »Munition« zu haben, sich selbst und den eigenen Wert zu verteidigen. Jeder möchte unschuldig sein und vor seinem Gegenüber mit einer weißen Weste dastehen. Die Taktik, mit der Pluto das Paar in die Falle lockt, wird deutlich in Sätzen wie: Ich hätte ..., wenn du nicht ... Damit gibt der Mensch die Verantwortung für sich und seine Taten ab und hat – ohne es zu merken – seine Freiheit verloren. Es gibt keinen wirksameren Klebstoff, der zwei Menschen fest aneinander bindet als diesen. Wenn der Partner schuldig ist an meinem Leid, Unglück, Krankheit, kurzum an meinem Schicksal, dann gehöre ich ihm. Natürlich begegne ich ihm daraufhin nicht mehr mit Liebe, denn wer würde schon seinen »Vollstrecker« lieben. Somit bin ich also in einer festen Umarmung, doch ohne Herz. Kann es etwas Schrecklicheres geben, als in Opferhaltung an den größten Feind angekettet zu sein? Dafür gibt es nur einen passenden Ausdruck: Beziehungshölle. Woher kann hier das Licht kommen, woher der Wandel? Ausnahmsweise erst einmal über den

»Kopf«, die Gefühle sind zu sehr in der Leblosigkeit gefangen. Mit dem Kopf entscheidet der Mensch, seine Projektionen zurückzunehmen und sich damit die Verantwortung für sein eigenes Leben zurückzuholen. Mit diesem ersten Schritt beginnt der Wandel. Bis das Herz zurückkehrt, kann es lange dauern.

Ein weiterer Aspekt dieser Auslösung ist das allzu große Sicherheitsdenken eines Paares. Sie tun alles, um für ihre Beziehung einen lebenslangen Vertrag zu schließen. Die Angst vor einer Kündigung lässt sie zu Hause festsitzen. Denn nur wer unentwegt die Türen beobachtet, kann auch feststellen, ob einer das »Heim« zu verlassen gedenkt. Mit der Pluto-Auslösung wird einem Paar bewusst, dass es die Grenzen zu eng gesteckt hat und dass die Beziehung hinter den Mauern zu »faulen« beginnt. Hier kann der Wandel nur eintreten, wenn die Sehnsucht nach dem Sonnenschein überhaupt erst einmal wieder wahrgenommen wird.

Pluto in der Waage oder im 7. Haus

Mit einer Pluto-Auslösung in der Waage stellen die Partner fest, dass sie Eltern eines eigentümlichen »Monsters« geworden sind. Sie selbst haben dieses Wesen geboren und erkennen nun, dass es ihnen über den Kopf gewachsen ist und permanent Forderungen stellt. Es ist gefräßig und greift mit Fangarmen nach allem, was seinen Hunger stillen könnte. Am liebsten frisst es Liebe, Aufmerksamkeit, Harmonie und Gemeinsamkeit. Das Monster ist die Beziehung selbst. Die Partner gaben einander über lange Zeit den Vorrang vor den restlichen Themen des Lebens. Frühere Freunde, Interessengebiete und vor allem das Alleinsein wurden geopfert. So sehr die Beziehung dadurch einem Bilderbuchleben entsprach, so sehr wird jetzt mit der Pluto-Auslösung deutlich, dass sie sich in einer Sackgasse befindet. Der Zwang zum »Wir« ist mit der Zeit immer größer geworden. Vorwürfe wie: »Ich habe so viel für dich aufgegeben, nun verlange ich den Ausgleich!« banden immer enger an die Gemeinschaft. Das »Wir« verbraucht den gesamten Sauerstoff, während die beiden Einzelwesen zu ersticken drohen. Was war falsch? Die Wünsche an das Gelingen und die Harmonie waren doch gut – oder? Wieso sitzen die beiden so fest auf engstem Raum? Die Antwort ist, dass das individuelle »Ich« keinen Platz in den »guten« Bildern bekam. Es wurde (unbewusst) geopfert, seine lebendigen (trennenden) Energien verbannt. Jetzt in der Sackgasse, im Stillstand, in der Starre kommt die Erinnerung. Ein Wandel kann erst eintreten, wenn sich beide bereit erklären, ihrer Urangst zu begegnen: der Angst vor der Einsamkeit. Erst wenn jeder (wieder) weiß, dass er stark genug ist, um auch ohne den anderen leben zu können, kehrt allmählich die Lebendigkeit zurück. Doch erst einmal führt der Weg zurück zum Schmerz, zu der Wunde, aus der der Mensch geboren wurde: dem Schmerz der Abtrennung.

Pluto im Skorpion oder im 8. Haus

Ein Pluto im Skorpion bringt einer Beziehung einen großen Anspruch an Vollkommenheit. Mit seiner Auslösung sehen die Partner nur noch Schwarz oder Weiß. Man kennt keine Zwischentöne, keine Entwicklungszeit. Entweder einer bekommt sofort, was er will, oder er sucht es eben woanders. Damit versuchen die Partner, einander zu manipulieren, bzw. zu erpressen. Einer versucht dem anderen seine Bilder aufzudrücken, es ist ihm nicht wichtig, wen er vor sich hat. Seine Wünsche nach Erfüllung seiner eigenen Vorstellungen und Ideale sind so stark, dass er versucht, sein Gegenüber in seine Welt hineinzuziehen. Natürlich hat er gute Argumente.

Mit dieser Pluto-Auslösung (wie mit allen anderen Pluto-Auslösungen ebenfalls) zerfällt die Partnerschaft in zwei Teile, in Täter und Opfer. In seltenen Fällen ist es auch möglich, dass sich beide als Opfer sehen. Doch zumeist *zieht* der eine und der andere wehrt sich mehr oder weniger kraftvoll. Es gibt zwei mögliche Varianten der Endstation, die mit der Pluto-Auslösung erreicht wird: Entweder der schwächere Partner gibt nach und zieht mit seinem ganzen Wesen in die Vorstellungen seines Gegenübers ein (das heißt, es gibt ihn dann nicht mehr), oder das Kräfteverhältnis führt zu einer Pattsituation. In beiden Fällen gibt es eines nicht mehr: die lebendige Partnerschaft. Beide, der Drahtzieher und die Marionette, hängen fest im gleichen Spiel. Zumeist kommt der Impuls zum Wandel vom Marionettenspieler. Er ist es leid, immer nur an den Fäden zu ziehen, ihm fehlt jetzt, da er alles erreicht hat, was er wollte, die lebendige Auseinandersetzung. Die »Puppe« hat nur eine Chance: Sie muss sich selbst von den Fäden abschneiden, was bedeutet, dass sie erst einmal auf den Boden fällt. Da sie noch kein unabhängiges Wertesystem zur Verfügung hat, wird es lange dauern, bis sie aufstehen kann. Es ist schwer, aus eigener Kraft aus diesem Spiel herauszukommen. Oft braucht ein Paar professionelle Hilfe, um die Abhängigkeiten aufzuzeigen und zu lösen. Sonst sucht sich der Täter bald eine neue Marionette und das Opfer bleibt so lange liegen, bis ein neuer Drahtzieher kommt.

Pluto im Schützen oder im 9. Haus

Pluto steht erst seit Januar 1995 im Schützen. Deshalb ist es heute noch schwierig, endgültige Aussagen über sein »Beziehungsprogramm« zu machen. Das heißt, nur zwei Kleinkinder könnten im Composit einen Pluto im Schützen haben. Von daher gilt auch dieser Text vor allen Dingen der Platzierung im 9. Haus.

Die Verführung eines Pluto mit einer Schütze-Qualität besteht in Bildern vom großen Glück, von einer seelig machenden Beziehung. Der Sinn des Lebens soll vom Partner über die eigene Seele ausgeschüttet werden, wie aus einem Füllhorn. Eine eigene Leistung wird dabei nicht in Betracht gezogen. Mit der Pluto-Auslösung wird deutlich, dass diese Rechnung nicht aufgeht. Der Mensch steht mit leeren Händen da und verwünscht seinen Partner, weil die erhoffte »Lieferung« ausbleibt. Doch auch dieser fühlt die gleiche Leere und hat seinen »Glauben« an das leichte Glück verloren. In der heutigen Zeit der »leichten« Fernsehserien ist es nahe liegend, auf einfache Problemlösungen zu spekulieren. Im Vergleich mit der Leichtigkeit, mit der im Film Problemknoten entwirrt werden und alle sich wieder fröhlich und lächelnd in großer Liebe begegnen, kommt sich der reale Mensch wie ein Versager vor, wenn er diesem Ideal nicht entspricht. Mit dem Schütze-Thema trägt Pluto einen Arbeitsaspekt an ein Paar heran, den es zuvor nicht wahrgenommen hat. Wenn sie auch weiterhin ihr Glück auf der Oberfläche der Welt suchen, wird der Wandel nicht einsetzen und das Paar wird in der Sackgasse seiner Erwartungen stecken bleiben.

Pluto im 10. Haus

Natürlich gibt es gemeinsame Verpflichtungen und bindende Verantwortungsbereiche. Doch mit einem Pluto im 10. Haus kann auch dieser Bereich einer Partnerschaft zur Sackgasse werden. Wenn Menschen aus ihrer Subjektivität, aus ihrem Ego heraus über Verantwortung miteinander verbunden sind, so muss dies nicht einer Ordnung und einer Gesetzmäßigkeit entsprechen. Allzu oft bleibt ein Paar mit der festen Überzeugung zusammen, sie könnten den anderen, die Kinder, die Schwiegereltern, den gemeinsamen Besitz oder wen oder was auch immer nicht verlassen. Sie glauben, den Umständen unterlegen zu sein, ohne zu wissen, dass diese von ihnen selbst hergestellt und damit auch gelöst werden können. In den seltensten Fällen stimmt dies mit den tatsächlichen Gegebenheiten überein. Immer, wenn jemand zu sich selbst oder zum Partner die Worte spricht: »Ich würde ja gehen (machen, tun etc.), wenn ich nur könnte«, ist Vorsicht geboten. Zumeist steckt die Angst dahinter, einen Fehler zu machen, die Angst vor der eigenen Einsamkeit, die Angst vor einem eigenständigen Leben. Der Partner und die Umstände werden (unbewusst) benutzt, um nicht vorwärtsschreiten zu müssen. Mit der Pluto-Auslösung im 10. Haus wird deutlich, dass die Verantwortlichkeiten die Liebe verdrängt haben und dass die Partnerschaft in die Falle ihrer eigenen Ansprüche und Projektionen geraten ist. Ein Wandel kann erst eintreten, wenn die Ordnung wiederhergestellt ist. Jeder Mensch ist nur sich selbst gegenüber verantwortlich. Selbst wegen der Kinder zusammenzubleiben, trägt nicht sehr weit. Kinder fühlen sich besser mit getrennten Eltern, die einander achten, als mit Eltern, die den Partner für einen Gefängniswärter halten. Der Ausgangspunkt, von dem aus die stagnierenden Energien wieder in Fluss gebracht werden können, ist die Erkenntnis, dass diesen Zustand nicht die Götter hervorgerufen haben, sondern die Menschen selbst.

Pluto im 11. Haus

Mit einem Pluto im 11. Haus vermissen die Partner eine absichernde Verbindlichkeit. Sie können sich noch so sehr aufeinander einlassen und binden wollen, ihre Beziehung fällt immer wieder auseinander. Wie zwei chemische Elemente, zum Beispiel Öl und Wasser, die man nur über heftige Bewegungen (viel schütteln) zu einer Substanz verbinden kann, können die Energien der Partner nur kurzfristig in einem »Gefäß« gehalten werden. Dann trennen sie sich wieder: Das Öl setzt sich wieder oben auf dem Wasser ab. Beide wissen nicht warum. Die Frage, die mit dieser Auslösung verbunden ist, kann zu einer schmerzvollen Antwort führen. An wen ist der Einzelne mehr gebunden als an diesen Partner? Wem gehört (unbewusst) sein Herz? Es ist wichtig, dabei nicht nur auf frühere Beziehungen zu schauen, sondern auch auf die Herkunft. Dieser Partnerschaft fehlt etwas. Und es nützt nichts, das Fehlende krampfhaft herbeiführen oder herstellen zu wollen. Besser ist es – und damit kann dann der Wandel eintreten –, das Fehlende zu suchen und dem Einzelnen und damit auch der Beziehung wieder zuzuführen.

Pluto im 12. Haus

Beide Partner glauben fest, ganz anwesend zu sein und der Partnerschaft all ihre Aufmerksamkeit zu schenken. Doch jeder Beziehungsraum hat Löcher, durch die Energien verschwinden. Mit der Pluto-Auslösung stellt sich heraus, dass es verborgene, bewusst versteckte oder ins Unterbewusste verdrängte Geschichten gibt, die in der Beziehungsseele herumspuken wie Gespenster und ihr damit Energien abzapfen. Das, was vorher nur schwach wahrgenommen werden konnte, kommt jetzt offen zum Vorschein. Die beiden Partner leben nicht nur zu zweit miteinander, sondern etwas (oder jemand) Drittes begleitet sie auf all ihren Wegen. Das können, im harmlosesten Fall, Worte sein, die schon lange einmal gesagt werden wollten. Es kann sich jedoch auch um große Geheimnisse handeln (durchaus aus lang vergangenen Zeiten) und um Lügen und Betrug jedweder Art. Mit der Pluto-Auslösung kommen die »Leichen aus dem Keller« und machen mit »Spuk« auf sich aufmerksam. Beide Partner stehen wie gelähmt vor dem unsichtbaren »Feind«. Was hier hilft, ist klar. Nur das Aufdecken *aller* verborgenen und verschwiegenen Geschichten bringt den Wandel und damit wieder Bewegung in die Beziehung.

Beispiele

Noch einmal kurz zur Erinnerung einige Regeln zu den Auslösungen:

1. Alle Planeten werden *immer* ausgelöst, nur in jeder Phase in verschiedener Wertigkeit.
2. Die meisten Auslösungen deuten nicht auf Ereignisse hin, sondern auf innere Themen. Zum besseren Verständnis (auch zur Überprüfung des Siebener-Rhythmus) habe ich für die Beispiele Ereignisse ausgewählt, die innerhalb einer Beziehungsgeschichte aus dem Rahmen fallen. Die meisten Menschen können im Rückblick auf ihre Vergangenheit wenig über ihre Stimmungen und Problemstellungen sagen. Doch gravierende, einschneidende Ereignisse bleiben im Gedächtnis. Somit werden nicht alle Auslösungen besprochen und sind nicht chronologisch nachzuvollziehen.

j.Mann	j. Frau	Composite
Zürich	008:33:00 O 47:22:38 N	00:00:00 GMT

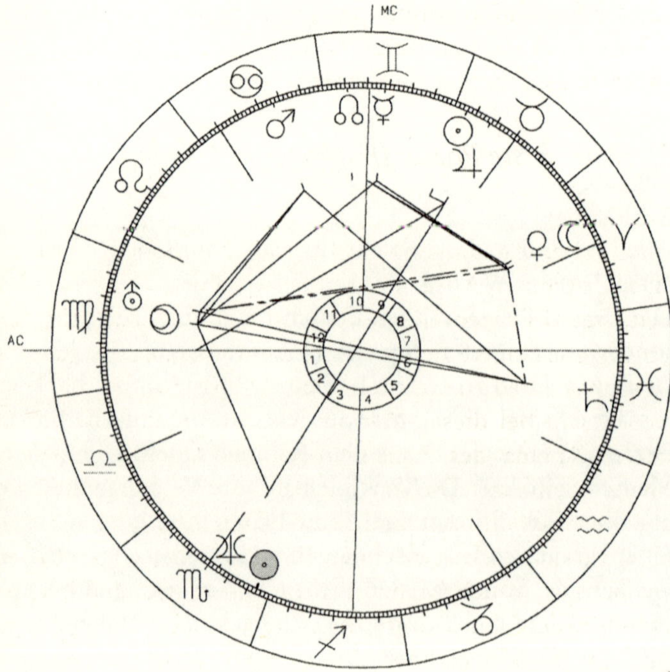

Rhythmus: 7.00

☉	27:03:14	♉	4.52
☽	19:58:01	♈	5.90
☿	15:54:32	♊	0.71
♀	21:40:31	♈	5.49
♂	11:26:56	♋	2.65
♃	21:15:54	♉	5.69
♄	10:23:48	♓	3.03
⛢	08:27:13	♍	3.56
♆	17:18:38	♏	6.49
♇	12:47:47	♍	2.37
☊	24:22:22	♊	R 6.02

Placidus

AC	21:29:25	♍
2	15:19:19	♎
3	14:48:23	♏
MC	19:26:09	♊
11	24:51:54	♋
12	25:51:41	♌
R:	20:28:35	♈
L:	20:26:33	♒

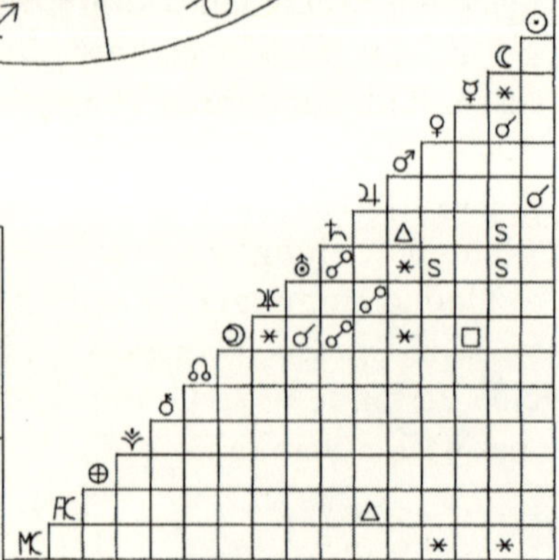

F13 ☽♀	L12 ☿☊MC
E33 ☉♃⛢♇AC	W13 ♂♄♆

Beispiel 1

An dieser Beziehung können wir gut verfolgen, welche Höhen und Tiefen ein Paar zu durchwandern hat, aber auch, welche Entwicklungsschritte dabei gemacht werden können.

Erste Phase: Jungfrau: 0–7 Jahre

1. Auslösung:
Merkur in den Zwillingen – nach etwa 8 Monaten

(Der Computer-Ausdruck gibt bei Merkur 0.71 an. Die Zahl 71 bedeutet 71 Prozent des Jahres, also etwa 8 Monate. Da Auslösungen eine längere Zeitqualität beschreiben, ist der ganz genaue Monat selten zu ermitteln und nicht so wichtig.)

Bedeutsam bei dieser Merkur-Auslösung ist, dass sie den Schatten (Thema des Aszendenten) und damit auch einen Schmerz beinhaltet. Die Partner begegnen einander auf eine sehr unverbindliche Art und Weise. Dies schmerzt die Frau sehr, da sie sich nach etwa einem Jahr (nach der ersten Begegnung) heftigst in den Mann verliebt und dieser sie nicht bemerkt. Für diese Auslösung gibt es im Composit keinen Spiegel, da nur sie sich verliebt. Diese Information finden wir in ihrem Radix und ihren Transiten über die Venus.

2. Auslösung:
Pluto in der Jungfrau – nach 2 Jahren, 4 Monaten

Endlich nimmt er sie wahr, doch er möchte sich noch nicht wirklich binden. Vergessen wir nicht, dass Pluto im Composit eine Verbindung zu Uranus hat, der dessen Bindungskraft immer wieder vereitelt.

3. Auslösung:
Mars im Krebs – nach 2 Jahren, 7 Monaten

Sie trennt sich von ihm aus Wut, sie ist verletzt, dass er ihr keine wirkliche Geborgenheit geben kann und will. Er hat neben ihr noch eine Freundin.

4. Auslösung:
Saturn in den Fischen – nach etwa 3 Jahren
Die Beziehung hängt in der Luft, alles bleibt in der Schwebe.

5. Auslösung:
Uranus in der Jungfrau – nach 3 Jahren, 6 Monaten
Es geht zwischen den beiden hin und her, bleibt jedoch unverbindlich.

6. Auslösung:
Die Sonne im Stier – nach 4 Jahren, 6 Monaten
Endlich finden die beiden zueinander. Die Stier-Sonne führt sie in eine feste Zugehörigkeit.

Die darauf folgenden Auslösungen Venus, Jupiter, Mond sind innere Auseinandersetzungen einer feststehenden Beziehung, die die üblichen Themen Liebe, Eros, Gefühle, Sinnhaftigkeit usw. an den Tag bringen.

10. Auslösung:
Neptun im Skorpion – nach 6 Jahren, 5 Monaten
Mit dieser Auslösung kommt es zu einer großen Krise. Beide sind verunsichert, ob sie überhaupt zueinander passen und den gemeinsamen Weg weiterhin beschreiten wollen.

Zweite Phase: Löwe: 7–14 Jahre

Nachdem die Krise überwunden ist, entschließen sich die beiden mit dem Übergang in die Löwe-Phase, in der die Sonne im Stier herrscht, zusammenzuziehen.

1. Auslösung:
Merkur in den Zwillingen – nach 7 Jahren, 8 Monaten
Eine erneute Krise, in der Probleme bezüglich Unverbindlichkeit, Einengung, Rollenverteilung und Anpassung ausdiskutiert werden.

2. und 3. Auslösung:
Saturn in den Fischen und Uranus in der Jungfrau – nach 10 bzw. 10 Jahren, 6 Monaten

Auseinandersetzung mit den Themen Verantwortung und Freiheit wird in der Beziehung durch die Geburt eines Kindes gefordert.

4. Auslösung:
Sonne im Stier – nach 11 Jahren, 6 Monaten

Die Beziehung festigt sich, eine stabile Zugehörigkeit entsteht.

5. und 6. Auslösung:
Venus und Mond im Widder – nach 12 ½ bis 13 Jahren

Die Frau möchte wieder arbeiten, es entsteht der klassische Konflikt zwischen der Aufgabe als Mutter und der Suche nach dem eigenen Wert. Dies betrifft auch den Mann, da er zu häuslichen Pflichten mit herangezogen werden soll. Eine erneute Krise, ein Kampf um Rollenverteilung und Wertigkeiten erhitzt die Gemüter.

Der Mond siegt in diesem »Spiel«, die beiden bekommen ein zweites Kind.

7. Auslösung:
Neptun im Skorpion – nach 13 Jahren, 5 Monaten

Eine erneute Krise, in der Fragen nach Verantwortung und Sinnhaftigkeit gestellt werden, doch Gedanken an eine Trennung sind in dieser Zeitqualität (heute) nicht mehr im Spiel. Die Partner können jetzt sagen: Warum sollten wir einander nicht lieben? Schließlich haben wir einen langen Weg hinter uns und den müssten wir mit einer neuen Person noch einmal von vorne beginnen.

Mann a.	Frau a.	Composite
Falkenberg	013:58:00 O 52:48:00 N	00:00:00 GMT

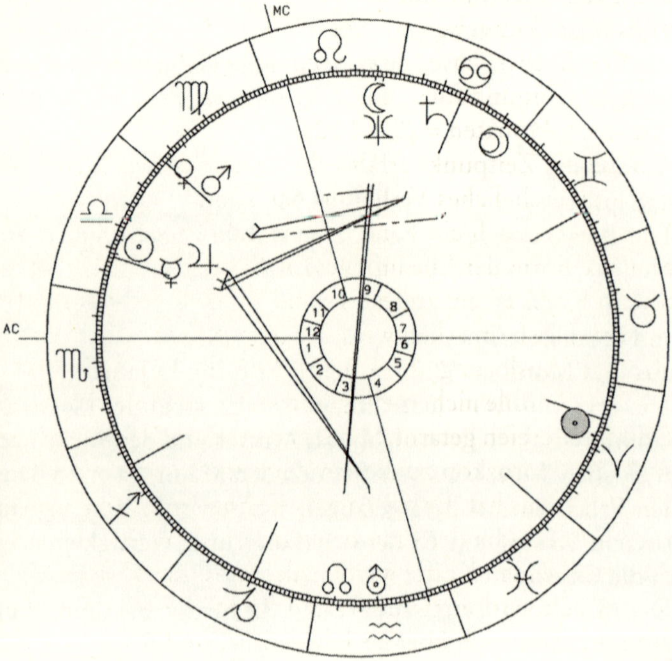

Rhythmus: 7.00

☉	17:22:52	♎	1.28
☽	05:12:00	♌	3.52
☿	20:42:52	♎	0.30
♀	26:51:13	♍	0.21
♂	22:05:24	♍	1.24
♃	12:48:12	♎	2.62
♄	20:23:51	♋	6.11
♅	14:05:04	♒	1.97
♆	03:26:34	♌	3.83
♇	03:48:34	♋	2.17
☊	04:23:01	♒	R 3.66

Placidus

AC	09:45:54	♏
2	08:18:50	♐
3	15:16:31	♑
MC	25:22:37	♌
11	27:50:54	♍
12	21:44:52	♎
R:	16:27:02	♏
L:	05:32:45	♏

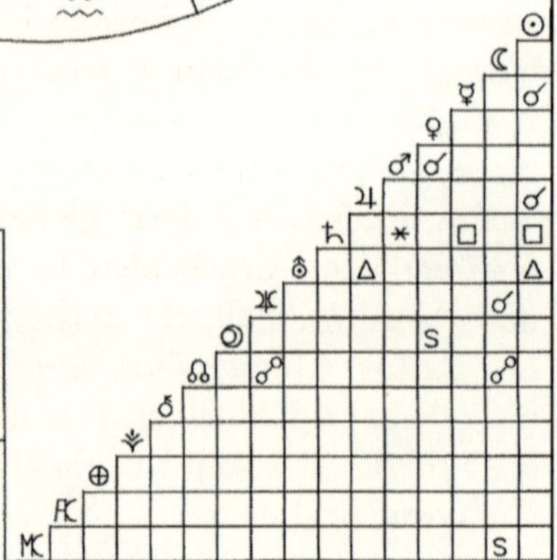

F19 ☽♆MC	L24 ☉☿♃♅☊
E10 ♀♂	W18 ♄♇AC

Beispiel 2

Bei diesem Paar möchte ich auf zwei sehr aufschlussreiche Auslösungen hinweisen:

In der Krebs-Phase, beginnend nach 28 Jahren, wird der Mond in Konjunktion zum Neptun ausgelöst (nach genau 31 Jahren, 6 Monaten = 28 + 3.52).

Zu diesem Zeitpunkt erfährt die Frau, dass der Mann nicht nur ein außereheliches Verhältnis hat, sondern dass er mit dieser Frau auch noch ein Kind bekam. Keiner von beiden stellt die äußere Form der Ehe infrage. Ein Skorpion-Aszendent mit Pluto im Krebs ist ein zu festes Band, als dass es zu durchtrennen wäre. Doch innerlich wird mit dem Neptun die Trennung vollzogen (Auslösung: 28 + 3.83). Von diesem Zeitpunkt an wird über Gefühle nicht mehr gesprochen, die Verletzungen als äußere Streitereien getarnt. Spannend ist, dass der Mann in seinem Radix-Horoskop zu diesem Zeitpunkt direkt den Uranus auf seiner Venus hat. Er hat Angst, die Beziehung (welche?) zu verlieren. Im Radix der Frau betreffen die Transite den Mond.

Die trennenden Kräfte werden also ins Unbewusste der Beziehungsseele verdrängt und warten dort auf einen »günstigen« Zeitpunkt. Erst nach über 59 Jahren Ehe, in der Fische-Phase, kommt mit der Neptun-Auslösung die Trennung (56 Jahre + 3.83 Jahre). Die Frau verlässt ihren kranken Mann. So lange dauern manchmal seelische Prozesse und ein Ausgleich (in diesem Fall 35 Jahre). Jetzt bleibt nur noch zu hoffen, dass ihr »Schutzengel« den beiden, bevor sie sterben und ganz auseinander gehen, die Liebe in die Herzen zurückführt.

Mann B.	Frau B.	Composite
Zürich	008:33:00 O 47:22:38 N	00:00:00 GMT

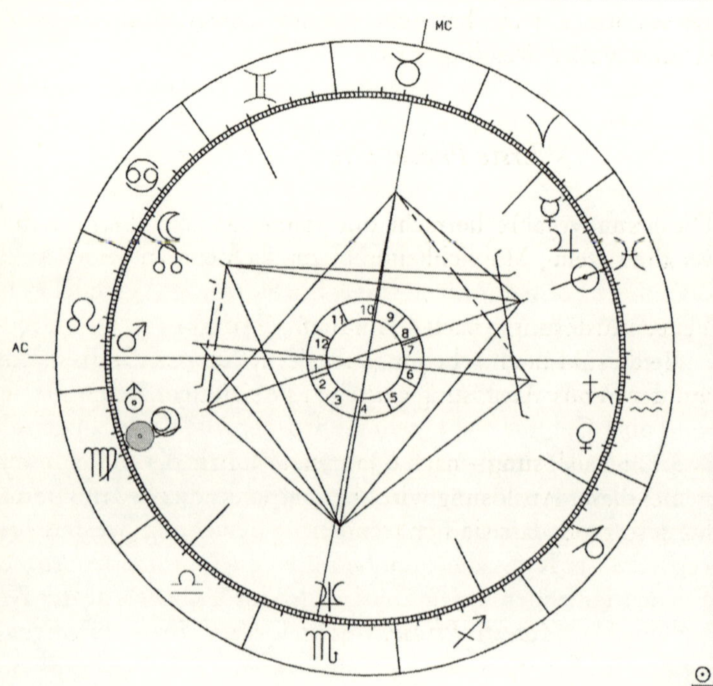

Rhythmus: 7.00

☉	13:40:26	♓	0.05
☽	20:18:42	♋	0.96
☿	01:44:14	♈	2.18
♀	04:17:50	♒	4.73
♂	18:28:45	♌	1.23
♃	23:13:41	♓	4.47
♄	16:34:34	♒	1.70
⛢	03:02:01	♍	3.71
♆	14:54:39	♏	6.63
♇	10:49:08	♍	1.03
☊	27:18:50	♋	R 6.45

Placidus

AC	23:29:08	♌
2	13:49:32	♍
3	09:50:37	♎
MC	12:54:45	♉
11	20:30:13	♊
12	25:03:51	♋
R:	12:25:45	♓
L:	27:00:56	♑

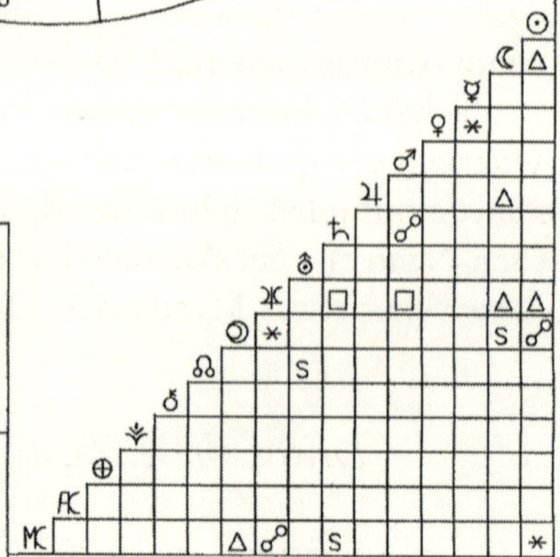

F20 ☿♂AC	L 9 ♀♄
E15 ⛢♇MC	W27 ☉☽♃♆☊

Beispiel 3

Dieses junge Paar hat schon einen langen, teilweise sehr schmerzvollen Weg hinter sich.

Erste Phase: Löwe: 0–7 Jahre

Die ersten 7 Jahre herrscht die Sonne, die mit ihrer Fische-Qualität wenig Möglichkeiten bietet, sich fest zu verwurzeln.

Venus-Auslösung – nach 4 Jahren, 8 Monaten
Beide sind noch sehr jung, als sie sich kennen lernen. Erst mit der Venus-Auslösung verlieben sie sich ineinander.

Neptun-Auslösung – nach 6 Jahren, 6 Monaten
Bei dieser Auslösung wird die Unsicherheit über die Beziehung so groß, dass sie sich trennen.

Zweite Phase: Krebs: 7–14 Jahre

Venus-Auslösung – nach 11 Jahren, 8 Monaten
Die beiden kommen wieder zusammen, diesmal für 9 Jahre. Während der gesamten Zeit wird die Beziehung nie definiert. Beide empfinden sich weder als Freunde noch wirklich als ein Paar. Nach eigener Aussage hatte die Beziehung in den ersten Jahren eher etwas Mystisches.

Dritte Phase: Zwillinge: 14–21 Jahre

Neptun-Auslösung – nach 20 Jahren, 7 Monaten
Sie verliebt sich (zuerst heimlich) in einen anderen Mann, die Beziehung droht auseinander zu brechen.

Vierte Phase: Stier: 21–28 Jahre

Saturn-Auslösung – nach 22 Jahren, 7 ½ Monaten

Sie ist schwanger. Mit dem Saturn im Wassermann steht das Thema »Befreiung« vor der Tür. Der Mann verliebt sich in eine andere Frau und verlässt sie, möchte aber als Vater zur Verfügung stehen.

Uranus-Auslösung – nach 24 Jahren, 7 ½ Monaten

Das Kind, ein doppelter Wassermann, wird geboren. Die Beziehung durchlebt eine schmerzvolle Zeit. Die Venus im Wassermann als Phasen-Herrscher (Stier-Phase) macht mit ihrer Sprunghaftigkeit den beiden das Leben schwer. Der Mann pendelt zwischen den beiden Frauen hin und her. Die beiden sind wohl doch eher ein Eltern- und kein Liebespaar (Mond im Krebs).

Neptun-Auslösung – nach 27 Jahren, 7 Monaten

Allmählich kehrt Ruhe in die Beziehung ein. Die Zurückweisungen und Schmerzen sind einigermaßen verarbeitet, Rachegefühle und Wut haben nachgelassen. Jetzt besteht die Möglichkeit zur Liebe und zur ursprünglichen Aufgabe der Beziehung zurückzukehren: eine Liebe zu leben, die nicht besitzergreifend ist, die keine Verwurzelung braucht und die frei macht (MC Stier, Venus im Wassermann).

Ingrid Zinnel begann ihren Weg als Autorin und Zeichnerin von Kinderbüchern. 1982 gründete sie mit Dr. Peter Orban »symbolon«, eine Praxis für Selbsterfahrung. Seit dieser Zeit arbeitet sie als Therapeutin, Astrologin, Homöopathin und Ausbilderin in eben diesen Berufen. Sie ist Autorin des Buches *Das Composit-Horoskop* und Mitautorin (zusammen mit Peter Orban) der Bücher: *Tanz der Schatten, Drehbuch des Lebens, Personare, Symbolon* und *symbolon – Das Horoskop-Mandala.* Informationen über therapeutische Einzelsitzungen, Horoskop-Beratungen, homöopathische Behandlungen und Ausbildungsgruppen bei der Autorin unter folgenden Telefonnummern:

Ingrid Zinnel Deutschland 01 71 / 4 92 22 25
Schweiz 1 / 7 67 11 32

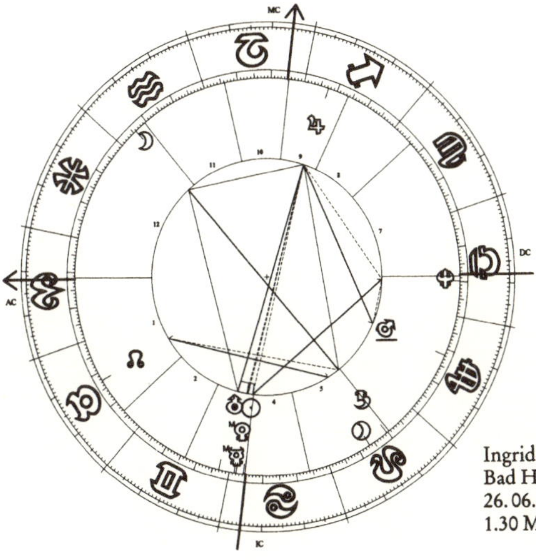

Ingrid Zinnel
Bad Homburg
26. 06. 1948
1.30 MEZ

Weitere Titel aus dem
Kailash-Programm:

Ingrid Zinnel

Das Composit-Horoskop

Aufgabe, Weg und Ziel einer Beziehung

290 Seiten, Festeinband, ISBN 3-89631-209-X

Mit Hilfe dieses Buches können Partnerschaften von allen Seiten beleuchtet, analysiert und Lösungswege für Krisensituationen gefunden werden.
Die astrologische Grundlage liefert die Berechnung des Composits, das zwei Geburtshoroskope zu einem Beziehungshoroskop zusammenfasst. Dem Leser werden die Bausteine eines Composits erklärt, jeder Lebens- und Entwicklungsbereich wird anhand des jeweiligen Planeten und Aszendenten, der Häuser und Mondknoten tiefenpsychologisch interpretiert.
Das Buch dient als Lehrbuch, Nachschlagewerk und Selbsterkenntnis-Instrument gleichermaßen.

KAILASH

Peter Orban · Ingrid Zinnel · Thea Weller

Symbolon

Das Spiel der Erinnerungen

Zur Symbolik astrologischer Aspekte

200 Seiten, Festeinband, ISBN 3-89631-365-7

Auch als Set mit Karten, ISBN 3-89631-366-5

»Symbolon« ist eine bildhafte astrologische Aspektlehre: Die zwölf Tierkreiszeichen werden als zwölf »innere Personen« dargestellt, die in vielfältiger Weise miteinander in Kontakt treten. So entstehen 78 Bilder, die als anschauliche Illustrationen das Verständnis der astrologischen Urprinzipien und ihrer Aspekte erleichtern. Dieses Buch beschreibt sowohl die gesamte astrologische Dimension als auch ihre Aussagekraft als Karten, denn »Symbolon« ist zugleich der Name des »Spiels der Erinnerungen«, das sich zum Selbststudium, als Therapeutikum und auch als Orakel eignet. Es besteht aus 78 Karten, auf denen diese Bilder wiedergegeben werden.

KAILASH